Denkmal Ost-Moderne II

Denkmalpflegerische Praxis
der Nachkriegsmoderne

JOVIS
diskurs

Herausgegeben von
Gabi Dolff-Bonekämper
Hans-Rudolf Meier
Jürg Sulzer

Band 18

Gefördert durch:

Bundesministerium
für Wirtschaft
und Energie

Die Beauftragte der Bundesregierung
für die neuen Bundesländer

aufgrund eines Beschlusses
des Deutschen Bundestages

 | Redaktion: Mark Escherich | Grafisches Reihenkonzept: jovis: Susanne Rösler, Berlin | Satz: Bild1Druck | Abb. Umschlag, vorne: Martin Maleschka; hinten: Mark Escherich | Lithografie: Bild1Druck, Berlin | Druck und Bindung: GRASPO CZ, a.s., Zlín | Bibliografische Information der Deutschen Nationalbibliothek | Die Deutsche Nationalbibliothek verzeichnet diese Publikation in der Deutschen Nationalbibliografie; detaillierte bibliografische Daten sind im Internet über http://dnb.d-nb.de abrufbar.
jovis Verlag GmbH | Kurfürstenstraße 15/16 | 10785 Berlin | www.jovis.de | ISBN 978-3-86859-399-0

Denkmal Ost-Moderne II

Denkmalpflegerische Praxis der Nachkriegsmoderne

Herausgegeben von Mark Escherich
unter Mitarbeit von Roman Hillmann

Dokumentation der gemeinsamen Tagung der Bauhaus-Universität Weimar, Professur Denkmalpflege und Baugeschichte, und der Wüstenrot Stiftung, Ludwigsburg vom 31. Januar und 1. Februar 2014 (Konzeption: Mark Escherich und Roman Hillmann)

Mit einem Fotoessay von Martin Maleschka

INHALT

ZUM GELEIT

Viele ostdeutsche Städte werden von der Architektur der Moderne geprägt. Die DDR hat ein Bauerbe hinterlassen, das lange als sehr schwierig wahrgenommen wurde. In der öffentlichen Diskussion wurde die sogenannte Ostmoderne überwiegend mit Plattenbauten assoziiert, die vor allem bei denjenigen, die nie darin gewohnt haben, einen schlechten Ruf hatten. Dies hatte sicherlich auch mit der Diskussion um Leerstand und Abriss auf der einen Seite und Neubaugebieten als Orte größerer sozialer Probleme auf der anderen Seite zu tun.

Mittlerweile beginnt sich die Wahrnehmung zu verändern. Der zeitliche Abstand zu den politischen und gesellschaftlichen Umständen der Entstehung erlaubt es, Ostmoderne anders zu erleben, ihre Unterschiedlichkeit wahrzunehmen und den Wert der Architektur stärker zu würdigen. Mir scheint es Konsens zu sein, dass etliche Zeugnisse der modernen Architektur, die vor 1989 in Ostdeutschland entstanden sind, als Baudenkmäler gewertet werden können.

Ich freue mich, dass sich die Denkmalpflege verstärkt der Gebäude der Moderne in Ostdeutschland annimmt und einen Diskussionsprozess über den richtigen denkmalpflegerischen Umgang mit diesem Erbe organisiert. Die Tagung „Denkmal Ost-Moderne II", deren Ergebnisse in diesem Band versammelt sind, ist ein wichtiger Baustein dieses konstruktiven und im besten Sinne kritischen Diskussions- und Reflexionsprozesses.

Als Beauftragte der Bundesregierung für die neuen Bundesländer ist mir wichtig, dass die Auseinandersetzung mit der Ostmoderne aus den Kreisen der Denkmalpflege in die interessierte Öffentlichkeit getragen wird. Aus diesem Grund freue ich mich, die Veröffentlichung dieser Dokumentation unterstützen zu können und wünsche dieser die große Aufmerksamkeit, die dieses Thema verdient. Ich danke insbesondere der Bauhaus-Universität Weimar, die sich seit vielen Jahren mit dem Umgang mit dem DDR-Baubestand beschäftigt und gemeinsam mit anderen dafür sorgt, dass wir heute einen anderen Blick auf viele Gebäude haben, die seit Jahrzehnten unsere Städte und Gemeinden prägen.

Iris Gleicke, MdB
Parlamentarische Staatssekretärin beim Bundesminister für Wirtschaft und Energie
Beauftragte der Bundesregierung für die neuen Bundesländer
Beauftragte der Bundesregierung für Mittelstand und Tourismus

GRUSSWORT

Das Erbe des 20. Jahrhunderts zählt seit vielen Jahren zu den Tätigkeitsschwerpunkten und Sorgenkindern von ICOMOS, in Deutschland und auch international. ICOMOS Deutschland hat in den letzten Jahren angeknüpft an die unmittelbar nach dem Fall des Eisernen Vorhangs veranstalteten Tagungen zum bedrohten Nachkriegserbe in den postsozialistischen Ländern. Die Gründung eines eigenen internationalen wissenschaftlichen Spezialkomitees (International Scientific Comittee 20th Century Heritage – ISC 20C) und die Bildung eines Unterkomitees für das architektonische und städtebauliche Erbe des Sozialismus in Mittel- und Osteuropa dokumentieren den hohen Stellenwert, den der Internationale Denkmalrat diesem jungen Erbe beimisst. Stellvertretend für diese internationalen Bestrebungen begrüßt ICOMOS Deutschland deshalb die von der Bauhaus-Universität Weimar unter dem Titel „Ost-Moderne" initiierten Tagungen und Diskussionen zur Erfassung, Bewertung, Erhaltung und Sanierung von Zeugnissen der Nachkriegsjahrzehnte sehr, gerade auch im Hinblick auf die regionalspezifische Problemstellung in den östlichen Bundesländern und den postsozialistischen Nachbarstaaten.

Die erste Weimarer Ost-Moderne-Tagung hatte 2011 den historiografischen Vergleichen zwischen DDR und BRD den Blick über die Grenzen nach Osten, also auf die Architektur anderer ehemals sozialistischer Länder, zur Seite gestellt. Im Ergebnis der mittlerweile umfassend als Tagungsband dokumentierten Konferenz gelang eine Herausarbeitung und angemessene Würdigung der DDR-Moderne im Rahmen poststalinistischen Bauerbes in Mittel- und Osteuropa, eben der sogenannten sozialistischen Moderne. Bereits mit aufgeworfen waren mit den Beiträgen zur Bestandsanalyse und -bewertung auch konservatorische Erhaltungs- und Sanierungsfragen. Auf der Folgetagung 2014, deren Veröffentlichung erfreulicherweise nun vorliegt, standen diese ganz im Zentrum. Nicht zuletzt deshalb war das Deutsche Nationalkomitee von ICOMOS auf dieser Veranstaltung mit einer Reihe von Vorträgen und Diskussionsbeiträgen vertreten. Die kollegiale Förderung der Weimarer Aktivitäten lag auch nahe angesichts der ICOMOS-Diskussion um Potenziale für eine multinationale Welterbe-Initiative zur Nominierung von Bauzeugnissen des Sozialistischen Realismus und der Sozialistischen Moderne bei der UNESCO.

Unter dem Eindruck der anhaltenden Gefährdungen, derer sich das städtebauliche, architektonische und gärtnerische Erbe der Nachkriegszeit europaweit, ganz besonders aber in den postsozialistischen Ländern Mittel- und Osteuropas ausgesetzt sieht, hatten ICOMOS Polen und

Deutschland bereits die Europäische Denkmalmesse in Leipzig 2010 zum Anlass genommen, einen internationalen Erfahrungsaustausch über Denkmalschutzfragen dieses Nachkriegserbes zu etablieren. Das Angebot stieß auf ein starkes Echo und der Kreis der mitwirkenden Fachleute erweiterte sich bald auf zahlreiche Nachbarländer des früheren Ostblocks. Seitdem ist es in einer ganzen Reihe von Konferenzen, Seminaren und Workshops – in Berlin und Warschau, Krakau, Leipzig und zuletzt in Sofia – gelungen, einen grenzüberschreitenden Diskurs und ein zu verdichtendes Netzwerk interessierter Experten und Partnerorganisationen aufzubauen, um das dringende Thema aufzuarbeiten und bekannter zu machen.

Die vorliegende Veröffentlichung der von der Bauhaus-Universität zusammen mit der Wüstenrot Stiftung ausgetragenen Tagung von 2014 bildet – wie bereits der Vorgängerband – einen wichtigen Baustein, um ein oftmals vernachlässigtes oder unterschätztes Kapitel unseres europäischen Erbes fachlich aufzuarbeiten und grenzüberschreitend bekannter zu machen. ICOMOS Deutschland begrüßt und unterstützt die Initiative der Verantwortlichen der Bauhaus-Universität und ihrer Partner sehr, nicht nur auf dem Feld der Denkmalpflegetheorie, sondern auch auf dem Gebiet der Denkmalpraxis Fragen der jungen Zeugnisse der Moderne inhaltlich zu vertiefen und die Ergebnisse der Diskussion sowie mögliche Lösungen allgemein zugänglich zu machen.

Prof. Dr. Jörg Haspel
Präsident des Deutschen Nationalkomitees von ICOMOS

VORWORT DER WÜSTENROT STIFTUNG_PHILIP KURZ

Die Wüstenrot Stiftung engagiert sich seit über 20 Jahren im Rahmen ihres Denkmalprogramms für den Erhalt, die Instandsetzung und die zukunftsfähige Nutzung herausragender Baudenkmale in Deutschland. Seit 2010 konzentrieren wir uns dabei auf Projekte aus der Zeit von 1945 bis 1980. Die Architektur der sogenannten Nachkriegsmoderne wird in der Öffentlichkeit kontrovers diskutiert. Hauptgründe für ihre vielfach negative Bewertung sind ihre oft eingeschränkte Funktionalität für gegenwärtige Nutzungsansprüche und die aufgrund einer ungünstigen Energiebilanz und der veralteten technischen Infrastruktur mangelnde Wirtschaftlichkeit. Noch fehlt vielen das Verständnis für diese vergleichsweise jungen Bauten wie auch die Kenntnis der Bedingungen, unter denen insbesondere in den Jahren des Wiederaufbaus in Ost und West ein neues Bauen aus den Trümmern erwuchs. Es ist deshalb dringlich, über den Umgang mit diesem aktuell gefährdeten Baubestand, seinen potenziellen Denkmalwert und die Strategien seiner Erhaltung und Nutzung nachzudenken und dafür exemplarische Konzepte zu entwickeln.

Die ideelle Inwertsetzung mittels des Werbens für die besonderen Leistungen und Qualitäten der Architektur der Nachkriegsmoderne ist der erste wichtige Schritt auf dem Weg zum materiellen Bewahren. Aber auch die praktischen Herausforderungen des Erhalts und der Instandsetzung sind eine drängende Aufgabe, der man momentan noch in keinem Teil der Bundesrepublik ausreichend gerecht wird.

Die Wüstenrot Stiftung hat 2011 die Arbeit an einem Forschungsprojekt begonnen, das sich am Beispiel der Neuen Bundesländer diesen (denkmalpflegerischen) Herausforderungen widmet. Anliegen der 2016 erscheinenden Publikation ist es, eine Zwischenbilanz zum Umgang mit Architektur und Städtebau der DDR aus den Jahren 1960 bis 1980 zu ziehen. Dazu gehören die Bestimmung des Objekts der Betrachtung durch die Architekturgeschichte, die Denkmalpflegegeschichte und ein Blick auf die Praxis mit den Methoden der Ingenieure und der Bautechnikgeschichte. Außerdem soll deutlich gemacht werden, auf welche Arten von Objekten sich das Interesse in den nächsten Jahren richten sollte. In diesem Sinne wird sich die Publikation in zwei Teile gliedern: in einen, der die Eigenart der Architektur der DDR in der Epoche des industrialisierten Bauens und des Anschlusses an die internationale Moderne vertiefend bestimmt und einen zweiten, der die diesbezüglichen Aspekte der Denkmalpflege auffächert.

Unter der Federführung des Kunsthistorikers Roman Hillmann gelang es, eine ganze Reihe von profilierten Experten aus dem universitären, behördlichen und freiberuflichen Bereich als Autoren zu gewinnen. Gemeinsam bürgen sie dafür, dass die Publikation ihrem Anspruch auf diesem noch jungen Forschungsfeld gerecht wird.

Ein wichtiger Zwischenschritt für das Forschungsprojekt war Anfang 2014 die Fachtagung „Denkmal Ost-Moderne II", die wir zusammen mit der Bauhaus-Universität Weimar durchführen konnten – eine jener Hochschulen, die sich seit Langem intensiv mit der Denkmalpflege der Nachkriegsmoderne beschäftigen. An der Tagungskonzeption war maßgeblich der Architekt Mark Escherich – Mitarbeiter der Professur Denkmalpflege und Baugeschichte – beteiligt, dessen wissenschaftliches Profil sich mit dem von Roman Hillmann hervorragend ergänzte. Ihrer gemeinsamen Arbeit ist es zu danken, dass die Tagung so wunderbar glückte und eine wirkliche Bestandsaufnahme des aktuellen Wissensstandes hinsichtlich der praktischen denkmalpflegerischen Fragen wurde. Während zu den Themen der Inventarisation und Denkmalkunde zumeist Denkmalpfleger von Hochschulen und Ämtern zu Wort kamen, wurden die Herausforderungen der Praxis in interdisziplinären Perspektiven fokussiert und entsprechend Architekten, Ingenieure und Restauratoren am Rednerpult versammelt. Aber auch außerhalb des Vortragsprogramms entstand ein lebhafter Erfahrungsaustausch. Die Tagung war eine regelrechte Börse von Expertisen, Strategien, Themen sowie Akteuren und kam so – wie erhofft – auch dem Buchprojekt der Wüstenrot Stiftung zugute. Wegen des beachtlichen Ertrages und der Resonanz der Veranstaltung hat uns die Initiative der Denkmalpflege-Professur der Bauhaus-Universität besonders gefreut, in der Folge eines ersten Bandes „Denkmal Ost-Moderne" erneut eine Tagungsdokumentation erscheinen zu lassen. Gern haben wir das vorliegende Buch auch finanziell unterstützt und wir wünschen ihm möglichst viele aufmerksame Leser.

DENKMAL OST-MODERNE II DENKMALPFLEGERISCHE PRAXIS DER NACHKRIEGSMODERNE. EINFÜHRUNG_HANS-RUDOLF MEIER/MARK ESCHERICH

Ging es 2011 bei der ersten Tagung zum „Denkmal Ost-Moderne" an der Bauhaus-Universität um die „Aneignung und Erhaltung des baulichen Erbes der Nachkriegsmoderne"[1], so stand bei der hier publizierten zweiten Veranstaltung im Januar 2014 die denkmalpflegerische Praxis im Zentrum des Interesses. Dieser Blickwechsel spiegelt die gesteigerte Aufmerksamkeit, welche der Baubestand der Nachkriegszeit denkmalpflegerisch in jüngerer Zeit erfährt. Es geht heute kaum mehr um die Frage, ob diese baulichen Hinterlassenschaften denkmalwürdig sein können, sondern einerseits darum, wie der Bestand zu sichten und zu qualifizieren ist und andererseits um die praktischen Probleme des Erhalts und der angemessenen Sanierung der als denkmalwürdig bewerteten Objekte. Als wie aktuell und dringlich diese Aufgaben gegenwärtig erkannt werden, wird deutlich am schon beinahe hektischen Tagungs- und Publikationsgeschehen zur Architektur der Spätmoderne in den vier Jahren seit unserer ersten Tagung. Fast im Monatstakt findet eine Veranstaltung zum Thema statt und zumindest im Quartalrhythmus erscheint eine einschlägige Publikation.[2] Eingegrenzt auf die denkmalkundliche Erfassung können zwei Ansätze unterschieden werden: Entweder werden bestimmte Bauaufgaben und -gattungen in den Blick genommen – Wohnsiedlungen[3], Verwaltungsbauten[4], Rat- und Kulturhäuser[5] oder auch Interieurs[6] – oder aber die Bauten eines bestimmten Territoriums.[7] Einen territorialen Aspekt hatte auch unsere Tagung, die noch einmal den „Osten" im Fokus hatte. Ob die lange Zeit evidente Sonderbetrachtung des baulichen Erbes des untergegangenen sozialistischen Staatensystems mehr als eine Generation nach der Wende noch gerechtfertigt ist, war eine der Fragen, die mit der Tagung beantwortet werden sollte. Vor allem aber galt es einen Überblick über die jüngeren denkmalrelevanten Aktivitäten jeglicher Art zu gewinnen und gewissermaßen ein Zwischenresümee zu bieten.

Eine Bilanz zur Situation auf dem ehemaligen Gebiet der DDR will auch ein Forschungs- und Buchprojekt der Wüstenrot-Stiftung ziehen[8], sodass es nahe lag, die Tagung als Kooperation mit dieser renommierten und für die Erforschung und den Erhalt der Architektur der Moderne überaus verdienten Stiftung durchzuführen. Dem Geschäftsführer der Stiftung, Philip Kurz, und dem Projektbearbeiter, Roman Hillmann, sei für die erfreuliche Zusammenarbeit herzlich gedankt. Wie die erste Denkmal-Ost-Moderne-Tagung fand auch die hier publizierte nicht nur einen großen Teilnehmerkreis, sondern auch ein erfreuliches Echo in der Presse.[9] Das gilt auch für den während der Tagung aus aktuellem Anlass spontan verabschiedeten „Weimarer Appell", mit dem die sächsische Regierung zum Erhalt der damals gerade akut gefährdeten Neuen Mensa der TU Dresden aufgefordert wurde.[10] Die rasche und koordinierte Mobilisierung der Fachöffentlichkeit

mag ihren Beitrag dazu geleistet haben, dass die Abbruchpläne vorerst vom Tisch sind.

Trotz der thematischen Konzentration auf die Probleme der Praxis wurden im Tagungsprogramm auch über die engeren Denkmalpflegefragen hinausreichende Kontexte der Erbeaneignung berücksichtigt. So widmete sich die erste Vortragssektion den grundsätzlichen Diskursen um die DDR-Nachkriegsmoderne. Offensichtlich lässt sich die heutige Wahrnehmung dieses Baubestandes noch immer nicht vollständig von seiner Herkunft aus einem diskreditierten Gesellschaftssystem abtrennen. So rekapitulierte Wolfgang Kil, einer der profiliertesten Kommentatoren der DDR-Moderne, deren funktionale, ästhetische und auch moralische Verschleißphänomene im historischen Rückblick eines Zeitzeugen. Die von Monika Motylińska und Ines Weizman vorgestellten Studien entstammten größerer persönlicher Distanz zu den Geschehnissen und Debatten. Methodisch weitgehend neuartig – zumindest in Baugeschichte und Denkmalkunde – ist der diskursanalytische Ansatz, den Monika Motylińska für die Analyse der gesellschaftlichen Inwertsetzung der DDR-Moderne vorschlug und vertieft anhand der Rehabilitierungsgeschichte des Staatratsgebäudes in Berlin von 1962 bis 64 darstellte. Die Sektion *Inventarisation und Schutz* war weitgehend der diesbezüglichen Praxis der Denkmalfachbehörden gewidmet. Die Erforschung,

1

2011 Weimar, Mensa am Park • Ilmenau, Mensa der TU **2012** Magdeburg, Centrum-Warenhaus

2013 Leipzig, Gästehaus des DDR-Ministerrates • Gera, Haus der Kultur • Hoyerswerda, ehem. Haus der Bergarbeiter • Dresden, 49. Grundschule, Typ Dresden • Dresden, Theaterwerkstätten Ostraallee • Dresden, Funktionsgebäude der Semperoper • Dresden, Union-Verlagshaus • Eisenach, Auto-Ausstellungspavillon • Magdeburg, Dickhäuterhaus im Zoo • Berlin, Schillingstraße 27–29 • Rostock-Warnemünde, ehem. Ingenieurhochschule für Seefahrt Haus 2

2014 Dessau, Y-Hochhäuser • Berlin, Siedlung Ernst-Thälmann-Park • Halle/Saale, Altstadt-Platten Große Klausstraße • Klink, ehem. FDGB-Ferienheim • Rostock, Komplex Neptun-Schwimmhalle, Schulschwimmhalle • Rostock, Komplex Neptun-Schwimmhalle, Trainingsschwimmhalle • Merseburg, (Kuppel-)Experimentalbau Nulandtstraße

2015 Quedlinburg, Quartier Marschlinger Hof/Schmale Straße • Leipzig, Probsteikirche St. Trinitatis • Berlin, Haus des Reisens • Berlin, Haus des Berliner Verlages • Halle/Saale, Planetarium • Ilmenau, Kath. Kirche St. Josef • Schwerin-Lankow, ehem. Volksschwimmhalle

Erfassung und Eintragung der Denkmale zählen einerseits zu deren vornehmsten hoheitlichen Aufgaben, andererseits ist bezogen auf die Zeit des geteilten Deutschland ein Nachholbedarf entstanden, der immer weniger durch Vorbehalte als vielmehr mit einem „durch Überlastung bedingten Zögern" begründet ist, wie es Ulrike Wendland schon auf der Tagung 2011 ausgedrückt hatte. Es fehlen in den Ländern die Kräfte für eine angemessene systematische Beschäftigung und Erfassung. Vor allem die Menge des Gebauten stellt ein Ressourcenproblem dar. Dazu kommen aber auch kontrovers diskutierte methodische Fragen.

Ein universitäres Forschungsprojekt, das derartige Probleme der Praxis zum Anlass hat, stellte Hans-Rudolf Meier in der Sektion vor. Das vom Bundesforschungsministerium (BMBF) finanzierte Projekt untersucht, wie europaweit – und stellenweise darüber hinaus – der Bestand der Spätmoderne erfasst und erforscht wird sowie die Auswahl des Schützenswerten erfolgt. Daran schlossen sich Berichte aus drei Landesdenkmalämtern an. Bernhard Kohlenbach, Martin Petsch und Holger Reinhardt schilderten bisherige Ergebnisse sowie Ziele zukünftiger Arbeit der Inventarisation in Berlin, Brandenburg und Thüringen. Trotz der Hemmnisse sind, verstärkt in den letzten Jahren, zahlreiche Objekte eingetragen worden (Abb. 1). Solches geschah selten als Ergebnis planvoller Erfassungskampagnen. Allerdings gibt es mittlerweile ein ausgeprägtes Bewusstsein um die Missverhältnisse in den Denkmallisten. Von den etwa 10.000 Denkmalen in Leipzig sind beispielsweise gerade einmal 25 nach 1965 errichtet worden. Martin Petsch empfahl eine gezielte inventarisatorische Aufmerksamkeit auf Bestände der DDR-Architektur zu richten, die aufgrund ihrer Lage oder Spezifik besonders gefährdet sind, wie beispielsweise Landwirtschaftsbauten oder typisierte Gebäude, die, auch wenn sie einst vielfach errichtet worden sind, nicht übergangen werden dürften.

Einig waren sich die Referenten, dass die zunehmende architekturhistorische Forschung die Arbeit erleichtert und dass die Defizite der Ämter durch die systematische Hinzuziehung externen Sachverstandes sinnvoll ausgeglichen werden sollten. Vor allem in Berlin sei die in den letzten Jahren stetig ausgeweitete Erfassung von Objekten aus der Zeit zwischen Mauerbau und Mauerfall vom Einbezug auswärtiger Partner geprägt: neben freien Forschern auch Hochschulinstitute und Studierende. Bernhard Kohlenbach skizzierte hier Prozesse, in denen der Inventarisator eigene und fremde Ressourcen managt und zunehmend Crowdsourcingkampagnen organisiert – Entwicklungen, die auf der Tagung auch kontrovers diskutiert wurden. Eines der Beispielprojekte war die Zusammenarbeit mit der Technischen Universität Berlin bei einer Reihenuntersuchung zu Großsiedlungen, aus der 2014 die Unterschutzstellung der Wohnsiedlung Ernst-Thälmann-Park hervorging. Solche umfänglichen städtebaulichen Hinterlassenschaften sind zwar besonders zeugnishaft hinsichtlich früherer Stadt- und Lebensvorstellungen, allerdings existieren hier noch die wenigsten Erfahrungen. Auch wenn sie nicht mehr ausschließlich als Altlasten wahrgenommen werden, sondern zunehmend auch als vielschichtige Ressource, behindern demografische und ökonomische Trends einen sachlichen Blick. An den wenigen bisher eingetragenen Denkmalensembles der 1960er bis 80er Jahre lässt sich wiederum beobachten, wie schwierig die Verankerung und die Durchsetzung des Schutzes für größere Strukturen sind – Themen der Vorträge von Jelica Jovanović und Kristina Laduch. Letztere stellte mit dem zweiten Bauabschnitt der Karl-Marx-Allee in Berlin ein besonders gelungenes Beispiel für städtebauliche Denkmalpflege vor, die größtenteils mit Instrumenten der Baugesetze – mit Bebauungsplänen und mit Satzungen – betrieben wird.

Auch auf der Maßstabsebene der Gebäude beziehen sich die größten Zweifel auf die Chancen für die erfolgreiche Erhaltung. Die oft ungewohnten Materialien und Konstruktionen der Nachkriegsmoderne sind hier wesentliche Träger der Denkmalwerte, gelten aber als besonders empfindlich. Zusätzlich gehen in der Regel die Anpassungserwartungen weit über das hinaus, was mit konservierenden Maßnahmen zu erreichen ist. Die komplexen bautechnischen, wirtschaftlichen und sicherheitstechnischen Anforderungen bringen den Denkmalpfleger schnell an seine Grenzen. Die dritte Sektion *Perspektiven der Substanzerhaltung* war deshalb als ein Brückenschlag zu benachbarten Spezialdisziplinen konzipiert. Die Vorträge von Roman Hillmann, Thomas Danzl, Volker Mund und Bernhard Weller illustrierten, auf welches Expertenwissen aus den Bereichen der Bautechnikgeschichte, der Restaurierungs- und Materialwissenschaften sowie der Bauphysik mittlerweile zurückgegriffen werden kann. Der Ertrag dieser Beiträge lag zusätzlich auch auf einer denkmalkundlichen Ebene. Vor allem Roman Hillmann und Thomas Danzl warben für eine intensive Einbeziehung von „Konstruktion" sowie „Material" bei der inventarisatorischen Wertzuschreibung und verknüpften klassische historische Wertkategorien mit der aktuell verstärkt diskutierten ökonomisch-ökologischen Ressource Denkmal.[11]

Der Vertiefung dieser Fragen an konkreten Bauaufgaben war die mit *Erhaltung und Sanierungspraxis* überschriebene, anschließende Vortragsfolge gewidmet. Sie fragte zudem nach dem Abwägungs- und dem Syntheseprozess der Praxis, in dessen Mittelpunkt der planende Architekt steht. Architektur- und Denkmaldebatten haben sich in den letzten Jahren erfreulicherweise so stark angenähert, dass der intensive Dialog zwischen Architekt und Konservator wieder unübersehbar ist.[12] In der Spannweite möglicher architektonischer Strategien zwischen „unsichtbaren Sanierungen", „kleinstmöglichen Eingriffen", „Weiterbauen" und „Zerstören" bewegten sich auch die Beispiele, die von Norbert Heuler, Frauke Bimberg, Maik Buttler und Gerd Jäger auf der Tagung vorgestellt wurden.

Den Abschluss des Vortragsprogramms bildete die Sektion *Kommunale Zwischenbilanzen*, die einerseits den Fokus noch einmal auf die denkmalpflegerische Praxis der Behörden zurückführte und andererseits die teils gravierenden Unterschiede illustrierte. Nicht zu unterschätzen sind hier Selbstverständnis und Geschichtspolitik der einzelnen Orte, die durchaus im Widerspruch zu den Eintragungsentscheidungen der landesbehördlichen Fachämter stehen können. Wenn auch mancherorts die Denkmalwürdigkeit der 1960er und 1970er Jahre besonders kritisch wahrgenommen wird, wie in Dresden, so konnte Bernhard

Sterra – der Leiter der Stadtdenkmalpflege – doch von einer vor Ort breiten Reflexionskultur zum Thema berichten. Anderenorts verschwinden die Nachkriegsbestände eher sang und klanglos, ohne größere Auseinandersetzungen. Beispielsweise widersprechen diese Relikte in Schwerin, Erfurt oder Suhl recht deutlich anderen und schließlich auch dominierenden Traditionsvorstellungen. In Potsdam und Halle/Saale keimt immerhin in den letzten Jahren Diskussionsbereitschaft auf. Von stadtkultureller Akzeptanz ist in Ostdeutschland wohl nur in Berlin sowie in Chemnitz zu sprechen. Die sächsische Industriestadt vermarktet sich seit langem offiziell als „Stadt der Moderne". Die Wertschätzung für die Architektur der Frühen Moderne färbt auf die Wahrnehmung der Späten ab. Thomas Morgenstern demonstrierte in seinem Vortrag, wie sich dies in der Pflege eines umfänglichen Ensembles – des Karl-Marx-Forums mit seinen angrenzenden Bereichen – positiv niederschlägt. Noch mehr als der Beitrag zu Leipzig (Peter Leonhardt) illustrierte der Rostocker, wie die Nachkriegsmoderne als eine Zeitschicht von vielen in den lokalen Traditionskanon integriert sein kann. Der Rostocker Stadtkonservator Peter Writschan betonte die schon damals von Eigensinn getragene bauliche Unterschiedlichkeit: eine regionalistische Materialwahl und eine besondere Anpassung beim Bauen in der Altstadt. Die Denkmalpflege für die Nachkriegsmoderne stellte Peter Writschan in ein gewissermaßen hanseatisches Heimatkontinuum seit dem 19. Jahrhundert.

Anstelle einer Zusammenfassung hatten die Organisatoren zum Tagungsende ein Podiumsgespräch anberaumt, in der Hoffnung, Ergebnisse der zweitägigen Veranstaltung herauszufiltern. Mit Sabine Schellenberg von der Unteren Denkmalbehörde Gera, den Landeskonservatoren Jörg Haspel (Berlin) und Holger Reinhardt (Erfurt) sowie dem Architekturhistoriker Roman Hillmann (Berlin) waren unterschiedliche Akteure auf das Podium gebeten worden, die auch eine geografische Spannweite zwischen Metropole und Flächenland abbildeten.

Die Widersprüchlichkeiten einer Denkmalpflege der ostdeutschen Nachkriegsmoderne wurden in etwa dem roten Faden der Sektionsthemen der Tagung folgend diskutiert: So stellt sich einerseits der Denkmalgegenstand Großwohnsiedlung aus der denkmalfachlichen Perspektive ganz anders dar als aus dem Blickwinkel einer Unteren Denkmalschutzbehörde in einer von anhaltenden Rückwärtstrends geprägten Region. Kulturelle Fürsorge und Denkmalschutz können vom strukturellen Rückzug nicht abgekoppelt werden, sie müssten in einer sinnvollen Relation zu ihrem

Umraum stehen, so Sabine Schellenberg. Andererseits würden sich die Positionen aber auch ergänzen, hielten Holger Reinhardt und Jörg Haspel entgegen, wenn beispielsweise neben den konkreten Erhaltungsbemühungen die Aufgabe des Wieder-Inwertsetzens des Großwohnsiedlungsbaus mehr in den Blick gerät. Lange vor dem Leerstand hätte ja die ästhetische, moralische, kulturelle Entwertung des Bestandes stattgefunden. Neben die Betrachtung dieser Gegenstände als „historischer Nachlass" bzw. als – nicht zwangsläufig denkmalwürdiges – Erbe solle im zweiten Schritt eine Denkmalinventarisation treten, die nach Möglichkeit aus einer flächendeckenden Kenntnis heraus operiert und abgesichert Denkmale benennt. Die Freude über einzelne „Entdeckungen" darf nicht vom Kriterium der Aussagekraft, beispielsweise von Typenbauten, ablenken: Wie oft und wo wurden sie gebaut? In welchen historischen und räumlichen Kontexten sind sie zu verstehen? Um solche Ansprüche an die Erfassungsarbeit kommt die Disziplin offensichtlich nicht herum. Die Nachvollziehbarkeit und Glaubwürdigkeit hängt davon ab.

Einig war man sich auch, dass der Ost-West-Vergleich zugunsten einer generationellen Betrachtung zurücktritt: Stark prägend für die heute Über-50-Jährigen war systemunabhängig die breite Abkehr von der Moderne in den 1980er Jahren, der wiederum Jüngere heute gern eine Revision der Postmoderne entgegenhalten. Die Entwicklung geht offenbar weiter. Die Zeit „arbeitet" gewissermaßen nun für die Architektur der Vorwendezeit der 1980er Jahre, die vom Podium als neu bevorstehende Aufgabe der Denkmalerfassung definiert wurde.

Auch das Handeln der Denkmalpflege selbst wurde ins Licht der Geschichtlichkeit gestellt. Einige der begleiteten Maßnahmen der 1990er Jahre zeugen heute von Hektik, Druck und wenig Erfahrung mit den ungewohnten Gegenständen. Eine gewisse in die Zukunft transportierte Andersartigkeit – die sich wohltuend von der trivialen WDVS-Ästhetik abhebt – ist zwar erreicht worden, gemessen an konservatorischen Authentizitätsanforderungen sind es nach Roman Hillmann allerdings Kompromisse gewesen. Auch das zeigt, wie stark sich innerhalb von etwa 20 Jahren die Wertschätzung erhöht hat und wie viel weniger man mittlerweile bereit ist, Abstriche zu akzeptieren. Auch möchte wohl kaum noch jemand der vor Jahren noch vielzitierten grundsätzlich nicht gegebenen Reparaturfähigkeit Glauben schenken. Jörg Haspel warnte vor übertriebenen Authentizitätsanforderungen, die so an keines der älteren Denkmale gestellt werden würden, bei der Nachkriegsmoderne aber oft von jenen vorgebracht würden, welche „die Moderne insgesamt obsolet reden wollen." Er erinnerte an die sich immer mehr verbessernden technischen Möglichkeiten und verwies auf die Potenziale, beispielsweise „denkmalverträgliche Baustoffe und Verfahren so attraktiv zu machen, dass sie in großen Umfängen hergestellt" und so zu günstigeren Preisen angeboten werden. Überhaupt betonte er die Lernfähigkeit der Bau- und Immobilienwirtschaft und warb auch für das lernende System Denkmalpflege – in der Hoffnung auf „Lösungen, die auch zukünftig als denkmalgerecht bezeichnet werden können."

Abgerundet wurde das Fachprogramm der Tagung mit zwei Abendveranstaltungen: einer

Doppelvernissage und einem Abendvortrag. Die tagungsbegleitenden Ausstellungen im Hauptgebäude der Bauhaus-Universität zeigten zum

Einen eine Postergalerie zu Forschungsprojekten und Abschlussarbeiten an der Professur Denkmalpflege und Baugeschichte, die sich mit der östlichen Nachkriegsmoderne beschäftigten[13], zum Anderen die mit *#NEUBAUWELT* betitelte fotografische Großserie von Martin Maleschka, einem jungen Cottbuser Dokumentaristen der Ostmoderne. Die teils begeisterten Reaktionen auf seine Arbeiten bewogen uns, eine Auswahl in Form eines Fotoessays in den vorliegenden Tagungsband aufzunehmen.

Den Abendvortrag hielt Jörg Haspel in seiner Funktion als Präsident des Deutschen Nationalkomitees von ICOMOS. Mit seinem Beitrag „SozRealismus und SozModernismus" stellte er eine ICOMOS-Initiative zu Erfassung, Erhaltung und Erschließung des Nachkriegserbes in Mittel- und Osteuropa vor und erweiterte das Vortragsprogramm um die wichtige und dieses Mal ansonsten etwas zu kurz gekommene internationale Dimension.

DANK__Zahlreiche Personen haben Tagung und Publikation großzügig unterstützt und dadurch überhaupt erst ermöglicht. Neben unserem Partner, der Wüstenrot Stiftung, danken wir dem Arbeitsstab neue Länder beim Bundesministerium für Wirtschaft und Energie sowie Iris Gleicke, der Beauftragten der Bundesregierung für die neuen Bundesländer, für die großzügige finanzielle Förderung des Bandes.

Ein herzlicher Dank für den großartigen Einsatz bei der gesamten Durchführung gebührt dem Team der Professur Denkmalpflege und Baugeschichte, das unter der Federführung von Cornelia Unglaub, Birgit Röckert und Kirsten Angermann die Tagungslogistik perfekt meisterte. Mit wertvollen Hinweisen in der Vorbereitung des Symposiums stand uns – wie schon zur ersten Tagung – Landeskonservator Jörg Haspel bei, wofür ihm herzlich gedankt sei. Zu ganz besonderem Dank sind wir den Referenten, Moderatoren und Diskutanten für ihr Engagement verpflichtet. Dass aus dem Ganzen ein Buch geworden ist, ist auch ein Verdienst des Verlegers des jovis Verlags, Jochen Visscher, und seines Teams.

Anmerkungen

1 Escherich, Mark (Hg.): *Denkmal Ost-Moderne. Aneignung und Erhaltung des baulichen Erbes der Nachkriegsmoderne*, Berlin 2012

2 Zuletzt Meier, Hans-Rudolf (Hg.): *Was bleibt? Wertung und Bewertung der Architektur der 1960er bis 80er Jahre.* Forum Stadt 42, Heft 1, 2015

3 Hopfner, Karin/Simon-Philipp, Christina/Wolf, Claus (Hg.): *grösser höher dichter. Wohnen in Siedlungen der 1960er und 1970er Jahre in der Region Stuttgart.* Stuttgart 2012

4 *Zwischen Scheibe und Wabe. Verwaltungsbauten der Sechzigerjahre als Denkmale.* Berichte zu Forschung und Praxis der Denkmalpflege in Deutschland Bd. 19. Wiesbaden 2012

5 *Klötze und Plätze. Wege zu einem neuen Bewusstsein für Großbauten der 1960er und 1970er Jahre.* Dokumentation der Tagung am 4. und 5. Juni im Rathaus Reutlingen, hrsg. vom Bund Heimat und Umwelt in Deutschland (BHU), Bonn 2012; Gisbertz, Olaf (Hg.): *Bauen für die Massenkultur. Stadt- und Kongresshallen der 1960er und 1970er Jahre.* Berlin 2015

6 Grignolo, Roberta/Reichlin, Bruno (Hg.): *Lo spazio interno moderno come oggetto di salvaguardia. Modern Interior Space as an Object of Preservation.* Mendrisio 2012

7 Hnilica, Sonja/Jager, Markus/Sonne, Wolfgang (Hg.): *Auf den zweiten Blick. Architektur der Nachkriegszeit in Nordrhein-Westfalen.* Berlin 2011; Hochbaudepartement Stadt Zürich (Hg.): *Bauten, Gärten und Anlagen – Inventarergänzung 1960 bis 1980.* Zürich 2013; Hanak, Michael: *Baukultur im Kanton Solothurn 1940–1980. Ein Inventar zur Architektur der Nachkriegsmoderne.* Zürich 2013

8 Projekt: Denkmalpflege an Bauten der DDR aus den 1960er und 1970er Jahren. Die in Vorbereitung befindliche Buchpublikation, hrsg. von der Wüstenrot Stiftung Ludwigsburg, verfasst von Roman Hillmann und anderen, wird 2016 erscheinen.

9 Zusammenstellung: http://www.uni-weimar.de/en/architecture-and-urbanism/chairs/denkmalpflege-und-baugeschichte/prof/denkmal-ost-moderne/

10 http://www.uni-weimar.de/de/architektur-und-urbanistik/professuren/denkmalpflege-und-baugeschichte/professur/aktuelles/aktuelles/titel/weimarer-appell-zur-erhaltung-der-neuen-mensa-der-tu-dresden/

11 Leider ist es nicht gelungen, die Beiträge von Jelica Jovanovic und von Volker Mund im vorliegenden Band zu dokumentieren.

12 Es sei beispielhaft auf Muck Petzets Biennale-Beitrag von 2012 hingewiesen, siehe http://reduce-reuse-recycle.de/; vgl. auch das Kolloquium anlässlich des 50-jährigen Jubiläums von ICOMOS Deutschland am 26. bis 28. November 2015 in Mainz „Denkmal – Bau – Kultur. Konservatoren und Architekten im Dialog".

13 Vgl. dazu auch die Schriftenreihe „Forschungen zum baukulturellen Erbe der DDR" (http://www.vdg-weimar.de/reihen/forschungen-baukulturelles-erbe/)

FOTOESSAY

Martin Maleschka, Architekt und Fotograf, dokumentiert seit Jahren akribisch Fassaden, Gebäude und Stadträume ostmoderner Provenienz. Er gehört zu der Generation, die mit der Architektur der Moderne groß geworden ist. Selbst in Eisenhüttenstadt in »der Platte« aufgewachsen, spürt er mit der Kamera den verschwindenden Bildern der eigenen Vergangenheit nach. Dabei geraten immer wieder abstrakte Muster, gleichförmig-serielle Strukturen und großplastische Baukörper in den Sucher. Unabhängig vom Sujet zelebriert Maleschka die spezifische Geometrie und Materialität der 1960er und 70er Jahre. So hebt er seine Motive nicht nur weit über das Gewöhnliche, sondern zeigt sie auch als Träger von Erinnerung.

Chesterfield

LUX
ROSA

19

BERLIN

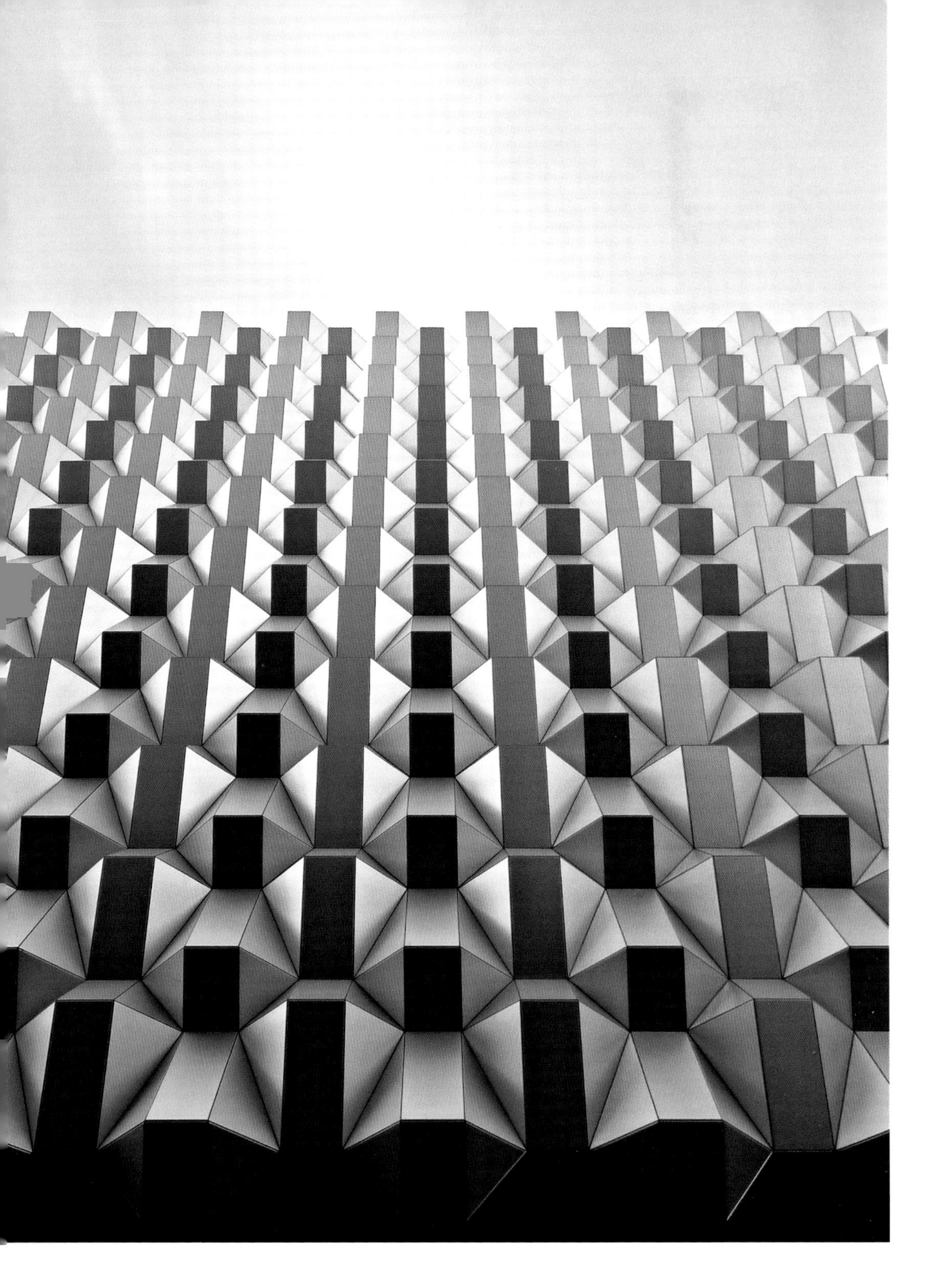

DISKURSE

STEINE DES ANSTOSSES. DDR-ARCHITEKTUR ZWISCHEN ALTLAST UND KULTURERBE_WOLFGANG KIL

„HASSERBLINDETE SIEGER"__Diese erste Kapitelüberschrift ist ein Zitat. Es stammt aus einem Leserbrief, den der Leipziger Maler Wolfgang Mattheuer im Juni 1999 in der *Zeit* veröffentlichte.[1] Anlass dafür war ein Skandal, der um die Jahrtausendwende die damals noch unverkennbar zwei deutschen Öffentlichkeiten erschütterte. Wer erinnert sich heute noch an den *Weimarer Bilderstreit*? Werke von DDR-Malern und -Grafikern, zumeist aus Depots und Magazinen zusammengetragen, waren von einem Architekturgeschichtsprofessor aus dem Westen zu einem Flohmarktpanorama vor müllgrauen Plastikbahnen aufgehängt worden. Der darauf folgende Aufschrei der Feuilletons kam hauptsächlich deshalb zustande, weil etliche der betroffenen Ost-Künstler, von solch aggressiver Ignoranz schon seit Jahren verfolgt, sich inzwischen Anwälte genommen hatten. Von nun an wurde prozessiert. Wegen öffentlicher Herabwürdigung.

Von Ost-Architekten war solches Aufbegehren gegen den in den ersten Vereinigungsjahren weithin als „normal" empfundenen Umgang mit dem Ost-Erbe nie so recht zu hören gewesen.[2] Jedenfalls nicht laut. Selbst spektakuläre Abrisse von Gebäuden aus DDR-Zeit verliefen ohne großes Aufsehen: keine Bürgerinitiative zur Rettung von Josef Kaisers Außenministerium, sein Hotel „Berolina" ohne Widerspruch aus der Denkmalliste entlassen. Keine Mahnwache vor Selmanagics Stadion der Weltjugend – etwa weil es früher mal Walter-Ulbricht-Stadion geheißen hatte? Als der sogenannte Fresswürfel demoliert wurde, hatten da die Dresdner überhaupt bemerkt, dass auch schon ihre Webergasse verschwunden war? Keine Leserbriefkampagnen gegen den Abriss der Interhotels – sang- und klanglos verschwand mit ihnen gleich ein ganzer, die Zentren prägender Gebäudetypus: rasend schnell das Magdeburger „International", dann das „Stadt Leipzig", schließlich auch das „Warnow" in Rostock; als letztes fiel 2006 das Berliner „Lindenhotel". Als dort gegenüber schon 13 Jahre zuvor das Lindencorso (immerhin Domizil der Bauakademie der DDR) einer Geschäftspassage hatte weichen müssen, waren ganze drei melancholische Feuilletons erschienen, und in denen war es auch nur um das verschwundene „Espresso" gegangen, jenes „Romanische Café" der alten Ostberliner Intelligenzija.

Erst als im Stadtzentrum Berlins die Beseitigung unliebsamer DDR-Relikte sich zu einer Strategie verdichtete und im Planwerk Innenstadt als großangelegte Revision einer ganzen Stadtepoche öffentlich erkennbar wurde, wurde Widerspruch vernehmbar. Dabei wäre der spätestens 1992 angebracht gewesen, als der damalige Baudirektor Hans Stimmann auf der „Constructa" in Hanno-

1_Dresden, Abriss des CENTRUM-Warenhauses Prager Straße, 2007

1

ver die Existenz von Architekten als Berufsgruppe in der DDR rundweg verneinte. Er hatte sie zu „Opfern eines baukulturellen Kahlschlags" erklärt, also zu Handlangern, die fachlich gerade mal eine simple Balkenkonstruktion berechnen könnten und von denen folglich nicht zu erwarten sei, „daß sich jemand kulturell überhaupt artikulieren kann, sich über Farben, Formen, Raumgrößen, über Beleuchtung, Ausstattung, Möbel und vieles andere differenzierend Gedanken macht. (...) Das Bildungsbürgertum mit seinen entwickelten Vorstellungen der Eßkultur, Bekleidung, des Konsums etc. ist eben weg."[3]

Im Juli 2000 kam es endlich zum lautstarken Eklat: Der von internationalen Protesten zwar verzögerte, aber letztlich doch vollzogene Abriss des „Ahornblatts", jenes imposant aufschwingenden Schalendaches auf der Fischerinsel, lockte eine breite, generations- wie fachübergreifende Gegnerschaft auf den Plan. Weil angeblich kein Nutzungskonzept zu finden war, hatte auch die Denkmalschutzbehörde klein beigegeben. Wochenlang gaben Plakate mit dem Skandalfoto der Schalenzertrümmerung an Wänden und Bauzäunen der City jedoch zu verstehen, dass mit diesem vandalistischen Akt die Berliner Bauverwaltung sich unwiderruflich in das Schuldbuch der europäischen Baugeschichte eingetragen hatte.

DER LETZTE PULVERDAMPF DES KALTEN KRIEGES__An dieser Stelle wäre eigentlich ein Exkurs zum Palast der Republik in Berlin-Mitte angebracht. Das jahrelange Ringen um den Erhalt bzw. die Ersetzung dieses wichtigsten Repräsentationsbaus der DDR spiegelt in allen Etappen die unterschiedlichen Positionen sowohl der Verteidiger als auch der Gegner wider, einschließlich des einschneidenden Generationswechsels der Akteure, dem die letzte, besonders spannende und sicher produktivste Phase der Auseinandersetzung zu verdanken war – die Aktionen der „Volkspalast"-Bewegung. Dass nicht einmal deren – gewissermaßen erlösende – Abwendung von allen ideologischen „Altlasten" und die spielerische Erkundung womöglich zukunftstauglicher Potenziale des kahlen Rohbaugerüstes die Abrissbefürworter stoppen konnten, lässt im Rückblick nur einen Schluss zu: Dies war kein Streit um Architektur. Der prominente Standort war zur Bühne für eine letzte Schlacht geworden. Es ging um Symbolisches, um die Siegestrophäe des Kalten Krieges. Da bleibt für Denkmalpfleger nichts zu pflegen.

FEINDBILD MODERNE__Es trägt zur entspannteren Betrachtung der historischen Lage bei, wenn man diesen einen Sonderfall nicht unnötig mit dem sonstigen Alltag baukultureller Auseinandersetzungen vermengt. Obwohl das nicht immer leicht fällt, denn die wilde Entschlossenheit, mit den Repräsentanzbauten der DDR gleich eine ganze Bauepoche tilgen zu wollen, ging schon früh zur Sache: 1992 waren einige Bundesbehörden in die Unter den Linden gelegenen Ministeriumsbauten der DDR gezogen, und flugs wurden die vormals strengen Rasterfassaden aus Beton mit modischen Steinplatten verkleidet. Wie die abstrakt-seriellen Bauprinzipien der 1960er Jahre ästhetische Bekenntnisse waren – weniger zum Sozialismus als vielmehr zur industriellen Moderne – hielten auch die Ergebnisse des nunmehrigen Facelifting eine Botschaft parat: die Rückkehr zu bürgerlichen Repräsentationsgesten. Auch wenn es auf die Schnelle nur zum biederen Pathos der Provinz reichte, Hauptsache: weg mit der „Arbeiter- und Bauernarchitektur"!

Doch halt, gegen die DDR als geschmacksverirrten Bauherrn schien es ja gar nicht immer zu gehen. War nicht die ehemalige Stalinallee ohne jedes Gezeter in den Rang eines nationalen Baudenkmals erhoben worden? Für eine ästhetische Korrektur des verkitschten Nicolaiviertels erhob sich ebenso wenig eine Stimme wie gegen den schon zu DDR-Zeiten als „grusinischer Bahnhof" verspotteten Friedrichstadtpalast.

Man darf nicht vergessen: Seit den 1980er Jahren kam moderne (oder besser: modernistische) Architektur überall auf der Welt unter Druck. Wenn nun in Ostdeutschland, wie auch in den übrigen postsozialistischen Staaten, diese ästhetische Umwertung mitunter hysterische Züge annahm, dann ist es wohl nicht falsch, dahinter schlicht Übersprungsreaktionen eines überforderten Publikums zu vermuten. Das hat die DDR-modernen Bauten kurzerhand mit dem überwundenen System identifiziert, weshalb der Bildersturm eigentlich zu erwarten war. Dass aus dem Westen importierte Entscheidungseliten sich nach „neuer Bürgerlichkeit" sehnten und also gleichfalls Abneigung gegenüber „Bauwirtschaftsfunktionalismus" und „Gleichmacherei" pflegten, gab dem demonstrativen Sinneswandel der vormaligen DDR-Bürger gleich noch einen Beigeschmack von „kulturellem Seitenwechsel". So ist das eben, wenn der Fürst zur nächsten Konfession übertritt.

Es ist für die Architekturgeschichte durchaus von Belang, dass der politische Systemwechsel zeitlich in das Debattenumfeld der Postmoderne fiel, in der ja etwa auch die Westberliner Nachkriegsmoderne schwer unter Druck geriet: Das Schimmelpfeng-Haus wurde durch einen Hotelturm ersetzt. Anstelle von Werner Düttmanns Kudamm-Eck plustert sich ein Hotelneubau. Das Bikinihaus musste erst zum Zitat seiner selbst verstümmelt werden, um nach Jahren schwerster Anfeindung jetzt als „gerettet" zu gelten. Hugh Stubbins' Kongresshalle (heute Haus der Kulturen der Welt) von 1957 hatte Glück, weil sie erstens ein bisschen im Abseits steht und zweitens ein Geschenk der Amerikaner ist. Stilistisch, also als Ausformung eines Ideals, war sie der antimodernen Fraktion schon immer ein Dorn im Auge. Wäre es nach Wolf Jobst Siedler gegangen, hätte es nach dem Dacheinsturz 1980 keine Wiederherstellung, sondern gleich die Entsorgung gegeben: „Das Ding war nie mehr als ein Nierentisch im Tiergarten, ohne geistiges Ordnungsdenken und stadtpolitische Zukunftsüberlegungen."[4]

Unter dem Banner solchen Ordnungsdenkens versucht eine leidlich bekannte Ideologenlobby nun schon seit Jahren, eine „Korrektur" von Scharouns Kulturforum durchzusetzen: Dort soll sich der Trick von der Ostberliner Fischerinsel noch einmal wiederholen: Es soll ja alles bleiben, wie es war, „nur" ein paar Winzigkeiten werden hinzugefügt, hie und da etwas „geradegerückt" – und schon ist das Planbild der Moderne überzeichnet.

Die krassesten Bilder solch einer revidierenden Überzeichnung lassen sich wohl in Dresden finden, wo insbesondere um die Prager Straße mit ähnlich titanischen Gesten gerungen wurde wie in Berlin um den Palast der Republik. Ein „Gruselkabinett städtebaulicher Sünden" hatte Ingolf Rossberg, erster Nachwende-Baubürgermeister der Elbmetropole beklagt, und sein Nachfolger Gunter Just trat mit rabiat korrigierenden Neubauten gegen die „soldatische Aneinanderreihung von Blöcken und Zeilen"[5] an. Weniger mit martialischem Vokabular, dafür mit präziser Hinterlist hat Siegbert Langner von Hatzfeldt schließlich dieser herausragenden Raumschöpfung des 20. Jahrhunderts gerade die Feinheiten der Ensemblekunst, und damit ihren spezifischen „Geist der Zeit", ausgetrieben: Die Verbinder zwischen den Hotels wurden willkürhaft „individualisiert", die Wasserbecken in todtrauriger Symmetrie auf Achse gebracht. Nun scheinen Leuchtenreihen wie zum Staatsakt angetreten, und mit verzweifelt aufgehäuftem Ramsch simulieren Kettenläden ein „Erlebnis öffentlicher Raum". Wo, wenn nicht hier, kann man lernen, wie winzig kurz er ist – der Schritt von *ästhetisch* zu *ideologisch*.

DAS GROSSE MONOPOLY – ALLES ZURÜCK AUF ANFANG__Doch um Architektur geht es genau genommen nur am Rande. In Wirklichkeit geht es

2_Dresden, Abriss der Großgaststätte „Am Zwinger“ (im Volksmund „Fresswürfel“ genannt), 2007 **3**_Dresden. Die markanten Waben des alten CENTRUM-Warenhauses als Formzitat am Ersatzneubau nach Entwurf von Peter Kulka, 2009

2

um viel mehr. Seit der „Wende“ wurden insbesondere die Zentrumsflächen ostdeutscher Städte auf einen Schlag eigentumsrechtlich neu verteilt. Das ist ein Vorgang, dessen folgenreiche Wucht nur mit der entgegengesetzten Aktion, der Verstaatlichung des Bodens im Zuge der DDR-Aufbaugesetze vergleichbar ist. Wie die zahlreichen, enorm raumgreifenden Wettbewerbe vor allem der 1990er Jahre bezeugen, hatten nun Planer noch einmal freie Hand, um tatsächlich Städtebau – konkret: Umbau der Stadt – zu betreiben.

Was wir in den zurückliegenden Jahren im Osten erlebten, war die energische Revision der nach den Prinzipien der Moderne gestalteten Stadt. Denn die hatte funktionell geplant (vernünftig), großzügig gegliedert (festlich) und auf gleichberechtigte Teilhabe aller bedacht (egalitär) sein sollen. Solch wohlmeinend verschwenderisches und von der Utopie universeller Machbarkeit beseeltes Leitbild ließ sich dort am besten umsetzen, wo privater Bodenbesitz keine Rolle spielte; deshalb sind vor allem sozialistische (oder sozialdemokratischen Leitbildern folgende) Städte von der Moderne so nachhaltig geprägt.

Schon mehr als 20 Jahre lang werden die (teilweise unvollendeten) Zentrumsplanungen der DDR-Zeit als „anmaßende Raumverschwen-

3

dung" und „nutzlose, windige Brachen" sturmreif denunziert. Was an deren Stelle unter dem Slogan „Urbanität ist Dichte" entstehen sollte, lässt sich in Dresden rings um das Rundkino oder südlich des Altmarktes inzwischen anschaulich studieren: Dort herrscht nunmehr ein bauliches Gedränge, als wäre aus dem „Dickicht der Städte" nie der sehnsuchtsvolle Ruf nach „Licht, Luft, Sonne" ergangen. Krasser konnte die gebaute Antithese zum Stadtideal der Moderne nicht ausfallen. Entscheidend war (und bleibt) der Rückgewinn jedes einzelnen, damals an die Öffentlichkeit „verschenkten" Quadratmeters Boden.

Wie sich zeigt, liegt dem gerne beschworenen Leitbild der „Europäischen Stadt" offenbar ein Missverständnis zugrunde. Deren entscheidende Qualität ist nicht in der drangvollen Enge ihrer Straßen und Plätze zu finden, sondern in deren Charakter, öffentlicher Raum zu sein. Und „öffentlich" zielt hier auf *Gleichheit* – nicht im Sinne des bürgerlichen Horrorbildes uniformierten Ameisentums, sondern im Idealsinn der revolutionären *Egalité*: Bürger einer Stadt zu sein bedeutet danach nicht, sich als *Bourgeois* möglichst effektvoll zu präsentieren, sondern sich als *Citoyen* zu bewähren und zu entfalten. Auf offener, jedermann zugänglicher Bühne. So gesehen, entsprachen die ganz andersartigen Stadtfiguren der Moderne den proklamierten Idealen der „Europäischen Stadt" eigentlich sehr viel eher als die bis zur Bordsteinkante privatisierte City heutiger Provenienz.

Es sind also die Inhalte, die die Form in Verruf bringen: Wenn die Devise der neuen Stadt nur noch Nehmen statt Geben heißt, wenn das Bodenpreisdiktat der 1A-Lagen dazu zwingt, ganze Zentrumsviertel für immer aggressiveren Warenverkehr zuzurichten, dann können die architektonischen Relikte der Moderne nur im Wege sein. Denen ist nämlich das Ideal stadtbürgerlicher Gleichheit buchstäblich ins Gesicht geschrieben.[6] Und damit geben sie in den Verteilungskämpfen der neoliberalen Konkurrenzgesellschaft schlicht das falsche Signal.

EPILOG_Doch das Zeitfenster, um die Topoi „architektonische Moderne" und „undemokratisches Regime" umstandslos miteinander verkoppeln zu können, schließt sich auch wieder. In zähen Auseinandersetzungen kämpfen hoch engagierte Bürgerinitiativen neuerdings für den Erhalt von Warenhäusern (in Dresden und Suhl leider vergeblich), des Dresdner Rundkinos und der Weimarer Mensa (beides erfolgreich) oder des Potsdamer Staudenhofs (Schonfrist bis auf weiteres). Die jetzt antretende Generation verteilt offensichtlich die ästhetischen Bonuspunkte neu. Weniger irritiert durch einen leibhaftig erfahrenen Systemwechsel, geht sie entspannter mit der jüngeren Vergangenheit um. Häuser werden wieder nach baukulturellen Qualitäten beurteilt, nicht nur als Verkörperungen böser Systeme oder irriger Ideen.

„Zunehmend erkennen auch Bauinvestoren das Marktpotenzial dieser Architektur", stellt Arnold Bartetzky fest und findet diese – sicher nur pragmatische – Neubewertung „für die Perspektiven der Ostmoderne ungleich wichtiger als alle Publikationen, Ausstellungen und Nostalgieprodukte zusammen"[7] Mit dem Staatsratsgebäude und dem Haus des Lehrers in Berlin führt er einige von Denkmalschutzauflagen quasi herbeigenötigte Vorreiter an, verschweigt tunlichst die leidlich misslungene Rettung des Kino „Kosmos", betont dafür die eindeutig mit dem Baudenkmal werbende Umnutzung des Café „Moskau", das heute laut Investorenwebsite als „Veranstaltungsort für exklusive Events ebenso wie für Shows und Partys" vermarktet wird.

Und dann nimmt Bartetzky jenen Faden auf, der direkt zu einer tatsächlich neuen Normalität führt: War auch der Abriss des Dresdner CENTRUM-Warenhauses nicht zu verhindern, so hat eine landesweit anschwellende Meinungsoffensive „pro Erhalt" zweifellos im nachträglichen Fassadenwettbewerb Peter Kulka mit seinem Wabenzitat zum Sieg verholfen. Noch deutlicher zeigt sich der neue Umgang bei den fast schon grotesken Vorgängen um die Wahrung des emblematischen Bildes des Leipziger KONSUMENT-Kaufhauses: „Ganz gegen den Zeitgeist der vergangenen Jahrzehnte triumphierte hier das Blech der sozialistischen Moderne über den Stein der Kaiserzeit. (...) Angesichts der Vorliebe meinungsbildender Akteure für die mitunter zu einem Kultbau erhobene ‚Blechbüchse' konnte sich aber der Investor von der Wiederverwendung der Aluminiumfassade die Erhöhung der Akzeptanz für das (...) stark umstrittene neue Einkaufszentrum versprechen."[8]

Praktische Umnutzung ist die eine wichtige Etappe bei der Substanzwahrung von Baudenkmalen. Kulturelle Akzeptanz stellt die andere, niemals geringere Herausforderung dar. Wenn, wie Thomas Topfstedt am Leipziger Fall feststellt, jetzt auch die DDR-Moderne schon das Zeug zur Spolie besitzt, hat sie wohl den entscheidenden Schritt in die Normalität baugeschichtlicher Bewertung und – gegebenenfalls – denkmalgerechter Behandlung geschafft.

ANMERKUNGEN

1 Vgl. Kunstsammlungen Weimar (Hg.): *Der Weimarer Bilderstreit. Szenen einer Ausstellung. Eine Dokumentation.* Weimar 2000, S. 211

2 Im Sommer 2011 versuchte erstmals der Architekt Wolfgang Hänsch, unter Verweis auf sein Urheberrecht die Zerstörung des Großen Saals im Dresdner Kulturpalast gerichtlich zu verhindern. Er unterlag in zweiter Instanz.

3 Stimmann, Hans. In: Senatsverwaltung für Bau- und Wohnungswesen Berlin (Hg.): *Pro Bauakademie – Argumente für eine Neugründung.* Berlin 1992, zit. nach Kil, Wolfgang: *Gründerparadiese. Vom Bauen in Zeiten des Übergangs.* Berlin 2000, S. 143

4 Zit. nach Kil 2000 (wie Anm. 3), S. 89

5 Just, Gunter: „Dresden, auf dem Weg zu einer neuen Schönheit". In: ders. (Hg.): *Bauplatz Dresden. 1990 bis heute.* Dresden 2003, S. 9

6 „Wer heute in Hochhäuser investiert, will eine Diva. Ein Hochhaus muss sich absetzen. Investoren wollen gar kein Ensemble." Senatsbaudirektorin Regula Lüscher zum Hochhausprojekt von Frank O. Gehry auf dem Berliner Alexanderplatz, zit. nach *Baumeister* 3/2014, S. 80

7 Bartetzky, Arnold: „Vom verschmähten Erbe zum Publikumsliebling? Ostmoderne im Blick von Investoren". In: Bartetzky, Arnold / Dietz, Christian / Haspel, Jörg (Hg.): *Von der Ablehnung zur Aneignung? Das architektonische Erbe des Sozialismus.* Wien/Köln/Weimar 2013, S. 169 ff.

8 Ebd., S. 175

REHABILITIERUNG DER DDR-NACHKRIEGSMODERNE. EINE DISKURSANALYSE_MONIKA MOTYLINSKA

In seinem Artikel „Das Ende der Nachkriegsarchitektur" behauptete 2009 der Architekturhistoriker und Journalist Nikolaus Bernau: „Eine der erfolgreichsten neueren Begriffsschöpfungen ist Ostmoderne."[1] Dieser Begriff und seine mediale Präsenz sollen im vorliegenden Beitrag genauer betrachtet werden.

Die Annäherung an die Problematik der Rehabilitierung der DDR-Nachkriegsmoderne wird in zwei Schritten erfolgen: zunächst wird eine Analyse des Begriffs „Ostmoderne" in den medialen Diskussionen durchgeführt. Im Weiteren wird die Debatte über den Umgang mit dem Staatsratsgebäude in Berlin herausgegriffen. An diesem Beispiel werden die Hauptstränge des Diskurses interpretiert.

Die folgende Untersuchung geht der Frage nach: Weshalb wird ein Bauwerk aus den ersten 30 Nachkriegsjahren gegebenenfalls für denkmalwürdig erachtet und erhalten oder weshalb nicht?[2] Dafür werden Debatten analysiert, welche sowohl in Fachkreisen als auch in der breiten Öffentlichkeit geführt wurden. Unter „Rehabilitierung" wird hier ein Bewertungswandel eines konkreten Gebäudes oder Ensembles verstanden; offensichtlich insbesondere in den Fällen, in welchen es einen klaren Wendepunkt in der Diskussion gab, beispielsweise, dass ein Abrissbeschluss zurückgezogen wurde. Es wird untersucht, welche Argumentationsstrategien dabei verwendet wurden und wie der Umwertungsprozess von der Öffentlichkeit rezipiert wurde.

Zweifelsohne tragen die medialen Debatten zur Steigerung der Erhaltungschancen der Bauwerke bei. Es soll betrachtet werden, in welchem Umfang und auf welche Weise die fachliche in die öffentliche Diskussion einfließt. Das Ziel ist, die Komplexität des Diskurses zu untersuchen und auf diese Weise das vereinfachende, bipolare Modell zu überwinden, in welchem „Pro" und „Contra", also die Positionen von Erhaltungsgegnern und Erhaltungsbefürwortern, konfrontiert werden.

Um sich diesem Ziel zu nähern, wird die interdisziplinär geprägte diskursanalytische Methode angewendet, welche sich den Sinnzusammenhängen und der performativen, also wirklichkeitskonstituierenden Funktion der Sprache sowie auch nichtsprachlichen Aspekten widmet.[3] Trotz ihrer Aktualität in mehreren humanistischen Disziplinen ist sie bislang in der Architekturgeschichte kaum etabliert.[4] Mit dieser Methode ist eine unvermeidbare Herausforderung verknüpft: Jede Untersuchung des Diskurses strebt eine Objektivierung der Problematik an, wird jedoch zugleich selbst zum Bestandteil des Diskurses, da die wissenschaftliche Beschäftigung mit den Begrifflichkeiten ihre Verwendung, Denotation und Konnotation prägt oder sogar bestimmt.

OSTMODERNE – BEGRIFFSANALYSE__Ein solcher Begriff ist jener der „Ostmoderne". Wie vom eingangs zitierten Nikolaus Bernau festgestellt, ist dieser Begriff durch die gleichnamige, von Andreas Butter und Ulrich Hartung 2004 kuratierte Wanderausstellung des Deutschen Werkbundes

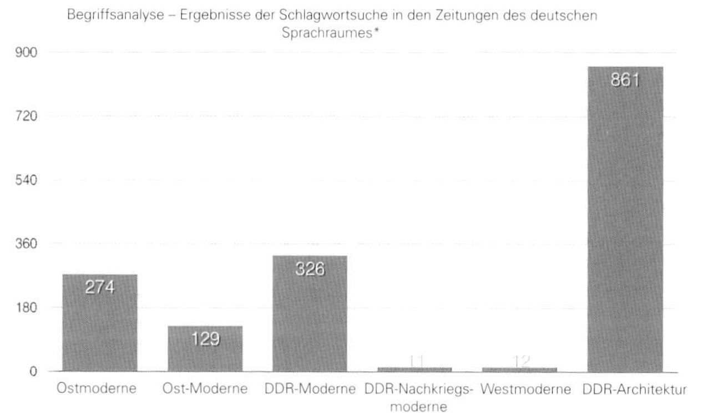

1

1_Ergebnisdiagramm der Begriffsanalyse – Ergebnisse der Schlagwortsuche in Zeitungen des deutschen Sprachraumes

Berlin und das Begleitbuch in die Architekturgeschichte eingeführt worden.[5] Der Begriff bezog sich dabei auf die Berliner Bauwerke aus den Jahren von 1945 bis 1965. Davor kam er bereits vor allem in der Literaturwissenschaft und Politikwissenschaft vor.[6]

Seitdem wurde er nicht nur in der Architekturforschung rezipiert – mit einer Bedeutungserweiterung, auf welche noch hingewiesen wird – sondern erreichte bekanntlich auch eine gewisse Popularität. Den primären Quellenkorpus für die hier vorgestellten Untersuchungen stellen die überregionalen und regionalen deutschsprachigen Zeitungen dar.[7]

Eine quantitative Analyse, deren Ergebnisse auf einer Schlagwortsuche basieren, scheint besonders relevant, um Umfang, Dauer und Bandbreite des Diskurses vertieft zu reflektieren (Abb. 1).

Bei der Auswertung der gesammelten Daten zeigt sich, dass bis auf die Boulevardzeitungen der Begriff der „Ostmoderne" (auch die Schreibweise mit Bindestrich[8]) in den Printmedien bereits etabliert ist. Das Gros der Erwähnungen bezieht sich dabei auf Berlin. Wie zu erwarten, kommt er deutlich häufiger in den regionalen Zeitungen aus den östlichen Bundesländern vor. In vier Fällen – der *Berliner Morgenpost*, in den beiden in Potsdam erscheinenden Zeitungen und in der *Lausitzer Rundschau* – schlug er sogar die „DDR-Moderne", also den Begriff mit einer bedeutend längeren Geschichte. Dagegen ist der Terminus „DDR-Nachkriegsmoderne" in die Tageszeitungen kaum eingeflossen und verblieb praktisch exklusiv in den fachlichen Diskussionen, neutral besetzt.[9]

Es ist dennoch zu beobachten, dass am häufigsten pauschalisierend von der „DDR-Architektur" geschrieben wird – unter jenem Schlagwort lassen sich auch Beiträge in der *Bild* und *B.Z.* finden.[10] In seltenen Fällen – und wie es scheint, als diskursive Antwort auf die „Ostmoderne" – ist von der „Westmoderne" die Rede, wenn die Nachkriegsmoderne in der BRD gemeint ist.[11]

Um von den Zahlen auf die Inhalte zu kommen: Bei der qualitativen Analyse liegt der Fokus auf ausgewählten, aussagekräftigen Quellen. Das Ziel ist, die Kontexte, in welchen die untersuchten Begriffe vorkommen, zu deuten. Wie anhand der statistischen Zusammenstellung deutlich wurde, fehlt im öffentlichen Diskurs – im Gegensatz zu den fachlichen Debatten – im Allgemeinen eine stilhistorische Differenzierung zwischen der DDR-Nachkriegsmoderne und der Architektur der stalinistischen Zeit. Das Schaffen beider Perioden wird vielmehr gleichwertig unter den Terminus „DDR-Architektur" subsumiert. Fernerhin wird der Umgang mit den architektonischen Zeugnissen der unmittelbaren Nachkriegszeit, also den Bauten, welche noch vor den Nationalen Bautraditionen entstanden waren, in der Öffentlichkeit grundsätzlich nicht problematisiert. In den Fällen, in denen auf die stilistischen Unterschiede verwiesen wird, findet eher eine Beurteilung zugunsten des stalinistischen Klassizismus statt, beispielsweise in Bezug auf den modernen Beginn (1949/50), den ersten (1951–1954) und zweiten Bauabschnitt (1959–1969) der Karl-Marx-Allee in Berlin. Dies wird durch die vermeintlich höheren ästhetischen beziehungsweise städtebaulichen Qualitäten begründet.[12]

Wie bereits erwähnt, betrifft ein großer Geltungsbereich der „Ostmoderne" Bauwerke aus dem Osten Berlins, denen auch die vorher erwähnte Ausstellung gewidmet war. Dies mag an der Beeinflussung durch den fachlichen Diskurs liegen, der sich vorrangig mit dem architektonischen Wettstreit zwischen Ost und West in der geteilten Stadt auseinandersetzt.[13] In den letzten Jahren fand eine Bedeutungserweiterung statt, wozu die erste Ost-Moderne-Tagung (Januar 2011, Weimar) maßgeblich beitrug. Der Fokus wurde nicht nur auf andere, außerhalb der Hauptstadt liegende Beispiele der DDR-Nachkriegsmoderne, sondern auch auf die Übereinstimmungen mit der Nachkriegsmoderne in anderen Ländern des ehemaligen Ostblocks gelenkt.[14]

Die Bandbreite der ausgewerteten Texte variiert von einer nüchternen Berichterstattung über die Schilderung der Standpunkte in den Debatten bis zu engagierten Polemiken in den Feuilletons. Eine besonders prominente Bühne für die Diskutierenden bieten auf der regionalen Ebene die drei Berliner Zeitungen (*Berliner Zeitung*, *Berliner Morgenpost*, *Der Tagesspiegel*), wobei in der *Berliner Zeitung* kontinuierlich auf das Erhaltungspotenzial der Nachkriegsmoderne verwiesen wird. Überregional sind das – speziell in Bezug auf die „DDR-Moderne" – die *tageszeitung*, die *Welt* und *Neues Deutschland*.

Es stellen sich dabei vier Narrationen heraus: erstens wird über das Architekturerbe der DDR gesprochen, häufig mit einem Kommentar oder einer Stellungnahme zu stattfindenden Diskussionen; zweitens sind das Berichte über ikonische Bauten der Ostmoderne. Die dritte Narration stellt die Problematik des Wohnungsbaus dar, vorwiegend in Bezug auf die Plattenbauten; schlussendlich handelt es sich gelegentlich um das Verschwindende oder um sogenannte Lost Places. Beim ersten Narrationsmodus lässt sich häufig eine der zwei folgenden Argumentationsstrategien feststellen: Entweder wird das architektonische Erbe der DDR grundsätzlich abgelehnt (besonders häufig aufgrund der angeblich mangelnden ästhetischen Qualität) oder es wird als etwas zu Unrecht Unterschätztes und Erhaltungswürdiges dargestellt. Dabei kann in den letzten Jahren – sowohl im wissenschaftlichen Diskurs, als auch in der Presse – eine neue Tendenz beobachtet werden: es wird betont, dass die Architektur der DDR-Moderne nicht mehr oder sogar deutlich weniger als die westdeutsche Nachkriegsmoderne vom Verschwinden bedroht ist.[15]

Die verwendete Sprache in den Artikeln mit polemischen Ansatz weist stets eine hohe sinnbildliche Komponente auf. Dazu gehört unter anderem die Verwendung der militärischen („Abrisskampagne"[16], „Feldzug"[17]), moralisch-religiösen („[DDR-]Exorzismus"[18], „Bausünde"[19]) und der medizinischen („Heilung [der Narbe]"[20], „homöopathische Behandlung"[21]) Metaphorik.

FALLSTUDIE – DAS EHEMALIGE STAATSRATSGEBÄUDE IN BERLIN__Für den diskursanalytischen Ansatz ist es vorteilhaft, die Berliner Debatten über die Erhaltung der Nachkriegsarchitektur zu beleuchten, da sie – zum Teil bedingt durch ihre historische Sonderstellung – am breitesten von der Öffentlichkeit wahrgenommen werden und dadurch generell die diskursiven Muster beeinflussen. Darüber hinaus fungieren die Bespiele aus Berlin, wie die Karl-Marx-Allee, beinahe als selbstständige rhetorische Figuren im Diskurs. Wie bereits erwähnt, sind die Fälle aus der Bundeshauptstadt auch in Bezug auf die Frage über den Umgang mit der DDR-Nachkriegsmoderne – sowohl in öffentlichen als auch in Fachdebatten – besonders prominent vertreten. Die Diskussion über das Schicksal des Palastes der Republik sowie die Proteste gegen den Abbruch des „Ahornblatts" sind in dieser Hinsicht als diskursive Knotenpunkte zu deuten und wurden von der Forschung ausführlich beschrieben und analysiert.[22]

Fast ebenso intensiv ereignete sich in den letzten zwei Jahrzehnten eine Diskussion in mehreren Kapiteln über den Umgang mit dem seit dem 5. April 1990 funktionslosen Gebäude des ehemaligen Staatsrats der DDR, welches sich in unmittelbarer Nähe des ehemaligen Standortes des Palastes der Republik befindet (Abb. 2). Es wurde 1962–1964 von Architekturkollektiven unter Leitung von Roland Korn, Hans-Erich Bogatzky und Klaus Pätzmann erbaut. Sollte man sich heutzutage über das Schicksal jenes Gebäudes seit der Wende informieren wollen, könnte man anhand der Lektüre der neueren Architekturführer[23] sowie des Wikipediaeintrags[24] oder einiger wissenschaftlicher Veröffentlichungen[25] zu der Überzeugung kommen, dass es sich hier – im Gegensatz zum abgerissenen Palast der Republik – um ein anerkanntes Werk, sogar eine Ikone der DDR-Nachkriegsmoderne handelt, welche durch den jetzigen Eigentümer (European School of Management and Technology) nachhaltig genutzt, gepflegt und bewirtschaftet wird, wobei „die in die Bausubstanz eingeschriebene historische Bedeutung dennoch weiterhin spürbar bleibt".[26]

Von den heftigen Kontroversen aus der Zeit unmittelbar nach der Wende, die im Folgenden genauer erörtert werden sollen, ist 20 Jahre später nichts mehr wahrnehmbar; als ob sie mit der Entscheidung für die Bewahrung des Bauwerks ganz erloschen wären. Bevor sie aber dargestellt werden, soll auf den Denkmalstatus in der Vergangenheit eingegangen werden. Laut einigen Presseartikeln[27], dem Wikipediaeintrag[28] sowie dem Architekturbüro Merz[29], das die Sanierung jenes Gebäudes durchführte, soll das Staatsratsgebäude 1993 unter Schutz gestellt worden sein – tatsächlich geschah dies jedoch noch zu DDR-Zeiten.[30] Erstaunlicherweise wird das genaue Jahr der Unterschutzstellung zwischen 1977 und 1983 in der Sekundärliteratur unterschiedlich angegeben.[31] Ein Faktum ist, dass dieses Gebäude in die „Liste der Denkmale von besonderer nationaler und internationaler Bedeutung" vom 25. September 1979 aufgenommen wurde, die sich auf das Denkmalpflegegesetz vom 19. Juni 1975 berief.[32] Das Staatsratsgebäude wurde in der vierten Kategorie „Denkmale des Städtebaus und der Architektur" unter dem ersten Punkt „Berlin – Hauptstadt der DDR" aufgeführt.[33] Von den Bauwerken der Nachkriegszeit kam außerdem nur das Hochhaus an der Weberwiese unter der gleichen Kategorie vor. Der sich in der Nähe befindende Fernsehturm wurde auf derselben Liste als Denkmal der Produktions- und Verkehrsgeschichte (dritte Kategorie) eingetragen.[34] Im Jahre 1983 fand die Eintragung in die Kreisliste statt.[35] Die Bestätigung des Schutzstatus erfolgte im Jahre 1990[36], das Gebäude samt der Gartenanlage wurde in die Berliner Denkmalliste aufgenommen, welche die ganze Stadt umfasst und 1995 veröffentlicht wurde.[37] Dies alles bezeugt, dass der Denkmalschutz der DDR-Nachkriegsmoderne nicht nur eine besondere inhaltliche Komplexität aufweist, was sich bei einer Zusammenführung zweier unterschiedlicher Rechtssysteme nicht vermeiden lässt, sondern dass auch ihre Erforschung stark von Unklarheiten betroffen ist. Ob die Tatsache, dass das Staatsratsgebäude bereits auf der Denkmalliste stand, als sich die Diskussionen um seine Zukunft ereigneten, wesentlich zur Erhaltung beitrug, bedarf weiterer Untersuchungen. In den bisher analysierten Quellen fand der Denkmalstatus kaum Erwähnung, zumindest in der öffentlichen Debatte.[38]

2

2_Das ehemalige Staatsratsgebäude, Berlin, 1962–1964

Zu DDR-Zeiten war der Sitz des Staatsrats für die Öffentlichkeit unzugänglich, bildete jedoch einen festen Punkt in den touristischen Beschreibungen des Berliner Stadtzentrums, was sich in den Reiseführern widerspiegelte.[39] Die meisten Beschreibungen konzentrierten sich auf das von außen wahrnehmbare barocke Portal, das ursprünglich aus dem Berliner Schloss stammte und von dessen Balkon angeblich Karl Liebknecht 1918 die Räterepublik proklamiert hatte.[40] In einigen Schriften kamen auch spärliche Informationen über die Innenausstattung vor, welche für die meisten Besucher der DDR-Hauptstadt unsichtbar blieb.

Nach der Wende wurde im Laufe der Debatte über die Hauptstadtplanung der Abriss des Staatsratsgebäudes neben dem des Ministeriums für Auswärtige Angelegenheiten sowie des Palastes der Republik beschlossen. Das war am 1. Juni 1994.[41] Die Ergebnisse des Spreeinsel-Architekturwettbewerbs und der Namenswechsel des Marx-Engels-Platzes zu „Schlossplatz" am 15. November 1994 lieferten weitere Beweise für die politische Entscheidung gegen die Präsenz des DDR-Erbes auf der Spreeinsel und sorgten zugleich für Kritik seitens der lokalen Presse.[42] Zu einem Wendepunkt wurde die von Harald Bodenschatz, Simone Hain und Max Welch Guerra im Sommer 1994 initiierte Erhaltungsaktion.[43] Die Petition gegen den vorgesehenen Abbruch wurde von „über 80 Stadtplanern, Historikern und Architekten aus ganz Deutschland sowie aus dem Ausland" unterzeichnet und erschien in gekürzter Fassung in der *Bauwelt*.[44] Man betonte zum einen den ästhetischen, zum anderen den politisch-geschichtlichen Wert jenes Bauzeugnisses. Dabei wurde die Verwendung der Spolie aus dem Berliner Schloss hervorgehoben. Allerdings lag der Fokus der Argumentation auf der Kritik des städtebaulichen Ansatzes, welcher sich hinter den Spreeinsel-Wettbewerbsvorgaben verbarg und dem Prinzip der „kritischen Rekonstruktion" folgte.[45] Es wurde für eine urbanistische „Lösung ohne Bilderstürmerei" plädiert[46], was als ein verschleierter Einwand gegen die generelle, politisch motivierte Ablehnung der DDR-Architektur zu deuten war.

Bereits 1993 wurde von Harald Bodenschatz, Johannes Geisenhof und Dorothea Tscheschner ein Gutachten verfasst, das zusätzlich den wirtschaftlichen Aspekt behandelte und resümierte, dass eine Sanierung günstiger als ein ministerialer Neubau wäre.[47] Die regionale und überregionale Presse spielte eine bedeutende Rolle im Prozess der Rehabilitierung jenes umstrittenen architektonischen Erbes. Dank der Diskussion kam die vielschichtige Problematik der DDR-Architektur zur öffentlichen Geltung und bot den Abrissgegnern eine Bühne, von der sie die Öffentlichkeit für ihre Erhaltungsinitiative interessieren konnten.[48] Für einen unbeteiligten Betrachter schwer durchschaubare Entscheidungsprozesse – auch in den späteren Kapiteln der Debatte – konnten somit verfolgt werden.

Des Weiteren wurde dank einer temporären Nutzung für Ausstellungen und Symposien, die der städtebaulichen und architektonischen Problematik gewidmet waren, das Staatsratsgebäude in den Jahren 1992 bis 1999 selbst zu einem Diskussionsforum.[49] Auch diese Tatsache wurde von der Initiative gegen den Abriss unterstrichen, denn die „neue Verwendung", die „der Bau nach Ende seiner staatlichen Nutzung" fand, sollte „zumindest das Nachdenken über eine funktionelle Neubestimmung offen halten".[50] Zudem residierte in diesen Räumlichkeiten der Umzugsbeauftragte der Bundesregierung.[51] Dann folgte die politische Entscheidung, die zu einer Zwischennutzung als Sitz des Bundeskanzlers in den Jahren 1999 bis 2001 führte.[52] Die zunächst um 1998 durchgeführten Instandsetzungsarbeiten wurden nur an wenigen Stellen in der Fachliteratur erwähnt.[53]

Nach dieser Periode begann die von den örtlichen Printmedien sehr genau verfolgte Suche nach einer dauerhaften Verwendung für das Bauwerk. Laut den Presseberichten bestand der spätere Besitzer, die European School of Management and Technology, konsequent darauf, sich im ehemaligen Staatsratsgebäude und keinem anderen Bau, der von den Berliner Bezirken vorgeschlagen wurde, niederzulassen. „Wenn die ESMT das Staatsratsgebäude nicht bekommt, wird es sie in Berlin nicht geben" hieß es.[54] Dies fand Zuspruch in der Landesregierung und der Bundesregierung (der Bund war der Eigentümer der Immobilie) und die private Hochschule übernahm 2002 das Gebäude in Erbpacht. Eine umfassende Sanierung des Bauwerkes fand 2004/05 statt.[55] Dies wurde nicht nur in den Fachkreisen, sondern auch in zahlreichen Presseveröffentlichungen – je nach Zeitung kritisch oder mit Amüsement – als „Ironie der Geschichte" bezeichnet.[56]

Im öffentlichen Diskurs fehlte jedoch – bis auf vereinzelte Hinweise – Kritik daran, dass diese Nutzung weder der Empfehlung des Landesdenkmalrats[57] vom September 2001 entsprach noch jener der Internationalen Expertenkommission „Historische Mitte Berlin" vom November desselben Jahres. Der Landesdenkmalrat warb für „eine öffentliche Nutzung durch Institutionen, die der politischen Bildung und Aufklärung, der Völkerverständigung, der Jugendarbeit oder vergleichbaren allgemeinnützigen Zwecken dienen".[58] Die Kommission nahm eine analoge Position ein und sprach sich gegen eine ausschließlich kommerzielle Nutzung aus, denn: „Bei diesem Gebäude handelt es sich um einen öffentlichen und historischen Ort, dessen zeitgeschichtliche Bedeutung durch die dort präsentierten Angebote (Ausstellungen und Veranstaltungen) wirksam werden sollte. Gleichzeitig kann eine solche öffentliche Nutzung des Gebäudes als Ort interkultureller Kommunikation eine Brückenfunktion zwischen Ost und West in der ehemals geteilten Hauptstadt erfüllen."[59] Stattdessen wurde eine Mischnutzung durch die Bundeszentrale für politische Bildung sowie durch „die Berliner Senatsverwaltung für Wissenschaft, Forschung und Kultur, die das prospektive Vorhaben ‚Denkbox/ InfoVision' realisieren möchte", vorgeschlagen, sowie „ein Netzwerk von architekturbezogenen Institutionen und Einrichtungen, die sich mit dem Projekt Bauakademie befassen."[60]

Den Befürwortern des Abrisses des Staatsratsgebäudes diente dann offensichtlich die Erhaltung jenes Bauwerks als Legitimation für die Umgestaltung des ganzen baulichen Ensembles, die mit der Schleifung des Palastes der Republik (2006/08) und des Ministeriums für Auswärtige Angelegenheiten (1995) verbunden war. Schließlich seien durch die Erhaltung des Staatsratsgebäudes doch alle historische Schichten sichtbar, auch die DDR-Moderne.[61] Interessant in dieser Hinsicht sind jene Darstellungen des Gebäudes, in denen in erster Linie das barocke

3_Vorhang im ehemaligen Festsaal, dem heutigen Hörsaal der ESMT im Staatsratsgebäude

Portal zur Geltung kommt. Denn dabei wird deutlich, dass die Strategien der Rehabilitierung zweigleisig sein können. Zum einen kann es sich um eine auf architekturhistorischen Untersuchungen basierende Aufwertung der DDR-Nachkriegsmoderne handeln, wie dies in den zuvor erwähnten Gutachten geschieht. Zum anderen jedoch erfolgt die Umwertung – wie in diesem Fall – durch die Lenkung der Betrachtungsweise auf eine andere, vermeintlich konsensfähige Stilepoche.

Im Jahr 2012 rückte das Gebäude erneut in das mediale Visier, als infolge von fachlichen Protesten und vor allem der Intervention des Berliner Landesdenkmalrats die Planungen, vor dem Bauwerk eine Repräsentanz des Thyssen-Krupp-Konzerns zu errichten, abgelehnt wurden. Ein Neubau hätte die Spolie des Schlossrisaliten verstellt und somit die gesamte Bauidee des Baudenkmals unverständlich gemacht. Darüber wurde neutral oder sogar mit einem zustimmenden Ton berichtet, diesmal mit deutlichem Verweis auf die positive Rolle des Landesdenkmalrats.[62]

Ein Jahr später sammelte die *B.Z.* Meinungen zum Vorhandensein von DDR-Wappen im öffentlichen Raum und deren Legitimität, mit einer Präferenz für die Stimmen empörter Bürger.[63] Dies wurde mit einer Abbildung eines ehemaligen Festsaals des Staatsratsgebäudes – einem heutigen Hörsaal der ESMT – illustriert, in dem das Staatswappen mit Hammer und Zirkel zu sehen ist. Allerdings – was in der Zeitung nicht erwähnt wurde – befindet sich in diesem Raum ein Vorhang, mit dem man gegebenenfalls das Mosaik zudecken könnte (Abb. 3).

Ein viertes Kapitel der Diskussion über den Umgang mit dem Staatsratsgebäude wurde noch nicht geschrieben: In den kommenden Jahren soll sich nicht nur entscheiden, welche Nutzung für den – wie bereits erwähnt, bislang großenteils leerstehenden – westlichen Teil des Baus

3

gefunden wird (Abb. 4), sondern auch, was mit dem östlich gelegenen Nebengebäude geschehen wird.[64] Der im Winter und Frühjahr 2014 erfolgte Abriss des ehemaligen Bauministeriums der DDR südlich vom Staatsratsgebäude sowie die geplante Umgestaltung des Quartiers um den ehemaligen Petriplatz ziehen eine weitere gravierende Veränderung des städtebaulichen Kontextes nach sich. Zwar wird das rehabilitierte Staatsratsgebäude als eines der wenigen Relikte der DDR-Nachkriegsmoderne auf der Spreeinsel verbleiben, was den historischen Kontext – die ehemaligen Repräsentationsbauten des ostdeutschen Staates – anbelangt, jedoch als Solitär.

4_Teilweise unsanierter Westflügel des Staatsratsgebäudes, Zustand Februar 2014

Für die Analyse der Diskussionen über den Umgang mit dem ehemaligen Staatsratsgebäude bieten sich zahlreiche Vergleiche und Kontexte an. Ausgehend von anderen Debatten mit Wendepunkt, welche die DDR-Nachkriegsmoderne betrafen, wie jene über die Mensa am Park in Weimar, über die Problematik des DDR-Architekturerbes in den Stadtzentren angesichts der Rekonstruktionsdebatten bis hin zur Problematik der städtebaulichen Ensembles der Nachkriegsmoderne – die, wie auch in Westdeutschland, weitgehenden Veränderungen unterliegen. Das gilt besonders für solche Fälle, in welchen die Erhaltung einzelner Bauwerke als Rechtfertigung für das Verschwinden des Ganzen diente. In Anbetracht der Debatten über das Staatsratsgebäude wird deutlich, dass bis auf wenige Ausnahmen[65] der Diskurs sich vom Objekt trennt, was bedeutet, dass nicht die Architektur, sondern andere Kontexte – wirtschaftliche, politische oder historische – im Vordergrund stehen.

4

FAZIT_Die Schicksale der konkreten Bauwerke sind in der allgemeinen Debatte über den Umgang mit der DDR-Nachkriegsmoderne verhaftet. Verflochtene Stränge des Diskurses und lange Zeitspannen erfordern sicherlich eine kontinuierliche Beschäftigung mit dieser Thematik. Dass die Diskussion über die Zukunft jenes Bauerbes längst nicht abgeschlossen ist, bezeugen neuere Presseberichte (Frühjahr 2014) – nicht nur über die Hochhausplanung am Alexanderplatz, sondern auch beispielsweise die Potsdamer Debatte über den Staudenhofwohnblock.

Die in der Fallstudie über das Staatsratsgebäude beleuchteten Strategien der Rehabilitierung der DDR-Nachkriegsmoderne liefern ein (verhältnismäßig seltenes) Beispiel für die Umwertung der Nachkriegsarchitektur. Die untersuchten Debatten spielten sich in einer medialen Szene ab, die zuvor kurz in Hinblick auf die dort existierenden Begrifflichkeiten sowie die Durchdringung des fachlichen und öffentlichen Diskurses charakterisiert wurden. Dabei handelt es sich um keine starren Strukturen oder Muster, sondern um dynamische Prozesse, welche – nicht nur in Bezug auf die DDR-Nachkriegsmoderne – von variierenden Konjunkturen abhängig sind. Aus diesem Grund ist die Benennung der konkreten Praktiken und Vorgehensweisen ein Ansatz, der – für weitere Vergleichsanalysen – stets revidiert und aktualisiert werden muss. In zukünftigen Untersuchungen sollten vor allem Unklarheiten, Bruchstellen und Diskontinuitäten betrachtet werden, um die Aufmerksamkeit für die Selektivität der Wahrnehmung, veränderte Argumentationsstrategien und eventuelle Manipulationen zu schärfen. Schließlich besteht eine tiefe Kluft zwischen einer Inwertsetzung und einer Dekontextualisierung oder einer Dehistorisierung der Nachkriegsmoderne.[66]

ANMERKUNGEN

1 Bernau, Nikolaus: „Das Ende der Nachkriegsarchitektur". In: *Berliner Zeitung*, 27.07.2009

2 Seit Juni 2012 beschäftigt sich die Autorin des vorliegenden Aufsatzes im Rahmen ihrer Dissertation unter Betreuung von Prof. Dr. Adrian von Buttlar an der Technischen Universität Berlin mit der Problematik des Umgangs mit der Nachkriegsarchitektur in Deutschland. Das Vorhaben hat einen diskursanalytischen Ansatz.

3 Dazu vor allem: Foucault, Michel: *Die Ordnung des Diskurses*. Frankfurt am Main 2003; außerdem einleitend: Schiffrin, Deborah / Tannen, Deborah / Hamilton, Heidi Ehernberger: *The Handbook of Discourse Analysis*. Malden, Mass. 2001; sowie: Dreesen, Philipp: *Mediendiskursanalyse: Diskurse – Dispositive – Medien – Macht*. Wiesbaden 2012

4 Eine der wenigen Ausnahmen stellt die Dissertation von Guido Brendgens dar (Brendgens, Guido: *Demokratisches Bauen: Eine architekturtheoretische Diskursanalyse zu Parlamentsbauten in der Bundesrepublik Deutschland*. Aachen 2008).

5 Butter, Andreas / Hartung, Ulrich: *Ostmoderne: Architektur in Berlin 1945–1965*. 2., verb. Aufl., Berlin 2005

6 Vgl. u. a.: Wehdeking, Volker: *Generationenwechsel: Intermedialität in der deutschen Gegenwartsliteratur*. Berlin 2007, S. 41; Grimm, Erik: „Der Tod der Ostmoderne oder Die BRDigung des DDR-Untergrunds: Zur Lyrik Bert Papenfuß-Goreks". In: *Zeitschrift für Germanistik*, 1/1991, S. 9–20 (Literaturangabe nach: Berbig, Roland: *Der Lyrikclub Pankow: literarische Zirkel in der DDR*. Berlin 2000; oder Zürcher, Christoph: *Aus der Ostmoderne in die Postmoderne: Zum Wandel in der früheren Sowjetunion* (Arbeitspapiere des Osteuropa-Instituts der Freien Universität Berlin/Arbeitsbereich Politik und Gesellschaft, Bd. 16). Berlin 1998)

7 Die Suche wurde im Dezember 2013 und Januar 2014 in der Online-Datenbank WISO von GBI-Genios Deutsche Wirtschaftsdatenbank GmbH (http://www.wiso-net.de/webcgi?START=03A&SEITE=amedien.tin), welche Hunderte von Zeitungen des deutschen Sprachraumes umfasst, durchgeführt.

8 Die Unterscheidung der Schreibweisen, also mit und ohne Bindestrich, wurde hier vornehmlich aus pragmatischen Gründen durchgeführt, um möglichst präzise Suchergebnisse zu erzielen.

9 Daher wird er im Titel des Beitrags verwendet.

10 Vgl. u. a.: „Kuratorium rät: Vorsicht bei DDR-Architektur". In: Bild.de, 27.05.2011, http://www.bild.de/regional/dresden/dresden-regional/kuratorium-raet-vorsicht-bei-ddrarchitektur-18118088.bild.html, Zugriff 12.12.2013; „Landesdenkmalrat gegen Glaswürfel am Schlossplatz". In: Bild.de, 27.06.2012., http://www.bild.de/regional/berlin/berlin-regional/landesdenkmalrat-gegen-glaswuerfel-am-schlossplatz-24873596.bild.html, Zugriff 17.12.2013; Kittan, Thomas: „Hier demonstriert Kulturchef Flierl (PDS) gegen den Palast-Abriß. Senator Ewig-Gestrig". In: *B.Z.*, 20.11.2005

11 Vgl. u. a.: „Westmoderne teurer als Ostplatte. München am teuersten: So teuer ist Wohnen in Deutschland." In: *Bild*, 26.09.2007

12 Vgl. u. a.: Schubert, Marko: „Boulevard der zerbrochenen Träume." In: Spiegel Online, 30.10.2009, http://einestages.spiegel.de/static/authoralbumbackground/5124/boulevard_der_zerbrochenen_traeume.html, Zugriff 19.01.2014; Beispiele dafür finden sich auch in der populären Erinnerungsprosa wie: Byrne, David: *Bicycle Diaries: Ein Fahrrad, neun Metropolen*. Übers. von Brigitte Jakobeit, Frankfurt am Main 2011, S. 78

13 Zuletzt ist u. a. erschienen: Von Buttlar, Adrian / Dolff-Bonekämper, Gabriele / Wittmann-Englert, Kerstin: *Baukunst der Nachkriegsmoderne. Architekturführer Berlin 1949–1979*. Berlin 2013 (mit einer weiterführenden Bibliografie)

14 Escherich, Mark (Hg.): *Denkmal Ost-Moderne: Aneignung und Erhaltung des baulichen Erbes der Nachkriegsmoderne* (Stadtentwicklung und Denkmalpflege, Bd. 16). Berlin 2012

15 Als Beispiel im wissenschaftlichen Diskurs siehe u. a.: Bartetzky, Arnold: „Wie unbequem sind die Baudenkmale des Sozialismus?" In: Koelling, Veronica / Krueger, Heiko / Palubicka, Kamila u. a. (Hg.): *Unbequeme Baudenkmale des Sozialismus: Der Wandel der gesellschaftlichen Akzeptanz im mittel- und osteuropäischen Vergleich*. Berlin 2013, S. 40–48; In der Presse wird diese These u. a. durch den bereits zitierten Nikolaus Bernau vertreten („Wen interessiert schon der Westen?" In: *Berliner Zeitung*, 20.11.2007; „Ende der Nachkriegsachitektur". In: *Berliner Zeitung*, 27.07.2009).

16 Vgl. u. a.: Bartetzky, Arnold: „Sachsens Baupolitik". In: *Frankfurter Allgemeine Zeitung*, vom 17.12.2007

17 Vgl. u. a.: Franke, André: „Debatte um die Berliner Innenstadt: ‚Feldzug gegen die Moderne'". In: *die tageszeitung*, 28.03.2012, http://taz.de/Debatte-um-die-Berliner-Innenstadt/!90459/, Zugriff 26.12.2013

18 Vgl. u. a.: Klaasen, Lars: „Keine Alternative zur Platte". In: *die tageszeitung*, 04.02.1995; Diez, Georg: „Der Kritiker: ‚Aufstand der Zombies'". In: Spiegel Online vom 14.06.2013, http://www.spiegel.de/kultur/gesellschaft/kolumne-von-georg-diez-ueber-das-berliner-stadtschloss-a-905705.html, Zugriff 12.12.2013

19 Vgl. u. a.: Schweitzer, Eva: „Wie historisch wird die alte Mitte Berlins? Ein Spaziergang Unter den Linden vom Pariser Platz bis zum Kronprinzenpalais". In: *Der Tagesspiegel*, 29.07.1996

20 Vgl. u. a.: Sabrow, Martin: „Verschwindende Brüche". In: *Potsdamer Neuste Nachrichten*, 19.01.2012; Westphal, Dirk: „Bau auf, bau auf!" In: *Welt am Sonntag*, 20.05.2012

21 Vgl. „Die homöopathische Behandlung einer kranken Stadt". In: *Immobilien Zeitung*, 19.08.2010

22 Die Literatur zur sogenannten Schloss-Palast-Debatte ist zu ausführlich, um an dieser Stelle vollständig aufgeführt zu werden. Exemplarisch seien hier folgende Publikationen erwähnt, welche von verschiedenen Standpunkten aus die Diskussionen analysierten: Schug, Alexander (Hg.): *Palast der Republik: politischer Diskurs und private Erinnerung*. Berlin 2007; Falser, Michael S.: *Zwischen Identität und*

Authentizität: zur politischen Geschichte der Denkmalpflege in Deutschland. Dresden 2008; Binder, Beate: *Streitfall Stadtmitte: der Berliner Schlossplatz.* Köln 2009
In einer Dissertationsschrift aus dem Fachbereich Politik- und Sozialwissenschaften von Alexander Barti lassen sich viele Verweise auf die Presseartikel aus den 1990ern finden, die teilweise die Zukunft des Staatsratsgebäudes betrafen; jedoch setzt sich der Autor nicht mit den denkmalpflegerischen und architekturhistorischen Kontexten auseinander und kommt zu einem tendenziellen Schluss, „dass der geplante – und vom Bundestag gewünschte – Wiederaufbau des Berliner Stadtschlosses in Form des so genannten ‚Humboldt-Forum' in seiner vielschichtigen Interpretationsmöglichkeit eine ideale Metapher für die Berliner Republik" darstelle (Barti, Alexander: *„Geschenk für die Seele des Volkes" – herrschaftliche Architektur befriedet das Volk?!* Berlin 2008, http://www.diss.fu-berlin.de/diss/receive/FUDISS_thesis_000000003469, Zugriff 05.03.2014).
In Bezug auf das „Ahornblatt" sind die Arbeiten von Tanja Seeböck besonders relevant. Sie beschäftigt sich in ihrer Dissertation sowie in mehreren Aufsätzen mit der Umwertung der Bauwerke von Ulrich Müther, darunter auch das „Ahornblatt" (siehe u. a. Seeböck, Tanja: „Die Betonschalen von Ulrich Müther zwischen Ablehnung und Wertschätzung. Imagewandel und Beispiele der gesellschaftlichen Rezeption". In: Escherich 2012 (wie Anm. 14), S. 226–239).

23 Vgl. u. a.: Elwers, Reiner (in Zusammenarbeit mit dem Landesdenkmalamt Berlin): *Berlins unbekannte Kulturdenkmäler: Architektur, Gartenkunst und Geschichte entdecken und erleben.* Hamburg 1998, S. 22–24

24 „Staatsratsgebäude". In: Wikipedia.de. 2014, http://de.wikipedia.org/w/index.php?title=Staatsratsgeb%C3%A4ude&oldid=125710783, Zugriff 26.01.2014

25 Meuser, Philipp: *Schlossplatz Eins: European School of Management and Technology = Schlossplatz One: European School of Management and Technology.* Berlin 2006 (diese Publikation ist eine erweiterte Fassung von: Meuser, Philipp: *Schlossplatz 1: Vom Staatsratsgebäude zum Bundeskanzleramt* (mit dem Vorwort von Hans Stimmann). Berlin 1999); sowie Danesch, Steve: *Zum Umgang mit dem städtebaulichen Erbe der DDR-Moderne in Berlin-Mitte* (veröff. Diplomarbeit 2010). München 2011

26 Markgraf, Monika / Oelker, Simone / Schwarting, Andreas u. a. / Wüstenrot-Stiftung (Hg.): *Denkmalpflege der Moderne: Konzepte für ein junges Architekturerbe.* Stuttgart 2011, S. 122

27 Vgl. u. a.: „Früheres Staatsratsgebäude". In: *Nordkurier* vom 04.02.2006

28 Staatsratsgebäude (wie Anm. 24)

29 hg merz.com. http://hgmerz.com/loader.html, Zugriff 05.03.2014

30 Michael Mönninger schrieb allerdings 1994: „Bereits 1992 hatte der Berliner Landeskonservator Helmut Engel gefordert, die Berliner Mitte mit dem Palast der Republik und dem Staatsratsgebäude unter Schutz zu stellen. Prompt wurde der Denkmalschützer auf einen Beraterposten als Oberaufseher in der Berliner Denkmalbehörde weggelobt." (Mönninger, Michael: „Stützpunkte der Seele". In: *Der Spiegel* 40/1994, S. 67

31 Exemplarisch sei hier hingewiesen auf: 1) 1977: Kroos, Peter / Marx, Andreas: „Das ehemalige Staatsratsgebäude am Schlossplatz". In: Kotzur, Marlene / Landesdenkmalamt Berlin (Hg.): *Dorfkern – Altstadt – Denkmalpflege: Traditionsorte in der Metropole.* Berlin 1999, S. 19–23, hier S. 22; 2) 1979: Topfstedt, Thomas: *Der Verlust der Gegenstände: Anmerkungen zum Umgang mit der baulichen Hinterlassenschaft der DDR nach 1990.* http://www.stadtforum-leipzig.de/konzepte/fachbeitraege/Fachbeitrag_Topfstedt_Umgang_DDR.pdf, Zugriff 05.03.2014; 3) 1983: Denkmaldatenbank / Senatsverwaltung für Stadtentwicklung Berlin. http://www.stadtentwicklung.berlin.de/cgi-bin/hidaweb/getdoc.pl?USER=test123;amp=;amp=;amp=;amp=;amp=;amp=;amp=;DOK_TPL=lda_doc_ausw.tpl;LIST_TPL=lda_ausw.tpl;FCT=g;COOK=obj%2009010006%3C%3Eobj%2009020048&KEY=obj%2009020048, Zugriff 26.01.2014

32 Bekanntmachung der Zentralen Denkmalliste vom 25. September 1979. Gesetzblatt der Deutschen Demokratischen Republik Berlin, 5. Oktober 1979, Sonderdruck Nr. 1017. In der Sekundärliteratur verwies Thomas Topfstedt darauf (Topfstedt [2004?], S. 2 und Fn. 3, S. 9); das Datum 1977, welches in den oben aufgeführten Publikationen (siehe vorherige Fußnote) vorkommt, konnte im Verlauf der bisherigen Untersuchungen nicht archivarisch belegt werden.

33 Bekanntmachung der Zentralen Denkmalliste vom 25. September 1979. Gesetzblatt der Deutschen Demokratischen Republik Berlin, 5. Oktober 1979, Sonderdruck Nr. 1017, S. 9

34 Ebd., S. 8

35 Denkmalerklärung vom 09.12.1983, ausgestellt vom Rat des Kreises, Archiv des Landesdenkmalamtes Berlin, Denkmalakte Schloßplatz 1, Baudenkmal 09020048, Signatur A III

36 Ergänzt um ausführliche Informationen über das Schicksal der Portal-Spolie: Bongiorno, Biagia: *Spolien in Berlin nach 1945: Motive und Rezeption der Wiederverwendung von Fragmenten* (Berliner Beiträge zur Bauforschung und Denkmalpflege, Bd. 13). Berlin 2013, S. 134–145; Vgl. auch: Meier, Hans-Rudolf: „Vom Siegeszeichen zum Lüftungsschacht: Spolien als Erinnerungsträger in der Architektur". In: Meier, Hans-Rudolf / Wohlleben, Marion: *Bauten und Orte als Träger von Erinnerung: Die Erinnerungsdebatte und die Denkmalpflege* (Weiterbildung in den Fachbereichen Archäologie, Denkmalpflege, Konservierung und Technologie im Rahmen des Instituts für Denkmalpflege an der ETH Zürich „Bauten und Orte als Erfahrungsräume und Erinnerungsträger – Erinnerung und Denkmalpflege", 24.–26. September 1998). Zürich 2000, S. 94 f.

37 Eintrag Nr. 09020048. In: Denkmalliste Berlin (Stand 12.09.2013), http://www.stadtentwicklung.berlin.de/denkmal/denkmalliste/downloads/denkmalliste.pdf, Zugriff 05.03.2014

38 Ein Beleg für eine Wirksamkeit des Denkmalschutzes lässt sich in der Petition der Erhaltungsinitiative finden, welche im Weiteren genauer erörtert wird („Initiative gegen den Abriss des ehemaligen Staatsratsgebäudes". In: *Bauwelt* 25/1994, S. 1401). Außerdem ist der Denkmalschutz während einer Veranstaltung der Architektenkammer Berlin thematisiert worden (Haspel, Jörg: „Das Staatsratsgebäude – ein Denkmal der deutschen Nachkriegsgeschichte" (unveröff. Protokoll der Podiumsdiskussion in der Architektenkammer Berlin am 25.01.1995), 8F:/LKSD/HAS0835-23.01.1995).

39 Vgl. u. a.: Berlin-Information (Hg.): *Bauten unter*

Denkmalschutz, Berlin, Hauptstadt der DDR. Berlin 1985, S. 85

40 In den meisten Publikationen wird dies behauptet. Allerdings sind die Quellenaussagen, ob die Proklamation vom Balkon oder auf einem Kraftwagen stehend stattfand, widersprüchlich (vgl. Niess, Wolfgang: *Die Revolution von 1918/19 in der deutschen Geschichtsschreibung. Deutungen von der Weimarer Republik bis ins 21. Jahrhundert*. Berlin 2012, S. 447).

41 Bodenschatz, Harald / Altrock, Uwe (Hg.): *Renaissance der Mitte: Zentrumsumbau in London und Berlin*. Berlin 2005, S. 269

42 Vgl. u. a.: Aulich, Uwe: „Verkehrssenator benennt Marx-Engels-Platz in Schloßplatz um 1 Bezirk kritisiert historischen Fehler MITTE: Heute weichen ‚die Klassiker' dem Schloß". In: *Berliner Zeitung*, 15.11.1994

43 Bodenschatz / Altrock 2005 (wie Anm. 41), S. 270; Über das Presseecho dieser Initiative schrieb kurz Hiltrud Kier (siehe Kier, Hiltrud: „Pro und Contra Rekonstruktion Berliner Stadtschloß". In: Dolff-Bonekämper, Gabriele / Kier, Hiltrud: *Städtebau und Staatsbau im 20. Jahrhundert*. München 1996, S. 213–234, hier S. 243, Fn. 35).

44 *Bauwelt* 1994 (wie Anm. 38)

45 Vgl. Stimmann, Hans (Hg.): *Von der Architektur- zur Stadtdebatte: die Diskussion um das Planwerk Innenstadt*. Berlin 2001; insb. Flierl, Bruno: „Zwischen DDR-Moderne und Planwerk-Inszenierungen in Berlin-Mitte". In: ebd., S. 74–81

46 *Bauwelt* 1994 (wie Anm. 38)

47 Bodenschatz, Harald / Geisenhof, Johannes / Tscheschner, Dorothea: *Gutachten zur bau-, stadtbau- und nutzungsgeschichtlichen Bedeutung des „Hauses der Parlamentarier" (ehem. Reichsbankgebäude bzw. ZK-Gebäude der SED), des Treuhandgebäudes („Detlev-Rohwedder-Haus", ehem. Gebäude des Reichsluftfahrtministeriums bzw. Haus der Ministerien) und des ehemaligen Staatsratsgebäudes*. Berlin 1993

48 Hier sei vor allem auf die Artikel aus der *tageszeitung* verwiesen, u. a.: „Staatsratsgebaeude nun doch abreissen". In: *die tageszeitung*, 14.9.1994; Lautenschlaeger, Ralf: „Streit um das Staatsratsgebaeude". In: ebd., 14.10.1994; „Nagel gegen Abriss: Das Staatsratsgebaeude soll bleiben". In: ebd.; „Klaus Toepfer ist (fast) ein Berliner". In: ebd., 31.12.1994

49 Bodenschatz / Geisenhof / Tscheschner 1993 (wie Anm. 47), S. 86

50 *Bauwelt* 1994 (wie Anm. 38)

51 Laut Norbert Heuler seit 1996 (siehe Heuler, Norbert: „Das Staatsratsgebäude". In: Kotzur, Marlene / Landesdenkmalamt Berlin (Hg.): *Berlin im Wandel: 20 Jahre Denkmalpflege nach dem Mauerfall*. Berlin 2010, S. 181–183). Zur Rolle des Bundesbauministers Klaus Töpfer in den Entscheidungsprozessen: Krüger, Thomas: „Nutzung des Staatsratsgebäudes". In: *Internationale Expertenkommission Historische Mitte Berlin: Materialien*. Berlin 2002, S. 76–81, hier S. 76

52 Vgl. dazu u. a.: Bodenschatz/Altrock 2005 (wie Anm. 41), S. 270 f. Außerdem wurde das östlich gelegene Seitengebäude unmittelbar nach dem Auszug des Bundeskanzlers bis Anfang 2003 durch den Bundesnachrichtendienst genutzt („Unsere Stadt". In: *B.Z.*, 24.01.2001).

53 Hesse, Frank Pieter / Tietz, Jürgen / Landesdenkmalamt Berlin: *Hauptstadt Berlin: Denkmalpflege für Parlament, Regierung und Diplomatie 1990–2000*. Berlin 2000, S. 74

54 „Elite-Hochschule will im Herbst im Staatsrat starten". In: Der Tagesspiegel Online, 07.05.2002, http://www.tagesspiegel.de/berlin/elite-hochschule-will-im-herbst-im-staatsrat-starten/310688.html, Zugriff 09.12.2013; siehe auch: „Elite-Hochschule ins Schloss?" In: Der Tagesspiegel Online, 07.03.2002, http://www.tagesspiegel.de/zeitung/elite-hochschule-ins-schloss/295648.html, Zugriff 09.12.2013

55 Markgraf / Oelker / Schwarting 2011 (wie Anm. 26), S. 118–122. Von der Sanierung im Inneren war allerdings der westliche Teil des Gebäudes ausgeschlossen; heutzutage steht er – bis auf die interne gastronomische Nutzung im Erdgeschoss – leer (Besichtigung des Gebäudes am 28.02.2014). Siehe auch: Heuler, Norbert: „Gegenmoderne – Westmoderne – Ostmoderne: Eine konservatorische Zwischenbilanz aus Berlin". In: Escherich 2012 (wie Anm. 14), S. 52–69, hier S. 64–65

56 Vgl. u. a.: Huse, Norbert: „Unbequeme Baudenkmale: Eine Herausforderung für die Denkmalpflege". In: Koelling, Veronica / Krueger, Heiko / Palubicka, Kamila u. a. (Hg.): *Unbequeme Baudenkmale des Sozialismus: Der Wandel der gesellschaftlichen Akzeptanz im mittel- und osteuropäischen Vergleich*. Berlin 2013, S. 33–39, hier S. 37; *Manager-Uni – mit DDR-Vergangenheit*. http://www.berliner-zeitung.de/archiv/manager-uni---mit-ddr-vergangenheit,10810590,10359490.html, Zugriff 05.03.2014; „Lange Nacht der Wirtschaftsberater". In: Der Tagesspiegel Online. 2014, http://www.tagesspiegel.de/berlin/stadtmenschen-lange-nacht-der-wirtschaftsberater/9365326.html, Zugriff 05.03.2014

57 Vgl. u. a.: Jacobs, Stefan: „Der verlassene Staatssitz". In: Der Tagesspiegel Online. 2002, http://www.tagesspiegel.de/berlin/der-verlassene-staatssitz/310416.html, Zugriff 09.12.2013

58 Aus dem Thesenpapier Neugestaltung der „Historischen Mitte" Berlins: Kriterien der Denkmalpflege, 24.09.2001 (Landesdenkmalrat / Senatsverwaltung für Stadtentwicklung und Umwelt – Berlin, http://www.stadtentwicklung.berlin.de/denkmal/landesdenkmalrat/de/pressemitteilungen/thesenpapier.shtml, Zugriff 05.03.2014).

59 Krüger 2002 (wie Anm. 51), S. 76

60 Ebd.

61 Meuser 2006 (wie Anm. 25), S. 88

62 Ralf Schönball vom *Tagesspiegel* charakterisierte dieses Gremium folgendermaßen: „Der Denkmalrat ist mit Wächtern des Weltkulturerbes (Icomos) besetzt und muss laut Denkmalschutzgesetz „in allen Angelegenheiten von grundsätzlicher Bedeutung angehört werden" – was selbstverständlich irreführend ist (Schönball, Rolf: „Denkmalrat lehnt Glaswürfel am Schlossplatz ab". In: *Der Tagesspiegel* vom 27.06.2012).

63 „Die Symbole der DDR-Diktatur müssen weg, nicht DEFA-Filme und Ost-Rock". In: *B.Z.* vom 23.05.2013

64 Anhand von existierenden Schwarzplänen lässt sich dessen Abriss nicht ausschließen (Vgl. *Petriplatz / Breite Straße / Senatsverwaltung für Stadtentwicklung und Umwelt – Berlin*. http://www.stadtentwicklung.berlin.de/staedtebau/projekte/petriplatz_breitestr/. Zugriff 05.03.2014).

65 Wie der Artikel von Wolfgang Pehnt, „Happy Fifties". In: *Welt am Sonntag* vom 11.09.2005.

66 Vgl. Unterscheidung zwischen „aufbewahrt" und „übriggeblieben" (Kil, Wolfgang: *Gründerparadiese: Vom Bauen in Zeiten des Übergangs*. Berlin 2000, S. 162).

INVENTARISATION UND SCHUTZ

„WELCHE DENKMALE WELCHER MODERNE?" EIN FORSCHUNGSPROJEKT ZUM BAULICHEN ERBE DER ZWEITEN HÄLFTE DES 20. JAHRHUNDERTS_HANS-RUDOLF MEIER

Die Frage, ob die Architektur der DDR und ihrer sozialistischen Bruderstaaten, ob Bauwerke dieser Epoche von der Nachkriegszeit bis zum großen Umbruch um 1990 überhaupt Denkmalstatus erlangen können, ist längst positiv beantwortet.[1] Was gegenwärtig denkmalkundlich diskutiert wird, sind die Fragen, wie der Bestand zu erfassen und ein Überblick zu gewinnen sei und wie die Auswahl des Schützenswerten zu erfolgen habe.

Das sind auch die Fragen, die uns im hier vorzustellenden Forschungsprojekt interessieren, Fragen, über die wir in den nächsten drei Jahren nachdenken und deren Konsequenzen wir erforschen wollen. Es geht darum, zu untersuchen, wie die Auswahlverfahren und -methoden zur Denkmalerfassung und -bewertung der Bauten der 1960er bis 1980er Jahre zustande kommen und welche Konsequenzen diese Verfahren auf den Erhalt des Gebäudebestandes haben. Wir, das ist das Team eines vom BMBF geförderten Forschungsverbunds des Lehrstuhls für Geschichte und Theorie der Architektur der TU Dortmund, der Professuren für Denkmalpflege und Baugeschichte sowie für Sozialwissenschaftliche Stadtforschung und des Archivs der Moderne der Bauhaus-Universität Weimar.

Das Projekt ist vergleichend, interdisziplinär und international konzipiert.[2] Es beschränkt sich also nicht auf die sogenannte Ostmoderne, die ein Vierteljahrhundert nach der sogenannten Wende als Sonderfall Ost hinreichend diskutiert erscheint, sodass diese spezifische Fokussierung allmählich zugunsten anderer Fragestellungen in den Hintergrund treten dürfte.[3] In jüngerer Zeit waren es hauptsächlich Bauaufgaben – die freilich ihrerseits gesellschaftssystemabhängig sind –, die den Fokus von Tagungen und Publikationen bildeten.[4] Zweifellos kam der Ostmoderne-Diskussion für das Gesamtthema des Umgangs mit der Spätmoderne eine Vorreiterfunktion zu, weil mit dem Zusammenbruch des sozialistischen Staatensystems deren Bauten schlagartig zum historischen Bestand und ergo grundsätzlich denkmalfähig wurden und weil sich sogleich akute Gefährdungen der zum Teil ungeliebten, zum Teil auch nur unrentablen baulichen Hinterlassenschaften des Sozialismus ergaben. Die Ostmoderne schärfte zudem das Bewusstsein für die Notwendigkeit eines „zweiten Blicks", dafür, genauer hinzuschauen bei Objekten, die nicht unmittelbar als qualitätvoll ins Auge stechen oder die zuweilen als schäbig und billig erscheinen.[5] Aber auch für die Probleme der Selektion aus der Masse des Gebauten und Noch-Erhaltenen ist die Ostmoderne mit ihrem Primat des Typenbaus paradigmatisch. Nicht zuletzt lehrte diese Diskussion außerdem den Umgang mit ideologischen

Vorurteilen und sensibilisierte für die Bedeutung gesellschaftspolitischer Fragen bei der Beurteilung der Planungen und Konzepte der Nachkriegs- oder Spätmoderne. Denn der Anspruch, am gesellschaftlichen Fortschritt mitzuwirken, ist für West und Ost trotz ideologischer Divergenzen gleichermaßen zu bedenken; zu Recht hat bei der vorletzten Architekturbiennale in Venedig ausgerechnet Rem Koolhaas gefordert, im Umgang mit den1950er bis 1980er Jahren die soziale Dimension von Architektur und Stadtplanung der Nachkriegsmoderne zu beachten, die verglichen mit dem heutigen Tun schon fast exotisch erscheint: „Wenn wir heute aber experimentieren, so tun wir es aus eigenem Antrieb und für uns selbst. Damals tat man es mit anderen und für andere – die Menschen."[6]

DIE SPRACHE DER OBJEKTE__Unser Projektverbund ist eingebettet in die geistes- und sozialwissenschaftliche Förderung des Bundesforschungsministeriums. Unter der Überschrift „Die Sprache der Objekte – Materielle Kultur im Kontext gesellschaftlicher Entwicklungen" fördert das BMBF Forschungsprojekte, „die im Sinne der *material culture studies* Objekte in ihren kulturellen und gesellschaftlichen Kontexten untersuchen. Die Projekte analysieren Objekte unterschiedlichster Gattung in ihren Bedeutungszuschreibungen, aber auch als materielle Zeugnisse soziokultureller Praktiken."[7] Da setzt unser Vorhaben an: Bauwerke sind die größten Objekte, mit denen wir in unserem Alltag konfrontiert sind – und zwar unausweichlich. Gerade dadurch sind ihre Rolle bei der gesellschaftlichen Symbolproduktion und ihre Identifikationsangebote von kulturwissenschaftlichem Interesse. Von besonderer kultureller Relevanz sind dabei jene Objekte, die als Denkmale herausgehoben sind und damit offensichtlich gesellschaftliche Erinnerungen ansprechen, ästhetische Bedürfnisse befriedigen und Folien bilden für gesellschaftliche wie individuelle Sinnstiftungen. Die solche Denkmale begründenden Werte sind den Objekten nicht ontologisch eingeschrieben, aber doch aufs Engste mit ihrer dinglichen Erscheinung verknüpft. Denkmalbedeutung – und damit auch die Sprache respektive das „Sprechen" der Dinge – konstituiert sich folglich zwischen konkreter Materialität und sozialer Konstruktion.

Vor diesem Hintergrund fragen wir, wann und warum bestimmte Objekte als sinnstiftend erkannt oder als Zeugnisse materieller oder gesellschaftlicher Innovationen geschätzt werden, und knüpfen damit an die Wertediskussion des Vorgängerprojekts „Denkmal – Werte – Dialog" an.[8] Ausgehend von der aktuellen Diskussion zu den Denkmalwerten gilt es zu untersuchen, welche Objekte der Nachkriegszeit mit diesen Werten korrespondieren und einen legitimierbaren Erhaltungsstatus beanspruchen könnten. Die gesellschaftlichen Wertbildungsprozesse werden somit auf ihre Konsequenzen für die denkmalkundliche Erfassung und die pflegende Erhaltung der Dinge befragt. Dieser Zugang soll es erleichtern, die notwendig objektbezogenen Einzelfallentscheidungen in einen größeren Zusammenhang zu stellen und einen neuen Blick auf potenzielle Denkmale zu erproben, die bislang in der Fachdenkmalpflege möglicherweise noch keine Rolle spielten. Das Projekt soll damit auch der zu Recht monierten Gefahr begegnen, dass Klassifikationssysteme für die Bauten der 1960er und 1970er Jahre zum Teil auf Vorurteilen beruhen.[9] Lokale Identitätsbedürfnisse heben auf andere Objekte ab als historische Erkenntnisinteressen, und ökologische Nachhaltigkeitsbestrebungen fokussieren naturgemäß auf andere Denkmale als Interessen an einer schönen Umgebung.

Diskutiert wird auch die Rolle der Akteure im Prozess der (Denkmal-)Wertsetzung. Immer wieder kommt bürgerschaftlichem Engagement, aber auch dem Engagement aus der Architektenschaft – organisiert beispielsweise im International Committee for Documentation and Conservation of Buildings, Sites and Neighbourhoods of the Modern Movement (docomomo)[10] – zwar nicht entscheidende, aber wesentliche Bedeutung zu. Vor allem aber gilt es, die Rolle der institutionalisierten Denkmalpflege zu reflektieren und dabei insbesondere das Faktum, dass die Denkmalpflege, wenn es um die Nachkriegsarchitektur geht, nicht mehr nur Hüterin des durch die Geschichte irgendwie selektionierten Bestandes ist, sondern dass sie selber als Selektionsinstanz agiert. Das ist beziehungsweise war sie teilweise schon im Zusammenhang mit dem gründerzeitlichen Baubestand, ohne dass dies aber bislang grundsätzlich diskutiert worden wäre, was manche Konflikte um die Denkmalbegründung befördert haben dürfte. Die Denkmalpflege – und dabei zuerst die Denkmalkunde – bestimmt durch ihr Tun oder Lassen mit, was überhaupt erhalten werden soll; sie trägt damit nicht unwesentlich zur Überlieferungsbildung bei. Angesprochen ist hier die von Wilfried Lipp sogenannte Selektionsverantwortung des Denkmalpflegers: „Denkmalbedeutung statuieren heißt: Besonderung, Herausheben aus dem Geschichtsverlauf. (...) Etwas nicht zum Denkmal erklären dagegen bedeutet: Der Macht des Transitorischen überlassen, dem Vergessen ausliefern."[11]

Sind die Fragen und Probleme der aktiven Überlieferungsbildung für die Denkmalpflege neu, so sind sie für Archivare Alltagsgeschäft. Es gilt daher, auf die theoretischen Überlegungen und methodischen Erfahrungen im Archivwesen zurückzugreifen und über Vergleichbarkeiten nachzudenken. Mit dem Archiv der Moderne der Bauhaus-Universität (AdM) und dem Archiv für Architektur und Ingenieurbaukunst NRW der TU Dortmund (A:AI) sind daher zwei einschlägige Archive ins Projekt integriert. Darüber hinaus wird das denkmalpflegerische Fragen-Set um Perspektiven der sozialwissenschaftlichen Stadtforschung erweitert, welche die Sprache der Dinge handlungs- und struktursoziologisch analysiert. Mit den Methoden der Emotionssoziologie fragt sie danach, welche Erinnerungen in der Stadt als legitim repräsentiert werden, wer diese Legitimationen produziert und ob es emotional unterschiedlich normierte Räume gibt. Die Authentizität eines Ortes und der Denkmalstatus der Objekte werden hier im Kontext von Integrations- oder Verdrängungsprozessen relevant.[12] Gerade im Hinblick auf die Objekte der Nachkriegszeit ist dabei die Sicht von MigrantInnen bzw. unterschiedlichen Migrantengruppen von besonderem Interesse. Damit beschäftigt sich hauptsächlich das Teilprojekt „Denkmale der Moderne und das Placemaking von Migranten" der Weimarer Professur für Sozialwissenschaftliche Stadtforschung.[13]

DAS VERSTEHEN DER NUTZER _Was den Einbezug von Nutzerwünschen und -vorstellungen angeht, schließt daran das Dortmunder Teilprojekt „Gebaute Großobjekte der Moderne – Denkmal, Mahnmal, Hypothek, Ressource?" an, das für die Frage nach den Spezifika unseres Tagungsthemas Ostmoderne von besonderem Interesse ist, beschäftigt es sich doch übergreifend mit den besonderen Herausforderungen der gebauten Großstrukturen der späten Moderne.[14] Deren besondere Qualität, aber auch deren besondere Störungsanfälligkeit liegen in ihrer gestalteten Gesamtheit. Großsiedlungen, Megastrukturen, Campusuniversitäten oder Shopping Malls bilden solche Objekte, die Aufgaben ganzer Stadtviertel übernehmen, zugleich aber als einheitlicher architektonischer Entwurf konzipiert sind. Diese Großstrukturen sind *die* typischen Denkmale insbesondere der 1960er und 1970er Jahre: Sie künden vom Glauben sowohl an die technische als auch soziale Machbarkeit einer besseren Zukunft. Zugleich können sie nur schwer wie gewöhnliche Monumente unter Denkmalschutz gestellt werden: Sie sind oft zu groß, um integral erhalten werden zu können, repräsentieren städtebauliche und lebensweltliche Entwürfe, die heute als unattraktiv gelten, weisen bisweilen konstruktive und fast immer energetische Mängel auf und produzieren ökologische Probleme, die einer nachhaltigen Entwicklung widersprechen. Daher sind sie in vielen Fällen nicht in toto zu bewahren. Zugleich stellt ein eigentlich geforderter Anpassungsprozess genau das in Frage, was ihren Denkmalwert mitkonstituiert: ihre Gesamtgestalt als geformtes Großobjekt.

Neben die Untersuchung möglicher Denkmalwerte tritt – mit methodischer Unterstützung des sozialwissenschaftlichen Projekts – die der Wertschätzung bei ausgewählten Institutionen und Benutzerkreisen. Besondere Aufmerksamkeit gilt möglicherweise generationsbedingten Bewertungsunterschieden. Exemplarisch wird außerdem analysiert, wie sich die Bedeutung des gebauten Objekts vor Ort durch Vermittlung mit den im Archiv gesicherten Objekten – Zeichnungen, Plänen und Modellen – anreichert und Qualitäten und Aura dieser Archivalien die Wahrnehmung der gebauten Großobjekte verändern. Als Ergebnis dieses Teilprojekts werden Argumentationsformen zu den gebauten Großobjekten der Moderne angestrebt, die an konkreten Beispielen unter Heranziehung von Wertvorstellungen der Nutzer sowie von Interpretationen der repräsentierenden Archivalien gewonnen wurden und als systematische Hilfen für konkret vor Ort zu treffende Denkmalentscheidungen gedacht sind. Dabei geht es nicht um möglichst viele Argumente für eine maximale Denkmalliste, sondern um die Abwägungsmöglichkeiten von Auswahlentscheidungen, die dann jeweils von der Denkmalpflege und anderen Beteiligten vor Ort getroffen werden müssen.

Das zweite Dortmunder Teilprojekt „Noch eine Erweiterung des Denkmalbegriffs? Bauten der Nachkriegszeit zwischen unbequemem Erbe und Authentizitätsversprechen" ist diskursanalytisch ausgerichtet und untersucht die einschlägigen Fachdiskurse im Kontext weiterer mit historischen Artefakten befasster Disziplinen, etwa der Gegenwartsarchäologie, der Archivwissenschaften und der Museologie.[15] Es ist innerhalb des Gesamtprojekts der zentrale Part für den methodischen und terminologischen Abgleich mit den Nachbardisziplinen, insbesondere den Archiv- und Geschichtswissenschaften sowie der Museologie. Von Interesse sind die neueren Ansätze im Zeichen des *material turn*, die sich mit den Veränderungen des Status der Objekte durch die Inwertsetzungsprozesse und ihr „Herausgleiten (...) aus den Sphären der Lebendigkeit" befassen.[16] Anders als Museumsobjekte, deren Auratisierung durch den neuen örtlichen Kontext deutlich wird, erfolgt mit der Denkmalausweisung in der Regel kein sichtbarer äußerer Hinweis auf den veränderten Status. Gerade bei den Objekten, deren Sonderstellung sich nicht durch die Alterität des zeitlichen Abstands erschließt, gewinnt die Frage der Vermittlung an Gewicht.[17] Methoden, Ansätze und kulturelle Funktion von Vermittlung und Partizipation – Themen, die im Untersuchungszeitraum erstmals Hochkonjunktur hatten – bilden einen weiteren Schwerpunkt dieses Projekts.

... UND DIE WERTUNG DER DENKMALPFLEGER__Das zweite Weimarer Teilprojekt schließlich mit dem Titel „The making of – Denkmalausweisung von Bauten der Moderne im internationalen Vergleich" untersucht vergleichend die Prozesse der Hinwendung der institutionellen Denkmalpflege zur Architektur der späten Moderne.[18] Es geht dabei um die Rolle, welche die Fachinstitution neben, mit und in Konkurrenz zu anderen Akteuren spielte. Von Interesse sind Interdependenzen sowohl mit Expertengruppierungen wie docomomo als auch mit bürgerschaftlichen Vereinigungen sowie die Reaktion der Fachbehörden und der Politik auf solche Initiativen. Diese sind in ihrer unterschiedlichen Ausprägung und Zielrichtung vergleichend zu untersuchen, und es ist zu fragen, wie die Auswahl der schließlich gelisteten Objekte zustande kommt und wie stark denkmalpflegerische Anstrengungen damit tatsächlich das Bild der Moderne in den jeweiligen Ländern prägen. Ausgangspunkt der Untersuchung sind Initiativen staatlicher und nichtstaatlicher Denkmalpflegeinstitutionen zur Deklarierung von Denkmalen der Moderne. Für Deutschland gilt es, die Konsequenzen der frühen Aktivitäten des Deutschen Nationalkomitees für Denkmalschutz (DNK) zu erkunden und den denkmalkundlichen Zugriff auf die Spätmoderne in den einzelnen Bundesländern vergleichend zu untersuchen.[19] Ähnlich in der Schweiz, wo nationale Impulse von der privaten Gesellschaft für Schweizerische Kunstgeschichte GSK ausgingen, die Denkmalbehörden in den einzelnen Kantonen aber ganz unterschiedlich agieren.[20] Für Frankreich ist nach dem Zustandekommen und den Konsequenzen des (rechtlich unverbindlichen) Patrimoine-Labels „XX siècle" zu fragen[21], für die Niederlande entsprechend nach der „Wiederaufbaudatenbank" und den „Top 100 monumenten 1940–58" sowie der gegenwärtig erarbeiteten Folgeliste mit Bauten von 1959 bis 1965[22], in Großbritannien nach dem „Later 20th Century Listing"[23], in Polen schließlich sind es bezirksweise angefertigte Listen von potenziellen Denkmalen des 20. Jahrhunderts. Interessant wird auch die kritische Diskussion eines jüngst abgeschlossenen binationalen Projekts sein, in dem die Städte Wien und Brünn versucht haben, Kriterien für die Bewertung spätmoderner Bauten in einem Punktesystem zu erfassen[24]. Die Auswahl der jeweils bewerteten Objekte ist einerseits strukturell, andererseits formal zu analysieren: Welche formalen Qualitäten zeichnen die gewählten Objekte aus, welche werden ausgeklammert oder marginalisiert? Zu fragen ist auch nach der Begründung und Kommunikation der Auswahl. Deren Konsequenzen sind sowohl für die gelisteten als auch für repräsentative Vergleichsbeispiele nicht ausgewählter Objekte und deren Kontexte zu untersuchen. Schließlich wird zu erkunden sein, wie exkludierend die Verzeichnisse gedacht sind und gehandhabt werden, nach welchen Kriterien und in welchen Zeiträumen Erweiterungen erfolgen und wie sich diese auf die einzelnen Objekte und den Gesamtbestand auswirken.

Als Vergleich ist das Unterprojekt des Archivs der Moderne angelegt, in dem sich die Archivbestände der Hochschule für Architektur und Bauwesen (HAB) sowie wichtige Nach- und Vorlässe von Hochschullehrern, Planern, Architekten und Denkmalpflegern der DDR befinden, die unter anderem für die Bauhaus- und Moderne-rezeption in der DDR einen unentbehrlichen Fundus darstellen.[25] Er bildet auch eine Basis, um unter Beizug von einschlägigen Beständen weiterer Archive Prozesse der Denkmalwerdung von Bauten der Moderne in der DDR zu untersuchen. Es geht um Grundsatzdebatten in der Hochschule, in Fach- und Politgremien sowie um die Diskussionen im Zusammenhang mit der Auswahl und Unterschutzstellung der oft aus politischen Gründen gelisteten Nachkriegsbauten, die damit als „gewollte Denkmale" im Rieglschen Sinne erscheinen (und sich heute als „gewordene" bewähren müssen).[26]

Soweit ein Überblick über das Gesamtkonzept und die einzelnen Teilprojekte des vom Februar 2014 bis Januar 2017 geförderten Forschungsverbunds. Das Ziel ist ambitioniert, zumal in manchen Bereichen die Methoden zur Klärung der skizzierten Fragen erst zu entwickeln sind. Abstriche werden zwangsläufig vorzunehmen sein, aber die Aktualität des Themas garantiert ein interessiertes und anregendes Umfeld, das fruchtbar zu machen und aus dem Impulse zu ziehen sind. Es ist daher zu erwarten, dass dabei auch einige im Kontext der Ostmoderne interessierende Fragen beantwortet bzw. vertieft werden können.

ANMERKUNGEN

1 Grundlegend: Von Buttlar, Adrian / Heuter, Christoph (Hg.): *denkmal!moderne. Architektur der 60er Jahre, Wiederentdeckung einer Epoche.* Berlin 2007

2 Die folgenden Ausführungen übernehmen zum Teil Formulierungen aus den Antragsunterlagen und sind insofern eine Kollektivleistung auch der Mitantragsteller Ingrid Scheurmann, Wolfgang Sonne und Frank Eckardt. Zum Projekt siehe: http://www.wdwm.info; Projektkoordination: Johannes-Christian Warda.

3 Dazu jüngst: Angermann, Kirsten: „Also wie bei uns. Zwei deutsche Architekturen zwischen Anerkennung und Abgrenzung". In: *Horizonte. Zeitschrift für Architekturdiskurs* 5. 8/2014, S. 79–84

4 *Zwischen Scheibe und Wabe. Verwaltungsbauten der Sechzigerjahre als Denkmale* (Berichte zu Forschung und Praxis der Denkmalpflege in Deutschland Bd. 19). Wiesbaden 2012; *Klötze und Plätze. Wege zu einem neuen Bewusstsein für Großbauten der 1960er und 1970er Jahre* (Dokumentation der Tagung am 4. und 5. Juni im Rathaus Reutlingen, hg. vom Bund Heimat und Umwelt in Deutschland (BHU)). Bonn 2012; Hopfner, Karin / Simon-Philipp, Christina / Wolf, Claus (Hg.): *größer, höher, dichter. Wohnen in Siedlungen der 1960er und 1970er Jahre in der Region Stuttgart.* Stuttgart / Zürich 2012; Gisbertz, Olaf (Hg.): *Bauen für die Massenkultur – Stadt- und Kongresshallen der 1960er und 70er Jahre.* Berlin 2015

5 Zum zweiten Blick auf die „West-Moderne": Hnilica, Sonja / Jager, Markus / Sonne, Wolfgang (Hg.): *Auf den zweiten Blick. Architektur der Nachkriegszeit in Nordrhein-Westfalen.* Bielefeld 2010

6 Rem Koolhaas anlässlich der Architekturbiennale Venedig 2010; zit. nach Adam, Hubertus: „Anatomie der Architektur. Die 12. Architekturbiennale in Venedig verzichtet auf Programmatik und triumphale Gesten". In: *Neue Zürcher Zeitung* vom 28.10.2010

7 http://pt-dlr-gsk.de/de/983.php
8 Meier, Hans-Rudolf / Scheurmann, Ingrid / Wolfgang Sonne (Hg.): *Werte. Begründungen der Denkmalpflege in Geschichte und Gegenwart.* Berlin 2013
9 Dumont d'Ayot, Catherine: „Vorurteile und Vorbilder". In: Hassler, Uta / Dumont d'Ayot, Catherine (Hg.): *Bauten der Boomjahre – Paradoxien der Erhaltung.* Gollion 2009, S. 19–25, hier bes. S. 19
10 http://www.docomomo.com/
11 Lipp, Wilfried: „Das Erbe der NS-Zeit. Im verblassenden Horizont der Zeitgeschichte". In: Ders.: *Kultur des Bewahrens: Schrägansichten zur Denkmalpflege.* Wien u. a. 2007, S. 311
12 Vgl. Brown-Saracino, Japonica: *A Neighborhood that never Changes: Gentrification, Social Preservation, and the Search for Authenticity.* Chicago 2009
13 Leitung: Frank Eckardt, Projektbearbeiter: Carsten Müller
14 Leitung: Wolfgang Sonne, Projektbearbeiterin: Sonja Hnilica
15 Leitung: Ingrid Scheurmann, Projektbearbeiterin: Kerstin Stamm, Bianca Troetschel-Daniels und Tino Mager
16 Strohschneider, Peter: „Faszinationskraft der Dinge. Über Sammlung, Forschung und Universität". In: *Denkströme. Journal der Sächsischen Akademie der Wissenschaften.* 8/2012, S. 9–26, hier S. 11
17 Zur Relevanz von Denkmalvermittlung insgesamt siehe: *Kommunizieren – Partizipieren. Neue Wege der Denkmalvermittlung* (Schriftenreihe des Deutschen Nationalkomitees für Denkmalschutz 82). Rheinbach 2012
18 Leitung: Hans-Rudolf Meier, Projektbearbeiterin: Katja Hasche, Torben Kiepke und Kirsten Angermann
19 Vgl. beispielsweise: Meyder, Simone u. a.: „Verdichtete Siedlungen der 1960er und 1970er Jahre. Ein Inventarisationsprojekt im Regierungsbezirk". In: *Denkmalpflege in Baden-Württemberg 40.* 2/2011, S. 87–94
20 In Bern zum Beispiel wurde man früh proaktiv und hat etwa mit der Siedlung Halen oder der Erweiterung des Kunstmuseums Bern schon in den 1990er Jahren junge Bauten unter Schutz gestellt.
21 http://patrimoine-xx.culture.gouv.fr/; http://www.associations-patrimoine.org/article.php?id=1769, Zugriff 05.05.2014; Béghain, Patrice: patrimoine, politique et société. Paris 2012, S. 42 ff.
22 http://www.culturalheritageagency.nl/en/reconstruction-era, Zugriff 10.05.2014; Kuipers, Marieke: „Post-war architecture and preservation in the Netherlands". In: Franz, Birgit / Meier, Hans-Rudolf (Hg.): *Stadtplanung nach 1945. Zerstörung und Wiederaufbau. Denkmalpflegerische Probleme aus heutiger Sicht* (Veröffentlichung des Arbeitskreises Theorie und Lehre der Denkmalpflege e. V. Bd. 20). Holzminden 2011, S. 50–57
23 http://www.english-heritage.org.uk/caring/listing/showcase/20th-century-listing/, Zugriff 20.05.2014
24 *Brno Wien. Entwicklung einer Bewertungsmethodik der Architektur von 1945 bis 1979.* Wien / Brünn 2012
25 Archivleitung: Christiane Wolf, Projektbearbeiterin: Simone Bogner
26 Dazu: Escherich, Mark / Meier, Hans-Rudolf: „Denkmalpflege in der DDR – Denkmale der DDR". In: *Denkmalpflege an Bauten der DDR aus den 1960er und 1970er Jahren* (Publikation eines Forschungsprojektes im Auftrag der Wüstenrot Stiftung (in Vorbereitung); Überlegungen zu dieser Rieglschen Differenzierung für Bauten der Boomjahre auch von Gabi Dolff-Bonekämper. In: Hassler / Dumont d'Ayot 2009 (wie Anm. 9), S. 242 f.

DIE INVENTARISIERUNG DER ARCHITEKTUR DER 1960ER UND 1970ER JAHRE IN BRANDENBURG. PRAXIS UND PERSPEKTIVEN_MARTIN PETSCH

In der Denkmalliste des Landes Brandenburg ist inzwischen eine Fülle von Bauwerken eingetragen, die zu DDR-Zeiten entstanden sind.
Die überwiegende Anzahl wurde einerseits in den 1950er Jahren gebaut und sind Vertreter der Architektur der so genannten Nationalen Traditionen. Andererseits handelt es sich um zahlreiche Mahnmale und Gedenksteine sowie Werke der bildenden Kunst, die bereits kurz nach ihrer Entstehung noch zu Zeiten der DDR in die Denkmalliste aufgenommen wurden, was der Übereinstimmung beider Denkmalbegriffe – Gedächtnismal bzw. ein schützenswertes Zeugnis einer vergangenen Kulturepoche – in der DDR geschuldet ist.
Darüber hinaus wurden in den letzten Jahren die Reste der Berliner Mauer systematisch erfasst und in die Denkmalliste aufgenommen, wie auch andere militärische Zeugnisse des DDR-Staates, etwa die Bunker der Staats- und Militärführung. All diese Bereiche sollen hier nicht thematisiert werden. Gegenstand meiner Darstellung ist die Architektur der 1960er und 1970er Jahre, die sich den modernen Strömungen verpflichtet sah.
In den letzten Jahren ist die Architektur der Nachkriegsmoderne im Brandenburgischen Landesamt für Denkmalpflege und Archäologisches Landesmuseum (BLDAM) zunehmend in das Blickfeld gerückt und eine Reihe von Bauten konnte in die Denkmalliste eingetragen werden.
Die bisherige Inventarisierungspraxis des BLDAM ist in diesem Zusammenhang jedoch noch vor allem durch die Auswahl markanter Einzelbauten geprägt, wobei ästhetische Qualitäten die zentrale Rolle spielen. Neben der städtebaulichen und ortshistorischen Bedeutung eines Gebäudes ist die bauhistorische Bedeutung im Sinne eines eher baukünstlerischen Ansatzes die Basis der Eintragungsbegründung. Entsprechend wurden lange fast ausschließlich individuelle Bauten geschützt, die sich in ihrer Architektursprache eng an der bundesrepublikanischen bzw. westlichen Architektur orientierten.
2008 wurde das Hauptgebäude des Instituts für Futterproduktion der Akademie der Landwirtschaftswissenschaften der DDR in Paulinenaue (Gutshof 7, Landkreis Havelland) in die Denkmalliste eingetragen (Abb. 1). Dem zweigeschossigen Bau mit Flachdach, der 1966–69 nach einem Entwurf von Rolf Göpfert entstand, ist ein eingeschossiger Eingangsflügel vorgelagert. Die strenge horizontale Gestaltung durch den Wechsel von Fenster- und Brüstungsbändern, die spannungsreiche, asymmetrische Komposition, aber auch die feine Oberflächenbehandlung stehen noch in der Tradition der klassischen Moderne. In der Anwendung von grobplastischen Baudetails in Wasch-

1_Paulinenaue (Landkreis Havelland), Gutshof 7, Hauptgebäude des Instituts für Futterproduktion, 1966–69 von Rolf Göpfert, Foto 2008 (Denkmal)

beton und abstrakter baugebundener Kunst zeigt sich der Bau zugleich als typischer Vertreter der 1960er Jahre nicht nur in der DDR. Die relativ aufwändige Gestaltung ist der Tatsache geschuldet, dass es sich hier um den Verwaltungsbau einer national bedeutenden und international anerkannten Forschungseinrichtung handelte, der somit auch repräsentative Aufgaben zu erfüllen hatte.[1]

1

Das Schwesternwohnheim des Kreiskrankenhauses in Rathenow (Friedrich-Ebert-Ring 93/94, Landkreis Havelland) wurde 1962/63 nach Plänen von Hans-Dieter Bugge errichtet und 2009 in die Denkmalliste aufgenommen (Abb. 2).

Das langgestreckte viergeschossige Gebäude mit Flachdach wird scheibenartig von den Giebelwänden mit den zwei Treppenhaustürmen eingefasst. Dem Wohntrakt sind auf der Straßenseite Laubengänge und auf der Gartenseite Loggien vorgelagert. Beide Fassaden sind bestimmt von einem gleichmäßigen Raster, das die 32 durchgesteckten Einzimmerwohnungen im Inneren abbildet.

Während das strenge Raster jüngere Tendenzen zeigt, stehen die Idee des Ledigenwohnheims, die großzügige Öffnung zum Außenraum und die Erschließung über Laubengänge in der Tradition der Klassischen Moderne.[2]

Eine Sonderstellung haben ästhetisch wie auch entwicklungshistorisch experimentelle Bauweisen. Aufgrund der begrenzten Rohstoffressour-

2_Rathenow (Landkreis Havelland), Friedrich-Ebert-Ring 93/94, Schwesternwohnheim des Kreiskrankenhauses, 1962/63 von Hans-Dieter Bugge, Foto 2008 (Denkmal)

cen und finanziellen Mittel der DDR wurde in den 1960er Jahren neben der Industrialisierung und Typisierung der Übergang zum leichten und öko-

2

nomischen Bauen forciert. Durch die Anwendung neuer Materialien, rationeller Herstellungstechnologien und optimierter Konstruktionen sollten erhebliche Einsparungen erzielt werden.

Beispiele verschiedener Leichtbauprinzipien wurden in die Denkmalliste eingetragen. So stehen einige der inzwischen geschätzten Schalenbauten Ulrich Müthers in Brandenburg unter Denkmalschutz, darunter der Gaststättenpavillon Bürgergarten (Am Bürgergarten, 1967–72) und die Reparaturhalle des Kraftverkehrshofes (Hans-Philipp-Straße 2, um 1973) in Templin (Landkreis Uckermark) sowie das Café Seerose in Potsdam (Breite Straße 26, 1983, Planung Dieter Ahting, Entwurf Ulrich Müther).

Unspektakulärer, jedoch weit verbreitet im DDR-Bauwesen waren die HP-Schalen. Eines der in die Denkmalliste eingetragenen Beispiele für diese Bauweise ist ein Wohnhaus vom Typ „HP 1 Luckenwalde" in der Stadt Luckenwalde (Landkreis Teltow-Fläming, Frohe Zukunft 15, Abb. 3). In der Einfamilienhaussiedlung Frohe Zukunft am Nordrand der Stadt waren 37 Einzelhäuser dieses Typs entstanden, von denen das am besten erhaltene Haus ausgewählt wurde. Es wurde 1976–78 errichtet. Das Typenprojekt wurde von Klaus Dietrich vom Wohnungsbaukombinat Halle, Betrieb Projektierung und Technologie, ausgearbeitet. Hersteller war der VEB Baustoff-

3_Luckenwalde (Landkreis Teltow-Fläming), Frohe Zukunft 15, Wohnhaus, 1976–78, Typenprojekt „HP 1 Luckenwalde" von Klaus Dietrich vom VE(B) Wohnungsbaukombinat Halle, Betrieb Projektierung und Technologie, Foto 2009 (Denkmal)

werk Luckenwalde. Der eingeschossige Bau aus vorgefertigten Betonelementen ist gekennzeichnet durch eine Dachhaut aus sieben überstehenden und leicht geneigten HP-Schalen sowie durch eine große Fensterfront mit vorgelagerter Terrasse an der Hauptansichtsseite. Der quadratische Grundriss ist durch ein relativ großes Wohnzimmer sowie kleine Schlaf- und Nebenräume geprägt, die um eine zentrale Wohndiele arrangiert sind.[3]

Zwei Einfamilienhäuser in Berge (Am Gutshof 1 und 6, Landkreis Havelland, Denkmale) vom Typ „Syba-Plastfertighaus L 112" wurden 1971/72 aus industriell vorgefertigten Sandwichplatten mit einer Wetterschale aus PVC-Profilen errichtet. Entwurf und Produktion der L-förmigen Häuser in Anlehnung an die Bungalow-Bauweise erfolgten durch den VEB Holzbau Mittweida in der Vereinigung Volkseigener Betriebe Bauelemente und Faserbaustoffe.[4]

Die so genannten Gipshäuser in Wulkow bei Neuhardenberg (Hauptstraße 44–48, Landkreis Märkisch-Oderland, Denkmale) von 1971/72 bestehen dagegen aus Gipsmontageelementen. Hersteller und Projektant des Typs „KB 6" war der VEB Baustoffwerk Krölpa/Thüringen.[5]

Über den individuellen bzw. experimentellen Einzelbau hinaus wurden einige herausragende städtebauliche Zentrumsensembles in die Denkmalliste eingetragen. Neben der durch Teilabbrüche und Veränderungen inzwischen stark in seinem Denkmalwert bedrohten Stadtpromenade in Cottbus[6] ist im Rahmen des Denkmals „Stadtanlage Eisenhüttenstadt" die architektonisch herausragende Lindenallee von 1953–64 als ehemalige Magistrale mit ihren markanten Punkthochhäusern, Ladenpavillons sowie dem Kaufhaus Magnet und dem Hotel Lunik denkmalgeschützt (Abb. 4).[7]

Die ebenfalls geschützte zentrale Achse der Stadt Frankfurt/Oder, die Karl-Marx-Allee (1958–63, Ehrhard Peters, Rudi Zarn, Karl-Heinz Lorenz),

3

ist gekennzeichnet durch eine lockere straßenbegleitende Bebauung aus Wohnblöcken in Großblockbauweise mit einer Ladenzone im Erdgeschoss sowie dazwischengeschalteten, zweigeschossigen Branchenkaufhäusern in monolithischer Stahlbetonskelettbauweise.[8]

Trotz dieser Fortschritte sind noch immer wichtige architektonische Zeugnisse der 1960er und 1970er Jahre in Brandenburg nicht geschützt und teilweise akut bedroht. Die Gründe dafür sind in der zahlenmäßig unzureichenden personellen Ausstattung des Landesdenkmalamtes, in dem teilweise erheblichen öffentlichen Druck gegen die Eintragung, teilweise aber auch in amtsinternen Vorbehalten zu suchen. Manche Kolleginnen und Kollegen, die sich mitunter noch selbst mit

4_Eisenhüttenstadt (Landkreis Oder-Spree), Lindenallee, Magistrale, 1953–64, Foto 2009 (Denkmal) **5**_Potsdam, Friedrich-Ebert-Straße 115, Haus des Reisens, 1969 von Dietrich Schreiner, Foto 2009 (kein Denkmal, abgebrochen)

4

den Verhältnissen des DDR-Bauwesens konfrontiert sahen, sind in ihrer Sozialisation befangen und stehen der DDR-Architektur grundsätzlich kritisch gegenüber. In vielen Fällen wurde die Inventarisierungspraxis aber auch schlicht von den Abbrüchen und Veränderungen überholt.

Die gegenwärtige Umgestaltung des Potsdamer Zentrums ist der Rekonstruktion des verlorenen historischen Stadtbildes verpflichtet und steht im besonderen Fokus der Politik, was nicht zuletzt durch die Rekonstruktion des Stadtschlosses als Sitz des Landtages deutlich wird. Insofern haben es Stimmen für den Erhalt des DDR-Erbes hier besonders schwer und auch im Landesdenkmalamt wurden die Gebäude des DDR-zeitlichen Zentrumsensembles einer strengen Überprüfung des Denkmalwertes unterzogen, sodass es bis jetzt keiner der markanten Großbauten auf die Denkmalliste geschafft hat. Während den Wohnbauten keine baugeschichtliche Bedeutung zugeschrieben wurde[9], machte man sich beim sogenannten Haus des Reisens (Friedrich-Ebert-Straße 115, 1969 von Dietrich Schreiner, abgebrochen) die Argumentation der Befürworter der Wiederherstellung des historischen Zentrums zu eigen. 2009 wurde die Ablehnung der Eintragung in die Denkmalliste damit begründet, dass das Gebäude die umgebende barocke Stadtstruktur negiere und damit keine architektonische Qualität habe (Abb. 5). Auf die Eintragung des ehemaligen Interhotels Potsdam an der Langen Brücke (1967–69, Sepp Weber, Helmut Töpfer, Herbert

5

Gödicke) wurde dagegen verzichtet, da es bereits zu stark verändert sei.

Die Bebauung um den Staudenhof ist durch den vollständigen Umbau der ehemaligen Wissenschaftlichen Allgemeinbibliothek (jetzt Stadt- und Landesbibliothek, Am Kanal, 1970–74, Sepp Weber, Hartwig Ebert, Peter Mylo und Fritz Neuendorf) nur noch ein Fragment. Das einstige Institut für Lehrerbildung „Rosa Luxemburg" (Friedrich-Ebert-Straße 4, 1971–77, Sepp Weber, Wolfgang Merz, Dieter Lietz und Herbert Gödicke), welches den Kern des Zentrumsensembles bildete, wird inzwischen vom Neubau des Stadtschlosses eingeengt und soll zugunsten einer Blockrandbebauung abgerissen werden (Abb. 6).[10]

Jenseits der Havel setzte sich am Fuß des Brauhausberges die Zentrumsbebauung fort. Während die Terrassengaststätte Minsk (1971–77, Karl-Heinz Birkholz, Wolfgang Müller) bereits durch Vandalismus stark zerstört sei (Abb. 7), wurde die Eintragung der benachbarten Schwimmhalle mit einem Seiltragwerk (1969–71, Wiederverwendungsprojekt von Eva Herzog, örtliche Anpassung durch Karl-Heinz Birkholz) 2004 mit dem Verweis abgelehnt, dass das Ursprungsobjekt des Wiederverwendungsprojekts in Dresden am Freiberger Platz errichtet wurde und inzwischen dort auch unter Denkmalschutz stehe.

Meines Erachtens wird der Schutz nur der Experimental- oder Erstbauten von Typenserien keineswegs der außerordentlichen Bedeutung der Typenbauten in der DDR gerecht, welche gerade durch ihre zahlreiche Anwendung das ganze Land prägten. Die enge Auswahl missachtet den örtlichen Kontext und den kulturlandschaftsprägenden Aspekt, wie er bei Denkmalen anderer Epochen angesetzt wird.

Im Zusammenhang mit der Eintragung städtebaulicher Ensembles in die Denkmalliste gelang es, erste Beispiele des industriellen Wohnungsbaus und ihrer so genannten Nachfolgeeinrichtungen zu schützen. Erst jüngst wurde allerdings begonnen, gesondert Typenbauten auf ihren Denkmalwert hin zu überprüfen und ausgewählte

6_Potsdam, Alter Markt, ehem. Institut für Lehrerbildung am Staudenhof, 1971–77 von Sepp Weber, Wolfgang Merz, Dieter Lietz und Herbert Gödicke, Foto 2014 (kein Denkmal)

6

Exemplare – nun auch unabhängig von den Erstbauten – als Einzeldenkmale einzutragen.

Die Schule von Großwudicke (Parkstraße 5, Landkreis Havelland) wurde 2009 als Beispiel der ersten zentralen, in der zweiten Hälfte der 1950er Jahre entwickelten Schulbaureihe der DDR „SVB" in die Denkmalliste eingetragen (Abb. 8). Der 1961 errichtete Putzbau mit Satteldächern besteht aus einem langgestreckten zweigeschossigen Klassentrakt, einem Verbindungsflügel und einer Turnhalle. Der zentrale Schultyp verband eine versachlichte Formensprache mit einem herkömmlichen Grundriss, der die Orientierung an der Sowjetpädagogik mit ihrem Frontalunterricht in längsrechteckigen, einseitig belichteten Klassenzimmern fortsetzte.[11]

Die Otto-Nagel-Schule in Bergholz-Rehbrücke (Andersenweg 43, Landkreis Potsdam-Mittelmark) wurde 1968/69 in Stahlbetonmontagebauweise errichtet und 2009 in die Denkmalliste eingetragen (Abb. 9).

Es handelt sich um eine zweigeschossige Anlage mit Flachdach, die aus zwei parallelen Klassenflügeln und drei schmalen Verbindungsgängen besteht, die zwei Innenhöfe umschließen. Die Architektursprache der Schule ist durch die großzügige Durchfensterung der Außenwände sowie den Wechsel von Fensterreihen und Brüstungsbändern gekennzeichnet.

Die quer verlaufenden Verbindungsgänge ermöglichen die Erschließung der meisten Klassenräume nach dem so genannten Schuster-

7_Potsdam, Brauhausberg, Terrassengaststätte Minsk, 1971–77, Karl-Heinz Birkholz und Wolfgang Müller, Foto 2014 (kein Denkmal)
8_Großwudicke (Landkreis Havelland), Parkstraße 5, Schule, 1961, Schulbaureihe „SVB", Foto 2009 (Denkmal)

7

8

9_Bergholz-Rehbrücke (Landkreis Potsdam-Mittelmark), Andersenweg 43, Schule, 1968/69, Angebotsprojekt „Potsdam Atrium“ vom VEB Landbauprojekt Potsdam (Variante), Foto 2009 (Denkmal) **10**_Frankfurt/Oder, Grubenstraße, Großhandelslager, 1974–77 von Heinrich Bucher, Foto 2010 (kein Denkmal)

9

system und damit die zweiseitige Belichtung und die Querlüftung der Räume. Bei der Otto-Nagel-Schule handelt es sich um das bezirkliche Angebotsprojekt Typ „Potsdam Atrium“ vom VEB Landbauprojekt Potsdam, das jedoch für diesen Standort stark überarbeitet wurde.[12] Aufgrund der unterschiedlichen technischen Voraussetzungen in den Bezirken waren bei der Einführung der Montagebauweise im Gesellschaftsbau Mitte der 1960er Jahre eigene Typenreihen in den jeweiligen Bezirken entworfen worden.

Der Vorstoß des Landesdenkmalamts in den Bereich der Typenbauten war bisher noch äußerst zurückhaltend. Wiederholt wird auch hier den DDR-Bauten und insbesondere den Typenbauten eine gestalterische Qualität abgesprochen. In der Tat greifen herkömmliche Qualitätskriterien nicht. Es ist die besondere Ästhetik der Industrialisierung und Typung, der Reduktion auf das Wesentliche, der Reihung und Wiederholung, nicht der individuellen Form. Sie ist allerdings typisch für diese Epoche und damit ein wichtiges Denkmalkriterium. Die Konzentration auf die Unterschutzstellung von prägnanten individuellen Einzelbauten greift daher viel zu kurz.

Das BLDAM sieht die Auswahl exemplarischer Beispiele aus einem vermuteten reichen Fundus von identischen Bauten ohne eine vollständige Erfassung aller Typenbauten als problematisch an. So wurde vorerst auf die Eintragung von Beispielen der Schultypenserie 66/69 sowie der Turnhalle „KT 60" in Niedergörsdorf (Landkreis Teltow-Fläming) verzichtet, obwohl diese in der Denkmaltopografie beschrieben sind.[13] Angesichts des großen Aufgabenspektrums des BLDAM wird allerdings eine vollständige, systematische Erfassung nicht zu leisten sein.

Die Erfahrungen der letzten Jahre haben zudem gezeigt, dass in Brandenburg aufgrund des enormen Veränderungsdrucks nur noch wenige Exemplare im bauzeitlichen Zustand überdauert haben. Über die unbestrittene bauhistorische Bedeutung hinaus ist diese Tatsache zusammen mit ihrer städtebaulichen und ortshistorischen Bedeutung meines Erachtens eine ausreichende Basis für die schnelle, gezielte Eintragung.

10

Das Spektrum schutzwürdiger typisierter Baugattungen ist groß. Insbesondere ist kurzfristig die dokumentarische Eintragung der Schulbautypen zu komplettieren. Dringend müssen Beispiele der „Typenserie 66" geschützt werden, der ersten zentralen Schulbauserie in Montagebauweise, die 1965 vom VEB Hochbauprojektierung Erfurt entwickelt worden war (auch Typ „Erfurt" genannt). Darüber hinaus bedürfen Exemplare des Wiederverwendungsprojektes Cottbus in 2-Mp-Montagebauweise (Anwendung 1962–71), des Bezirksangebotes Cottbus in Wand-Skelett-

11_Oranienburg (Landkreis Oberhavel), Oranienburger Weg, Stellwerk Fichtengrund, 1964, Typ „GS II DR", Foto 2012 (Denkmal)

bauweise (Anwendung 1970–90), aber auch der letzten zentralen Schulbaureihe, der SBR80 (Anwendung 1983–90), dringend des Schutzes.

Darüber hinaus sind weitere typisierte Gesellschaftsbauten zu erfassen und exemplarisch ein-

11

zutragen. Das Spektrum reicht von Bildungseinrichtungen wie Kindertagesstätten, Jugendklubs und Sporthallen bis hin zu Versorgungseinrichtungen wie Kaufhallen oder Wohngebiets- und Betriebsgaststätten.

Noch stärker muss auch der industrialisierte und typisierte Massenwohnungsbau in das Blickfeld gerückt werden. Die Wohnungsbauserien prägten wie keine andere Baugattung das Bild der Städte. Neben der Eintragung erhaltenswerter städtebaulicher Strukturen müssen nun auch exemplarische Typenbauten einschließlich ihrer Oberflächenwirkung geschützt werden.

Ein bisher fast gänzlich unbeachtetes Gebiet sind die großflächigen Anlagen der Industrie und der industrialisierten Landwirtschaft, aber auch der Infrastruktur. Dort sind die Zerstörungen und Veränderungen sehr weit fortgeschritten. Sie sind besonders von den grundlegenden wirtschaftlichen Veränderungen nach 1990 betroffen und werden außerdem oft als landschaftszerstörende Fremdkörper wahrgenommen. Neben ihren durchaus ästhetischen Qualitäten muss ihre enorme landschaftsprägende Bedeutung als bewusstes Zeichen der strukturellen Veränderungen in der DDR gelesen werden. Ihre bauhistorische, gesellschaftshistorische und städtebauliche Bedeutung liegt auf der Hand, auch wenn ihre Architektur traditionellen Architekturauffassungen vollkommen zuwiderläuft. Denkmale dieser Art stellen bisher absolute Ausnahmen dar und wurden meist auf Initiative der Technikdenkmalpflege eingetragen.

Auch in den eher landwirtschaftlich geprägten brandenburgischen Bezirken wurden bemerkenswerte Industrie- und Lagerbauten errichtet. Beispielhaft soll das Großhandelslager in Frankfurt/Oder (Grubenstraße) genannt werden (Abb. 10). Der auf einer Stahlkonstruktion basierende Bau wurde 1974–77 nach einem Entwurf von Heinrich Bucher errichtet (kein Denkmal). Die Fassade ist als vorgehängte Lamellenbekleidung ausgebildet.[14]

Inzwischen sind einige Stellwerke der Zeit um 1960 in der Denkmalliste eingetragen, darunter das elektrische Zentralstellwerk Fichtengrund in Oranienburg (Landkreis Oberhavel), das 1964 im Rahmen der von der DDR nach dem Mauerbau ausgebauten Eisenbahnumfahrung Berlins entstand (Abb. 11). Es handelt sich um ein Gleisbildstellwerk mit Relaisstation vom Typ „GS II DR",

12_Nauen (Landkreis Havelland), Raiffeisenstraße, Silo, 1960er Jahre, Foto 2010 (kein Denkmal) 13_Paulinenaue (Landkreis Havelland), Brädikower Weg, Milchproduktionsanlage, 1972–74 von Felix Hollesch, Oliviera Zierke und Wolfgang Stephan, Foto 2008 (kein Denkmal)

12

13

bestehend aus einem Beobachtungsturm mit Fensterband und einem Relaisraum.[15]

In die Denkmalliste eingetragen wurde auch der 1953/54 in Gleitbetonbauweise errichtete Getreide- und Rapssilo in Gramzow (Zehnebecker Straße, Landkreis Uckermark). In den 1960er Jahren wurde der Bau ähnlicher Hochsilos forciert (Abb. 12).[16] Ab Ende der 1960er Jahre wurden Silos in erheblich größeren Dimensionen auf der Basis eines Typenprojekts des Industriekombinats Magdeburg, Betriebsteil Industrieprojektierung für einen Getreidesilo errichtet. Das Grundelement bestand aus einem Maschinenhaus mit einem dazugehörigen 40.000-Tonnen-Rundzellentrakt aus Stahlbeton in Gleitbauweise, das entsprechend erweitert werden konnte. Derartige Silos entstanden oft im Zusammenhang mit Kraftfuttermischwerken.[17]

Zur Verwirklichung industriemäßiger Produktionsmethoden in der Landwirtschaft entstanden in den 1970er Jahren auch Großanlagen der Viehproduktion auf der Basis von Angebotsprojekten in Stahlbetonmontage- oder Metallleichtbauweise. Diese Anlagen zeichneten sich durch einen hohen Spezialisierungsgrad und wesentlich größere Dimensionen mit Platz für mehrere tausend Tiere aus.

1972–74 entstand beispielsweise bei Paulinenaue (Landkreis Havelland) eine Milchviehanlage für 2000 Tiere als erste Anlage dieser Art im damaligen Bezirk Potsdam und als Beispielobjekt des *Rates für Gegenseitige Wirtschaftshilfe*, also für den Kreis der sozialistischen Staaten (Entwurf von Felix Hollesch, Oliviera Zierke und Wolfgang Stephan; kein Denkmal). Neben dem kompakten Stall in Metallleichtbauweise gehörten unter anderem sieben Hochsilos vom Typ „HS 25" für die Futterlagerung zu der Anlage (Abb. 13).[18] Leider wurden die Hochsilos inzwischen abgebrochen.

Der kleinere Typ „HS 09" für Gärfuttersilos aus Betonformsteinen prägte aufgrund seiner weit verbreiteten Anwendung die ländlichen Regionen der DDR.

Abschließend kann nur dringend an das Landesdenkmalamt appelliert werden, die Inventarisationspraxis angesichts des weit vorangeschrittenen Verlustes an Zeugnissen dieser Architekturepoche trotz aller Widrigkeiten zu forcieren, bedrohte herausragende Bauten und typische Beispiele zu schützen und bisher unbeachtete Baugattungen der DDR-Architektur der denkmalpflegerischen Praxis zu erschließen.

Zugleich gilt den Kolleginnen und Kollegen des BLDAM mein herzlicher Dank für die bereitwillige Zuarbeit bei der Erarbeitung dieses Beitrags.

ANMERKUNGEN

1 Vgl. Buchinger, Marie-Luise / Petsch, Martin: *Beurteilung des Denkmals Hauptgebäude des Instituts für Futterproduktion, Gutshof 7, Paulinenaue* (Typoskript Reg. BLDAM). 28.11.2008

2 Vgl. Cante, Marcus / Petsch, Martin: *Beurteilung des Denkmals Schwesternwohnheim des Kreiskrankenhauses, Friedrich-Ebert-Ring 93/94, Rathenow* (Typoskript Reg. BLDAM). 16.03.2009

3 Vgl. Petsch, Martin: „Schale, Sandwich und Skelett. Ausgewählte Einfamilienhäuser aus der Zeit der DDR im Land Brandenburg". In: *Brandenburgische Denkmalpflege*. 2/2011, 20. Jg., Berlin 2011, S. 71–80, hier S. 72–74

4 Ebd., hier S. 74–77

5 Vgl. Büro für Städtebau und Architektur des Bezirkes Halle: „Ausstellung ‚Eigenheim 72 – Selber bauen' in Halle-Trotha". In: *Deutsche Architektur*, 11/1972, S. 651–669, hier S. 665

6 Vgl. Klawun, Ruth: „Von Falten, Schalen und Platten. Der denkmalpflegerische Umgang mit den jüngeren DDR-Bauten im Land Brandenburg". In: Escherich, Mark (Hg.): *Denkmal Ost-Moderne: Aneignung und Erhaltung des baulichen Erbes der Nachkriegsmoderne* (Stadtentwicklung und Denkmalpflege, Bd. 16). Berlin 2012, S. 82 f.; Errichtung 1966–78, Generalprojektant und Generalauftragnehmer VEB

Wohnungsbaukombinat Cottbus, Architektenkollektiv unter Leitung des Stadtarchitekten Werner Fichte, Gerhard Guder, Gerhard Müller und Kollektiv

7 Städtebaulicher Entwurf von Herbert Härtel; Punkthochhäuser 1958/59 von Walter Pallocks, Otto Zander; Ladenpavillons 1959–62 von Walter Pallocks, Walter Schuster und Kollektive; Kaufhaus „Magnet" 1958–60 von Ortwin Lopp, Otto Schnabel; Hotel „Lunik" 1960–63 von Hermann Enders, Willy Stamm; Vgl. *Architekturführer DDR. Bezirk Frankfurt/Oder.* Berlin 1987, S. 135 ff.

8 Vgl. ebd., S. 25, 27; Gramlich, Sybille u. a.: *Stadt Frankfurt (Oder) (Denkmaltopographie Bundesrepublik Deutschland, Denkmale in Brandenburg)*. Worms am Rhein 2002, S. 253 f.

9 Wohnhaus Am Alten Markt 10/12, 1971/72 von Hartwig Ebert, Peter Mylo und Fritz Neuendorf; Wohngebiet Zentrum-Süd, 1961–74 nach Entwurf der Kollektive Hans-Jürgen Kluge und Hermann Poetzsch; Wohnbauten mit vorgelagerten Ladenbauten Am Kanal, 1961–63 nach Entwurf von Felix Hollesch, Barbara Czycholl und Georg Grott; Vgl. *Architekturführer DDR. Bezirk Potsdam.* Berlin 1981

10 Vgl. http://www.potsdamermitte.de/potsdamer-mitte/index.php?id=43, Zugriff 17.01.2014

11 Vgl. Cante, Marcus / Petsch, Martin: *Beurteilung des Denkmals Schule, Parkstraße 5, Milower Land, Ortsteil Großwudicke* (Typoskript Reg. BLDAM). 16.03.2009

12 Vgl. Franz Quade: „20-Klassen-Schule Premnitz". In: *Deutsche Architektur.* 7/1967, S. 412 f., hier S. 412; Cante, Marcus / Petsch, Martin: *Beurteilung des Denkmals Schule, Andersenweg 43, Nuthetal, Ortsteil Bergholz-Rehbrücke* (Typoskript Reg. BLDAM). 30.03.2009

13 Vgl. Buchinger, Marie-Luise / Cante, Marcus u.a.: *Landkreis Teltow-Fläming, Teil 1: Stadt Jüterbog mit Kloster Zinna und Gemeinde Niedergörsdorf (Denkmaltopografie Bundesrepublik Deutschland, Denkmale in Brandenburg).* Worms am Rhein 2000, S. 353

14 Vgl. *Architekturführer DDR. Bezirk Frankfurt/Oder.* Berlin 1987, S. 54

15 Vgl. Baxmann, Matthias: *Beurteilung des Denkmals Zentralstellwerk Fichtengrund, Oranienburger Weg, Oranienburg* (Typoskript Reg. BLDAM). 20.03.2012

16 U. a. VEB Getreidewirtschaft Angermünde, Templiner Straße, zwei Silos, 1965/66 von Rudolf Porsche, Christa Ebert; Gransee, Getreidesilos, Templiner Straße/Am Gewerbepark, 1965–78 von Rudolf Porsche; Nauen, Raiffeisenstraße, Silo; Bergholz--Rehbrücke, Ladestraße, Saatgutsilo, 1961–63 von Rudolf Porsche (keine Denkmale)

17 Vgl. Stock, Werner: „Neuentwicklung von Getreidesilos". In: *Deutsche Architektur.* 2/1969, S. 120; in Brandenburg finden sich derartige Anlagen in Fürstenwalde (Uferstraße 96, ab 1967 nach Entwurf von Wolfgang Roth und Norbert Romers), Ketzin (Mühlenweg, bis 1977 von Rudolf Porsche) und Eberswalde-Finow (Britzer Straße, 1979 nach Entwurf von Norbert Romers und Kollektiv).

18 Vgl. *Architekturführer DDR. Bezirk Potsdam.* Berlin 1981, S. 94; Wacker, Günther: *Paulinenaue: Eine Ortschronik aus dem Havelland.* 1984, http://www.paulinenaue.info/Quartier/paulinenaue/sendungen/sendungen/einrichtungen/sport/allgemeines/chroniken/wacker.html?m=chroniken#toc41730859, Zugriff 17.01.2014

BERLINER DENKMALE DER 1960ER BIS 1980ER JAHRE. MÖGLICHKEITEN DER DENKMALERFASSUNG UND LISTENFORTSCHREIBUNG IN ZEITEN RÜCKLÄUFIGER RESSOURCEN_BERNHARD KOHLENBACH

Berlin ist – bauhistorisch betrachtet – vor allem bekannt für seine Wohnviertel aus der Gründerzeit, seine historischen Industriegebiete, die Großsiedlungen der Weimarer Republik, das Brandenburger Tor oder seine Schlösser und Gärten. Berlin müsste aber eigentlich „die Stadt der Nachkriegszeit" heißen. Der überwiegende Teil des heutigen Baubestandes, und zwar im Ost- wie im Westteil der Stadt, ist erst nach den verheerenden Zerstörungen des Zweiten Weltkriegs entstanden. 30 Prozent aller Gebäude in Berlin waren total zerstört oder schwer beschädigt, in den zentralen Stadtbezirken Mitte, Tiergarten und Friedrichshain lag die Zerstörungsrate sogar bei über 50 Prozent.[1] Einem Besucher, der heute mit offenen Augen durch die Stadt geht, bleibt dieser Umstand nicht verborgen. Ich möchte diesen Eindruck aber auch mit Zahlen belegen:

Im Jahr 2010 besaß Berlin 1,87 Millionen Wohneinheiten. Davon sind rund 840.000 bis 1948 gebaut worden, zwischen 1948 und 2010 entstanden über eine Million Wohnungen.[2] Stellt man sich die Wohngebäude zusammen mit den erhaltenen Verwaltungs-, Industrie- und Verkehrsbauten aus der Zeit vor 1945 als eine separate Stadt vor, dann hätte sie nach heutigem Standard etwa 1,5 Millionen Einwohner. Die Wiederaufbaustadt nach 1945 würde für sich genommen etwa 1,8 Millionen Einwohner zählen. Der größere Teil der 3,3 Millionen Einwohner Berlins wohnt und arbeitet also in Nachkriegsbauten. Die Architektur der jüngeren und jüngsten Vergangenheit bestimmt das Aussehen der Stadt in weiten Bereichen mindestens genauso stark wie die erhaltenen historischen Bauten – und das umso mehr, weil nach dem Krieg auch die städtebaulichen Strukturen vielfach radikal modernisiert und verändert worden sind.

Dieses Verhältnis zeichnet sich allerdings nicht in der Berliner Denkmalliste ab: Von gut 8000 Denkmalpositionen sind etwa 550 Positionen in der Nachkriegszeit entstanden.[3] Mit diesen letzten Zahlen möchte ich keinesfalls ankündigen, dass das Landesdenkmalamt Berlin seine Denkmalliste nun um Tausende zusätzliche Denkmalpositionen erweitern will, sondern ich möchte nur darauf aufmerksam machen, mit welchem Volumen die Denkmalinventarisation des Landesdenkmalamts es bei der Nachkriegsarchitektur zu tun hat und dass wir hier ein großes Aufgabenfeld finden. Die Menge der zu erfassenden Architektur hängt auch damit zusammen, bis zu welcher Zeitgrenze man die Denkmalerfassung ausdehnt. Als 1995 das Berliner Denkmalschutzgesetz novelliert und erstmals nach der Wiedervereinigung eine gemeinsame Denkmalliste für die gesamte Bundeshauptstadt aufgestellt wurde, haben wir mit wenigen Ausnahmen Bau- und Gartendenkmale sowie Denkmalbereiche bis etwa 1965 erfasst. Damit war ein Zeitspektrum abgedeckt, das damals in der deutschen Denkmalinventarisation üblich war.[4]

In den späten1980er und insbesondere in den 1990er Jahren wurde – aufbauend auf früheren Erfassungen in Ost und West – die ganze Stadt Berlin systematisch neu inventarisiert. Daran waren (ohne Leiter) acht fest angestellte Inventarisatoren, eine Garteninventarisatorin, ein Dokumentar und eine Bauforscherin beteiligt. Die Volkswagen Stiftung hat zusätzlich für mehrere Jahre eine Stelle und die Hard- und Software für den Aufbau einer Denkmaldatenbank zur Verfügung gestellt. Die Erfassung war trotzdem in diesem Umfang nur zusammen mit einer großen Anzahl an freien Mitarbeitern möglich. Ein harter Kern von gut 40 Kunsthistorikern und Architekten sowie fünf studentischen Hilfskräften wurde über Jahre beschäftigt. Die Erfassungsergebnisse liegen ausführlich dokumentiert vor. Es gibt für Berlin flächendeckend eine Denkmaldatenbank und ein Geoinformationssystem mit der vollständigen Denkmalkarte.

Nachdem die Zeitgrenze in ämterübergreifenden Diskussionen zu Beginn der 2000er Jahre bis etwa 1975 verschoben worden war[5], kamen wir aus fachlichen, sprich geschichtswissenschaftlichen Gründen zu der Einsicht, dass zumindest theoretisch die gesamte abgeschlossene Geschichtsepoche der alten Bundesrepublik und der DDR bis zur Wiedervereinigung berücksichtigt werden sollte. Das Jahr 1990 ist schon deshalb eine sinnvolle Epochengrenze, weil sich auch etablierte Institutionen der Geschichtswissenschaft daran orientieren. Das Institut für Zeitgeschichte bearbeitet zum Beispiel Entwicklungen in der Bundesrepublik Deutschland und in der DDR bis zur Wiedervereinigung mit großer Selbstverständlichkeit als historische Themen.[6] Die sinnvolle Ausweitung der Zeitgrenze vergrößert natürlich den Aufgabenbereich der Denkmalämter. Zudem bringt die Ausweisung von Denkmalen aus jungen oder jüngsten Zeitschichten auch Akzeptanzprobleme mit sich. Die Denkmalämter geraten in der öffentlichen Diskussion immer wieder unter Rechtfertigungsdruck, wenn es um die Bewertung von Architektur der Zeit nach 1945 oder gar nach 1975 geht. Dieser Streit wird in Berlin besonders heftig geführt. Der Denkmalpfleger muss sich immer wieder mit massiv vorgetragenen aktuellen politischen, wirtschaftlichen und ästhetischen Argumenten verschiedener Parteien auseinandersetzen, die seinen Geschichtsbegriff nicht akzeptieren.

Berlin als Hauptstadt des Kalten Krieges hat ein großes und teilweise unbequemes Erbe zu verwalten. Man kann sagen, dass wir uns in Berlin in einem Labor für die Erinnerungskultur des 20. Jahrhunderts befinden. In dieser Stadt haben die beiden maßgeblichen politischen Systeme parallel – gegen- und miteinander – existiert. Auf dem Boden der großflächig zerstörten Reichshauptstadt haben beide deutsche Staaten mit besonderer Aufmerksamkeit und großem Ehrgeiz an ihrem repräsentativen Erscheinungsbild gearbeitet. In Ost-Berlin entstand die Hauptstadt der DDR als sozialistische Vorzeigestadt. In West-Berlin wollte die westliche Demokratie ihre Standhaftigkeit und ihre Überlegenheit auf politischem und wirtschaftlichem Gebiet beweisen. Im Wettbewerb der Systeme hatten Architektur

1_Berlin, Teufelsberg, gestalteter und begrünter Trümmerberg, NSA/GCHQ Field Station, 1962–92 **2**_Berlin, Staatsratsgebäude, 1962–64 von Roland Korn, Hans-Erich Bogatzky und Klaus Pätzmann; Fenster im Treppenhaus, *Aus der Geschichte der deutschen Arbeiterbewegung*, 1964 von Walter Womacka

und Stadtplanung in Berlin immer eine über ihre eigentlichen Funktionen hinausreichende politische Dimension.

Man könnte behaupten, dass in Berlin die Geschichtswissenschaft und auch die Denkmalpflege am offenen Herzen operieren. Ich meine damit, dass relativ aktuelle Ereignisse historisiert werden, dass Historiker hautnah beobachten, wie gesellschaftliche Wirklichkeit zur Geschichte wird: Die Berliner Mauer wurde abgerissen und gleichzeitig in Teilen von der Denkmalpflege geschützt. Stasi-Mitarbeiter standen vor Gericht und ihre Hinterlassenschaften wurden musealisiert. Dies gilt, wie man immer wieder feststellen muss, auch heute noch – 25 Jahre nach dem Mauerfall. Der Denkmalwert der alliierten Abhörstation auf dem Berliner Teufelsberg wird diskutiert und dort soll möglicherweise ein Museum des Kalten Krieges eingerichtet werden – gleichzeitig wird bekannt, dass ihre ehemaligen Betreiber, die amerikanischen und britischen Geheimdienste NSA und GCHQ, heute weltumspannende Abhör- und Datenerfassungssysteme betreiben, die unter anderem auf dem Teufelsberg eingeübt worden sind (Abb. 1). Der Leiter der Stasiopfergedenkstätte in Hohenschönhausen forderte vor kurzem ein Verbot von DDR-Symbolen, während im ehemaligen Staatsratsgebäude ungerührt Seminare der des Sozialismus unverdächtigen European School of Management and Technology unter Hammer und Zirkel abgehalten werden und das Treppenhaus von einem Glasbild mit den Marinesoldaten der Novemberrevolution in farbiges Licht getaucht wird (Abb. 2). Die Plattenbausiedlung Ernst-Thälmann-Park von 1986 wird in die Denkmalliste eingetragen, obwohl oder gerade weil die erste Grundsanierung noch nicht stattgefunden hat. Die Arbeit mit solch jun-

1

gen Denkmalschichten trifft oft auf Unverständnis, in der Presse wie auch bei Entscheidungsträgern in der Politik.

Angesichts des immensen und geschichtsträchtigen Baubestandes der Zeit nach 1961 in Ost und West und unter Berücksichtigung der Ausdehnung der Zeitgrenze für die Inventarisation bis 1990 bleibt also für die Denkmalerfassung eine erdrückend umfangreiche und gesellschaftlich umstrittene Aufgabe zu bewältigen. Gleichzeitig hat der allgemeine Stellenabbau im öffentlichen Dienst in Berlin auch das Landesdenkmalamt betroffen. Mit 2,5 Stellen für Denkmalerfassung und Denkmalausweisung, einer Garteninventarisatorin, einem Dokumentar und einer halben Bauforscherstelle ist jetzt eigentlich ein Tiefstand erreicht. Es ist jedoch schon beschlossen, weiter abzubauen.

Für die Berliner Inventarisation kann man an dieser Stelle folgendes Resümee ziehen: Die Berliner Denkmalliste deckt die Zeitschichten in der geschichtlichen Entwicklung der Stadt bis zum Mauerbau relativ gut ab. Notwendige Ergänzungen innerhalb dieser Perioden werden hauptsächlich im Rahmen der Publikation der Denkmaltopografien und im sogenannten Tagesgeschäft vorgenommen. Eine systematische Inventarisation wie in den 1980er und 1990er Jahren ist, wenn überhaupt, nur noch abschnittsweise möglich. Für die laufende Erfassung von Denkmalen aus dem Zeitraum zwischen Mauerbau und Mauerfall müssen Prioritäten gesetzt und kompetente auswärtige Partner gefunden werden, die uns mit ihrer Sachkenntnis und mit ihrer Arbeitskraft, aber auch bei der Werbung für jüngere Denkmalschichten unterstützen.

2

Prioritäten setzen heißt, die drängendsten Inventarisationsprobleme zu sichten und abzuarbeiten beziehungsweise bevorstehende Anforderungen vorherzusehen und sich darauf durch Materialsammlungen und Vergabe von Erfassungsaufträgen vorzubereiten. Es geht um eine Inventarisation aus dem Überblick heraus, die exemplarisch arbeitet und Prioritätenlisten aufstellt. Dieses Vorgehen beinhaltet einen gewissen Verzicht auf Systematik. Darum sind zum Beispiel jüngere

und jüngste Zeitschichten gegenüber älteren und besser erfassten Perioden vorzuziehen.
Ein Weg, um das Kapazitätsproblem erträglicher zu machen, ist die Mithilfe von auswärtigen Partnern. Wir haben das große Glück, dass die Fächer Architekturgeschichte, Städtebaugeschichte und Denkmalpflege an der Technischen Universität Berlin hervorragend vertreten sind. Es gibt dort das Institut für Kunstgeschichte und Historische Urbanistik, das Institut für Stadt- und Regionalplanung, Fachgebiet Denkmalpflege, und das Institut für Architektur, Fachgebiet historische Bauforschung, Masterstudium Denkmalpflege. Die Professoren sind untereinander und mit uns gut vernetzt. Der Landeskonservator ist Honorarprofessor, eine ehemalige langjährige Kollegin Professorin. Eine Professorin für Kunstgeschichte ist Vorsitzende des Landesdenkmalrats, einer ihrer Kollegen war es vorher. Studenten suchen bei uns ihre Themen für Bachelor-, Master- und Doktorarbeiten. Gerade zum Thema Nachkriegsarchitektur finden fortlaufend Seminare, Kolloquien oder Ausstellungen statt. Es gibt mehrjährige Projekte, zum Beispiel „Baukunst der Nachkriegsmoderne" am Institut für Kunstgeschichte und Historische Urbanistik. Über die Internationale Bauausstellung in Berlin 1987 wurde eine Ausstellung gezeigt und ein Kolloquium durchgeführt. Der Leiter dieser Gruppe erfasst zurzeit für uns den umfangreichen Baubestand der IBA in Kreuzberg.[7] Mit Professoren und Absolventen der TU erfassen wir gerade ausgewählte Großsiedlungen der 1960er bis 1980er Jahre in Ost und West, führen eine Untersuchung zu Einfamilienhäusern der Nachkriegszeit durch, die bereits zur Eintragung von etwa 15 Denkmalen geführt hat, und haben wir vor einigen Jahren ein Kirchenprojekt abgeschlossen, mit dem wir 20 Nachkriegskirchen in die Denkmalliste eingetragen haben.
Die Institute für Baugeschichte, Städtebaugeschichte und Denkmalpflege an der TU beteiligen sich auch sehr lebendig an der städtischen Diskussion über die jüngsten Phasen in der Architekturgeschichte Berlins. Sie publizieren zum Thema in der Presse, halten Kolloquien oder Podiumsdiskussionen ab und beteiligen sich an Runden Tischen zur Frage des Umgangs mit Einzelobjekten. Ich denke an ihren massiven Einsatz für die Erhaltung des ICC und des Teufelsbergs, die beide in der Stadt äußerst umstritten sind. Erst vor kurzem wurde der Architekturführer zur Berliner Nachkriegsarchitektur von Studenten und Dozenten gemeinsam erarbeitet und publiziert.[8]
In den Arbeitsgruppen der Vereinigung der Landesdenkmalpfleger gibt es einen direkten Erfahrungs- und Wissensaustausch der Landesdenkmalämter untereinander. In der Arbeitsgruppe Inventarisation haben wir uns in den letzten Jahren unter anderem mit Kirchen der Nachkriegszeit beschäftigt und ein Papier dazu erarbeitet. Zu Verwaltungsbauten der 1960er und 1970er Jahre ist von der Arbeitsgruppe ein Buch mit einer ausführlichen Einführung in das Thema und einem Katalog von denkmalgeschützten Beispielen aus allen Bundesländern herausgegeben worden.[9]
Ich möchte zum Abschluss einen kleinen Einblick in einige Erfassungsprojekte zur Nachkriegsarchitektur in Berlin geben, einige Ergebnisse zeigen, aber auch Objekte vorführen, die auf unserer Prioritätenliste stehen und noch bearbeitet werden müssen: Bei den Wohnkomplexen an der Karl-Marx-Allee und

3_Denkmalkarte Berlin, Denkmalschutz für DDR-Architektur, 1. und 2. Bauabschnitt der Karl-Marx-Allee und Platz der Vereinten Nationen **4**_Berlin, Karl-Marx-Allee, Restaurant Moskau, 1961–64 von Josef Kaiser mit Wandmosaik *Aus dem Leben der Völker der Sowjetunion* von Bert Heller

3

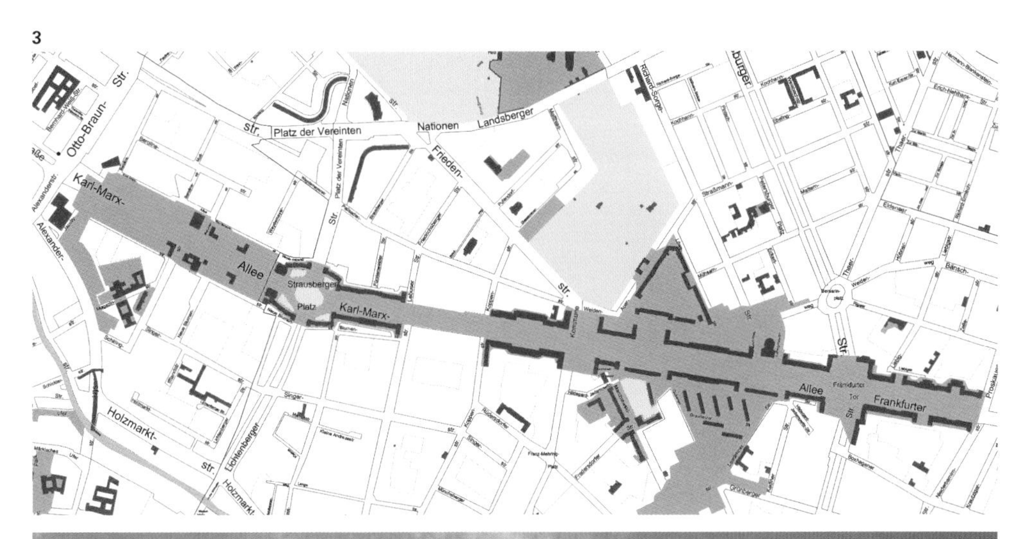

4

den umgebenden Straßen handelt es sich eigentlich um innerstädtische Großsiedlungen mit vielen Tausend Wohnungen. Ausgewiesen sind im 2. Abschnitt der Karl-Marx-Allee jedoch nicht das gesamte Wohngebiet, sondern nur die straßenbegleitenden zehngeschossigen Wohn-

5_Berlin, Karl-Marx-Allee 2. Bauabschnitt, 1960–64 vom Kollektiv Josef Kaiser und Klaus Deutschmann; sanierter, aber ungedämmter Plattenbau Typ QP, Schillingstraße, 1962–64

5

zeilen von 1960/61, die pavillonartigen Funktionsbauten sowie das Kino International, das Restaurant Moskau usw. (Abb. 3 und 4).

Um den Jahreswechsel 2013/14 haben wir diesen Bestand ergänzt und unter anderem einen achtgeschossigen Plattenbau vom Typ QP von Josef Kaiser und Klaus Deutschmann, der für dieses Gebiet entworfen worden war und dessen authentische Fassade mit hellgelber Keramikverkleidung erhalten ist, in die Denkmalliste eintragen. Ungedämmte Siedlungsbauten in ihrer bauzeitlichen Gestaltung sind in Berlin selten geworden. Dieser Bau ist nun eine Art Belegstück in dem sehr stark veränderten Wohngebiet (Abb. 5).

Drastische Veränderungen gibt es in fast allen Großsiedlungen der Nachkriegszeit, die es in Ost- und West-Berlin in großer Zahl und von hoher Qualität gibt. Ich habe hier einmal nur die Großsiedlungen mit über 10.000 Wohneinheiten zusammengestellt.

Ost-Berlin:

Marzahn – ohne Ahrensfelde:	55.816 WE
Hellersdorf – WK I bis V:	35.380 WE
Hohenschönhausen:	29.100 WE
Karl-Marx-Allee (Friedrichshain):	21.200 WE
Fennpfuhl (Lichtenberg):	15.800 WE
Hans-Loch-Viertel (Lichtenberg):	13.000 WE

West-Berlin:

Gropiusstadt (Neukölln):	18.500 WE
Märkisches Viertel (Reinickendorf):	17.000 WE
Falkenhagener Feld (Spandau):	13.500 WE

6_Berlin, Rathaus Marzahn, 1985–88 von Wolf-R. Eisentraut, Karin Bock und Bernd Walther 7_Berlin, Siedlung Ernst-Thälmann-Park, 1984–86, Gesamtleitung: Baudirektion Berlin, Erhardt Gißke, Eugen Schröder; Generalprojektant: Helmut Stingl; Wohnungsbau: Dieter Kabisch, Gerfried Manthey, Udo Pommeranz, Ulrich Weigert, Manfred Zumpe; Denkmal: Lew Kerbel

Eine Erfassung aller Großsiedlungen können wir aus eigener Kraft nicht leisten. Hier hilft nur ein gezieltes Vorgehen in Zusammenarbeit mit auswärtigen Partnern. Im letzten Jahr haben wir beispielsweise mit einem Doktoranden an der TU, der in einer vergleichenden Arbeit Berliner Großsiedlungen in Ost und West untersucht, eine Sichtung von zehn Großsiedlungen in beiden Hälften der Stadt vorgenommen. Das Ergebnis war ernüchternd. Wärmedämmung und Verdichtung sind in großen Bereichen der Siedlungen entweder schon durchgeführt oder zumindest geplant. Architektennamen wie Walter Gropius, Oswald Matthias Ungers oder Werner Düttmann schützen nicht vor dem Einsatz von Wärmedämmverbundsystemen. In authentischem Zustand sind oft nur noch Teile von Siedlungen erhalten. Gerade in dieser Baugattung, in der Architektur, Städtebau, Grünplanung sowie wirtschaftliche, soziale und künstlerische Faktoren eng zusammenspielen, fällt es schwer, fragmentierte Bereiche als Denkmal zu begründen. In der Großsiedlung Marzahn haben wir bisher nur das Rathaus als Denkmal ausgewiesen (Abb. 6).

6

7

Zu den zehn betrachteten Großsiedlungen gehörte auch die Siedlung Ernst-Thälmann-Park von 1984–86 mit dem monumentalen Ernst-Thälmann-Denkmal. Sie war ein Prestigeobjekt des DDR-Wohnungsbaus mit 1336 Wohnungen. Wir haben diese Siedlung im Januar 2014 als erste Großsiedlung komplett in die Berliner Denkmalliste eingetragen, weil hier die Möglichkeiten des industriellen Wohnungsbaus in der DDR der 1980er Jahre umfassend demonstriert wurden. Zur Authentizität der Siedlung gehört auch die Verbindung mit dem Ernst-Thälmann-Denkmal, das in seiner Ausführung sehr gut zu der erstarrten ideologischen Rhetorik der überalterten Staatsführung kurz vor dem Ende der DDR passt (Abb. 7). Wie in einem Bühnenbild sind hinter dem Thälmann-Denkmal Park und Wohnbauten gruppiert. Von den Architekten wurden alle Register des komplexen Wohnungsbaus der DDR gezogen. In der Parkanlage gibt es technisch verbesserte WBS-70-Blöcke mit optimierten Wohnungen und eigens für diese

8_Berlin, Siedlung Ernst-Thälmann-Park, Wohnen im Park **9**_Berlin, Friedrichstadtpalast, 1981–84 von Walter Schwarz, Manfred Prasser, Dieter Bankert u.a.; Gesamtleitung Baudirektion Berlin, Erhardt Gißke **10**_Berlin, Friedrichstadtpalast, Treppen und Foyers

Siedlung entwickelte Wohnhochhäuser, die sich schnell weiter verbreiteten. Die Ausstattung mit gesellschaftlichen Einrichtungen umfasst Läden, eine Bierkneipe, Arztpraxen, ein Veranstaltungszentrum mit Restaurant, eine Schwimmhalle, eine Milch-Eis-Bar und vieles mehr (Abb. 8).

terium der DDR zugeordnet. Zu ihren Aufgaben gehörten der Palast der Republik, der Friedrichstadtpalast, der Pionierpalast oder das Sport- und Erholungszentrum, aber auch der Neubau der Charité, verschiedene Großhotels, das Internationale Handelszentrum, das Nikolaiviertel, der

8

Die folgenden Beispiele sind Bauten für großstädtische Aufgaben aus jüngerer Zeit in Ost- und West-Berlin, die bisher noch nicht in ihrem Denkmalwert erforscht sind. Um einen Überblick zu gewinnen, haben wir zunächst eine Prioritätenliste aufgestellt. Für die Erfassung sammeln wir Material, beauftragen Gutachten. Parallel dazu läuft ein Projekt „Großbauten der 60er und 70er Jahre" im Fachgebiet Kunstgeschichte an der Technischen Universität.

In Ost-Berlin untersuchen wir einige der Hauptstadtprojekte, die in den 1970er und 1980er Jahren von der Baudirektion Berlin unter der Leitung von Erhardt Gißke durchgeführt worden sind. Die Baudirektion war direkt dem Bauminis-

Wiederaufbau des Gendarmenmarktes und der Friedrichstraße (Abb. 9 und 10). Zu den herausragenden Bauten der internationalen Architektur in Ost-Berlin gehört die ehemalige Botschaft der Tschechoslowakei, heute Botschaft der Tschechischen Republik (Abb. 11).

Stellvertretend für die vielen herausragenden Großbauten in West-Berlin soll ein Objekt aus Wilmersdorf stehen: Die Autobahnüberbauung Schlangenbader Straße ist wahrscheinlich die einzige realisierte Lösung dieser Art (Abb. 12 und 13). Die Idee, den Flächenverbrauch von Straßen oder Autobahnen in Innenstädten durch Überbauung zu kompensieren, hatten schon Walter Gropius 1919 und, noch spektakulärer, Paul Rudolph in

9

10

11_Berlin, Botschaft der ČSSR, 1974–78 von Vera und Vladimir Machonin
12_Berlin, Autobahnüberbauung Schlangenbader Straße, 1976–81 von Georg Heinrichs mit Gerhard und Klaus Krebs **13**_New York, Lower Manhattan Expressway, 1967–74 von Paul Rudolph (unausgeführtes Projekt)

New York bei seinem unausgeführten Entwurf zur Überbauung des Lower Manhattan Expressway aus dem Jahre 1970. Der 14-geschossige Hauptbaukörper des Wohnungsgiganten überfängt den Autobahnabzweig Steglitz auf einer Länge von etwa 600 Metern. Die Autobahn wird in einem auf gesonderten Fundamenten und Neopren gelagerten Tunnel durch das Terrassenhaus geführt. Die Arbeitsweise der Denkmalinventarisation hat sich in den letzten Jahrzehnten erheblich gewandelt. Aus dem Wissenschaftler, der akribisch einzelne Denkmale begründet und an zeitraubenden Denkmalinventaren schreibt, ist ein Denkmalmanager geworden, der mit neuen Techniken und auswärtigen Helfern eine große Zahl von Denkmalen bearbeiten muss. Die Informationen, die er dafür braucht, können jedoch viele beschaffen. Vielleicht ist die Zukunft der Inventarisation das *crowdsourcing*, die Mitarbeit vieler Freiwilliger. Wikipedia arbeitet schon mit den deutschen und internationalen Denkmallisten, beschafft Fotos von den Denkmalen und erstellt Artikel dazu, die manchmal mehr bieten als unsere eigenen Datenbanken.[10] Die Daten- und Faktensammlungen und die Beschreibung von Denkmalen im Internet sehe ich durchaus

11

12

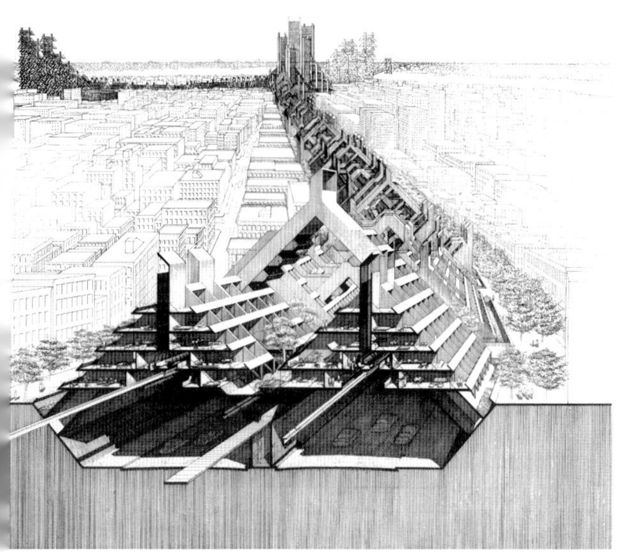

13

positiv. Je mehr Menschen sich für ihre Denkmale interessieren, umso besser. Die Aufgabe, eine überzeugende, gut begründete und natürlich verbindliche Denkmalliste aufzustellen, kann der staatlichen Denkmalinventarisation jedoch niemand abnehmen.

ANMERKUNGEN

1 Peters, Günter: *Kleine Berliner Baugeschichte.* Berlin 1995, S. 182

2 Amt für Statistik Berlin Brandenburg, Statistischer Bericht F I 2-4j / 10, Ergebnisse des Mikrozensus im Land Berlin 2010, Wohnsituation (Zusatzerhebung), S. 11: Gesamtzahl der Wohnungen: 1.877.500, vor 1948: 839.400, 1949–2010: 1.030.900. Einwohner Berlin 2011: 3,3 Millionen (Korrektur nach Zensus 2011)

3 Denkmallistenpositionen beinhalten nicht nur Einzelobjekte, sondern können auch ganze Denkmalbereiche umfassen. Von der Anzahl der Denkmalpositionen kann man also nicht auf die Gebäudeanzahl oder die Anzahl der Denkmale schließen. Diese ist bedeutend höher.

4 Durth, Werner / Gutschow, Niels: *Nicht wegwerfen, Architektur und Städtebau der fünfziger Jahre* (Schriftenreihe des Deutschen Nationalkomitees für Denkmalschutz). Bonn 1987

5 Lange, Ralf: *Architektur und Städtebau der sechziger Jahre* (Schriftenreihe des Deutschen Nationalkomitees für Denkmalschutz). Bonn 2003

6 Das Institut für Zeitgeschichte bearbeitet inzwischen auch schon Themen, die jenseits der Grenze 1990 liegen. Die Denkmalämter bleiben etwas konservativer, weil die Einschätzung der historischen Bedeutung von Sachzeugnissen innerhalb einer abgeschlossenen Kulturepoche leichter und nachhaltiger vorzunehmen ist. Die Sicherheit des Urteils und seine Nachhaltigkeit ist für die Denkmalausweisung unabdingbar.

7 Bodenschatz, Harald / Lampugnani, Vittorio Magnago / Sonne, Wolfgang (Hg.): *25 Jahre Internationale Bauausstellung Berlin 1987. Ein Wendepunkt des europäischen Städtebaus.* Sulgen 2012; *RE-VISION-IBA '87. 25 Jahre Internationale Bauausstellung Berlin 1987. Themen für die Stadt als Wohnort.* Berlin 2012

8 Von Buttlar, Adrian / Wittmann-Englert, Kerstin / Dolff-Bonekämper, Gabi (Hg.): *Baukunst der Nachkriegsmoderne. Architekturführer Berlin 1949–1979.* Berlin 2013

9 *Zwischen Scheibe und Wabe. Verwaltungsbauten der Sechzigerjahre als Denkmale.* Michael Imhof Verlag, Petersberg 2012

10 Zum Beispiel: http://www.wikilovesmonuments.de/de/denkmallisten/europa/deutschland/

DENKMALE DER DDR-MODERNE IN THÜRINGEN. INVENTARISATION UND IHRE FOLGEN__HOLGER REINHARDT

Eigentlich ist eine abgeschlossene Epoche grundsätzlich die optimale Voraussetzung für eine objektive wissenschaftliche Bewertung ihrer baulich-kulturellen Hinterlassenschaften im Rahmen der Denkmalinventarisation. Die Geschichte lehrt aber, dass dazu eine gewisse Distanz notwendig zu sein scheint. Somit ist es nachvollziehbar, dass sich die Denkmale pflegende Zunft aller Spezifikationen in der Regel erst mit einigem zeitlichen Abstand dem Erbe einer Epoche widmet. Etwa in den 1980er Jahren wurden die baulichen Hinterlassenschaften der Wiederaufbauzeit und der 1950er Jahre in Ost und West zum Betrachtungsgegenstand, in den 1990er Jahren rückte dann die frühe Nachkriegsmoderne in den Fokus. Im folgenden Jahrzehnt gerieten die Architektur und der Städtebau der 1970er Jahre in den Blick verstärkter wissenschaftlicher Untersuchungen. Ein wichtiges Ziel war dabei die Bewusstseinsschärfung für die entstandenen Qualitäten und Werte – zunächst in den eigenen Reihen, in der Folge aber auch in der Öffentlichkeit sowie in der Politik und den Verwaltungen. Insbesondere dem Deutschen Nationalkomitee für Denkmalschutz darf man sehr dankbar sein, dass es mit Tagungen und Publikationen die Beschäftigung mit der Architektur und baugebundenen Kunst der zweiten Hälfte des 20. Jahrhunderts und deren Vermittlung immer wieder vorantrieb. Auch einige Lehrstühle, so unter anderem in Weimar, die Vereinigung der Landesdenkmalpfleger und jüngst der Bund Heimat und Umwelt beteiligen sich daran.

RAHMENBEDINGUNGEN UND METHODIK DER ERFASSUNG UND BEWERTUNG DER DDR- ARCHITEKTUR__ Trotzdem tut man sich teilweise noch immer schwer mit der objektiven Bewertung und der Vermittlung des baulichen Erbes der DDR. Berührungsängste und Unsicherheit in der Annäherung an die eben abgeschlossene Epoche, Akzeptanzprobleme und ideologische Vorbehalte, die den Umgang mit diesem unserem Erbe erschweren, scheinen aber langsam abzuebben. So ist deutlich der unverkrampfte Umgang der jetzt jungen Generation selbst mit den Bauten der 1980er Jahre und den in Großplattenbauweise errichteten Neubaugebieten der 1970er Jahre zu spüren. Erinnert sei an die Initiative „Mensa-Debatte" in Weimar (vgl. Abb. 7). Dennoch ist bezeichnend, wie unterschiedlich DDR-Architektur in der Öffentlichkeit wahrgenommen wird und in der Presse Erwähnung findet. Diese zwiespältige Sicht zeigte sich beispielsweise im Zusammenhang mit dem unter das Motto „Ungeliebte Denkmale" gestellten Tag des offenen Denkmals 2013. Regionale Tageszeitungen titelten unter Bezug auf Denkmale der DDR-Moderne „Unbequem, aber nicht uninteressant", „Genussvolles und Unbequemes am Denk-

1_Jena, Pavillon auf der Rasenmühlinsel im Volkspark Oberaue; 1974 nach dem Entwurf von Friedhelm Schubrig als kultureller Treffpunkt in einem Erholungspark errichtet. Der Architekt versuchte mit dem Bau an Ideale des International Style, an Pavillonbauten Mies van der Rohes, Richard Neutras oder Pierre Königs anzuschließen. Das gelang wohl nur, weil der Bau ein „Nischenprodukt" jenseits aller baupolitischen Prämissen und unter Nutzung der Möglichkeiten eines der einflussreichsten DDR-Betriebe, des VEB Carl Zeiss Jena, entstand. Nach 1990 verfiel der Pavillon langsam, ab 2002 stand er leer. 2005 wurde er als Kulturdenkmal erkannt und eingetragen. Jetzt Nutzung durch die Bürgerinitiative Glashaus im Paradies e.V. für kulturelle Veranstaltungen zur Förderung der Kunst (Musik, Literatur, darstellende und bildende Kunst), unter anderem durch Konzerte, Lesungen und Kunstausstellungen. **2**_Eisenach, Ausstellungspavillon der Automobilwerke, errichtet 1967 nach Entwürfen von G. Wehrmann

1

2

maltag" oder „Drinnen draußen sein. Glashaus im Paradies als ungeliebtes Objekt"[1] (Abb. 1). Auch die amtliche Denkmalpflege in Thüringen hat in den letzten 25 Jahren bezüglich der Architektur und des Städtebaus der DDR durchaus ambivalent agiert und reagiert, wie das Beispiel des 1967 für die Wartburg-Automobilwerke errichteten Ausstellungspavillons in Eisenach belegt (Abb. 2). Zunächst erfolgte 1992 aus „geschichtlichen Gründen"[2] die Eintragung des Pavillons einschließlich des Ausstellungsgutes in das Denkmalbuch. 2005 folgte dann die Löschung der Eintragung nach Auszug der Automobilexponate auf Bitten der Eigentümerin, obwohl die Ausstattung und bauliche Gestaltung komplett erhalten geblieben war. 2013 kam es schließlich auf Initiative des Pächters, einer lokalen Künstlerinitiative, zur Neubewertung und erneuten Eintragung in das Denkmalbuch, nun „aus geschichtlichen, künstlerischen und städtebaulichen" Gründen.[3] Die Zukunft des Pavillons als Ausstellungs- und Veranstaltungsbau scheint vorerst gesichert.

DENKMALERFASSUNG IN THÜRINGEN VOR 1990__Auf die Ausgangslage und die Rahmenbedingungen für die Erfassung und Inventarisation der Zeugnisse der Architektur der DDR nach deren Ende kann hier nur kurz eingegangen werden: Entscheidend war nach Beitritt der 1990 neu gegründeten ostdeutschen Länder zur Bundesrepublik Deutschland zunächst die zügige Installation von Denkmalfachbehörden, denen unter anderem als wesentliche Aufgabe die Inventarisation zugewiesen wurde. In Thüringen galt zunächst das Denkmalschutzgesetz der DDR vom 19. Juni 1975 weiter, bis es durch ein eigenes Landesgesetz am 11. Januar 1992 abgelöst wurde. Hauptziel war zunächst die kritische Revision der Denkmalgesetzgebung und der Denkmallisten der DDR. Letztere waren entsprechend dem Denkmalschutzgesetz der DDR dreistufig klassifiziert und unterschieden in Kreislisten mit Denkmalen von lokaler und regionaler Bedeutung, Bezirkslisten mit Denkmalen von regionaler und nationaler Bedeutung und die Zentrale Denkmalliste der DDR mit Denkmalen von nationaler und internationaler Bedeutung.

Inhaltlich waren die Listen nach verschiedenen Denkmalarten differenziert. Neben den *Geschichtsdenkmalen* und den *Denkmalen des Städtebaus und der Architektur* wurden im Prinzip auch dem modernen, erweiterten Denkmalbegriff entsprechende Denkmalgruppen berücksichtigt: „*Denkmale zur Kultur und Lebensweise der werktätigen Klassen und Schichten des Volkes* wie typische Siedlungsformen, Wohn- und Arbeitsstätten mit ihren Ausstattungen; (...) *Denkmale der Produktions- und Verkehrsgeschichte* wie handwerkliche, gewerbliche und landwirtschaftliche Produktionsstätten mit ihren Ausstattungen, industrielle und bergbauliche Anlagen, Maschinen und Modelle, Verkehrsbauten und Transportmittel; (...) *Denkmale der Landschafts- und Gartengestaltung* wie Park- und Gartenanlagen, Friedhöfe, Wallanlagen und Alleen; *Denkmale der bildenden und angewandten Kunst* wie Werke und Sammlungen der Malerei, der Grafik, der Plastik, des Kunsthandwerks".[4]

Die Eintragung von Objekten der verschiedenen Kategorien erfolgte jedoch konstitutiv. Das bedeutete, dass die Denkmallisten durch die jeweiligen Legislativen, also die Räte der Kreise, der Bezirke bzw. die Volkskammer der DDR beschlossen wurden. Die Vorschläge des Instituts für Denkmalpflege mussten folglich sehr genau begründet sein. In der Praxis wurde die Eintragung vergleichsweise restriktiv und letztlich unter Berücksichtigung von Vorgaben durch die Exekutive bzw. des Kulturministeriums der DDR-Regierung gehandhabt.[5] Dieses komplizierte, politisch beeinflussbare und beeinflusste Verfahren führte zu „überschaubaren" Denkmallisten.

DENKMALERFASSUNG IN THÜRINGEN NACH 1990__Entsprechend dem Appell des ersten Treffens der deutschen Denkmalpfleger nach dem Fall der Mauer am 2. März 1990 auf der Wartburg erfolgte, wie in den anderen ostdeutschen Bundesländern auch, eine Schnellerfassung des Denkmalbestandes „allein nach fachlich-wissenschaftlichen Kriterien"[6] und ohne „eine Einteilung der Kulturdenkmäler in Wertkategorien" sowie unter Berücksichtigung des modernen Denkmalbegriffes, mit „Denkmäler[n] des historischen Städtebaus, historische[n] Garten- und Parkanlagen sowie Zeugnisse[n] der Technik- und Industriegeschichte", „Gesamtanlagen, Baudenkmäler[n] und ihre[r] Ausstattung, bewegliche[n] Denkmäler[n], Bodendenkmäler[n] ...."[7]

Folglich widmete sich die Schnellerfassung zunächst Vertretern des „erweiterten Denkmalbegriffs", insbesondere dem umfangreichen, trotz oder wegen des enormen Instandhaltungsrückstaus sowie unverkennbarer Verfallserscheinungen häufig noch unverfälschten Bestand an Villen, Gründerzeitgebieten, städtischen und ländlichen Wohnhäusern und Siedlungen der ersten Hälfte des 20. Jahrhunderts. Diese Objektgruppen waren auf den DDR-Denkmallisten wenig vertreten. Die Schnellerfassung erfolgte nicht systematisch nach Objektgruppen, sondern territorial und war naturgemäß meist nicht mit einer vertieften Bewertung der erfassten Objekte verbunden. Der Mangel an einem flächendeckenden Überblick für verschiedene Objektgruppen und daraus resultierend eine häufig ausgebliebene vergleichende, kritische Auswertung erschwert bis heute in einzelnen Streit- und Widerspruchsfällen die Vermittlung des Denkmalwerts eines in das Denkmalbuch eingetragenen Objekts.

Gar nicht so selten wurden im Zuge der Schnellinventarisation auch markante Zeugnisse der Architektur der DDR erfasst. Das gilt zumindest dann, wenn sie wegen ihrer Architektursprache oder ihrer das Orts- bzw. gar das Landschaftsbild prägenden Wirkung besonders auffällig waren. Zu nennen sind beispielsweise die großen, in den 1950er Jahren nach Entwürfen von Hanns Hopp entstandenen Klinikkomplexe von Saalfeld und Bad Berka, die Ende der 1960er Jahre errichteten Hotels „Rennsteig" und „Panorama" in Oberhof oder die Kreisverwaltung in Neuhaus am Rennweg. Natürlich fand auch eine der bedeutsamsten Gartengestaltungen der deutschen Nachkriegszeit, das Ausstellungsgelände der „Internationalen Gartenbauausstellung der sozialistischen Länder", die iga '61 in Erfurt eine gebührende Würdigung und Eintragung (Abb. 3). Alle diese genannten Objekte waren bis spätestens Anfang der 1970er Jahre entstanden.

Häufig waren die jeweiligen Entscheidungen über die Auswahl der einzutragenden Objekte in das Thüringer Denkmalbuch ambivalent. So erfolgte erstaunlicherweise beim 1970 bis 1972 nach dem Entwurf von Hermann Henselmann und Kollektiv errichteten, ein Fernrohr symbolisierenden dritten Hochhaus des VEB Carl Zeiss Jena keine Aufnahme in das Denkmalbuch. Es ist derzeit noch unklar, ob das der eher konservativen Prägung der Thüringer Denkmalpflege unter Landeskonservator Zießler zuzuschreiben ist oder dessen Gespür für das Machbare. Rudolf Zießler hat möglicherweise aus taktischen Erwägungen von einer Eintragung abgesehen, wohl wissend, dass der Denkmalschutz für diesen Bau gegen die Interessen des Treuhand-Vorzeigeunternehmens Jenoptik AG unter dessen damaligem Vorstandsvorsitzenden Lothar Späth nicht durchsetzbar gewesen wäre.

Mitte der 1990er Jahre setzte eine themenbezogene, systematische Erfassung zu verschiedenen Bauaufgaben ein, darunter die Kulturhausbauten der DDR. Mit dieser mit dem Ende der DDR historisch gewordenen Bauaufgabe präsentierte sich das Thüringische Landesamt für Denkmalpflege auf der ersten wissenschaftlichen Tagung zur DDR-Architektur, die 1995 vom Deutschen Nationalkomitee für Denkmalschutz in Berlin veranstaltet wurde.[8]

Obwohl zahlreiche Zeugnisse der DDR-Baukultur und Kunst wie erwähnt untersucht und im Rahmen der Schnellinventarisation erfasst wurden, fehlte es weiterhin an einer flächendeckenden, systematischen Übersicht. Die Notwendigkeit erkennend, erarbeitete 2000/01 Mark Escherich im Auftrag des Landesamtes für Denkmalpflege einen ersten Überblick über die zwischen 1960 bis 1989 in Thüringen entstandene Architektur mit fast 1000 erfassten Objekten. Basis dafür war eine umfassende Literatur- und Archivalienrecherche. Sie bot eine Grundlage für weiterführende vergleichende Bewertungen und auch für die Auswahl der als Kulturdenkmal in das Denkmalbuch einzutragenden Objekte. Gleichwohl machte Escherich auf die Grenzen dieser größtenteils an der einschlägigen Fachliteratur orientierten Vorgehensweise aufmerksam: Entsprechend dem Selbstverständnis der DDR als laizistischer Staat mit dem propagierten Ideal der Gleichheit sowie wegen der oft überzogenen Geheimhaltung kommen der Sakralbau, der individuelle Einfamilienhausbau sowie die Bauten des Sicherheitswesens und des Militärs in den Veröffentlichungen der DDR-Zeit kaum vor. Entsprechend groß sind – bis heute – die Desiderate auf diesen Gebieten.

Die oben erwähnte Schnellerfassung hatte entsprechend dem „ipso-jure-Prinzip" der Thüringer Denkmalgesetzgebung den Vorteil, dass die seinerzeit entstandenen „Arbeitslisten" als Eintragungen in das Denkmalbuch galten. Das unbürokratische Verfahren brachte aber den Nachteil mit sich, dass vergleichsweise wenige Denkmalwertbegründungen vorliegen. Das erschwert häufig den Vollzug des Denkmalschutzes an diesen Objekten. Allerdings gab es in den letzten Jahren mehrere sehr tiefgehende Beschäftigungen mit einzelnen Bauaufgaben bzw. Objekten der DDR-Architektur (Abb. 4 und 5). Die Gründe dafür waren teils anlassbezogen, wie im Fall des eingangs erwähnten Pavillons im Volkspark Oberaue in Jena[9] oder beim Wohngebiet Bieblacher Hang in Gera (Abb. 6). Teilweise erfolgte die kritische Prüfung und vergleichende Auswertung auch auf Anregungen von außen, wie bei der Mensa im Park in Weimar (Abb. 7) oder dem Haus der Kultur in Gera.

Zusammenfassend ist für Thüringen festzustellen, dass

- eine weitgehend flächendeckende Übersicht über die herausragenden Zeugnisse der DDR-Architektur besteht;
- es an einer vergleichend bewertenden Auswahl aus dem Bestand einer Bauaufgabe, von einigen Ausnahmen abgesehen, zumeist mangelt;
- Denkmalwertbegründungen nur teilweise, zumeist jedoch für die besonders bemerkenswerten Objekte vorliegen. Gründe hierfür sind in erster Linie personell-quantitativer Art, zuweilen auch die fehlende Verfügbarkeit dafür erforderlicher spezifischer Kenntnisse. Wegen der teilweise fehlenden vertieften Auseinandersetzung mit einzelnen Objekten und den daher fehlenden Denkmalwertbegründungen ist eine Vermittlung der Qualitäten bei den Eigentümern und in der Öffentlichkeit sehr schwierig. Häufig bestehende und facettenreiche Akzeptanzprobleme sind so nur schwer auszuräumen, Denkmalschutz an diesen Objekten folglich schwer durchzusetzen;
- es Defizite insbesondere beim Städtebau gibt, so zu den in Großplattenbauweise errichteten Wohngebieten der 1960er und 1970er Jahre. Eine Auseinandersetzung mit den Qualitäten

so bemerkenswerter Gebiete wie Neu-Lobeda in Jena oder Moskauer Platz bzw. Rieth in Erfurt erfolgte aus denkmalfachlicher Sicht bisher

3

nicht. Ob das angesichts der eingetretenen Verluste prägender städtebaulicher Elemente dieser Gebiete noch gerechtfertigt ist, wäre zu prüfen (Abb. 8 und 9);

- mit zunehmendem zeitlichem Abstand zum Ende der DDR schwindende Berührungsängste gegenüber ihren Sachzeugnissen zu beobachten sind. Das gilt vornehmlich für die jüngere Generation;
- Kunst am Bau scheinbar als Katalysator für die Akzeptanz der DDR-Moderne wirkt (Abb. 10).

ABB. 3 ERFURT, INTERNATIONALE GARTENBAUAUSSTELLUNG „IGA '61"_1958 bis 1961 als ständige Gartenausstellung nach der Gesamtplanung Reinhold Lingners errichtet. Die Anlage ist Kulturdenkmal seit dem 14. Dezember 1992. Dennoch blieb das Gelände nur in reduziertem Umfang und mit Veränderungen erhalten.
Die Pavillons, die Ausstattungselemente der Gartenanlage und ihr Mobiliar wurden zu großen Teilen bewahrt. Der Rundpavillon am Spielplatz (1974), von Klaus Thiele als „festes Zirkuszelt" konzipiert und bald danach als Café ausgebaut, wurde nach dem 2009 zunächst vorgesehenen Abbruch von 2010 bis 2012 saniert. Schwerwiegende Verluste erfolgten 1995 durch den Abbruch der Zentralgaststätte mit der Rendezvousbrücke von 1961 und der westlichen Ausstellungshallen 1999 für ein Landesfunkhaus bzw. den Kinderkanal und ein Kindermedienzentrum. Einige Gartenbereiche erfuhren gestalterische Veränderung. Seit einigen Jahren ist ein Bewusstseinswandel bei der Eigentümergesellschaft zu beobachten; die Gestaltungsqualitäten der Lingnerschen Gartenkonzeption und der Pavillonarchitektur sowie das Ausstattungsdesign der frühen 1960er Jahre haben Leitfunktion im 2011 fertiggestellten Parkpflegeplan.

ABB. 4 ERFURT, WERNER-SEELENBINDER-STRASSE, EHEMALIGE SED-BEZIRKSPARTEISCHULE_1969 bis 1972 als Lehrgebäude für die innerparteiliche Kaderbildung im ehemaligen Bezirk Erfurt nach dem Entwurf von Walther Gebauer, Heinz Schönfelder und einer Grünplanung von Erhardt Kister errichtet.
Als einer der wenigen Vertreter dieser besonderen „Bauaufgabe Bezirksparteischule" blieb der

4

Gebäudekomplex bisher in erstaunlich gutem und vollständigem Zustand erhalten. „Der Schulkomplex der ehemaligen Bezirksparteischule der SED ist als Gebäudekomplex für die Denkmallandschaft von Erfurt, Thüringen und für das Gebiet der ehemaligen DDR von besonderer Bedeutung. Das Gebäude stellt einen unverzichtbaren Baustein der Geschichte der DDR dar. Die Recherche des Thüringischen Landesamtes für Denkmalpflege und Archäologie zu den Bezirksparteischulen hat ergeben, dass es sich beim Erfurter Baukomplex wohl um den letzten gut überlieferten Vertreter dieser Bauaufgabe mit Denkmalwert in Deutschland handelt. (...). Strenge Hierarchisierung, funktionale Gliederung, der introvertierte Charakter des Schulgebäudes, die Lage am Rande der Stadt Erfurt und die Ausstattung mit sämtlichen Versorgungseinrichtungen zeigen, dass es sich bei der Bezirksparteischule um ein abgeschottetes, autarkes Gebilde, eine fast klosterähnliche Anlage handelte. Die Architekten der DDR um 1970

5

hatten gestalterischen Spielraum, wenn es um besondere oder staatlich bedeutende Bauprojekte ging."[10] Der Gebäudekomplex ist seit 2007 Kulturdenkmal.

ABB. 5 GERA, BERLINER STRASSE 153, FEUERWACHE__ Zweiter Neubau einer Feuerwache in der DDR, nach Entwurf von Gerd Kellner, 1972 und unter Erstanwendung der „Vereinigten Geschossbauweise", bestehend aus einem fünf- bzw. sechsgeschossigen Bürohaus, einer Fahrzeughalle mit Bereitschaftsräumen als Stahlbetonskelettbauten mit horizontaler Gliederung und Vorhangfassade. Die Fensterbänder sind durch blaue Glaselemente gegliedert. Auffallend ist der Verzicht auf einen Schlauchturm; stattdessen moderne Schlauchtrocknung im Keller.

Das Gebäude ist seit 2010 aus (architektur-)geschichtlichen und städtebaulichen Gründen Kulturdenkmal. Es ist „in seiner Konstruktion und seiner bauzeitlichen Ausstattung erhalten und somit authentisches Zeugnis des Bauwillens und des Bau-

6

wesens seiner Entstehungszeit."[11] Gegen die Eintragung als Kulturdenkmal gab es Vorbehalte der Stadt Gera. Von der Aufnahme in die Publikation *Zwischen Scheibe und Wabe* der Vereinigung der Landesdenkmalpfleger 2012 erhofft man sich eine bessere Akzeptanz der besonderen Werte dieses Gebäudes. Es beherbergt heute die Zentrale Leitstelle Gera für den Brand- und Katastrophenschutz. Eine Teilmodernisierung hatte Veränderungen an der Fassade der Fahrzeughalle zur Folge.

ABB. 6 GERA, WOHNGEBIET BIEBLACHER HANG__Ab 1958 für die Wohnungsbaugenossenschaft der Wismut AG errichtetes Wohngebiet. Als privilegiertes Vorhaben des Sonderaufbaustabs Erzbergbau blieb es allein den Beschäftigten der Sowjetisch-Deutschen Aktiengesellschaft Wismut (SDAG) vorbehalten. Wegen seiner besonderen Entstehungsbedingungen ist das Wohngebiet auch ein Zeitzeugnis des Kalten Kriegs. Es dokumentiert zudem nachvollziehbar die Entwicklung der Bautechnologien des Wohnungsbaus der DDR von den 1950er bis in die 80er Jahre und ist somit für Thüringen einzigartig. Angefangen mit der Ziegelgroßblockbauweise der 1950er und 60er Jahre über die in Beton ausgeführte

2-Mp-Streifenbauweise in den 1970er Jahren bis hin zur Großplattenbauweise (WBS 70) in den 1980er Jahren sind nahezu alle Stufen der industriellen Bauweise und der zunehmende Trend zur Effektivierung des Bauwesens an der Wohnbebauung ablesbar. Das Wohngebiet ist gekennzeichnet durch aufgelockerte Bauweise und eine großzügige Landschaftsgestaltung unter Nutzung der Geländetopografie; die ersten Bauabschnitte sind ein typisches Beispiel für die Umsetzung des städtebaulichen Ideals des „Wohnens im Park".
Als bauliche Gesamtanlage einschließlich aller Freiflächen wurde das Wohngebiet 1998 als Denkmalensemble bestätigt, seine Präzisierung erfolgte 2006, nachdem bereits im Jahr 2000 eine „Denkmalpflegerische Zielstellung" durch die Denkmalfachbehörde in Abstimmung mit der Denkmalschutzbehörde und unter Einbeziehung der Eigentümerin als Leitlinie für den Bieblacher Hang erarbeitet worden war. Darin sind bindend die Bewahrung bauzeitlicher Details, die Vermeidung sowohl von Abrissen als auch weiterer Verdichtungen durch Neubauten sowie der Erhalt der Grünbereiche in ihrer überlieferten Form festgelegt. Bisher durchgeführte Modernisierungen erfolgten unter den Prämissen des Wohnkomforts des 21. Jahrhunderts, also der Ausstattung mit Balkonen und modernen Sanitäreinrichtungen und unter Einhaltung der denkmalpflegerischen „Leitlinie". Die Freiflächen zwischen den Wohngebäuden mit zahlreichen entstehungszeitlichen Details wie Sitzgelegenheiten, Wäschetrockenplätzen usw. wurden behutsam instandgesetzt, die den Wohnblöcken zugeordneten Garagenanlagen mit ihrer charakteristisch geschwungenen Dachform blieben erhalten.
Wegen spürbarer demografischer Probleme in Gera und wirtschaftlicher Zwänge seitens der Eigentümerin kam es in jüngerer Zeit zu Versuchen der Aufweichung der abgestimmten Leitlinien, etwa zu Abbruchanträgen. Gemeinsame Bemühungen bei der Suche nach Kompromissen haben zu Lösungen im Sinne des Erhalts der städtebaulichen Strukturen geführt, die aber noch nicht umgesetzt wurden.

ABB. 7 WEIMAR, MENSA AM PARK__Errichtet 1979 bis 1982 nach Entwürfen von Anita Bach und Klaus Peter Kiefer. Angeregt durch eine Studenteninitiative an der Bauhaus-Universität Weimar erfolgte im Thüringischen Landesamt für Denkmalpflege und Archäologie eine gründliche und systematisch vergleichende Prüfung der Mensa in Weimar mit allen Mensabauten in der DDR.[12] Im Ergebnis wurde festgestellt, dass ihre singuläre architektonische Gestalt nicht zuletzt in der unmittelbaren Nähe zum Kulturdenkmal Park an der Ilm und in denkmalpflegerischen Vorbehalten gegenüber den Neubauplanungen der 1970er Jahre begründet liegt. In der Folge wurde das Gebäude 2011 als Kulturdenkmal eingetragen.
Mit der Listung als Kulturdenkmal gilt es in unmittelbarer Zukunft zahlreiche Probleme zu lösen, ohne die Eigenschaften des Kulturdenkmals wesentlich zu beeinträchtigen. So müssen die veralteten technischen Anlagen modernisiert, die Nutzungen teilweise (Vorratshaltung, Küchen) geändert werden. Die anstehende Instandsetzung und Modernisierung hat zudem unter aktuellen ökonomisch-energetischen Anforderungen so zu erfolgen, dass die gestalterischen Qualitäten und bautechnischen Be-

7

sonderheiten und Eigenheiten erhalten bleiben bzw. nicht zu stark beeinträchtigt werden. Das Thüringische Landesamt für Denkmalpflege und Archäologie hat dazu 2012 eine denkmalpflegerische Zielstellung erarbeitet. Die darauf basierende Instandsetzungsplanung wurde bisher noch nicht vorgelegt und abgestimmt, der Ausgang der denkmalpflegerischen Bemühungen ist noch offen.

ABB. 8 ERFURT, WOHNGEBIET RIETH__1971 bis 1974 nach Planungen von Walter Nitsch, Klaus Thomann und Ingo Kraft mit 4200 Wohnungen errichtet.

Bei der Erfassung und Bewertung der zwischen der Mitte der 1960er Jahre und 1990 entstandenen Großwohngebiete, zu denen auch Jena-Lobeda oder die Wohngebiete Nordhäuser Straße und Roter Berg in Erfurt gehören, gibt es starke Defizite. Mittlerweile eingetretene Verluste der städtebaulichen Struktur und bei den bestimmenden Bauten der Infrastruktur lassen es zweifelhaft erscheinen, ob die Kriterien für Denkmalensemble noch erfüllt sind.

8

9

ABB. 9 ERFURT, WOHNGEBIET JOHANNESPLATZ__Errichtet 1965 bis 1972 nach einem städtebaulichen Entwurf von Walther Nitsch, Ewald Henn und Heinz Schwarzbach, Hochbau: Günther Andres unter Erstanwendung der Wohnungsbaureihe (WBR) Erfurt mit 3200 Wohneinheiten in fünf-, elf- und 16-geschossigen Wohnbauten. Das Wohngebiet ist kein Denkmalsensemble.

ABB. 10 ERFURT, EHEMALIGES KULTUR- UND FREIZEITZENTRUM AM MOSKAUER PLATZ. *DIE NATUR, DER MENSCH UND DIE KULTUR* VON JOSEP RENAU__Der spanische Künstler, ab 1958 in der DDR, schuf unter anderem auch mehrere monumentale Wandbilder in Halle-Neustadt. Das Erfurter Mosaikwandbild wurde 1979 von der Stadt Erfurt beauftragt und 1982/83 ausgeführt. Es war als Teil der Zentrumskonzeption des Wohngebietes entworfen, gilt als bedeutendes Werk der bildenden Kunst des 20. Jahrhunderts und ist wichtiges Sachzeugnis der Sozial-, Bildungs- und Kulturpolitik der DDR. Das waren Gründe, es 2008 nach Anregung durch die Künstlererben, die Renau-Gesellschaft Valencia und des Museums für moderne Kunst

10

Valencia als Kulturdenkmal einzutragen. Dadurch war die Rechtsgrundlage für die Abnahme und Bergung vor dem Abbruch des ehemaligen Kultur- und Freizeitzentrums gegeben. Nach mehrfach bekundetem Interesse zur Verbringung nach Valencia entstand in Erfurt eine Initiative zur Wiederaufstellung in seinem ursprünglichen städtebaulichen Zusammenhang. Mittlerweile hat die Stadt das Mosaik wieder erworben. Die Finanzierung seiner baldigen Wiederaufstellung ist dank großzügiger Unterstützung der Wüstenrot Stiftung und mit finanzieller Beteiligung aus Denkmalmitteln des Freistaates Thüringen sowie der Stadt Erfurt weitgehend gesichert.

ANMERKUNGEN

1 *Freies Wort* vom 09.09.2013; *Thüringer Allgemeine* vom 09.09.2013; *Thüringer Landeszeitung* vom 09.09.2013

2 Eintragung gem. § 2 Thüringer Denkmalschutzgesetz i. d. F. vom 11.01.1992

3 Eintragung gem. § 2 Thüringer Denkmalschutzgesetz i. d. F. vom 14.04.2004, zuletzt geändert am 20.12.2007

4 http://www.dnk.de/_uploads/media/1053_Denkmalpflegegesetz-DDR.pdf

5 Goralczyk, Peter: „Behindert Kategorisierung die Denkmalpflege? Erfahrungen aus der DDR" (Vortrag auf dem Symposium „Nachdenken über Denkmalpflege, Teil 4: „Nur die Prachtstücke? Kategorisierung in der Denkmalpflege, Berlin, 02.04.2005). In: *Kunsttexte.de.* 2/2005

6 *Thesen der Denkmalpflege (Wartburg-Thesen), Wartburg, 2. März 1990* (Schriftenreihe des Deutschen Nationalkomitees für Denkmalschutz, Bd. 52). Bonn 1996, S. 209

7 Ebd.

8 *Verfallen und vergessen oder aufgehoben und geschützt? Architektur und Städtebau der DDR – Geschichte, Bedeutung, Umgang, Erhaltung* (Dokumentation der Tagung am 15./16.05.1995 in Berlin)

9 Sutter, Heribert: „Der Pavillon auf der Rasenmühleninsel im Volkspark Oberaue in Jena. Rezeption der Moderne in der DDR". In: *Aus der Arbeit des Thüringischen Landesamtes für Denkmalpflege. Bauaufgaben des 20. Jahrhunderts* (Arbeitsheft des Thüringischen Landesamtes für Denkmalpflege). Erfurt 2005, S. 113–119

10 Curti, Rocco: „Ehemalige Bezirksparteischule der SED in Erfurt". In: *Aus der Arbeit des Thüringischen Landesamtes für Denkmalpflege und Archäologie* (Arbeitsheft des Thüringischen Landesamtes für Denkmalpflege). Erfurt 2007, S. 28–39

11 Rudolph, Benjamin: „Feuerwache Gera". In: Vereinigung der Landesdenkmalpfleger in der Bundesrepublik Deutschland (Hg.): *Zwischen Scheibe und Wabe. Verwaltungsbauten der Sechzigerjahre als Denkmale.* Petersberg 2012, S. 155–157

12 Rudolph, Benjamin: „Zum Mensabau in der DDR zwischen 1960 und 1989 – eine Bestandsaufnahme". In: *Aus der Arbeit des Thüringischen Landesamtes für Denkmalpflege und Archäologie* (Arbeitsheft des Thüringischen Landesamtes für Denkmalpflege). Erfurt 2010, S. 106–147

PLANUNGSRECHTLICHE INSTRUMENTE ZUR SICHERUNG ERHALTENSWERTER, NICHT DENKMALGESCHÜTZTER STÄDTEBAULICHER STRUKTUREN DER NACHKRIEGS-MODERNE. BERLIN, KARL-MARX-ALLEE ZWEITER BAUABSCHNITT_KRISTINA LADUCH

Seit der Wiedervereinigung und der damit einhergehenden sprunghaften immobilienwirtschaftlichen Entwicklung in beiden Teilen Berlins ist das Bedürfnis, Wohnungen zu bauen, sehr gering bzw. nicht vorhanden.

Die Grundstückspreise stiegen nahezu ins Unermessliche und das Interesse, in Büro- und Geschäftshäusern auch Wohnungen einzurichten, war dementsprechend niedrig. Der Bau jeder einzelnen Wohnung, vor allem in der Dorotheen- und Friedrichstadt, also in der Kernstadt, diesseits und jenseits der Straße Unter den Linden musste bei den meisten Bauvorhaben durch zum Teil schwierige Verhandlungen mit den Antragstellern durchgesetzt werden.

Die Forderung aller Planungsbehörden von Berlin war, keine monotonen Stadtstrukturen entstehen zu lassen. Sowohl Wohngebäude als auch Bürogebäude sollten in gutem Verhältnis zueinander in den Quartieren errichtet werden. Das Ziel der durchmischten Stadt traf aufgrund der überhöhten Grundstückspreise allerdings auf wenig Verständnis bei Bauherren und Investoren. Erschwerend kam hinzu, dass das Ziel der durchmischten Stadt nur politisch, nicht jedoch planungsrechtlich durchsetzbar war.

Bei Büro- und Geschäftshäusern sollte ein, wenn auch geringer, Wohnanteil nachgewiesen werden. Kein Neubau sollte ohne Wohnungen errichtet werden. Mit gewissen Zwängen und in schwierigen Verhandlungen mit Bauwilligen wurde dieses Ziel erreicht. Darüber hinaus war die Auffassung vieler Investoren nach der Wende, dass es vor allem im und um das Zentrum der Hauptstadt der ehemaligen DDR – am Alexanderplatz oder an der Friedrichstraße – keinen Bedarf an neuem Wohnraum gebe. In den letzten fünf Jahren hat sich diese Auffassung gewandelt und die Bauwilligen investieren verstärkt in den Wohnungsbau.

In den Jahren nach 1990 existierte um die Kernstadt, die Friedrich- und Dorotheenstadt, in den ehemaligen Vorstädten Berlins wie der Spandauer und Rosenthaler Vorstadt entlang der Chausseestraße, an der Wilhelmstraße, an der Leipziger Straße und entlang des zweiten Bauabschnittes der Karl-Marx-Allee (im weiteren KMA II genannt), ausreichend Wohnraum im Bestand, der modernisierungsbedürftig, aber vorhanden war. Baulücken in den Wohngebieten standen zur Errichtung von Wohngebäuden zur Verfügung. Durch den Umzugsbeschluss der Regierung von Bonn nach Berlin waren das Bevölkerungswachstum und der entsprechende Druck auf den Wohnungsmarkt prognostizierbar – wenn auch zunächst kaum wahrnehmbar. So hatte es zu dieser Zeit den Anschein, Berlin verfüge insgesamt über ausreichend Wohnraumpotenzial.

Anders als in den von rückübertragungsbefangenen und zur Privatisierung anstehenden Gründerzeitgebieten gab es in den Stadtteilen des komplexen Wohnungsbaus, die meistens im Vermögen der landeseigenen Wohnungsbaugesellschaften oder der bestehenden Wohnungsbaugenossenschaften waren und größtenteils heute noch sind, auch keinen Verwertungsdruck. Das Interesse an diesen Bauflächen war begrenzt oder nicht vorhanden. So gab es bis 1996 im Gebiet der KMA II auch keine Veränderungs- oder Verdrängungsgefahr für die ungefähr 8400 Bewohner[1] der 4838 Wohnungen in etwa 200 Meter Entfernung vom Alexanderplatz.

1

PLANWERK INNENSTADT 1996–1999_Erst 1996, als der Senat von Berlin beschloss, einen Masterplan bzw. einen übergeordneten Stadtentwicklungsplan für wichtige Bereiche der Innenstadt zu erstellen, änderte sich diese Entwicklung und der Senatsbaudirektor Hans Stimmann wurde mit der Erarbeitung dieses Plans beauftragt. Damit fiel zum ersten Mal auch der Fokus auf das Gebiet der KMA II.

Aufgeteilt wurden die planerischen Untersuchungen für Berlin in die Bereiche City-West und City-Ost, heute angezeigt als die historische Mitte und die Mauerbereiche. Demzufolge war naheliegend, dass auch das zentrumsnahe Wohngebiet KMA II städtebaulich begutachtet werden würde. Zunächst waren weder die Verwaltungen der Bezirke, denen die Planungshoheit per Gesetz zugeschrieben ist, noch die Bevölkerung in die Untersuchungen einbezogen. Als Folge kam es bei der Präsentation der ersten planerischen Überlegungen zum Eklat. Arbeitsgruppen zum Überdenken und Überarbeiten der vorgestellten Ergebnisse wurden einberufen und Basisdiskussionen zum Umgang mit dem Erbe des sozialistischen Städtebaus gefordert.

Auf der Internetseite der Senatsverwaltung für Stadtentwicklung[2] wird zum Planwerk Innenstadt gesagt: „Das Planwerk erfindet die Stadt nicht neu, sondern entdeckt verschüttete Lebensadern der Berliner Innenstadt wieder. Der in der europäischen Städtebautradition stehende, notwendige Stadtumbau, der sich an der Gliederung der Stadt in Straße, öffentlicher Park und Platz sowie

Blockbebauung orientiert, respektiert dabei den Bestand und kommt ohne Abriss aus."[3]

Tatsächlich bedeutete das für das Gebiet der KMA II in den ersten Überlegungen eine fast vollständige baulich-strukturelle Überformung (Abb. 1). Der alte Stadtgrundriss sollte wieder entstehen, ehemalige Straßen, wie die Landsberger Allee, die als Verbindung vom Alexanderplatz zur heutigen Landsberger Allee verlief, sollten im baulichen und verkehrstechnischen Sinne wieder erlebbar werden. Die offenen Zeilenbebauungen wurden durch Ergänzungsbauten zu Blockstrukturen geformt. Gerade abgeschlossene Grundstückszuordnungen und neu gebildete Grundstücksgrenzen, die der Idee des komplexen Wohnungsbaus folgten, wurden ignoriert. Diese Zutaten von Baulichkeiten erzeugten ein gänzlich neues Bild. Das Planwerk Innenstadt verfehlte in der KMA II vollständig seinen Anspruch, keine neue Stadt erfinden zu wollen.

Hier wollte man von Seiten der Senatsverwaltung die „kritische Rekonstruktion" in Angriff nehmen, ohne Rücksicht auf gebaute Strukturen und ohne geschichtliche Planungsprozesse zu beachten. Es sollte Raum für einen „neuen Stadtbewohner", den sogenannten Urbaniten, geschaffen werden. Die Grundauffassung, dieser könne nicht in den Stadtgebieten des sozialistischen Städtebaus seinen zukünftigen Wohnort finden, war zum damaligen Zeitpunkt hinlänglich verbreitet. Den Anspruch, den Wettbewerbsentwurf von Edmund Collein und Werner Dutschke von 1959 und die tatsächliche Realisierungsform weiterbeziehungsweise zu Ende zu bauen, gab es nicht (Abb. 2).

Das Stadtplanungsamt des Bezirkes Mitte von Berlin war 1996 nicht gut auf die überraschenden Aktivitäten der Senatsverwaltung für Stadtentwicklung vorbereitet. Bis 1996 war, wie es im Baugesetzbuch (im weiteren BauGB) heißt, kein Planerfordernis zu erkennen, um eine geordnete städtebauliche Entwicklung zu garantieren. Den Investorendruck gab es nicht und nur vereinzelt wurden Anfragen zur Bebaubarkeit von Flächen im Gebiet gestellt. Diese ergaben noch keine Notwendigkeit, gesetzlich vorgeschriebene Planungsprozesse, wie die Aufstellung von Bebauungsplänen, vorzubereiten oder einzuleiten. Nur der durch die Senatsverwaltung für Stadtentwicklung erzeugte Druck der „kritischen Rekonstruktion" und des Planwerks Innenstadt führten zu intensiven planerischen Auseinandersetzungen mit dem städtebaulichen Ensemble der KMA II.

Der 1996 vom Architekten Peter Meyer gezeichnete Gestaltplan diente der Bezirksverwaltung Mitte, um in den Planungswerkstätten der Senatsverwaltungen auf die Ideen des Planwerkes reagieren zu können (Abb. 3). Er war der Versuch, eine Vereinbarkeit der aktuellen Leitbilder mit der Grundphilosophie des sozialistischen Städtebaus der KMA II zu visualisieren. Bauliche Erweiterungs- und Entwicklungsmöglichkeiten für den „Urbaniten" wurden im Stadtgebiet aufgezeigt. Der vorhandene Stadtgrundriss sollte möglichst nicht zerstört werden und erkennbar bleiben. Es war die Absicht, Entwicklungsmöglichkeiten auf der Grundlage des Bestandes darzustellen.

Aus heutiger Sicht war dies eine totale Fehleinschätzung unsererseits. Auch der Gestaltplan wurde dem anspruchsvollen Städtebau der 1960er Jahre nicht gerecht und entwickelte eine

2_Wettbewerbsentwurf Edmund Collein und Werner Dutschke 1959

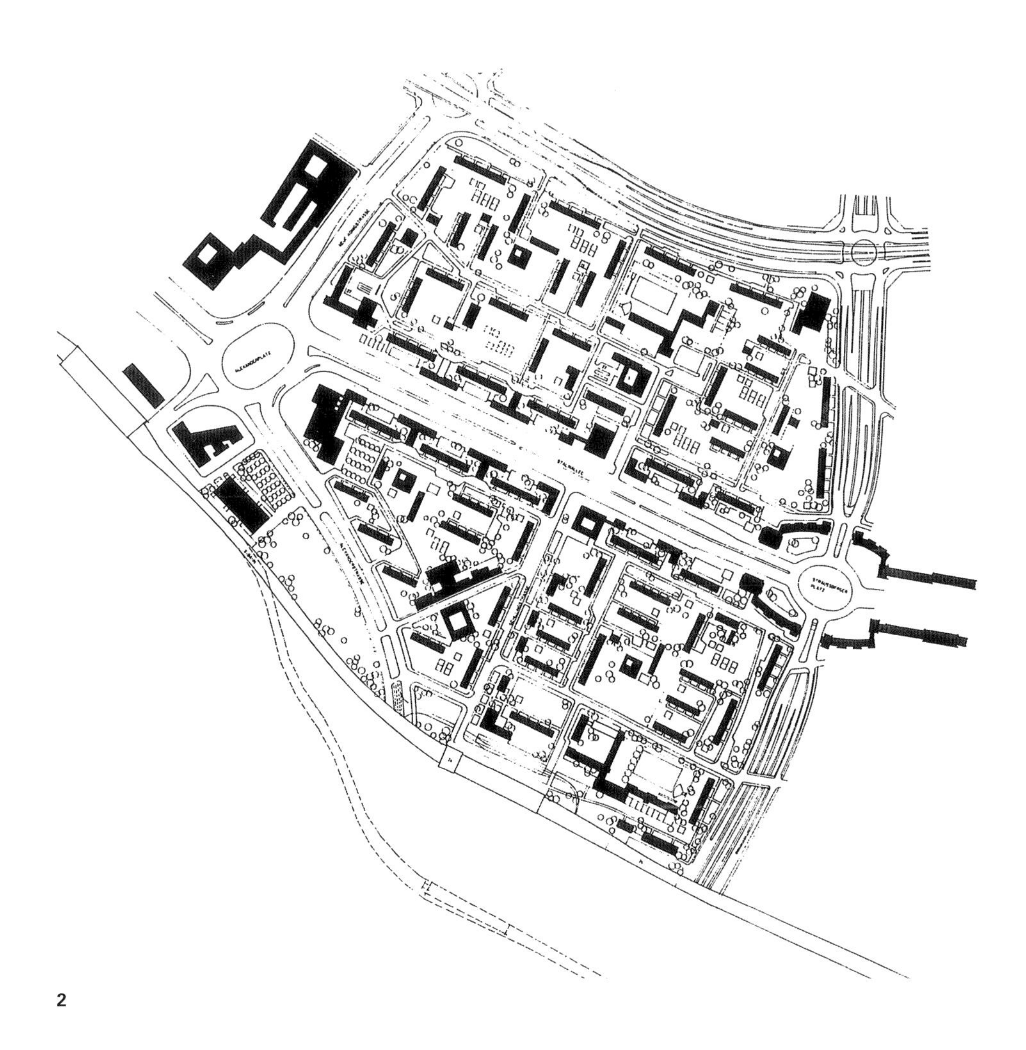

2

abstruse Planungsidee, die den vorhandenen Städtebau letztlich vollständig ignorierte und den aufgerufenen Anforderungen des Planwerkes eine übertriebene Antwort gab. Er zeigte die Möglichkeiten der Verdichtung mit An- und Ergänzungsbauten, die die offene Bauweise zu Blöcken stilisierte und dies bis zur Absurdität trieb. Dieser Plan war keineswegs ein städtebauliches Ziel, welches weiterverfolgt werden konnte.

Das Planwerk Innenstadt wurde 1999 auch für das Gebiet der KMA II mit modifizierten Plänen und etwas zurückgenommenem Veränderungsdrang vom Berliner Senat beschlossen. Die Anregungen ausgewählter Fachleute, die Diskussionsergebnisse des Stadtforums, die Forderungen der planenden Bezirksverwaltung Mitte und der Landesdenkmalpflege in den Planungswerkstätten sowie die der Bürger wurden auf-

3_Gestaltplan Architekt Peter Meyer 1996 **4**_Planwerk (Vorentwurf 1996, Beschluss 1999)

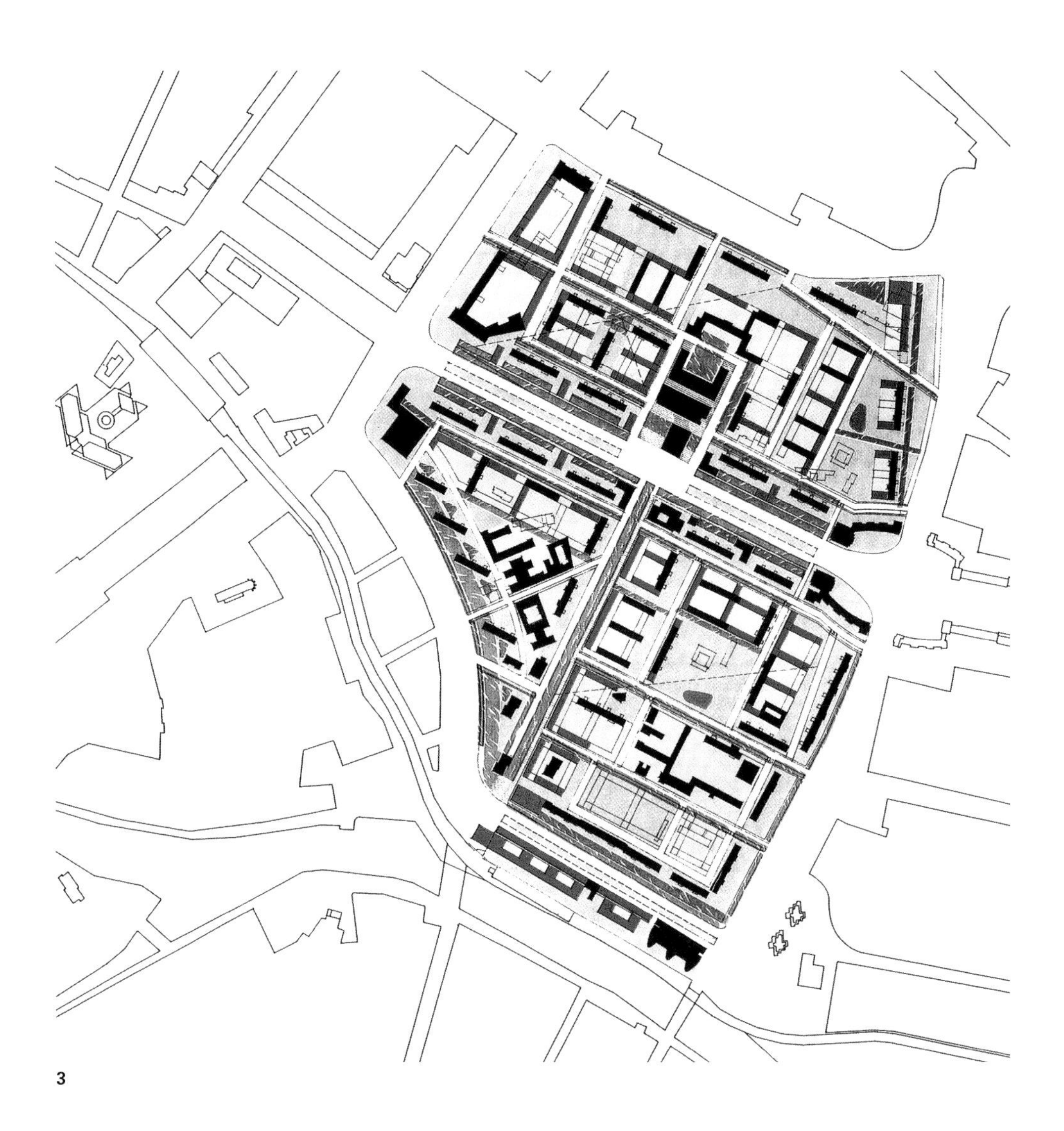

3

genommen und im überarbeiteten Planwerksplan festgehalten. Der Umfang von geplanten Anbauten an die offenen Zeilenbebauungen war nun reduziert. Die gestaffelten Scheiben entlang der Alexanderstraße sollten ihren Charakter behalten und nicht mehr zu fast dreieckigen blockartigen Gebilden entwickelt werden. Der Durchbruch der alten Landsberger Allee blieb im Plan erhalten. Insgesamt hatte das Planwerk an Aufregung verloren, stellte nun jedoch weder das neue anwendbare Regelwerk für dieses Stadtgebiet dar, noch bot es eine zukunftsweisende Idee, die aufgenommen werden konnte (Abb. 4).

4

Durch den Senatsbeschluss von 1999 wurde das Planwerk Innenstadt eine im planungstechnischen Verwaltungsablauf zu berücksichtigende informelle Planung. Die bezirklichen Planungsabsichten mussten die Intention des Planwerkes beachten und seine Vorgaben in den Abwägungsprozess der Planungsverfahren einbeziehen. So war der Bezirk seit 1999 gezwungen, sich mit den städtebaulichen Aussagen des Planwerks auseinanderzusetzen.

DENKMALSCHUTZ__Der Denkmalwert der Bauten entlang der Karl-Marx-Allee einschließlich der Pavillonbauten wurde frühzeitig erkannt; sie wurden bereits 1990 als Denkmalbereich in die Denkmalliste des Landes Berlins aufgenommen. In den 1990er Jahren sanierten die Eigentümer die zehngeschossigen Gebäude entlang der Karl-Marx-Allee zwischen Strausberger Platz und Alexanderplatz nach den Vorgaben des Landesdenkmalamtes. Einige Pavillonbauten, wie das Café Moskau und das Kino International, sind als Einzeldenkmale in die Denkmalliste des Landes Berlin aufgenommen worden – das Haus des Lehrers bereits 1990.

Die denkmalpflegerische Unterschutzstellung der Bauten entlang der Karl-Marx-Allee war ein klares Zeichen, den Denkmalwert des gesamten Gebiets weiter im Auge zu behalten. Der Stadtplanungsbereich des Bezirksamts Mitte gab dieses Ziel nicht auf und vergab nie Chancen, erinnernd und mahnend das Landesdenkmalamt aufzufordern, diesbezügliche Untersuchungen zu veranlassen. Ende 2013 ist der Denkmalbereich um die Gebäude Schillingstraße 27–29[4] und die Alexanderstraße 13–35 mit den gestaffelten Wohnhausscheiben erweitert worden. Dadurch waren Grundvoraussetzungen geschaffen, die es planungsrechtlich ermöglichten, in der unmittelbaren Umgebung städtebauliche und architektonische Verwerfungen aufzuhalten beziehungsweise zu verhindern.

Seine ablehnende Haltung gegenüber der Eintragung des gesamten Gebiets begründete das Landesdenkmalamt mit der Überformung der Wohngebäude durch Wärmedämmverbundsysteme. Damit seien zwar prinzipiell der Stadtgrundriss und die städtebauliche Eigenart des Gebietes unberührt geblieben, der Charakter der einzelnen Gebäude jedoch verloren gegangen.

Mit dem Abriss des ehemaligen Hotels Berolina 1996 wurde ein wesentlicher Baustein des Ensembles am denkmalgeschützten Kino International beseitigt. Der Neubau eines Bürohauses an diesem Ort entspricht nicht dem ursprünglichen städtebaulichen Grundgedanken und greift damit substanziell in das Ensemble ein. Es bleibt nach wie vor die Forderung des Bezirksamtes Mitte von Berlin an das Landesdenkmalamt, die städtebauliche Gesamtanlage in die Denkmalliste aufzunehmen.

PLANUNGSRECHT_Wie konnte eine Reaktion von Seiten des Bezirkes auf die Vorgaben des Planwerks Innenstadt erfolgen? Nach umfangreichen städtebaulichen Untersuchungen erarbeitete die Planungsgruppe „Werkstadt" mit Christina Lindemann und Elfi Czaika im Auftrag des Bezirksamts Mitte von Berlin die Begründung für eine Erhaltungsverordnung nach § 172 Abs.1 Satz 1 Nr. 1 des BauGBs.[5] Demnach kann die Gemeinde „in einem Bebauungsplan oder durch eine sonstige Satzung Gebiete bezeichnen, in denen 1. zur Erhaltung der städtebaulichen Eigenart des Gebiets auf Grund seiner städtebaulichen Gestalt (Absatz 3)" das Gesetz anzuwenden ist. Weiter heißt es in Absatz 3: „In den Fällen des Absatzes 1 Satz 1 Nr. 1 darf die Genehmigung nur versagt werden, wenn die bauliche Anlage allein oder im Zusammenhang mit anderen baulichen Anlagen das Ortsbild, die Stadtgestalt oder das Landschaftsbild prägt oder sonst von städtebaulicher, insbesondere geschichtlicher oder künstlerischer Bedeutung ist. Die Genehmigung zur Errichtung der baulichen Anlage darf nur versagt werden, wenn die städtebauliche Gestalt des Gebiets durch die beabsichtigte bauliche Anlage beeinträchtigt wird."[6] Diese Verordnung kann die städtebauliche Eigenart von Stadtgebieten schützen.

Die Erhaltungssatzung gemäß § 172 für die KMA II wurde im Mai 2000 gegen den Widerstand der Senatsverwaltung für Stadtentwicklung durch das Bezirksamt Mitte von Berlin beschlossen und im Juni 2000 im Gesetz- und Verordnungsblatt veröffentlicht. Darin heißt es: „Ziel der Verordnung ist der städtebauliche Ensembleschutz, die Erhaltung der städtebaulichen Eigenart des Gebietes, das heißt der Stadtgestalt, bestimmt durch Bebauungs- und Freiraumstruktur, und des historischen Ortsbildes. Der Gebietscharakter, die spezifische städtebauliche Struktur und Eigenart wird definiert durch:

- die Bauweise,
- die sich wiederholenden Gebäudetypen, sowohl Wohnbauten als auch Versorgungs- und Gemeinschaftsbauten,
- durch die Freiflächengliederung.

Das Ortsbild wird durch gleichartige und wiederkehrende Gestaltungsmerkmale geprägt:

- durch die Gebäudetypen in Plattenbauweise mit ihren wiederkehrenden Fassadengliederungen (Plattenraster/Fugenbild), wiederkehrenden Fassadenöffnungen, dem wiederkehrenden Materialbild (Keramikfliesen),
- durch die Pavillonbauten (Typenprojekte) und Funktionsbauten,
- durch die Freiraumelemente mit Funktionsflächen, Schmuckflächen und Wegeverbindungen."[7]

5_Geltungsbereiche Bebauungsplan I-59a–f. Übersicht KMA Nord und Süd

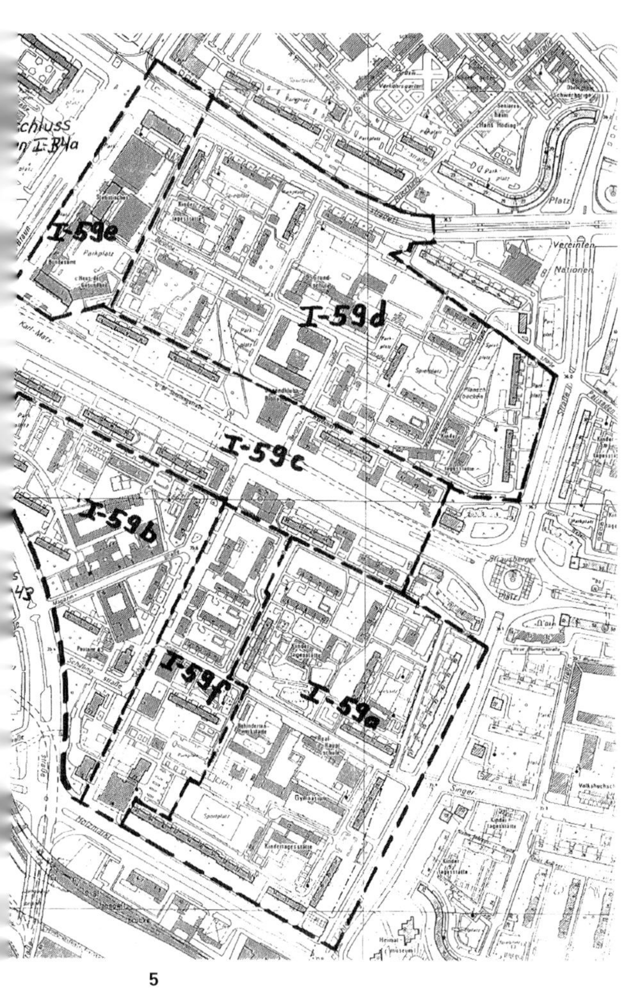

5

Im Jahre 2002 bestätigte ein Beschluss des Bundesverwaltungsgerichtes die Möglichkeit, den § 172 Abs1 Satz 1 Nr. 1 BauGB entsprechend anzuwenden:

„Die Erhaltungssatzung ist vom Gesetzgeber als ein eigenständiges, der Bewahrung der städtebaulichen Gestalt eines Gebietes dienendes Instrument konzipiert worden. § 172 Abs. 3 Satz 2 Baugesetzbuch gestattet als Rechtsgrundlage u. a. die Freihaltung von Flächen von jeglicher Bebauung (…). Die Versagung der Genehmigung hat dann die Wirkung eines Bauverbots. Es darf unabhängig davon verhängt werden, ob das Vorhaben nach den §§ 30 ff. Baugesetzbuch genehmigungsfähig wäre; denn diese Vorschriften bleiben von § 172 Baugesetzbuch unberührt. Mit dem Instrument der Erhaltungssatzung lässt sich erreichen, dass eine Baugenehmigung für ein Vorhaben zu versagen oder nicht in Aussicht zu stellen ist, das zwar planungsrechtlich zulässig ist, jedoch als Fremdkörper den Zielen der Erhaltungssatzung widerstreiten würde. § 34 Abs. 1 Baugesetzbuch vermag sich gegenüber einer Erhaltungssatzung allein nicht durchzusetzen, und zwar auch nicht in den Fällen krasser Unterschiede zwischen einer Zulässigkeit nach dieser Vorschrift und den auf Dauer wirkenden Erhaltungszielen.

Der § 34 Abs. 1 Baugesetzbuch erfüllt die Funktion eines Planersatzes. Ist ein Vorhaben danach zulässig, kann es die Gemeinde nicht nur dadurch verhindern, dass sie einen Bebauungsplan aufstellt, (…). Rechtlich möglich ist auch der Erlass einer Erhaltungssatzung (…). Ob sich die Gemeinde der Instrumente der Bauleitplanung und der Erhaltungssatzung je für sich oder gemeinsam bedient, beurteilt sich nach ihren jeweiligen städtebaulichen Zielsetzungen.“[8] Mit diesem Beschluss wurde das Bezirksamt in seiner Auffassung bestätigt.

Bereits im März 2000 hatte das Bezirksamt Mitte von Berlin als zusätzliches Sicherungsinstrument die Aufstellung von Bebauungsplänen für die Gebiete nördlich und südlich der Karl-Marx-Allee beschlossen (Abb. 5). In der planungstechnischen

6_Bebauungsplan 1-82 und 1-83 nördlich und südlich der KMA (Teilung der Geltungsbereiche)
7_Konsensplan zur Entwicklung des gesamten Gebietes

Abarbeitung wurden diese Bebauungspläne im Laufe der Jahre dann mehrfach geteilt. Dies war notwendig, um eine bessere Bearbeitung zu ermöglichen (Abb. 6).

ZWISCHENZEIT 2004–2009__In den Jahren ab 2004 schien es so, als würden die Sicherungsinstrumente zum Schutz des Gebietes erfolgreich Anwendung finden.

Für die im Verfahren befindlichen Bebauungspläne gab es zu diesem Zeitpunkt noch keine klar bestimmten Planungsinhalte. Sie begrenzten lediglich die Geltungsbereiche und bestimmten die Art und das Maß der Nutzung.

Ab 2004 wechselte die politische Führung in der Senatsverwaltung für Stadtentwicklung und der Senatsbaudirektor Hans Stimmann begab sich ab 2006 in den Ruhestand. Ein gewisser Stillstand bezüglich der planerischen Aktivitäten war eingetreten und der Planungsdruck war nicht mehr so spürbar bzw. eine Stagnation des Planungsprozesses erkennbar. Der Planungswille der Senatsverwaltung, die „kritische Rekonstruktion" im Stadtgebiet KMA II als Vorgabe des Planwerks umzusetzen, war scheinbar nicht mehr vorhanden.

Seit 2009 gibt es durch den Verkauf und die Teilung von Grundstücken im Gebiet KMA II verstärkte Investitions- und Baubegehren. Erkennbare Schwerpunkte für bauliche Aktivitäten sind die Berolinastraße, die Schillingstraße und die Holzmarktstraße. Auf der Grundlage der rechtskräftigenden Erhaltungsverordnung nach § 172 und des § 34 BauGB wurden Bauvorhaben, die nicht dem städtebaulichen und architektonischen Kontext der KMA II folgten, abgelehnt.

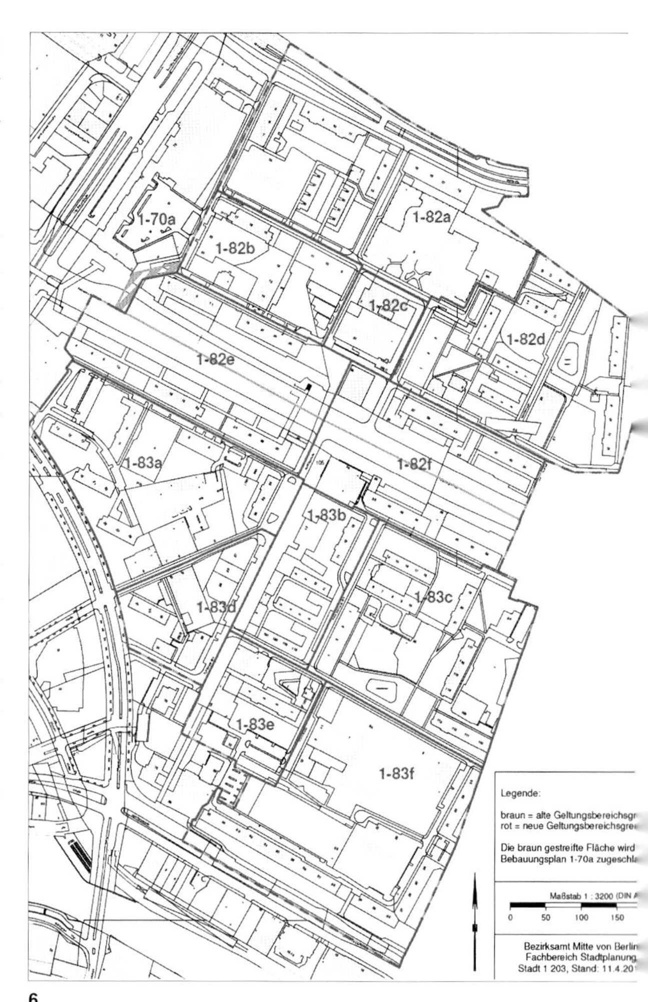

6

Gegen die abgelehnten Vorhaben wurde in einigen Fällen Widerspruch eingelegt und zum Teil stehen dazu Entscheidungen beim Verwaltungsgericht noch aus.

Infolge des vermehrt zu spürenden Investitionsdrucks war es notwendig, endlich städtebauliche Ideen oder Setzungen zu verabreden, die konzep-

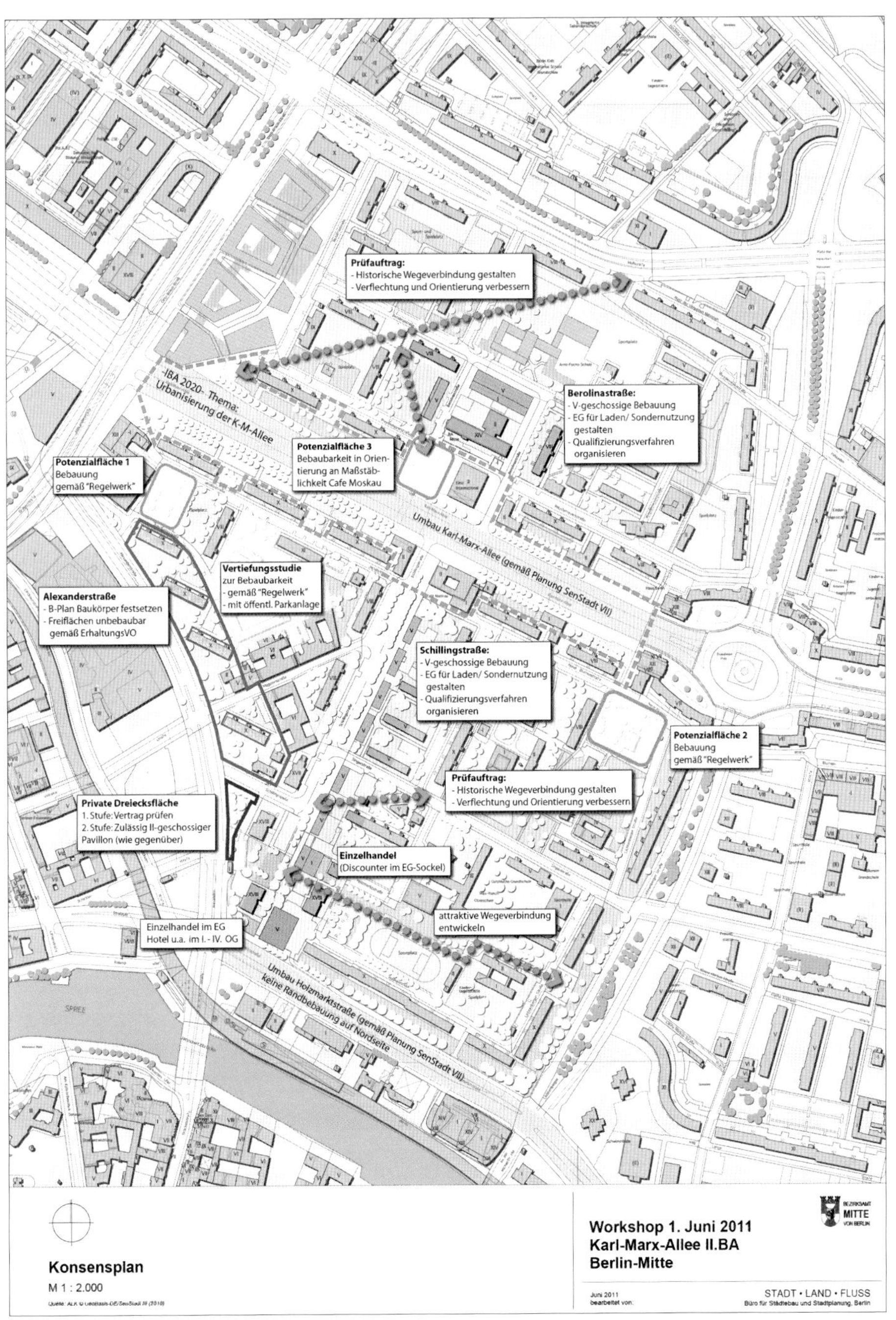
Prüfauftrag:
- Historische Wegeverbindung gestalten
- Verflechtung und Orientierung verbessern
-IBA 2020- Thema:
Urbanisierung der K-M-Allee
Berolinastraße:
- V-geschossige Bebauung
- EG für Laden/ Sondernutzung gestalten
- Qualifizierungsverfahren organisieren
Potenzialfläche 3
Bebaubarkeit in Orientierung an Maßstäblichkeit Cafe Moskau
Potenzialfläche 1
Bebauung gemäß "Regelwerk"
Umbau Karl-Marx-Allee (gemäß Planung SenStadt VII)
Vertiefungsstudie
zur Bebaubarkeit
- gemäß "Regelwerk"
- mit öffentl. Parkanlage
Alexanderstraße
- B-Plan Baukörper festsetzen
- Freiflächen unbebaubar gemäß ErhaltungsVO
Schillingstraße:
- V-geschossige Bebauung
- EG für Laden/ Sondernutzung gestalten
- Qualifizierungsverfahren organisieren
Potenzialfläche 2
Bebauung gemäß "Regelwerk"
Prüfauftrag:
- Historische Wegeverbindung gestalten
- Verflechtung und Orientierung verbessern
Private Dreiecksfläche
1. Stufe: Vertrag prüfen
2. Stufe: Zulässig II-geschossiger Pavillon (wie gegenüber)
Einzelhandel
(Discounter im EG-Sockel)
attraktive Wegeverbindung entwickeln
Einzelhandel im EG
Hotel u.a. im I.- IV. OG
Umbau Holzmarktstraße (gemäß Planung SenStadt VII)
Keine Randbebauung auf Nordseite
SPREE
Konsensplan
M 1 : 2.000
Workshop 1. Juni 2011
Karl-Marx-Allee II.BA
Berlin-Mitte
BEZIRKSAMT MITTE VON BERLIN
Juni 2011
bearbeitet von:
STADT • LAND • FLUSS
Büro für Städtebau und Stadtplanung, Berlin

7

tionelle und tragfähige Aussagen für das gesamte städtebauliche Ensemble definierten und diese zum Inhalt der Bebauungspläne machten.

PLANWERK INNERE STADT__Das Planwerk Innenstadt wurde unter der Leitung der Senatsbaudirektorin Regula Lüscher weiter bearbeitet und zum Planwerk Innere Stadt entwickelt. Die Perspektiven auf die Stadt hatten sich verändert. Das Planwerk Innere Stadt beruht auf dem 1999 beschlossenen Planwerksplan, hat jedoch einen komplexeren Planungsansatz und erkennt nun die Unterschiedlichkeit der Stadtgebiete und ihre möglichen Potenziale an. Durch die Abkehr von dogmatischen und starren Vorgaben gewannen die Planungsprozesse an Flexibilität; das Planwerk wurde zum mehr oder weniger notwendigen Koordinierungsinstrument.

WORKSHOP 2011__Um die alten Konflikte mit dem Planwerk endgültig zu begraben, so die Aussage von Senatsbaudirektorin Regula Lüscher, wurde unter Leitung der Abteilung Stadtentwicklung des Bezirksamts Mitte von Berlin mit dem damaligen Stadtrat Ephraim Gothe am 1. November 2011 gemeinsam mit der Senatsverwaltung für Stadtentwicklung ein Workshopverfahren durchgeführt.
Das Berliner Büro Stadt-Land-Fluss begleitete die Tagung professionell und Thomas Flierl, Direktor der Hermann-Henselmann-Stiftung, übernahm die Moderation. Durch die Fachbeiträge von Jörg Haspel, Peter Meyer, Regula Lüscher, Christina Lindemann und Thomas Flierl wurden Leitbilder diskutiert und eine Vision für die KMA II entwickelt. Letztlich wurde nach analytischer Betrachtung auch der Überlegungen der letzten Jahre ein Konsensplan aufgestellt (Abb. 7), der zukünftig die Grundlage des planerischen Handelns sein sollte.

ZIELSTELLUNGEN DES WORKSHOPS:

1. Antworten auf die demografischen und sozialen Transformationsprozesse finden
2. Sicherung und Entwicklung des Bestandes und gestalterische Qualifizierung
3. Stärkung und Entwicklung der sozialen Infrastruktur
4. Betrachtung der Grün- und Freiflächen als wichtige Standortfaktoren mit neuen Qualitäten und besserer Orientierung
5. Standortangepasste Modelle für das Einkaufen (täglicher Bedarf)
6. Berücksichtigung kultureller Angebote an den Rändern des Wohngebietes (nicht nur für externe Zielgruppen, wie Kino International)
7. Mobilität als ein Zukunftsthema aufgrund der Lage des Wohngebietes
8. Eigentümerstruktur (50 Prozent städtische Wohnungsbaugesellschaften) als Chance für die Innenstadt als Wohnort für alle.

STÄDTEBAULICHE AUSGANGSSITUATION (ABB. 8):

1. Gebietsfassung mit acht- bis zehngeschossigen Gebäuden (Scheiben) und 17- bis 18-geschossigen Wohnhochhäusern (Hochpunkte im Süden)
2. Füllung 1: Wohngebäude mit acht bis elf Geschossen zur inneren Gliederung (Scheiben)
3. Füllung 2: Wohngebäude mit fünf Geschossen (Zeilen)
4. Füllung 3: Gebäude der sozialen Infrastruktur mit einem bis drei Geschossen
5. Sonderbausteine (Kino, Pavillons usw.) mit einem bis drei Geschossen

8_Städtebauliche Ausgangssituation, hier: Gebäudehöhen des Bestandes

6. historische Relikte mit einem bis sechs Geschossen (Magazinstraße)
7. prägende Grünflächen.

geschossigkeit nicht überschreiten und sich somit als eine neue Siedlungsschicht dem prägenden Städtebau unterordnen.

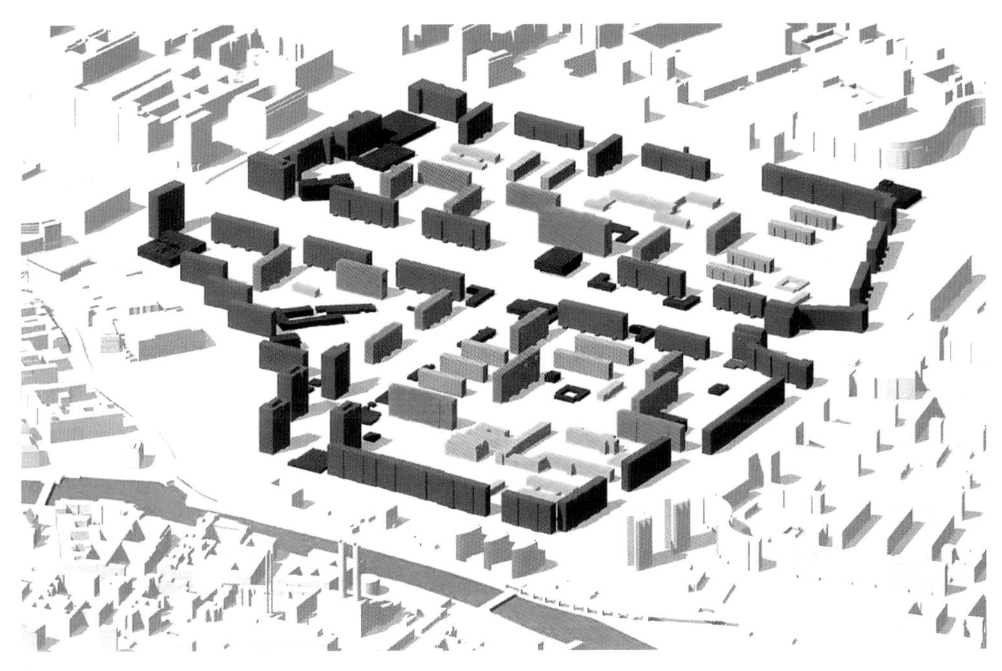

8

ÜBERGEORDNETES REGELWERK:

1. Die städtebauliche Grundform wird durch die Orthogonalität der Baukörperstellung geprägt.
2. Die städtebaulichen Komponenten sind:
   - Scheibe (acht bis elf Geschosse),
   - Zeile (fünf Geschosse),
   - Punktform: entweder Pavillon (ein bis zwei Geschosse) oder Hochpunkt (14 bis 18 Geschosse),
   - Sonderformen: Kindertagestätten, Schulen, Kino, Selbstbedienungsmarkt, Rathaus.
3. Die Neubauten im Wohngebiet sollen die Fünf
4. Die offene städtebauliche Struktur ist zu respektieren, das heißt in Bezug auf Neubaumaßnahmen:
   - keine Anbauten an bestehende Zeilen oder Scheiben,
   - keine geschlossenen Ecken,
   - keine geschlossenen Blöcke,
   - keine Einfriedungen mit Ausnahme von Einrichtungen der sozialen Infrastruktur.
5. Keine Verfestigung im Sinne eines Weiterbaus der historischen, (städte-)baulichen Relikte des 19. und frühen 20. Jahrhunderts

6. Berücksichtigung älterer historischer Straßenverläufe, die heute als sinnvolle Wegebeziehungen dienen, als Aufgabe der Freiraumgestaltung:
   - zur Verbesserung der Orientierung im Wohngebiet,
   - ohne Erschließungsfunktion,
   - nicht als Promenade oder Baumallee.

STATEMENTS VON WORKSHOPTEILNEHMERN:
„Wie kann eine Verdichtung stattfinden, ohne den Städtebau zu konterkarieren?" (Senatsbaudirektorin, Regula Lüscher)

„Auf der Grundlage des vorhandenen Städtebaus mit den Komponenten Scheibe, Zeile und Punkt sollen konzeptionelle Überlegungen zur Weiterentwicklung des Wohngebiets formuliert werden, welche dessen städtebauliche Eigenart respektieren."
(Bezirksstadtrat für Stadtentwicklung des Bezirks Mitte von Berlin Ephraim Gothe)

„Die aktuelle Situation verdeutlicht die Notwendigkeit einer ergebnisorientierten fachlichen Diskussion, die insbesondere auch das Thema der planerischen Instrumente zur Sicherung der städtebaulichen Eigenart des Wohngebiets bei gleichzeitiger Öffnung für eine behutsame konzeptionelle Weiterentwicklung behandelt." (Thomas Flierl)

„Ziel sollte es sein, die vorhandene städtebauliche Ordnung im doppelten Sinne weiterzubauen – Qualitäten zu achten und zu stärken sowie Defizite zu beheben, um zu einer eigenständigen neuen Bauschicht zu gelangen." (Peter Meyer)

ERGEBNISSE DES WORKSHOPS UND WEITERES VORGEHEN:
1. Einbindung der Wohnungsunternehmen/Eigentümer
2. Einbindung der Bewohner/Stadtteilvertretung
3. Konzepterstellung Grün- und Freiflächen
4. Abstimmung Straßenplanung Karl-Marx-Allee und Holzmarktstraße
5. Prüfung der Durchführung eines städtebaulichen Qualifizierungsverfahrens für den Bereich Schillingstraße
6. Fortführung verbindliche Bauleitplanung.
7. Vertiefungsbereich für die Internationale Bauausstellung 2020
8. Prüfung der Unterschutzstellung der weitgehend original erhaltenen Wohnscheibe Schillingstraße 27–29 sowie der zehngeschossigen Wohnscheiben an der Alexanderstraße 13–35
9. Prüfung der Unterschutzstellung des gesamten Gebietes als Denkmalbereich.

FAZIT_Im Jahre 2012 beantragte das Land Berlin gemeinsam mit der Hermann-Henselmann-Stiftung für die beiden aus der fast gleichen Zeit stammenden städtebaulichen Ensembles der Nachkriegsmoderne, das Hansaviertel im Westteil der Stadt und die KMA II im Ostteil der Stadt, die Eintragung in die Weltkulturerbeliste der UNESCO. Der Antrag wurde mit Auflagen zurückgestellt und zunächst nicht angenommen.
Davon unbeeindruckt wird der Stadtplanungsbereich des Bezirksamtes Mitte von Berlin nach 20-jähriger Planungsgeschichte das erklärte Ziel,

das städtebauliche Ensemble der KMA II zu schützen, weiter verfolgen.

Der Geltungsbereich der Erhaltungssatzung nach §172 Abs. 1 Satz 1 Nr. 1 BauGB wurde im Jahre 2015 mit Bezirksamtsbeschluss erweitert. Inhaltlich erfolgte eine Überarbeitung und Konkretisierung der Verordnung auf der Grundlage der Satzung aus dem Jahr 2000. Die in den letzten Jahren herausgearbeiteten städtebaulichen und architektonischen Gestaltmerkmale, die das Stadtgebiet im besonderen Maße prägen, sind explizit dargestellt und eindeutiger definiert. Zusätzlich sind die landschaftlichen Bereiche sowie Grünbereiche mit dem dazugehörenden Baumbestand analysiert und betrachtet worden. Die Ergebnisse sind ebenso in die Begründung der überarbeiteten Satzung aufgenommen. Diese sind zukünftig Bestandteil der Rechtsverordnung und dienen den behördlichen Bearbeitern als Prüfkriterium von Bauanträgen nach §172 BauGB. Für die Schwerpunktbereiche werden städtebauliche Vertiefungsstudien bearbeitet und die Inhalte des Konsensplans in den Bebauungsplänen festgesetzt.

Unabhängig von der Möglichkeit, das gesamte Ensemble der KMA II in die Denkmalliste aufzunehmen, gilt es nach fast 20-jähriger Planungsgeschichte und dem Bemühen, die Authentizität des Gebietes zu bewahren, weiterhin alle planungsrechtlichen Instrumente anzuwenden, um das Ziel der Bewahrung und behutsamen Weiterentwicklung weiterzuverfolgen.

ANMERKUNGEN

1 Aus Gründen der Lesbarkeit gilt bei allen personenbezogenen Formen die gewählte Form für beide Geschlechter. Dies stellt keine geschlechterspezifische Diskriminierung dar.

2 http://www.stadtentwicklung.berlin.de/planen/planwerke/de/planwerk_innenstadt/; Zugriff 30.07.2015

3 Ebd.

4 Ist auch als Einzeldenkmal eingetragen

5 Baugesetzbuch (BauGB) § 172 Erhaltung baulicher Anlagen und der Eigenart von Gebieten (Erhaltungssatzung), http://www.gesetze-im-internet.de/bbaug/172.html; Zugriff 30.7.2015

6 Ebd.

7 Beschluss der Erhaltungsverordnung §172 Abs.1 Satz 1 Nr.1 des BauGB vom 11.05.2000, In. Gesetz- und Verordnungsblatt für Berlin, 2000

8 Beschluss Bundesverwaltungsgericht (BVerwG 4 B 47.02); in der Verwaltungsstreitsache hat der 4. Senat des Bundesverwaltungsgerichts am 03.12.2002 beschlossen.

PERSPEKTIVEN DER SUBSTANZERHALTUNG

TRAGWERKE UND BAUTECHNIK ALS DENKMALWERTE_

ROMAN HILLMANN

Tragwerke und Bautechnik sind die konstituierenden materiellen Bestandteile jedes Gebäudes und damit auch Teile seiner Eigenschaft als Zeugnis. Dieser Zeugniswert erreichte bei der Architektur der DDR, nachdem sie 1990 zur Gänze historisch wurde, eine ganz eigene Qualität. Mit der materiellen Herausbildung hatte sich erklärtermaßen eine Ästhetik verbunden, die auch als Ausdruck für Eigenarten dieses Staates gelesen wurde, so für seine Politik des DDR-spezifischen Sozialismus. Hervorgerufen wurde diese Ästhetik durch zentralistische Vorgaben zur Sparsamkeit und zur Typisierung, die dann Architekten und Ingenieure konstruktiv umsetzten und baukünstlerisch gestalteten. Insofern wurde das technisch Bedingte der Bauten nach 1989 zum übergeordneten Zeugniswert nicht nur für die Architektur, sondern auch für die Ingenieursdisziplin und für die Gesellschaft und Politik. Welche der diesen Zeugniswert tragenden Bauten sich auch als Denkmale qualifizieren, ist dabei eine separat zu beantwortende Frage. Zuwenig wurde bisher aber beachtet, dass dieser spezielle Zeugniswert überhaupt das Potenzial für eine Denkmalbegründung in sich trägt.[1]

KONSTRUKTION UND BAUKUNST_Bei Fahrten im Gebiet der ehemaligen DDR stößt man immer wieder auf überraschende Beispiele, die zeigen, wie das Primat der Sparsamkeit zu pfiffigen und zum Minimalen hin ausgereizten Ingenieurskonstruktionen führte. Diese Bauten haben zudem ihren eigenen künstlerischen Reiz. Dazu werden im Folgenden Konstruktionen vorgestellt, an denen man gemeinhin das ästhetische Moment weniger deutlich wahrzunehmen gewohnt ist. Diese Beispiele vermögen pointiert auf bestimmte gestalterische Werte hinzuweisen, die hier gewissermaßen in Reinform vorliegen. Bei den Gesellschaftsbauten und Wohnungsbauten der DDR sind die Formen dann meist architektonisch stärker ausgearbeitet und mit anderen Elementen zusammen weiter differenziert.

An der „Mastenbauweise" lassen sich die eingangs geäußerten Thesen als erstes Beispiel plakativ verdeutlichen (Abb. 1). Bei ihr „werden Stützen ohne Schwergewichtsfundamente in den gewachsenen Boden eingespannt, wobei der Bodenaushub vorzugsweise mit Erdbohrgeräten erfolgt."[2] Die Einfachheit dieser Bauweise lässt sich auf dem Foto eines ruinösen Gebäudes verdeutlichen: Auch wenn man die Borlöcher meist ausbetonierte, standen hier als Tragwerk schließlich schlicht Betonpfeiler aus dem Baugrund. Durch das Einspannen bildeten sie eine steife Konstruktion. Ein Bauwerk entstand, wenn man die Zwischenräume mit Holz, Gassilikat- oder anderen Betonelementen ausfachte und so umbaute

1_Bei Neuhaus (ehem. Bezirk Schwerin), Ruine einer Scheune. Betonpfeiler der sogenannten „Mastenbauweise", einst mit Holztafeln ausgefacht, 2013 **2**_Bei Kietz (ehem. Bezirk Schwerin), Rinderzuchtbetrieb Lenzener Wische, von 1968 bis 1972 errichtete Ställe, ganz links Wiege- und Kontrollhäuschen für den Empfang von Rindern, 2013

Räume schuf. Auf den Stützen bildeten hölzerne Nagelbrettbinder das Dachwerk.

Das Foto soll auch die schlichte Regelmäßigkeit als elementares ästhetisches Prinzip serieller Skelettbauweisen verdeutlichen. Die konstruktive Minimierung kann hier als Zeugnis sowohl für die Wirtschaftsgeschichte wie auch für die Bautechnikgeschichte der DDR dienen. Baukünstlerische Komponenten erkennt man noch deutlicher, wenn man komplette Gebäude in ihrer Komposition sieht. Bei einem Rinderzuchtbetrieb bei Kietz in Brandenburg (Abb. 2) übersetzt sich die schlichte technische Bildung – Masten als Tragwerk, längliche Gasbetonplatten als Raumabschluss und Nagelbrettbinder unter der Dachhaut – in eine elementare, geometrische Einfachheit. Gerade in der Abfolge mehrerer Ställe, die zwischen 1968 und 1972 errichtet wurden[3], wird diese architektonische Wirkung des Getypten und klar Gereihten in der Ensemblebildung überhöht. Es entsteht eine große Nähe von Tragwerk, Bautechnik, Bauästhetik und Ensemblebildung.

1

2

Solche Alltagsarchitekturen bilden eine erste Kategorie bei der Beurteilung des Phänomens der großen Bedeutung baukonstruktiver Aspekte in der Architektur der DDR. Zu dieser Architektur gehören auch einige der weniger ambitioniert ausgeführten Großtafelbauweisen („Plattenbauweisen"). Eine zweite Kategorie bilden einige bekanntere und ambitioniertere Bauten der DDR, wie spezieller gebildete Wohnungsbauten, etwa der „P1" und „P2" in Halle-Neustadt, bei denen Betonstrukturwände und durchbrochene Elemente die Gestaltung aufwerten. Besonders bekannte Beispiele des Gesellschaftsbaus sind in dieser zweiten Gruppe das Haus des Berliner Verlages (1970–73, Karl Ernst Swora, Rainer Hanslik und Günter Derdau), das Haus der Statistik (Abb. 3) und das Haus der Elektroindustrie (1967–69, Heinz Mehlan, Peter Skujin und Emil Leibold), alle am Berliner Alexanderplatz. Auch

3_ Berlin, Otto-Braun-Straße, ehemaliges Haus der Statistik, 1968–70, Manfred Hörner, Peter Senf, Joachim Härter am 20. Mai 2009. Verschiedene Anwendungsmöglichkeiten der SK Berlin werden kombiniert und in eine differenzierte Gruppe gebracht.

an ihnen ließe sich durchspielen, dass sie von den spezifischen Prämissen der Typung in der DDR beeinflusst sind. Schließlich enthalten sie

3

getyptes Tragwerk, das der „Skelettbauweise Typ Berlin", kurz „SK Berlin". Die Fassade, der Dachaufbau und die städtebauliche Positionierung haben den Bauten dann ihre besondere, durchaus individuelle Note gegeben. Dies war an der Stelle explizit Programm, denn die neue SK Berlin sollte mit verschiedenen konstruktiven, funktionellen und gestalterischen Variationsmöglichkeiten durchgespielt werden.[4] Erst eine dritte Kategorie von Bauten hat deutlich individuelle Formen und ist mit Ortbeton oder Stahlskelett errichtet, wie am Alexanderplatz das ehemalige Hotel „Stadt Berlin" (1967–70, Roland Korn, Hans Scharlipp und Hans-Erich Bogatzky), das Haus des Reisens (1969–71, Roland Korn, Johannes Brieske) oder das Haus des Lehrers (1961–64, Hermann Henselmann). Diese Gebäude sind keine Typenbauten und getypte Bauteile finden sich nur an einigen Baudetails, etwa den Fassaden. Bei dieser dritten Gattung könnte die spezielle DDR-Form der Bautechnik nur noch am Rande als Denkmalwert hervorgehoben werden. Individualität und Bautechnik sind hier den Kulturdenkmalen der Bundesrepublik ähnlich.[5]

Die repräsentativ gewünschte Individualität findet sich demnach entweder in den Bauten der dritten Gruppe oder in individueller gestalteten

Bauten der zweiten Gruppe. Diese graduelle oder betonte Individualität wird bei der Benennung eventuell vorhandener Denkmalwerte bestimmend sein. Dies entspricht den gewohnten Formen der Denkmalbegründung.

Bei den Bauten der ersten Gruppe ist der Bezug zur Form der getypten Tragwerke und der teilweise getypten Bautechnik deutlich erkennbar und somit existiert ein benennbarer und übergeordneter Zusammenhang mit der Politik- und Berufsgeschichte der DDR. Das heißt nicht, dass es die Inventarisierung hier einfacher hätte, eine Auswahl zu treffen. Es heißt aber unbedingt, dass die Bedeutung von Alltagsarchitekturen eine andere ist als die der herausgehobenen Architekturen. Diese materiellen Zeugnisse bekommen einen umfassenden Kontext, der einerseits in der künstlerischen Durchgestaltung und andererseits in der politischen und identitätsprägenden Bedeutung lag, die dieser Durchgestaltung zugemessen wurde.

Bei der zweiten Gruppe schließlich überlagern sich die auf individuelle Gestaltung abzielenden Aspekte der dritten Gruppe mit den technischen Gestaltungsformen der ersten. Hier findet der Denkmalpfleger zwei unterschiedliche Wert- und Bedeutungsstrukturen vor, die er zur Denkmalbegründung heranziehen kann.

Was die künstlerische Durchgestaltung angeht, haben Architekten sich in der Zeit der Entstehung der eher „ungeschönten" Architekturen der ersten und zweiten Gruppe intensive Gedanken gemacht. So fragte etwa Josef Kaiser 1962 in der Überschrift zu einem Artikel, ob es das überhaupt gibt, eine „Industrielle Baukunst …?"[6] Er kommt zu dem Schluss: „Wie bisher wird die Baukunst dem Bauwerk immanent sein müssen und nicht als Mäntelchen umgehängt werden können".[7] Es geht ihm also um bedeutende Grundsätze der Moderne, die Bauästhetik aus den Gegebenheiten des Baus selbst, nicht aus Hinzugefügtem heraus, zu entwickeln. Die Aussage Kaisers und viele derartige Aussagen lassen sich auf Karl Friedrich Schinkel zurückführen: „Architectur ist Construction. In der Architectur muß alles wahr sein, jedes Maskiren, Verstecken der Construction ist ein Fehler."[8] Insofern lässt sich auch die Ästhetik einfachster Typenbauten achten, wenn bestimmte Bedingungen erfüllt werden: „Wie alle bisherige Architektur wird sie [die industrielle Architektur] ihre Aussage mit der Komposition von Proportions- und Spannungsverhältnissen treffen", so Kaiser.[9] Grundlegende geometrische, formale und haptische Eigenschaften definieren Qualität auch bei industrieller Architektur. Die Serienproduktion führte in der DDR zu einer Pointierung der auf den Bauteilen und ihrer Modularisierung basierenden Gestaltung. Und das, ob diese nun im ländlichen oder industriellen Kontext völlig konsequent durchgespielt (so bei der Mastenbauweise), oder im großstädtischen Kontext durch besondere Materialien und Kompositionsfeinheiten aufgewertet wurde (wie bei den Häusern für Statistik, Elektroindustrie und beim Berliner Verlag).

MINISTERIUM UND FERTIGUNGSBETRIEB__Wie kam es zu der besonders pointierten Herausbildung solcher Gestaltungsformen in der DDR? Das Land beherrschte eine Parteiendiktatur, wobei es sich wirtschaftlich gesehen um einen finanzschwachen Staat handelte. Die übergeordnete

4_Bautypenreihe für Hallenbauten in einer Ausprägung aus der Zeitschrift *Deutsche Architektur* von 1965 **5**_Eingeschossige Mehrzweckgebäude (EMZG) in Metallleichtbau von 1974. Maß und Gebäudesystem zur „Einordnung der Bausteine in das universelle Raumgitter".

Politik, die Staatsorgane um die SED, gaben aus diesem Grunde in vielen Bereichen eine Ökonomisierung zwingend vor. Den oft empfindlichen Vorgaben für Quantitäten und Preise konnten sich die Akteure, die Architekten und Ingenieure, nicht entziehen. Sie wurden unter Druck gesetzt zu handeln und mussten zugleich produktiv reagieren. Ganz frei waren sie darin nicht, denn im Bauwesen forderte die Regierung, die Generalvorgabe der Sparsamkeit durch Typisierung und Industrialisierung des Bauens umzusetzen. Es entstand eine umfangreiche Administration im Bauwesen, die Typenentwürfe in Auftrag gab, oder, im Falle der Bauakademie als eines der höchsten Organe, selbst erstellte. Im Bauen setzte eine administrative Form des Entwurfs ein, denn der Architekt oder Ingenieur vor Ort konnte meist nicht frei mit den Teilen planen. Er musste die zentralen Typenkataloge der Bauakademie oder die ebenfalls zentral koordinierten Kataloge der Baukombinate beachten. Sie enthielten quasi ein „technisches Handbuch" des die Bauteile herstellenden Betriebes mit umfangreichen Richtlinien.

Wie aus diesen Richtlinien Architektur entstand, sei hier erneut anhand einer Typenserie vorgestellt, die nicht repräsentativ gedacht war. Es handelt sich um Hallenbauten, die vorwiegend für die Industrie und Landwirtschaft bestimmt waren. Deren erste Formen gingen auch in der DDR auf die Standardentwürfe des „Dritten Reichs" zurück.[10] Daraus entstand seit dem Ende der 1950er Jahre die Bautypenreihe der „Eingeschossigen Gebäude mit und ohne Hängetransport, mit Satteldach" (Abb. 4).[11] Konstruktiv gesehen bestanden sie aus Betonstützen mit Schwergewichtsfundamenten, auf denen meist Fachwerkbinder oder Vollwandbinder für die Überspannung und Dachkonstruktion lagen und zwischen

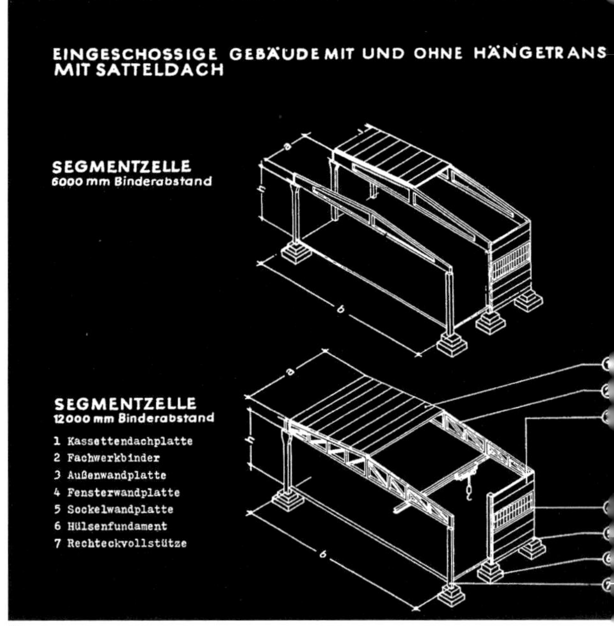

4

denen Außenwandplatten saßen. Sie waren als Typenbauwerke seit 1957 verfügbar[12] und wurden auch in der Zeitschrift *Deutsche Architektur* veröffentlicht. Daher sind die Urheber bekannt: Der Bauingenieur Hans Schwindke und der Architekt Helmut Hähnel am Institut für Typung.[13] Das Zusammenwirken eines Ingenieurs und eines Architekten für den Typenentwurf ist bezeichnend. Die Bauweisen für Hallen wurden in den Folgejahren weiter perfektioniert, bis schließlich das bis zum Ende der DDR gebaute Baukastensystem für „Eingeschossige Mehrzweckgebäude" entstand, abgekürzt „EMZG". Das System war hochgradig integrativ und flexibel, es konnte etwa die Konstruktionsmaterialien Stahl und Beton separat oder kombiniert verwenden.

der Gründung, in die des Tragwerks und in die der „Umhüllungskonstruktion". Die vorgenommene Einteilung der Teile des Typenbaus entsprach da-

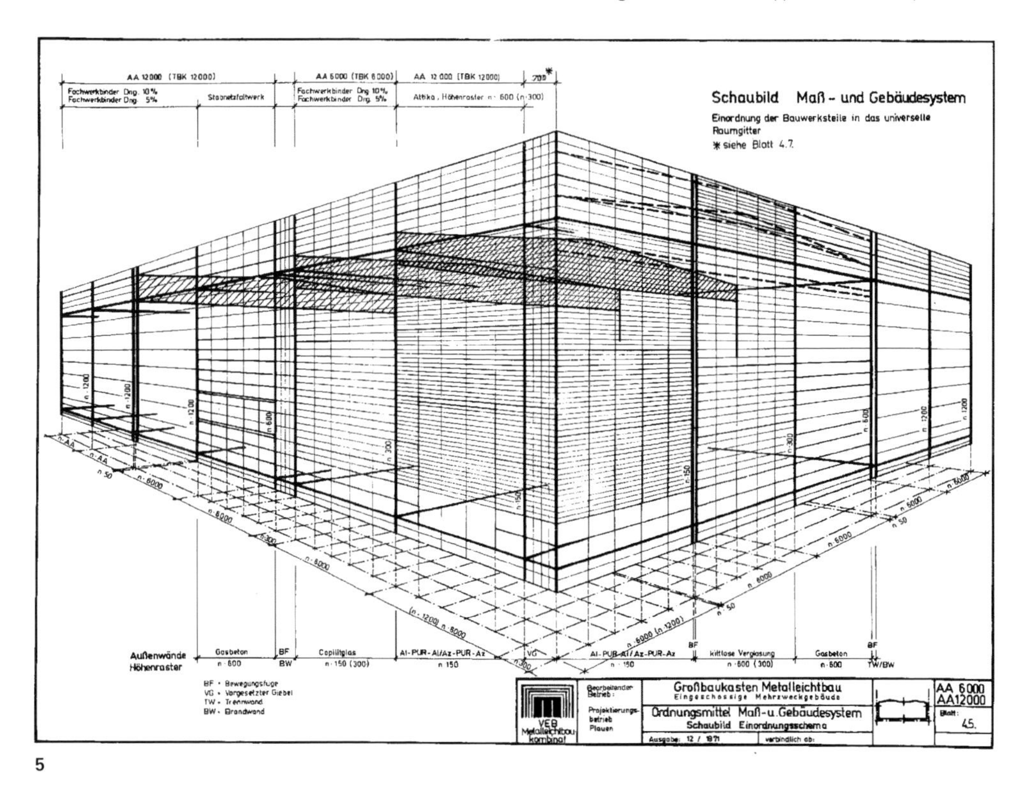

5

Der Architekt, Ingenieur oder idealerweise sogar schlicht ein Baubetrieb griff, um solche und ähnliche Bauwerke zu bauen, auf Katalogwerke zurück, die von den Fertigungsbetrieben oder staatlichen Stellen zusammengestellt und herausgegeben wurden. Er plante so das Bauwerk mit seinen kompletten Parametern und bestellte dann die Bauteile. Das in diesen Katalogen angelegte Zusammenfügen unterschied auch bei den EMZG in die Einzelteile des Baus, so in die her auch der Einteilung der Kataloge. Die Maßsysteme, die der Kombination zugrunde lagen, waren jedoch sehr vielfältig und der Kombination von Einzelbauteilen waren kaum Grenzen gesetzt (Abb. 5).

Schon vom Konzept her entstanden diese Bauten demnach aus den für die Moderne typischen Differenzierungen und Aufgliederungen, wie denen nach Bauteilen, Baumaterial sowie in der Maßkoordinierung, die auch eine ästhetisch-gestal-

6_Zwei gekuppelte eingeschossige Mehrzweckgebäude in Neubrandenburg, 2013 **7**_Eingeschossiges Mehrzweckgebäude einer LPG für Obst- und Gemüsezucht in Sadenbeck (ehem. Bezirk Schwerin), 2013

terische Komponente hatten. Nicht zufällig sieht bereits die gezeigte axiometrische Darstellung der Maßkoordination aus dem Typenkatalog für

6

unser heutiges Auge grafisch wie eine künstlerische Form aus. Auch die entstehenden Bauten haben diese Wirkung: Die Hallen mit den leicht geneigten Dächern kamen oft in Reihung vor (Abb. 6). Die einzelnen Hallen wiesen dann auch funktionell bedingte Unterschiede auf, die sich in der Fassade abbilden. Reihung und Rhythmus klingen unmittelbar zusammen.

Die einfachste Form eines EMZG führt auf eine minimalistische Ästhetik hin (Abb. 7): Klar zeigt sich das Tragwerk mit seinen umlaufenden Betonstützen durch die Glasscheiben. Auf dem Gebäude ruht ein Satteldach. Dessen Form ist durch eine umlaufende Profilblech-Manschette als Attika versteckt. So sollte die kubische Wirkung des Baus unterstützt werden. Dieses ist ein im künstlerischen Sinne gestalterisches Element, während die Ästhetik der Stützen und der seitlichen Umhüllung sich unmittelbar aus Funktionellem und Konstruktivem ableiten lässt.

Die elementare Regelmäßigkeit fällt als nächstes ins Auge. Die Architektur ist in den Bauteilen beschränkt und dadurch lesbar und überschaubar. Das Kubisch-Elementare lässt sich in Zusammenhang bringen mit Aussagen der sich internationalisierenden Klassischen Moderne. Ein Ideal wurde etwa in dem Buch Henry-Russell Hitchcocks und Philip Johnsons *Der Internationale Stil* von 1932 formuliert: „Betonung des reinen Volumens – Raum, umschlossen von dünnen Tafeln oder Flächen im Gegensatz zur Vorspiegelung von Massigkeit und Solidität; modulare Regelmäßigkeit im Gegensatz zur Symmetrie oder anderen Arten betonten Gleichgewichts."[14] All diese Eigenschaften finden sich beim EMZG. Die klare Form, die Redundanz der Bauteile und Anordnungen, sogar die vermiedene Monumentalität, stehen in der DDR zudem noch im unmittelbaren Kontext mit der Planung für eine serielle Errichtung und deren technische Durchbildung. In der Materialität und Form *erkennt* man die Eigenschaften, die sich aus einem gesamtgesellschaftlichen Konzept für die technische Bildung von Architektur ergaben, wie auch seine künstlerisch-gestalterische Umsetzung. Und eben diese Umsetzung findet eine deutliche Parallele in den Konzepten der Moderne.

Das Bewusstsein dafür lässt sich in der Einleitung eines Informationskataloges für die EMZG in Metallleichtbau nachweisen. Denn der eine Kette bildende Zusammenhang zwischen der wirtschaftspolitischen Vorgabe, der technischen Umsetzung und dem daraus entstehenden „Ausdruck" ist hier nachvollzogen:

> „Das Bemühen unserer Volkswirtschaft, wirtschaftlich und rationell zu produzieren, findet seinen Ausdruck in der Industrialisierung und Automatisierung der Prozesse und der Konzentration der Mittel. Zwangsläufig leiten sich hieraus Anforderungen an die gebaute räumliche Umwelt ab. Die Bauindustrie wird den Forderungen (...) gerecht, wenn auf geeigneten Gebieten Bausysteme entwickelt werden. Diese Bausysteme müssen den Charakter der Automatisierbarkeit, der Vorbereitungs- und Durchführungsprozesse und der industriellen Massenfertigung von Erzeugnissen bei maximaler Anpassungsfähigkeit an die vielfältigen funktionellen und ästhetischen Ansprüche an ein Bauwerk besitzen."[15]

7

Technisches und Ökonomisches steht hier, anders als es die Architekten sahen, im Vordergrund. Das liegt auch daran, dass dieser Katalog durch den VEB Metallleichtbaukombinat, Projektierungsbetrieb Plauen, verfasst und mit der Staatlichen Bauaufsicht (hier der Bauakademie) inhaltlich abgestimmt wurde.[16] Er war ein Werk der Ingenieure. Dass aber nicht nur von Charakter, sondern auch von „ästhetischen Ansprüchen" gesprochen wird, ist keine Phrase. Es zeugt vielmehr von einem im 20. Jahrhundert zunehmend sich verwurzelnden Bewusstsein der Ingenieure, dass ihre Formen nicht nur eine sachliche Komponente besitzen, sondern in der Regel sogar einer künstlerischen Gestaltung entsprechen.[17]

ARCHITEKT UND INGENIEUR__Das Eindringen eines solchen Bewusstseins spiegelt sich auch in der von den Architekten geschriebenen Architekturtheorie wider. So hieß es am Ende der Phase der Nationalen Traditionen in einem Editorial der *Deutschen Architektur*, welches in Vorbereitung auf die Erste Baukonferenz 1955 verfasst wurde:

> „Jetzt besteht die Hauptaufgabe der deutschen Architekten darin, (...) alle Kenntnisse und Erfahrungen über die ökonomischen und technischen Fragen des Bauwesens, (...) zusammenzufassen, auszuwerten und anzuwenden, die Planung und Projektierung zu beschleunigen und die Typenprojektierung in den Mittelpunkt des künstlerischen Interesses zu rücken (...)."[18]

Sehr ernst darf der Satz genommen werden, man wolle sich bei der intensiven Nutzung weit entwickelter technischer Möglichkeiten nun künstlerisch betätigen. Hierin lag das konzeptuell Neue gegenüber der Phase der Nationalen Traditionen, nämlich die technischen Prämissen gestalterisch umzusetzen, in einen baukünstlerischen Ausdruck zu überführen. Die folgende Phase in der Architekturtheorie der DDR, die bis etwa 1965 reichte, verfeinerte diese Grundgedanken stetig. So sagte Hans Hopp in seinem Artikel „Anmerkungen zur sozialistischen Architekturtheorie" von 1960, die „Konstruktion" sei „nicht nur zum gleichberechtigten Partner der Architektur geworden, sie hat vielmehr die Initiative in der Entwicklung zu einer neuen Architektur übernommen."[19] Es entstehe eine „von Technik durchdrungene Architektur", und „die strenge Ordnung aller industriellen Bauweisen wird auch in der architektonischen Gestaltung zum Ausdruck kommen".[20] Hier bildeten sich demnach gestalterische Vorstellungen heraus, die zu den politischen Vorgaben in Bezug standen und zudem eine baukünstlerische Umsetzung fanden.

War sie auch politisch vorbestimmt, so vereinte die Vorstellung von der hohen Bedeutung der Technik für die Architekturästhetik die Architekten und Ingenieure doch nachhaltig miteinander. In der DDR war die Hierarchie zwischen beiden in erstaunlicher Weise eingeebnet.[21] Denn so sehr auch einige Architekten nach einer individuelleren Architektur strebten, so standen sie doch anscheinend grundsätzlich nicht gegen die Ingenieure. Das zeigt auch der bereits erwähnte Artikel des Architekten Josef Kaiser, der sich dem „Primat des Inhalts" durchaus anschloss.[22] Kaiser hatte, wie viele seiner Kollegen, nur Sorge, die „gegenwärtigen Standardisierungsmaßnahmen" würden „so ausschließlich vom Rechenschieber des Ingenieurs" bestimmt und es drohe daher eine „einseitige, die architektonische Gestaltung vernachlässigende und mißachtende Standardisierung und Industrialisierung im Bauwesen".[23] Die Architekten bekämpften daher die bestehende Tendenz einer alleinigen Bauökonomie und sorgten so für die Kontinuität der aus der Klassischen Moderne kommenden Form der künstlerisch-gestalterischen Aspekte in der Architektur. Der übergeordnete „Endzweck" könne nie allein eine „ökonomische, funktionelle, konstruktive Aufgabe" sein, sondern müsse „zusammengefaßt immer auch eine künstlerische Aufgabe" darstellen.[24] Funktion, Konstruktion, Ökonomie und Baukunst müssten in Einklang kommen (Abb. 8). Bekannte er sich also, wie eingangs ausgeführt, zu Konzepten der Moderne seit Schinkel, so verweist sein Aufschrei gegen das Primat der Ökonomen, Fertigungswerke und Bauingenieure auf die schwierige Rolle der Architekten in der DDR. Sie wollten Anteil haben an der Erstehung einer industriellen Formensprache. Tatsächlich enthob man sie nicht ihrer „koordinierenden Federführung und Verantwortlichkeit für alle Phasen des Baus".[25] So hatten Architekten und Ingenieure einen jeweils fachspezifischen Anteil an der Entstehung der modernen Architektur der DDR nach 1955.

Die Ingenieure und Fertigungstechniker in den Herstellungswerken, deren Standpunkt hier aus dem Vorwort des EMZG-Katalogs zitiert wurde, hatten es aufgrund ihrer privilegierten Stellung in der DDR einfacher, die industrielle Ästhetik willkommen zu heißen. In einem Artikel der Ingenieure Bernhard Geyer und Arno Schmidt von 1965 zum Baukastensystem hieß es: „Die Gestaltungsprobleme bei Montagebauten [führen] sowohl bei der architektonischen Formung des Baukörpers und der Außenhaut als auch des Grundrisses und der Innenräume [zu] völlig neuartige[n] Gestaltungsfragen. Gelöst führen sie jedoch zu einer spezifischen ästhetischen Qualität – zur Schönheit des Montagebaus."[26]

Auch hier wird von einer aus der Anwendung der ingenieurstechnischen Logik entstehenden ästhetischen Komponente gesprochen.

Diese Theorie ähnelt in einiger Hinsicht den westlichen Schriften, etwa von Verfechtern der Fertigteilbauweise[27] wie Tihamér Koncz[28], oder von stringent argumentierenden Architekten, die sich mit Industrie- und Bürobauten beschäftigt haben, wie Friedrich Wilhelm Kraemer.[29] Spezifisch für die DDR ist innerhalb der Theorie aber die bewusste und konzentrierte Ausrichtung auf die Vorgaben der zentralistischen Typisierung. Diese grundsätzliche Festlegung wurde wohl kritisiert. Auch spielen die Aspekte der Kontrastierung mit individuelleren Bauten eine kaum zu unterschätzende Rolle in der Betrachtung der Architektur

8

8_Diagramm aus einem Artikel über das Baukastensystem von Bernhard Geyer und Arno Schmidt von 1965: Definition einer Architektur

der DDR als Ganzes. Es lässt sich aber konstatieren, dass Gleichförmigkeit in der Blütezeit der Architekturtheorie der DDR, zwischen etwa 1955 und 1965, grundsätzlich übereinstimmend als Ausdruck nicht nur des getypten Montagebaus an sich, sondern sogar als Merkmal einer sozialen Ausrichtung des Staates und seiner Architektur gesehen wurde. Dieses Charakteristikum der Architektur zieht sich bis zum Ende der DDR durch und insofern wurde Bautechnik nach dem Ende des Staates zu einem Teil des historischen Kulturguts mit Denkmalpotenzial.

TECHNIK UND DENKMALWERT__Aus der Architekturtheorie ersieht man, wie stark im Architekturschaffen der DDR Politik, Architekten und

Ingenieure, Bautechnik, Bauausdruck und seine wiederum politische Interpretation ineinandergriffen. Woran aber kann dieser Zusammenhang heute abgelesen werden? Die Autoren während der Zeit der DDR, die über Architekturtheorie schrieben, sprachen in der Regel vom „Ausdruck" der Typisierung. Mit der Typisierung nennen sie jedoch ein Abstraktum. Es konnte im Städtebau, bei der Anordnung von offenbar ähnlichen oder sogar gleichen Bauten durchaus reale Form annehmen. Das Konkretum in der Architektur aber liegt bis heute in der Tragwerksbildung und der Bautechnik. Beide sind erst einmal Objekte. Ihre spezifische Form, Materialität und Ausgestaltung (Farben, Oberflächen, Anordnungen) können lesbares Zeugnis der Periode werden. Führt man die politisch-administrativen Ideen und ihre Auswirkung auf die Architekten und Ingenieure aus, so werden noch mehr Bedeutungsebenen im Materiellen erkennbar. Die Schriftquellen ergänzen somit die Aussagen der Objekte.

Die Erkenntnisse dieser vielfachen Bedeutungsebenen für die Kulturgeschichte lassen sich nun in den Bedeutungskategorien der Denkmalschutzgesetze der Länder wiederfinden.[30] In den Gesetzen findet sich zwar nur gelegentlich die Kategorie der „technischen" Bedeutung (so etwa im Brandenburgischen Denkmalschutzgesetz[31], im Denkmalschutzgesetz von Schleswig-Holstein[32], Rheinland-Pfalz[33] und Sachsen-Anhalt).[34] Zumindest zwei Bundesländer auf dem Gebiet der ehemaligen DDR können sich direkt auf die Bautechnikgeschichte als Schutzkategorie beziehen. In allen anderen Ländern ist es jedoch durchaus möglich, Bautechnikgeschichte unter der in allen Gesetzen genannten Kategorie „wissenschaftlich" zu subsummieren. Die Bautechnikgeschichte als Bedeutungsebene kann somit offensiv als Begründung genutzt werden.

Zur Fundierung dieser Ebene haben verschiedene Disziplinen Grundlagen gelegt, um selbst in juristischen Prozessen gegen Denkmaleintragungen offensiv in die Denkmalverteidigung gehen zu können: Seit Mitte der 1970er Jahre beschäftigt sich die Historische Bauforschung auch mit Tragwerken und Bautechnik in ihrer Konkretheit und Schädigung.[35] Durch den *material turn* in den Kulturwissenschaften seit Mitte der 1980er Jahre lässt sich die Bedeutung von Objekten besser einschätzen. Innerhalb der Ingenieursdisziplinen reagierte die Construction History bzw. Bautechnikgeschichte auf ein Defizit der Kunstgeschichte und hat Grundlagen geliefert, die Bedeutung der Bautechnik in allen Zeitschichten und Gattungen nachzuweisen.[36]

Bei der Inventarisation von Bauten der ehemaligen DDR müsste man im vorgestellten Sinne die Bautechnikgeschichte als Wertkategorie der Unterschutzstellung offensiv nutzen und auch in der praktischen Baudenkmalpflege argumentativ berücksichtigen. Solange nämlich der offensichtliche künstlerische Reiz der Bauten nicht allgemeinere Anerkennung findet, kann der technische Wert hervorgehoben werden. Er kann schließlich sogar alleiniger Ausschlag einer Denkmalbegründung sein, wie er auch einen ökonomischen und ökologisch nachhaltigen Umgang nahelegt.

ANMERKUNGEN

1 Bautechnik, Tragwerke und sogar Bauphysik werden bereits seit 20 Jahren länderübergreifend und zunehmend als bedeutende Werte architektonischer Monumente und eingetragener Baudenkmale diskutiert, allerdings mit deutlich zu wenigen Konsequenzen im Denkmalschutz selbst. Dies wird von den Autoren des Themas auch bemängelt: ICOMOS (Hg.): *Konservierung der Moderne. Über den Umgang mit den Zeugnissen der Architekturgeschichte des 20. Jahrhunderts* (ICOMOS Hefte des Deutschen Nationalkomitees 24). München 1998, insbes. S. 27–44; DOCOMOMO (Hg.): *Climate and Building Physics in the Modern Movement*. Zittau 2006, insbes. S. 6 und S. 27; Burkhardt, Bertold: „Bauen ohne Vorbild? Bautechnologien der Nachkriegsarchitektur". In: Gisbertz, Olaf (Hg.): *Nachkriegsmoderne kontrovers. Positionen der Gegenwart*. Berlin 2012, S. 142–151; Hillmann, Roman: *Das Fakultätsgebäude für Bergbau und Hüttenwesen der TU Berlin. Bau. Alterung. Abrissplanung. Sanierung*. Petersberg 2013, S. 105–152; Vgl. für weitere Literatur auch Anm. 36

2 Kraus, Karl: *Die Baustelle*. Berlin 1962, S. 409

3 Zeitzeugenaussage im September 2014 von Joachim Jammer von der den Betrieb führenden Lenzener Wische Rinderzucht GmbH

4 Vgl. *Bauplanung – Bautechnik*. 10/1969, 23. Jg., S. 492–995

5 Vgl. zum nur graduell zu bestimmenden Unterschied bei der Beeinflussung der Bauästhetik durch Bautechnik in Westdeutschland im Vergleich zu Ostdeutschland: Hillmann, Roman: „Die Ästhetik serieller Fertigung bei Bauten in der Bundesrepublik und der DDR". In: *Rheinische Heimatpflege*. 1/2013, S. 57-74

6 *Deutsche Architektur*. 10/1962, 11. Jg., S. 610–613

7 Ebd., S. 610

8 Peschken, Goerd: *Karl Friedrich Schinkel. Das Architektonische Lehrbuch*. München 1979, S. 115

9 *Deutsche Architektur*. 1962 (wie Anm. 7)

10 Auf diesen Kontext machte mich Ulrich Hartung aufmerksam.

11 Vorgestellt in: *Deutsche Architektur*. 6/1965, 14. Jg., S. 392, Abb. 13

12 „Typenbauwerk Universal-Werkhalle, einschiffig, mit Kranbahn, Stahlbetonskelett, Montagebauweise. Typenbezeichnung: 112.111, Entwurfsjahr 1957". In: Deutsche Bauakademie (Hg.): *Deutsche Bauenzyklopädie*. o. J., S. 522

13 *Deutsche Architektur*. 1/1958, 7. Jg., S. 17–19

14 Von mir leicht verändert nach der dt. Übersetzung aus: Hitchcock, Henry-Russell/Johnson, Philipp: *Der Internationale Stil* (Bauwelt Fundamente 70) Braunschweig 1985, S. 21 f. anhand der englischen Originalfassung (Hitchcock/Johnson: *The International Style: Architecture since 1922*. New York 1932, S. 13)

15 Informationskatalog (im selben Werk auch „Angebotskatalog" genannt) *Eingeschossige Mehrzweckgebäude. Baukastensystem Metalleichtbau / Mischbau, AA 1200 und AA 6000*. Katalogherausgeber: VEB Metalleichtbaukombinat Leipzig. Katalogbearbeitung: VEB Metalleichtbaukombinat, Projektierungsbetrieb Plauen, bestätigt am 05.06.1972, Blatt 1.01, datiert: Dezember 1972

16 Ebd., unpaginiertes Bestätigungsblatt am Anfang des Kataloges, datiert 05.06.1972

17 Heymann, Matthias: *„Kunst" und Wissenschaft in der Technik des 20. Jahrhunderts. Zur Geschichte der Konstruktionswissenschaft*. Zürich 2005

18 *Deutsche Architektur*. 2/1955, 4. Jg., S. 49

19 *Deutsche Architektur*. 11/1960, 9. Jg., S. 660

20 Ebd., S. 661

21 Dies berichten mir wiederholt Zeitzeugen.

22 *Deutsche Architektur*. 10/1962, 11. Jg., S. 613

23 Ebd., S. 610

24 Ebd.

25 Ebd., S. 613

26 *Deutsche Architektur*. 6/1965, 14. Jg., S. 327

27 Vgl. Hillmann, Roman: „Fertigteilästhetik – Die Entstehung eines eigenen Ausdrucks bei Bauten aus vorgefertigten Stahlbetonteilen". In: Von Buttlar, Adrian/ Heuter, Christoph (Hg.): *denkmal!moderne. Architektur der 60er Jahre. Wiederentdeckung einer Epoche*. Berlin 2007, S. 81 f.

28 Vgl. Koncz, Tihamér: *Handbuch der Fertigteilbauweise*. Wiesbaden / Berlin 1973, Band 1, S. 5–10

29 Vgl. Kraemer, Friedrich Wilhelm: „Bauten der Wirtschaft und Verwaltung". In: Elsässer, Martin/Jaspert, Reinhard/ Harting, Werner u. a.: *Handbuch moderner Architektur*. Berlin 1957, S. 309–444

30 Gebeßler, A./Eberl, W.: *Schutz und Pflege von Baudenkmälern in der Bundesrepublik Deutschland*. Köln 1980, S. 16

31 Gesetz zur Neuregelung des Denkmalschutzrechts im Land Brandenburg vom 24. Mai 2004, §2

32 Gesetz zum Schutze der Kulturdenkmale vom 12. Januar 2012, §2

33 Denkmalschutzgesetz vom 23. März 1978, §3

34 Denkmalschutzgesetz des Landes Sachsen-Anhalt vom 21. Oktober 1991, §2

35 Petzet, Michael/Mader, Gert: *Praktische Denkmalpflege*, Stuttgart/Berlin/Köln 1993, S. 127–325

36 Lorenz, Werner: „Von Geschichten zur Geschichte, von Geschichte zu Geschichten. Was kann Bautechnikgeschichte?" In: Meyer, Torsten/Popplow, Marcus (Hg.): *Technik, Arbeit und Umwelt in der Geschichte. Günter Bayerl zum 60. Geburtstag*. Münster 2006, S. 221–237, Download unter: https:// www-docs.tu-cottbus.de/bautechnikgeschichte/ public/publikationen/2006_lorenz_von_geschichten_zur_geschichte.pdf; „III. International Congress on Construction History an der Brandenburgischen Technischen Universität Cottbus vom 20. bis 24. Mai 2009". In: *Kunsttexte.de*. 3/2009, Download unter: http://edoc.hu-berlin.de/ kunsttexte/2009-3/hillmann-roman-6/PDF/hillmann.pdf

ARCHITEKTUROBERFLÄCHEN DER OSTMODERNE ALS AUFGABE DER RESTAURIERUNGS-WISSENSCHAFTEN. FORMEN DER FORSCHUNG UND DES UMGANGS_THOMAS DANZL

AUSGANGSLAGE_Wenn an dieser Stelle den Möglichkeiten einer Vermittlung der Erhaltungsmöglichkeit von Architekturoberflächen und architekturgebundener Kunst der DDR-Zeit unter restauratorisch-konservatorischem Blickwinkel nachgegangen werden soll, so sei zunächst eine durchaus apodiktische Feststellung erlaubt: Der Restaurator interessiert sich zunächst immer und ausschließlich für das Material, seine technische Verarbeitung und die damit erlangte Form wie letztlich für das damit verbundene Alterungsverhalten. Faktoren also, die in ihrer Wechselwirkung einen mehr oder weniger schnellen, aber doch unausweichlichen Verfall bedingen, den es zu verlangsamen gilt. Es kann aus restauratorischer Sicht zunächst keinen methodischen Unterschied etwa bei der Konservierung eines sogenannten LPG-Putzes und eines mittelalterlichen Rappputzes geben – die sich im übrigem in materialtechnischer Hinsicht tatsächlich kaum unterscheiden. Beiden liegt eine Mörtelmischung zugrunde, die sich im Bereich einer Sieblinie mit lehmhaltigen Feinstanteilen und einer ausgewogenen Kornverteilung bis ca. vier Millimeter und einem Überkorn zwischen acht Millimeter bis 18 Millimeter und größer bewegt, natürlich hydraulisch oder zementhaltig ist und nach dem Bewurf als einlagiger, materialfarbiger Rapp-, Kratz- oder Schleppputz ausgeführt wird. Beide besitzen gleichbleibend optimale bauphysikalische Eigenschaften und weisen eine jahrzehnte-, ja jahrhundertelange Beständigkeit auf. Durch die Umweltverschmutzung vergipst und geschwärzt, prägten materialfarbige Putze das Bild der DDR wie kein zweites Material und wurden wohl gerade deshalb in der jüngeren Vergangenheit abgeschlagen, mit Feinputz überglättet, überstrichen und diskreditiert. Dort, wo sie integraler Bestandteil einer schlüssigen Baugesinnung sind, scheint jedoch ihr Erhalt heute zunehmend unstrittig. Den Unterschied machen somit lediglich ein sich stets wandelndes Denkmalverständnis und die sich damit ändernden Wertezuschreibungen und Bewertungskriterien aus. Diesem steten Wertewandel ist es auch zu verdanken, dass sich in der Baudenkmalpflege seit 30 Jahren die Erhaltung von historischen, meist vorindustriellen Putzen und seit etwa 15 Jahren von Architekturoberflächen der Klassischen Moderne ganz allgemein als Standard der Denkmalpflege etablieren konnte. Gleichzeitig hat sich das Berufsbild des Restaurators geweitet: Die bloße positivistische Faktenerhebung, wie sie ja Restauratoren und Naturwissenschaftlern in der Denkmalpflege bislang zu Recht oder Unrecht unterstellt wurde, scheint sich heute zunehmend einer „Technischen Kunstgeschichte" anzuverwandeln, die als natürliche Schnittstelle interdisziplinären Forschens – gerade nach dem sogenannten *material turn*[1] – zur Kunst- und Architekturgeschichte erscheinen muss.

Die Geschichte der Restaurierung zeigt aber auch, dass es immer schon eine aus der oben erwähnten Materialkenntnis und dem Erfahrungswissen schöpfende Erhaltungspraxis – sei sie nun handwerklich oder konservatorisch/restauratorisch – gab, die unabhängig von denkmalpflegerischen Theorien, Wertungen und Moden ganz pragmatisch angemessene Lösungen für konkrete Problemstellungen einfordert und auch umsetzt. Der Aufgabe, dem Erfolg oder Misserfolg dieser Maßnahmen nachzuspüren, diese zu dokumentieren, auszuwerten und für zukünftige Aufgabenstellungen nutzbar zu machen, widmet sich die Restaurierungswissenschaft.

Die Beschäftigung mit ephemeren Artefakten und Relikten – und nicht nur mit „großer" und „offizieller" Kunst – erscheint zudem vor allem im Zusammenhang mit dem relativ neuen Arbeitsgebiet der „Erinnerungsorte" oder der Erinnerungskultur zwingend. In Anlehnung an Wölfflins „Kunstgeschichte ohne Namen" kann die Geschichte des künstlerischen Materials und der Technik der Kunst den phänomenologischen Schlüssel zum tieferen Verständnis von wirtschaftlichen, politischen und soziokulturellen Einflüssen darstellen und zumindest gleichberechtigt zum künstlerischen Inhalt und zur kunstgeschichtlichen Relevanz der Bildfindung wahrgenommen werden.

1

Bislang sind außerhalb der Hochschulausbildung für Restauratoren so gut wie keine Studien zur Werkstoffkunde und Kunsttechnologie der DDR-Kunst vorgelegt worden, Peter Guths Standardwerk von 1995 zur Geschichte der architekturgebundenen Kunst der DDR kommt noch völlig ohne diesen Bezug aus.[2] Eine besondere Art der Wertschätzung und dennoch eine gleichzeitige Verengung des Blickwinkels scheint momentan die Begeisterungsfähigkeit für technoid abstrakte Strukturen, Texturen, Fakturen und Mechanofakturen industriell vorgefertigter und serieller Oberflächen von DDR-Architektur der

1960er und 70er Jahre darzustellen, wie die in einschlägigen Internetforen eingestellten Fotos dokumentieren (Abb. 1).[3] Diese der institutionellen Denkmalpflege zuarbeitende kollektive Intelligenz sollte zukünftig gezielt angesprochen und in den fachlichen wie gesellschaftlichen Diskurs eingebunden werden. Das darin steckende heuristische Potenzial konnte an der Hochschule für Bildende Künste Dresden bereits durch verschiedene Seminar- und Diplomarbeiten aufgezeigt werden. Aber es wird auch deutlich, dass eine Zusammenarbeit mit Vereinen und Stiftungen, die nicht immer frei von ideologischer Beeinflussung zu sein scheinen, ein Engagement in dieser Richtung von Fachseite auch als geradezu geboten erscheinen lässt. Nachdem die denkmalgerechte Erhaltung von Zeugnissen des Nationalsozialismus und der Nachkriegsmoderne, vornehmlich der DDR, bis vor etwa zehn Jahren eher zögerlich, ja nahezu verschämt und eher in einer Art „Denkmalpflege von unten"-Haltung betrieben wurde, spielt die Auswertung der erwähnten „Denkmalpflegepraxis ohne Denkmalpflege" eine nicht unbedeutende Rolle, lässt sie doch bereits heute Aussagen zur Nachhaltigkeit ihrer Materialien und Methoden zu.

PROBLEMKREISE__Als wegweisend für die aktuelle Debatte um den materialsichtigen Erhalt von Betonoberflächen können in diesem Zusammenhang etwa das von der Arbeitsgruppe Restaurierung und Materialkunde in der Vereinigung der Landesdenkmalpfleger (VdL) 2008 veröffentlichte Arbeitsheft *Denk-mal an Beton*[4], der Potsdamer Tagungsband des Brandenburgischen Landesamts für Denkmalpflege zum Kunststein[5] sowie die Merkblätter des Referates 5 *Beton* bzw. 3 *Naturstein* in der Wissenschaftlich-Technischen Arbeitsgemeinschaft für Bauwerkserhaltung und Denkmalpflege (WTA)[6] angeführt werden. Hingegen scheint allgemein die Bedeutung der „Bauchemie" der 1930er bzw. 40er Jahre als Grundlage der zunehmenden Einführung von Polymeren in die Bau- und damit auch in die Denkmalpflegepraxis der 1950er und 60er Jahre unter dem Aspekt systematischer mal- und materialtechnischer wie restaurierungsgeschichtlicher Forschungen unterbelichtet zu sein.[7] Die Entwicklung und Adaptierung von Kunststoffen für die Konservierung etwa von Wandmalerei und Naturstein ist hingegen für die Zeit der deutschen Teilung in zahlreichen Einzelstudien bereits gut dokumentiert.[8] Die Hochschulausbildung für Restauratoren hat sich in den vergangenen Jahren bundesweit nicht nur dem Thema „Erhaltung von Kunst am Bau"[9] genähert, sondern stellt sich gerade im Kontext musealer Sammlungspflege bereits konkret den Herausforderungen der Konservierung von Kunststoffen in der Kunst.[10] Weniger prominent im Blick scheinen hingegen bislang Forschungen zur Erhaltung von Oberflächen aus Keramik, Metall (vor allem eloxiertes Aluminium!) und Email zu sein, die im Grenzbereich der (Kunst-)Stein- und Metallrestaurierung bzw. der Industriedenkmalpflege angesiedelt werden und gewöhnlich nicht im Mainstream der jeweiligen akademischen Spezialisierungsrichtung auftauchen.[11] Auch an der Hochschule für Bildende Künste Dresden konnten bereits erste konkrete Erfahrungen mit der Erarbeitung von Konservierungskonzepten und Projektarbeiten an architekturgebundener Kunst der DDR gesammelt werden.[12] Zur Verwendung von Polymeren und anderen „modernen" Baustoffen in der Architekturgestaltung der DDR wurde mit der Auswertung der Zeitschrift *farbe und raum* eine korrespondierende Studie vorgelegt.[13] Studien zu den Material- und Oberflächeneigenschaften materialfarbiger Strukturputze unter anderem an Dresdner Privat- und Repräsentationsbauten versuchen eine Lanze für die oft pauschal als „LPG-Putze" diskreditierten Naturputze zu brechen.[14] Die kunsttechnisch hochinteressante Entstehungsgeschichte des monumentalen Wandbildes *Der Weg der Roten Fahne* am Kulturpalast in Dresden wurde monografisch beschrieben, die gewonnenen Erkenntnisse bei der gleichzeitig in einer Projektarbeit durchgeführten gründlichen Bestands- und Zustandsbewertung überprüft und für die Erstellung eines Konservierungskonzeptes genutzt, das direkt in die Projektierung der aktuellen Umbaumaßnahmen Eingang fand.[15] In Zusammenarbeit mit der Technischen Universität Dresden konnte schließlich im Rahmen einer Masterarbeit zu Schulbauten der Stadt Dresden ein repräsentativer, kunstgeschichtlich und materialtechnisch aufbereiteter Katalog des Bestandes an noch vorhandenen Wandmalereien der DDR-Zeit erarbeitet werden.[16] Ein laufendes Promotionsvorhaben soll nun übergeordnete kunsttechnologische und konservierungswissenschaftliche Einblicke in die handwerkliche wie künstlerische Praxis der architekturgebundenen Kunst der DDR bieten.[17]

KUNSTTECHNISCHE VORAUSSETZUNGEN__Die materialtechnischen Grundlagen von Architekturoberflächen der Nachkriegsmoderne allgemein wie der Ostmoderne im Besonderen sind ohne eine Anerkennung ihrer Einbettung in den seit der Gründerzeit angestrengten Rationalisierungsprozess des Bauwesens und die damit in enger Wechselwirkung stehenden Reformbemühungen an den Ausbildungsstätten des Handwerks sowie an den Kunstgewerbeschulen (weniger der Kunstakademien) nicht zu verstehen.

Schon um 1900 regte die „Sezession" in Wien und Darmstadt eine den neuen Ansprüchen gerecht werdende Beschäftigung mit monumentaler Wandmalerei in ihrer Gesetzmäßigkeit und Wirkungsweise an und räumte in diesem Zusammenhang den Begriffen des „Dekorativen" und „Monumentalen" eine zentrale Rolle ein.

Gleichzeitig erfolgte, wie schon im Zuge des Polychromiestreits zur Mitte des 19. Jahrhunderts, eine weitere Polarisierung zwischen Vertretern einer „material(ger)echten" und einer „farbigen Architektur", die nur selten Kompromisse zuließ. Zum besseren Verständnis ihrer Gestaltungsprinzipien soll hier die von Arthur Ruegg vorgenommene Unterscheidung in „Materialfarbe" und „Farbenfarbe" zugrunde gelegt werden.[18] Die „Materialfarbe" von Stein, Kunststein (zum Beispiel Ziegel, Betonwerkstein, Industrieprodukte wie Eternit, Heraklith, Holzwolleleichtbauplatte HWL etc.) – traditionell eingesetzt als Verkleidung oder Inkrustation mit (Edel-)Putz, Stuck, Vorsatzbeton, Stein-, Keramik- , Klinker- oder Glasplatten – tritt mit zunehmender Durchsetzung des industriellen Bauens mit Beton vornehmlich als „Strukturfarbe" tragender Bauteile aus Ort- bzw. Fertigbeton auf, die materialsichtig bzw. materialfarbig belassen werden (Abb. 2). Die zunehmende Bedeutung von Glas und Metall sowie sogenann-

2_Strukturwand aus verschiedenem Material 3_Werbung für PVAc-Latexfarben 4_Werbung für Silikat 66

2

ter Ersatzbaustoffe lassen deren Materialfarbe in der Oberflächengestaltung als durchaus gleichberechtigte Gestaltungsmittel erscheinen.

spiel KEIM-Farben) und die Bereitstellung von farbigem Werktrockenmörtel (sogenannte Edelputze) markieren sicherlich als schon seit den

3

SILIKAT 66
FARBEN
dauerhafte Licht- und wasserfeste Schutz- und Schönheitsanstriche für Fassaden und Innenräume
VEB BERLIN-CHEMIE · 1199 Berlin-Adlershof

4

Die „Farbenfarbe" erlebte mit dem Neuen Bauen einen Aufstieg, der in der Zeit des Nationalsozialismus jäh unterbrochen wurde. Zu einer Rehabilitierung des Eigenwertes der Farbe in der Architektur kam es erst wieder in der jungen DDR. Sie wurde wesentlich durch neuerliche Fortschritte in der industriellen Farben- und Putzherstellung und durch die damit einhergehende Normierung und Qualitätssicherung ermöglicht. Silikatfarben auf Kaliwasserglasbasis (zum Bei-

80er Jahren des 19. Jahrhunderts bereitgestellte Industrieprodukte die Eckpfeiler der Farbbewegung der 1920er Jahre und bleiben auch in der Nachkriegszeit bestimmend. Gleichzeitig wurde auch die Basis für eine rationelle Verarbeitung dieser Werkstoffe gelegt, zum Beispiel mit der Spritztechnik für Farben und Putze.[19] Zu Beginn der 30er Jahre kam es nur scheinbar zu einem Rückschritt, indem sich das gleichgeschaltete Handwerk zwar formal und inhaltlich vornehm-

5_Fachschule für Werbung und Gestaltung Berlin, Außenstelle Potsdam, Farb- und Oberflächengestaltung im Bauwesen, Studienraum III **6**_Industrieller Wohnungsbau, Plattenbau Typ P1 – A 44, individuelle Raumgestaltung einer Zweizimmerwohnung, Bad, Entwurf: Bernhard Gemsa, Potsdam **7**_Werbung für Plastputz

lich mittelalterlicher Zunftherrlichkeit besinnt[20] und sich ganz im Sinne der Materialgerechtigkeit an Hausteinarchitekturen, materialfarbigen Strukturputzen und historischen Kalktechniken orientiert. Tatsächlich beförderte die Autarkiepolitik des „Dritten Reichs" aber mit dem Versuch, mithilfe sogenannter Ersatz- und Kunststoffe, den sogenannten „Deutschen Werkstoffen" bzw. „Heimstoffen"[21], Unabhängigkeit von Rohstoffimporten zu erlangen, die Entwicklung einer bauchemischen Industrie, die nach dem Krieg den Wiederaufbau in beiden deutschen Staaten unterschiedlich stark bestimmen sollte. Die seit Ende der 1930er Jahre eingeführten ölfreien Alkydlacke sowie wasserlöslichen Anstriche, wie zum Beispiel die auf Basis von Vinylen, Acrylen, Polyvinylacrylaten und Polyvinylazetaten hergestellten sogenannten Emulsionsbinder bzw. Latex- und Binderfarben (etwa Mowilit, Caparol, Vinapas etc.), erlebten eine weltweite Verbreitung und hatten besonders im Osten des geteilten Deutschland großen Erfolg. Die sozialistische Planwirtschaft setzte die Autarkiepolitik des „Dritten Reiches" unter ähnlichen Vorzeichen fort (Abb. 3). Anstelle des klassischen Sumpfkalkes trat unter anderem deshalb in der DDR das seit 1941 vor allem in Leuna/Buna bei der Herstellung von Acetylengas anfallende Nebenprodukt Karbidkalk bzw. Bunakalk[22], das sich durch eine graublaue bis grüngraue Eigenfarbe auszeichnet. Die bereits erwähnte Binderfarbe ersetzte zunehmend die Leim- und Kalkfarbe. Innenwände und Fassaden wurden in der Regel zementarm verputzt und mit hydrophob eingestellten Dispersionsanstrichen versehen, was einfach und schnell umzusetzen war, aber oftmals zu ernüchternd kurzen Standzeiten führte.[23] Das 1941 von Richard Müller in der Radebeuler Chemischen Fabrik Heyden entwickelte Silikon wurde in der Nachkriegszeit in dem von ihm neu gegründeten Institut für Silikonchemie des Schwerchemikalienwerks der Heyden AG in Nünchritz weiterentwickelt und setzt bis heute seinen globalen Siegeszug fort.[24] Erst Mitte der 1960er Jahre wurde mit dem sogenannten Silikat 66 des VEB Chemische Fabrik Grünau eine Silikatproduktpalette (Spachtelmassen, Putze, Anstriche) geschaffen, die vornehmlich an Vorzeigeobjekten (zum Beispiel dem Berliner Fernsehturm und an denkmalgeschützten Bauten) zum Einsatz kam (Abb. 4). Gleichzeitig wurden, angesichts der allgegenwärtigen Rohstoffknappheit, die gesamte DDR-Zeit über in der Mehrzahl der Fälle statt Fassadenanstrichen materialfarbige Rappputze bzw. Kratzputze, seltener farbige Werktrockenmörtel bevorzugt.

5

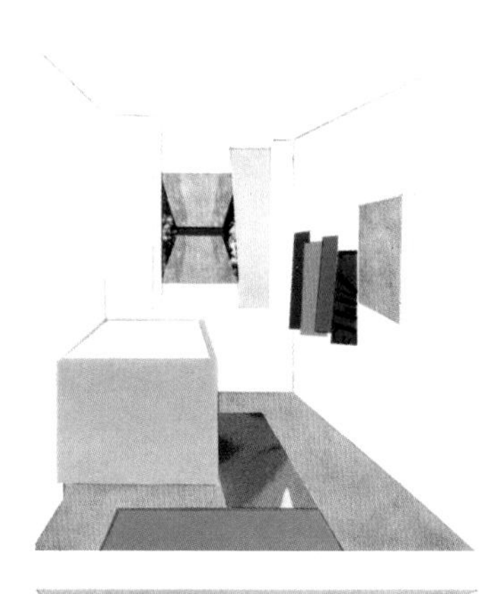

6

Plastputz

für die farbige Gestaltung von Außen- und Innensichtflächen · für vorgefertigte Wandelemente und Montage-Bauteile · für die Neugestaltung von Altbau-Fassaden · aus hochwertigen Kunst- und mineralischen Füllstoffen hergestellt · lieferbar in Weiß und in verschiedenen Pastelltönungen · kann auch mit Dederonroller und mit pneumatisch arbeitendem Spritzgerät aufgetragen werden · gutes Haftvermögen auf allen üblichen Untergründen, z. B. auf Mauerwerk und Beton, aber auch auf Asbestzementplatten, Holzspanplatten, Glas und Pappe · hohe Abriebfestigkeit, Wetterbeständigkeit und Wasserdampf-Diffusionsfähigkeit · auf Anfrage geben wir gern technische Informationen

VEB Thüringer Lackfabriken

63 Ilmenau, Langewiesener Straße 31
zu den Leipziger Messen:
Dresdner Hof, III. Stock, Kollektivstand Lacke und Farben

7

BAUWESEN UND KÜNSTLER- BZW. HANDWERKERAUSBILDUNG IN DER DDR__Die Neuorganisation der Kunsthochschulen wie der Fachschulen für Angewandte Kunst und nicht zuletzt des Malerhandwerks begann bereits ab Ende 1945 und setzte sich nicht nur personell, sondern auch inhaltlich aus den fortschrittlichen Strömungen der Jahre 1915–33 zusammen.[25] Die neu gebildeten Klassen für „Wandmalerei", „Bau- und Raumgestaltung", „Dekorative Malerei", „Baugebundene Arbeiten" (angewandte Malerei und Plastik) entwarfen, mehr oder weniger stark der Bauhauslehre folgend, gestalterische Gesamtentwürfe für Raumausstattungen und setzten modernistische Tendenzen vor allem in der Innenraumgestaltung fort.[26] Ab 1949 wurde die künstlerische Lehre architekturgebundener Kunst auf die Kunsthochschulen konzentriert, die handwerklichen Grundlagen dafür an den Fachschulen für angewandte Kunst[27] vermittelt. Gerade letztere erwiesen sich in den 50er Jahren – trotz der seit 1948 geführten Formalismusdebatte und dem Bauen in „Natio-

8_Karl-Marx-Stadt, (Chemnitz), 15-geschossige Wohnhochhäuser, Punkthaus, Annaberger Straße Ecke Annenstraße, Entwurf: Siegfried Demmler, Klaus Hardert, Manfred Hering, VEB Wohnungsbaukombinat Karl-Marx-Stadt

naler Tradition" – als Bollwerke der Klassischen Moderne: vor allem deren geometrische Formensprache konnte dort für die „architekturgebundene Kunst" neu belebt und weiterentwickelt werden und mit dem Bauen in Großtafelbauweise zu einer neuen Blüte gelangen (Abb. 5).

Für das Bauhandwerk wiederum stellte in den 1960er Jahren die rasante Industrialisierung des Bauens die größte Herausforderung dar. Ging es noch in den späten 50er Jahren lediglich darum, sich mit den neuen kunststoffbasierten Anstrichmitteln auf neuen anorganischen wie organischen Trägern (zum Beispiel Baustoffplatten[28]) vertraut zu machen, so galt es nun, das Verhältnis zwischen Architekt und Baumaler (siehe oben)[29] neu zu definieren und ab 1962 industrielle Anstrichverfahren einzuführen und auf ihre Effizienz im Takt hin zu verfeinern.[30] Bis Mitte der 60er Jahre fällt das Bemühen auf, mit den Fachschulen für angewandte Kunst Farbkonzepte für Fassaden, Neubauviertel[31] und Typenwohnungen in Plattenbauten zu entwickeln[32] (Abb. 6). Darauf reagierte die führende und über 36 Jahrgänge herausgegebene Fachzeitschrift *farbe und raum*[33] ab der Januarausgabe 1966 mit einem neuen Untertitel: „Zeitschrift für Anstrichtechnologie, Oberflächengestaltung und Farbgebung". 1967 schlug sich dieser Paradigmenwechsel schließlich in einer neuen Fachrichtung, nämlich der „Farb- und Oberflächengestaltung im Bauwesen", nieder.[34] Die Jahre 1966 und 1967 bringen eine Offensive neuer Werkstoffe, wie die aus Recyclingglas hergestellten Glasinplatten[35], die so genannten Plastputze und den Latexspritzputz[36], die zur Farbgestaltung von mehrgeschossigen Wohnhochhäusern wie für die Renovierung

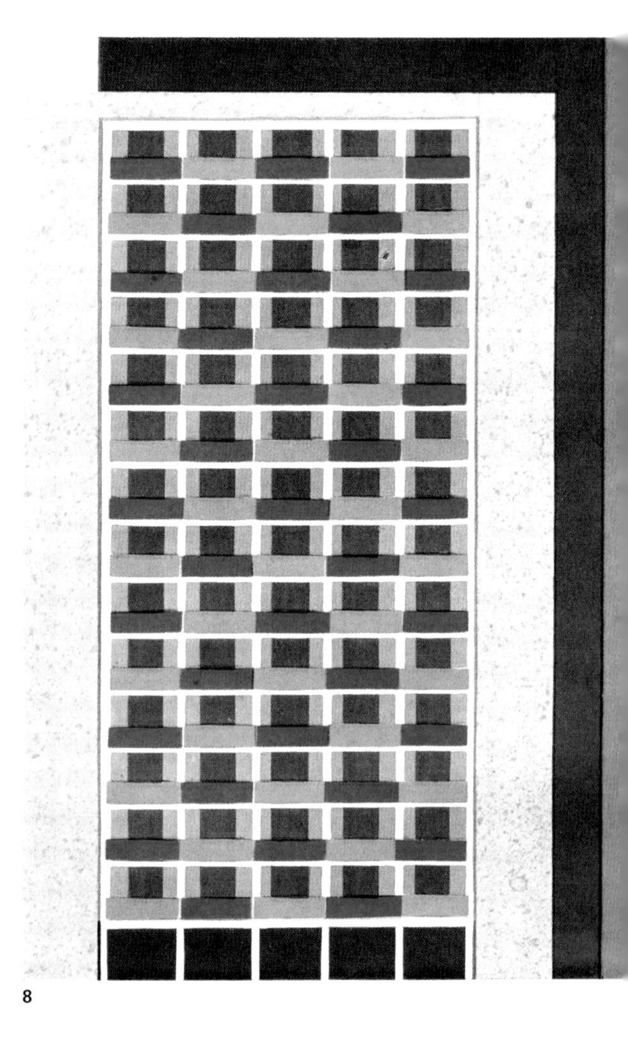

8

von Altbauten eingesetzt wurden (Abb. 7). Der letztlich gescheiterte Versuch, Silikat 66 breitenwirksam einzuführen[37], ließ ab 1967 neue materialfarbige Gestaltungsmöglichkeiten wie elektrostatisches Beschichten mit Glaskrösel[38] oder die Sichtflächengestaltung von „oberflächenfertigen Außenwandelementen"[39] in der Plattenbauweise die Oberhand gewinnen. Ab 1968 scheint auch dieser Innovationsschub zu erlahmen und der ingenieurtechnischen Massenproduktion von Wohnraum widerstandslos Platz zu machen (Abb. 8).

DENKMALPFLEGERISCHER UND RESTAURATORISCHER UMGANG MIT DER NACHKRIEGSMODERNE__Nachdem es für den Erhalt von Bauten der Ostmoderne keine anderen denkmalpflegerischen Kriterien geben kann als bei anderen, müssen somit konsequenterweise auch die gleichen restauratorischen Strategien zugrunde gelegt werden. Möglichst in einem frühen Planungsstadium ist daher die sogenannte restauratorische Befunderhebung und Befunduntersuchung einzuleiten. Sie gilt zurecht als das *management tool* der Baudenkmalpflege, da sie den historischen und materiellen Befund eines Bauwerks mit historisch-kritischen, optisch beschreibenden und naturwissenschaftlichen Methoden erhebt, sichert, untersucht, identifiziert und dokumentiert. Der so „gesicherte" Befund wird ein dokumentierter und damit ein kommunikationsfähiger, somit überprüfbarer und nachvollziehbarer Befund, der anderen Disziplinen eine Planungsgrundlage für weitere Fragestellungen bieten kann. Die oben erläuterten kunsttechnologischen Bedeutungsebenen von Architekturoberflächen als konstituierendes Element der Ostmoderne machen aber auch deutlich, dass jeglicher konstruktive wie gestalterische Eingriff in die Bauhülle ein labiles Gleichgewicht stört. Aktuell kann vor allem in Bezug auf Innenraumgestaltungen ein – auch bei Leitbauten der Ostmoderne – noch unterentwickeltes Sensorium gegenüber ihren materialtechnischen Qualitäten und ihren Erhaltungsmöglichkeiten beobachtet werden. Zu oft wird bei der Erhaltung von monumentalen Wandmalereien und Keramikmosaiken der Nachkriegsmoderne noch auf die längst überwunden geglaubte Praxis der Abnahme im *stacco*- oder *strappo*-Verfahren zurückgegriffen; mit der Translozierung riskiert man jedoch auch eine Dekontextualisierung bzw. eine Reduzierung auf den reinen Kunstwert. Auch das in Bezug auf die Klassische Moderne bereits überstrapazierte Vorurteil, die verwendeten Materialien seien experimenteller und daher nicht haltbarer Natur, konnte längst durch präventive Konservierungs- und Pflegestrategien widerlegt werden. Die Restaurierungswissenschaft ist auf der Höhe der Aufgabenstellung, es ist nun an der institutionalisierten Denkmalpflege, dieses Potenzial entsprechend zu nutzen.

ANMERKUNGEN

1 Bräunlein, J. Peter: *Material Turn.* In: http://www.academia.edu/2256664/Material_Turn, Zugriff 19.05.2014; Hicks, Dan: „The Material-Culture Turn: event and effect". In: Hicks, Dan / Beaudry, Mary C. (Hg.): *The Oxford Handbook of Material Culture Studies.* Oxford 2010, S. 25–98

2 Guth, Peter: *Wände der Verheißung. Zur Geschichte der architekturbezogenen Kunst in der DDR.* Leipzig 1995

3 Vgl. unter anderem: http://www.kunst-am-wege.de, Zugriff 19.05.2014; GDR design. East German architectural bits and bobs. https://gdrdesign.wordpress.com, Zugriff 19.05.2014; *Eastmodern. Architecture of the 1960s and 1970s in Eastern Europe.* http://www.eastmodern.com, Zugriff 19.05.2014
Ostmodern. Dresdner Nachkriegsarchitektur. http://www.ostmodern.org, Zugriff 19.05.2014; Fotostream https: //www.flickr.com/photos/kunst-am-bau-ddr/with/6531332009/, Zugriff 19.05.2014; Projekt KUNST AM BAU in der DDR, siehe: http://www.kunst-am-bau-ddr.de, Zugriff 19.05.2014; Antrag der Bundestagsfraktion Die Linke vom 06.10.2010, Drucksache Nr.17/3186: *Konzept für die Bewahrung kulturhistorisch bedeutsamer Kunst am Bau der jüngeren Zeit entwickeln.* In: http://www.linksfraktion.de, Zugriff 22.03.2012

4 Vereinigung der Landesdenkmalpfleger in der Bundesrepublik Deutschland (Hg.): *Denk-mal an Beton. Material – Technologie – Denkmalpflege – Restaurierung* (Berichte zu Forschung und Praxis der Denkmalpflege in Deutschland 16). Petersberg 2008

5 Brandenburgisches Landesamt für Denkmalpflege. Archäologisches Landesmuseum (Hg.): *800 Jahre*

Kunststein. Vom Imitat zum Kunstgut (Beiträge des 6. Konservierungswissenschaftlichen Kolloquiums in Berlin/ Brandenburg am 08.11.2012 in Potsdam). Worms 2012

6 http://www.wta.de/de/wta-merkblaetter, Zugriff 19.05.2014

7 Danzl, Thomas: „Zum aktuellen konservatorisch-restauratorischen Umgang mit Wandmalerei und Architekturoberfläche aus der Zeit des Nationalsozialismus und der DDR in Deutschland". In: IIC Austria / Bindernagel, Franka / Griesser-Stermscheg, Martina: *Reflexionen für / Reflections to Manfred Koller* (Restauratorenblätter 31). 2012, S. 82–91

8 Vgl. Lehmann, Martin: „Langfristige Schädigung von Wandmalerei durch die Wirkung eingebrachter Kunststoffe. Am Beispiel der Gewölbemalereien in der Krypta der Quedlinburger Stiftskirche St. Servatius". In: *Zeitschrift für Kunsttechnologie und Konservierung*, 1/2004, 18. Jg., S. 95–116; ders.: *Kunststoffe in der Konservierung von Wandmalerei. Die Gewölbemalereien in der Krypta der Stiftskirche St. Servatius in Quedlinburg. Untersuchungen zum Einfluss eingebrachter Kunststoffe der Konservierung in den 1960er Jahren* (Seminararbeit an der HfBK Dresden, Referent: Prof. Heinz Leitner). Dresden 2003; Wagner, Lisa: „Synthetische Konservierungsmittel in der Deutschen Demokratischen Republik. Ein Überblick über in der DDR hergestellte und verwendete Produkte zur Konservierung bemalter und gefasster Holzobjekte". In: *Zeitschrift für Kunsttechnologie und Konservierung*, 2/2010, 24. Jg., S. 175–192; Kolloquium zum Forschungsprojekt „Synthetische Bindemittel in der Konservierung und Restaurierung von Kunst- und Kulturgut" (FH Potsdam, Fachbereich Architektur und Städtebau, Studiengang Restaurierung) am 10.02.2012; Dannenfeldt, Stefanie: *Die mit Kunstharz überzogene Wandmalerei von Hannes H. Wagner (1971) im Innenhof des Ambulatoriums in Halle/Sachsen-Anhalt. Entwicklung eines Konzeptes zur nachhaltigen Konservierung und Präsentation auf der Grundlage einer vertieften restauratorischen Befundsicherung.* HAWK Hildesheim 2007 (Erstprüfer: Prof. Dr. Ivo Hammer, Zweitprüfer: Dr. Thomas Danzl)

9 Bundesministerium für Verkehr, Bau und Stadtentwicklung (BMVBS): *In die Jahre gekommen?! Gespräch in Bonn zu Kunst am Bau* (Dokumentation des 10. Werkstattgespräches am 03.11.2011 in Bonn). Siehe: www.bbr.bund.de/BBR/DE/Bauprojekte/KunstAmBau/Werkstattgespraeche/Ablage_Downloads/broschuerezehntesgespraech.pdf?__blob=publicationFile&v=3, Zugriff 19.05.2014

10 Oosten, Thea / Shashoua, Yvonne / Waentig, Friederike (Red.): *Plastics in Art. History, Technology, Preservation* (Kölner Beiträge zur Restaurierung und Konservierung von Kunst- und Kulturgut Band 15). München 2002. Das von Friederike Waentig initiierte und seit 2009 geleitete dreijährige Forschungsvorhaben „Bewahren der DDR-Alltagskultur aus Plaste" im Förderprogramm des Bundesministeriums für Bildung und Forschung „Übersetzungsfunktion der Geisteswissenschaften" bietet auf plaste-erhalten.web.fh-koeln.de umfangreiche bibliografische Hinweise und weiterführende Informationen zu Materialien und ihren Erhaltungsperspektiven.

11 Grundlegend: Griesser-Stermscheg, Martina / Krist, Gabriela: *Metallkonservierung, Metallrestaurierung: Geschichte, Methode, Praxis.* Wien 2007 (Sammelband anlässlich der gleichnamigen Fachtagung an der Universität für Angewandte Kunst)

12 Hierholzer, Anne: *Der Putzschnitt „Der erste Kosmonaut" (1961) an der Ostfassade der Aula des Marie-Curie-Gymnasiums Dresden. Erstellung eines Konservierungs- und Restaurierungskonzeptes* (unveröff. Diplomarbeit an der HfBK Dresden (Referent: Prof. Dr. Thomas Danzl HFBK Dresden, Koreferent: Prof. Dr.-Ing. Stephan Pfefferkorn)). Dresden 2009; Projektarbeit der Fachklasse 2009/10: *Stacco-Abnahme der Wandmalerei „Mensch und Wissenschaft" (1959) von Alfred Hesse im ehemaligen Informatikum der TU Dresden*; Schmidt, Katja: *Erarbeitung eines Maßnahmenkonzeptes für die Übertragung der abgenommenen Wandmalerei „Mensch und Wissenschaft" (1964) des Künstlers Alfred Hesse aus dem ehemaligen Informatikinstitut der Technischen Universität Dresden mit dem Schwerpunkt des Entwurfes einer geeigneten mobilen Trägerkonstruktion* (unveröff. Diplomarbeit an der HfBK Dresden (Referent: Prof. Dr. Thomas Danzl HFBK Dresden, Koreferent: Prof. Dr.-Ing. Stephan Pfefferkorn)). Dresden 2013

Ab dem Sommersemester 2014 werden sich Katja Schmidt und Studierende des 3. und 4. Studienjahrs mit der Übertragung des Wandbilds auf einen mobilen Bildträger und mit der Erarbeitung eines Präsentationskonzeptes beschäftigen.

13 Schmidt, Katja: *Studien zur Wandmalerei auf Betonuntergründen auf dem Gebiet der ehemaligen DDR. Auswertung der Malerzeitschrift „Farbe und Raum" (1955–91) nach zeittypischen Maltechniken* (unveröff. Seminararbeit an der HfBK Dresden (Referent: Prof. Dr. Thomas Danzl, Koreferent: Dipl.-Rest. York Rieffel)). Dresden 2011

14 Ruynat, Susanne: *Buntes Grau. DDR-Fassadengestaltungen mit Putz in Dresden* (unveröff. Seminarbeit an der HfBK Dresden (Referent: Prof. Dr. Thomas Danzl HfBK Dresden, Koreferentin: Dipl.-Rest. Anne Hierholzer)). Dresden 2012

15 Frenzel, Victoria A.: *Das Wandbild „Der Weg der roten Fahne" von Gerhard Bondzin am Kulturpalast Dresden (1969) – Studien zum Bestand und zur Kunsttechnologie* (unveröff. Seminararbeit an der HfBK Dresden (Referent: Prof. Dr. Thomas Danzl, Koreferent: Dipl.-Rest. Torsten Niemoth)). Dresden 2011

16 Schröder, Sabine: *Wandgestaltungen aus der DDR-Zeit und der Umgang damit, dargestellt am Beispiel von Schulen in Dresden* (unveröff. Masterarbeit im Masterstudiengang Denkmalpflege und Stadtentwicklung, Fakultät Architektur, Professur für Denkmalkunde und angewandte Bauforschung (Betreuer: Vertretungsprofessorin Dr. Ingrid Scheurmann / Prof. Dr. Thomas Danzl)). Dresden 2009

17 Anne Hierholzer wird sich auf Grundlage einer kritischen Auseinandersetzung mit dem Standardwerk von Guth, Peter: *Wände der Verheißung. Zur Geschichte der architekturbezogenen Kunst in der DDR.* Leipzig 1995, mit diesem Thema auseinandersetzen.

18 Rüegg, Arthur: „Farbkonzepte und Farbskalen in der Moderne / Colour Concepts and Colour Scales in Modernism". In: *Daidalos*, 51/1994, S. 66–77

19 Hierholzer, Anne: „Die Spritzpistole als neues Werkzeug im Malerhandwerk zwischen 1920 und 1950". In: *Zeitschrift für Kunsttechnologie und Konservierung.* 2/2010, 24. Jg., S. 193–225

20 Gatz, Konrad: *Das alte deutsche Handwerk.* Essen 1934

21 Pöschl, Viktor: *Deutsche Werkstoffe.* Stuttgart 1942

22 Karbidkalke: gelöschte Luftkalke, die aus Kalziumcarbid entstehen und als Karbidkalkteig bzw. Karbidtrockenkalk vertrieben wurden. Auch nach ihrer Verarbeitung als Putzbindemittel dünstet dieser nicht selten noch jahrelang einem unangenehmen Geruch aus. Etwa 65 Prozent Kalziumoxyd (CaO), etwa 20 Prozent chemisch gebundenes Wasser (zusammen Kalziumhydrat) etwa 5 Prozent lösliche Kieselsäure, etwa 5 Prozent Eisen- und Aluminiumoxyd, etwa 5–8 Prozent physikalisch gebundenes Wasser und Spuren von Ammoniak. Siehe: o. A.: „Eigenschaften des Karbidkalkmörtel-Putzes". In: *farbe und raum.* 7/1959, S. 21
23 Vgl. Mühlsteph, W. / Pöge, W.: *Anwendungstechnik der Plast- und Elastdispersionen.* Leipzig 1964
24 Vgl. Reuther, Hellmuth: *Silikone. Ihre Eigenschaften und ihre Anwendungsmöglichkeiten. Eine Einführung.* Dresden/Leipzig 1959
25 Erich Redslob / Wilhelm Neuhaus an der Burg Giebichenstein, Halle 10.10.1945; Fachschule Magdeburg (unter der Leitung von Wilhelm Deffke) Oktober 1945; Leipzig (unter der Leitung von Walter Tiemann) 01.11.1945; Staatliche Hochschule für Baukunst und bildende Künste Weimar (unter der Leitung von Hermann Henselmann) 26.08.1946; Akademie der Künste / Hochschule für Werkkunst Dresden (unter der Leitung von Hans Grundig bzw. Will Grohmann) 17.04.1947; Kunsthochschule Berlin-Weißensee (unter der Leitung von Otto Sticht) 14.06.1947. Zur Geschichte der Ausbildungsstätten für Gestaltung auf dem Gebiet der DDR siehe allg.: Heider, Katharina: *Vom Kunstgewerbe zum Industriedesign. Die Kunsthochschule Burg Giebichenstein in Halle/Saale von 1945 bis 1958.* Weimar 2010; *Design in der DDR. Ein Projekt der Stiftung Industrie- und Alltagskultur.* In: http://www.stiftung-industrie-alltagskultur.de, Zugriff 29.05.2014
26 Zwinscher, Oskar: *Farbige Raumgestaltung. Ein Fachbuch für Maler. Erster Teil: Farbe und Anstrichtechniken.* 1. Aufl., Leipzig 1952 (3. verbesserte und um den neuesten Stand der Farbchemie ergänzte Auflage 1953)
27 Erfurt, Heiligendamm, Leipzig, Magdeburg, Potsdam, Schneeberg und Sonneberg
28 „Anstriche auf Baustoffplatten". In: *farbe und raum.* 11/1959, S. 14–15
29 Voll, Ernst / Heffe, Siegfried: „Reni tanzcafe. Architekt und Maler planen gemeinsam". In: *farbe und raum.* 12/1962, S. 9–18; Kutschmar, Arlbert: „Architekt und Baumaler arbeiten gemeinsam. Zum Unterrichtsfach ‚Baulehre'". In: *farbe und raum.* 7/1963, S. 5
30 Achenbach, Helmut: „Zu einigen Problemen der wissenschaftlich-technischen Entwicklung von Maler- und Tapezierarbeiten". In: *farbe und raum.* 11/1965, S. 3–7
31 Gericke, Lothar / Schöne, Klaus: „Komplexe Farbgestaltung des Neubauviertels Hans-Loch-Straße, Berlin". In: *farbe und raum.* 4/1965, S. 5–9
32 Gemsa, Bernhard: „Entwürfe für die farbliche Gestaltung. Industrieller Wohnungsbau. Plattenbau Typ P1 – A44". In: *farbe und raum.* 3/1965, S. 32
33 Pasternack, Peer: „Gesellschaftswissenschaftliche Zeitschriftenlandschaft in der DDR". In: ders. (Hg.): *Hochschul- und Wissensgeschichte in zeithistorischer Perspektive. 15 Jahre zeitgeschichtliche Forschung am Institut für Hochschulforschung Halle-Wittenberg (HoF)* (HoF-ARBEITSBERICHTE, 4/2012). S. 76–78. Vgl. S. 78: „Typologie der gesellschaftswissenschaftlichen Fachzeitschriften in der DDR: ‚Ersatzorgane', Publikationsorte für Fächer ohne eigene Fachzeitschrift, wie etwa die Kunstgeschichte: Bildende Kunst, Architektur der DDR, Form + Zweck, Farbe + Raum. Letztere ursprünglich ein Periodikum, das sich an Spezialisten für Farben und Lacke richtete, sich aber dann zunehmend ästhetischen Fragestellungen im weiteren Rahmen öffnete."
34 Walter, Alexander: „Grundlagen und Methoden des modernen Fassadenanstrichs". In: *farbe und raum.* 8/1967, S. 3–19
35 Kühn, Gerhard: „Glasinplatten – ein neuer Baustoff". In: *farbe und raum.* 1/1966, S. 7–12
36 Kühn, Gerhard: „Fassadenputze". In: *farbe und raum.* 4/1966, S. 10-12; Facius, Reinhard: „Plastputz für zeitgemäße Sichtflächengestaltung". In: Ebd., S. 12 f.; Gerth, Günther: „Latex-Spritzputz für die Gestaltung von Altbaufassaden". In: Ebd., S. 14; Demmler, Siegfried: „Karl-Marx-Stadt. 15geschossige Wohnhochhäuser. Farbgestaltung der Fassaden". In: Ebd., S. 17 f.; Schöne, Klaus: „Zur Farbgestaltung im Städtebau". In: Ebd. 8/1966, S. 7–9
37 Buggel, Hans G.: „Dekorative Fassadengestaltungen mit Silikatfarben". In: *farbe und raum.* 1/1967, S. 18–26; „Information Anstrichstoffe W2.3. Silikatfarben 66 Silikatspritzputz 66 (Stand: März 1967)". In: *farbe und raum.* 4/1967, S. 35-38
38 Kant, Kurt: „Elektrostatisches Beschichten im Bauwesen. Materialien-Geräte-Technologie". In: *farbe und raum.* 7/1967, S. 19–22
39 Kühn, Gerhard: „Sichtflächengestaltung oberflächenfertiger Außenwandelemente in der Plattenbauweise" (Teil I und II). In: *farbe und raum.* 7/1966, S. 13–16 und ebd. 8/1966, S. 10–12

VORHANGWÄNDE DER DDR. KONSTRUKTION, DENKMALWERT, KLIMAANPASSUNG_BERNHARD WELLER / MARC-STEFFEN FAHRION / SEBASTIAN HORN

1

EINLEITUNG_In der Diskussion zum Erhalt der Bausubstanz als Träger kultureller Bedeutung geraten Gebäude aus den 1960er und 1970er Jahren immer mehr in den Blick. Eine der wesentlichen Ursachen hierfür ist, dass nach Nutzungszeiten von 40 bis 50 Jahren bei diesen Gebäuden grundlegende Sanierungsfragen zu klären sind. Während Unikate der Nachkriegsmoderne zumindest in der Fachwelt zunehmend als schützenswert anerkannt werden, wird über Typenbauten aus Zeiten der DDR kontrovers diskutiert. Dabei zeigen diese Gebäude insbesondere im Ensemble ausgesprochen deutlich die damaligen Ziele und Idealvorstellungen des Städtebaus und des architektonischen wie gesellschaftlichen Verständnisses.

1_Typ „Leipzig“ mit Fassade aus emailliertem Stahlblech, Berlin Siegfriedstraße 2_Typ „Leipzig“ mit Fassade aus emailliertem Einscheibensicherheitsglas, Radebeul Wasastraße

Zur Beurteilung des Denkmalwertes von Gebäuden der Ostmoderne wird in diesem Beitrag ein baukonstruktiver Blick insbesondere auf Vorhangfassaden geworfen. Gerade die Details der Konstruktion erschließen dem Leser deren kulturhistorische Bedeutung: Wie löste die DDR anhand ihrer Materialknappheit eine solche Konstruktion? Desweiteren wird ein neuer Problempunkt, welcher sich jedoch auf die Erhaltung von Gebäuden wesentlich auswirken kann, beleuchtet: der Klimawandel. Vorgestellt werden die Aspekte anhand des Mehrzweckgeschossbaus Typ „Leipzig“, ein Metallleichtgebäude, welches Ende der 1960er, Anfang der 1970er Jahre im Metalleichtbaukombinat der DDR unter Federführung von Rolf Engelhard, Rolf Schaufel und Siegfrid Rahm entwickelt und mehrfach auf dem Staatsgebiet der DDR und Polens gebaut wurde (Abb. 1 und 2).[1]

Konstruktionen wie diese, die nach heutigen Maßstäben im Hinblick auf den Wärmeschutz im Winter als unzureichend zu bezeichnen sind, können vom Klimawandel profitieren. Der bereits beobachtete und projizierte Anstieg der Durchschnittstemperaturen in Deutschland führt bereits ohne zusätzliche Dämmmaßnahmen zu einer spürbaren Reduktion des Heizwärmebedarfs. Allerdings wird der Wärmeschutz im Winter eine wesentliche Größe bei der Sanierung bestehender und denkmalgeschützter Gebäude bleiben,

2

3_Montage der vorgefertigten Stahlverbunddecken **4**_Montage der Elementfassade **5**_Vertikalschnitt durch das Fassadenauflager und schrittweise Montage der Fassadenelemente

3

4

der sommerliche Wärmeschutz wird als gewichtiger Faktor hinzutreten.

MEHRZWECKGESCHOSSBAU TYP „LEIPZIG"_Zunächst werden die Vorzeichen skizziert, die zur Entwicklung von typisierten Metallleichtbauten in der DDR geführt haben. Auf der Standardisierungskonferenz der Staatlichen Plankommission am 11. und 12. Februar 1959 in Leipzig wurde gefordert, noch mehr Bauelemente zu standardisieren und die Typung von Gebäuden schnell voranzutreiben.[2] Während in den 1960er Jahren zunächst hauptsächlich Stahlbetonkonstruktionen zum Einsatz kamen, beschloss der Ministerrat der DDR am 5. Oktober 1967, dass der Metallleichtbau vorrangig zu entwickeln und anzuwenden sei.[3] Im darauffolgenden Jahr wurde am 16. Januar das Volkseigene Metalleichtbaukombinat (MLK) mit Sitz in Halle gegründet.[4] Das Forschungsinstitut des Metalleichtbaukombinats in Leipzig entwickelte dann im Jahr 1969 den Mehrzweckgeschossbau „Typ Leipzig". Er ist das Ergebnis der Forderung

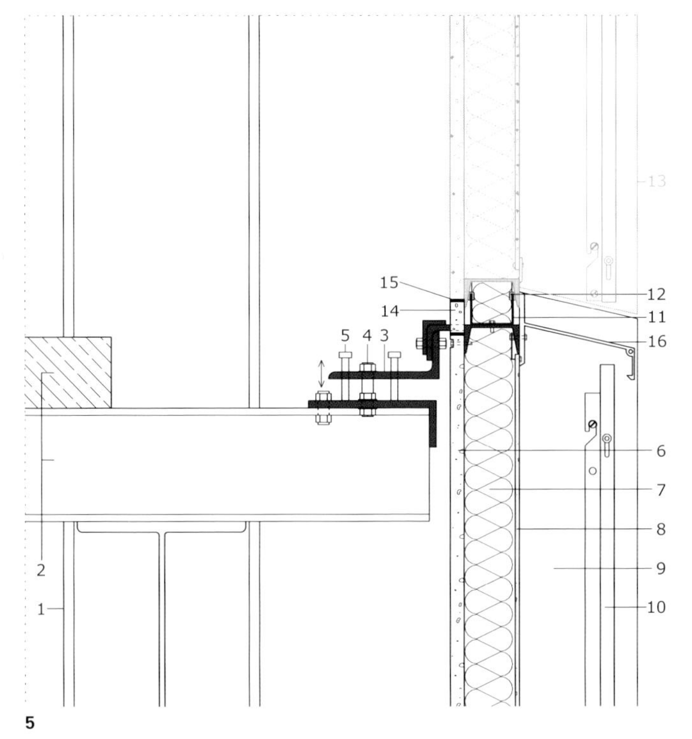

5

1 Stiel des Stockwerkrahmens
2 Stahlbetonverbunddecke
3 Fassadenauflager
4 Gewindebolzen
5 Schraube, M12
6 Sokalitplatte mit Gölzathenfolie oder Asbestzementplatte
7 Mineralwolledämmung
8 Asbestzementplatte
9 Hinterlüftungsspalt
10 Emailliertes Glaspaneel in Aluminiumrahmen
11 Aufgeschraubtes U-Profil
12 Dichtungsprofile
13 darüberliegendes Fassadenelement
14 Sokalitstreifen mit Gölzathenfolie oder Asbestzementstreifen
15 Dauerelastischer Fugenkitt
16 Tropfblech

nach einer radikalen Standardisierung mit dem Ziel der Materialeinsparung. Erstmalig zur Anwendung kam der Typenbau in der Siegfriedstraße in Berlin-Lichtenberg. Das Gebäude wurde im Oktober 1971 fertiggestellt. Die Fassadenelemente hatten eine Wetterschale aus farbig emailliertem Stahlblech, während in den darauffolgenden Jahren immer häufiger in Aluminiumrahmen gefasste Glaspaneele aus emailliertem Einscheiben-Sicherheitsglas (ESG) zum Einsatz kamen.[5]

BAUKONSTRUKTION__Als Hüllkonstruktion für das tragende Stahlskelett verwendete man beim Mehrzweckgeschossbau Typ „Leipzig" die ebenfalls vom Metalleichtbaukombinat entwickelte MLK-Vorhangwand, die auch als Blankenburger Fassadenelemente bezeichnet wird. Es handelt sich um eine Elementfassade, die auch über den Typ „Leipzig" hinaus häufig Verwendung fand. Elementfassaden wurden und werden als geschosshohe Bauteile komplett im Werk vorgefertigt und einbaufertig auf die Baustelle geliefert (Abb. 4). Die tragende Unterkonstruktion der Blankenburger Fassadenelemente besteht aus einem geschosshohen Stahlrahmen aus U-Profilen, welcher zwischen den Geschossdecken spannt. Er wird durch zwei weitere, horizontale U-Profile unterteilt: eines zwischen Brüstungspaneel und Fenster und ein weiteres zwischen Fenster und Sturzbereich. Auf und zwischen

6_Aufsicht auf das Fassadenauflager **7**_Horizontalschnitt durch die Vertikalfuge zwischen zwei Fassadenelementen im Brüstungsbereich
8_Vertikalschnitt durch die Fassade des Beispielgebäudes im heutigen Zustand

diesen tragenden Rahmen sind nun die Fenster bzw. Funktionsschichten der opaken Bereiche montiert. Die Funktionsschichten werden in ihrer Reihenfolge von innen nach außen erläutert:

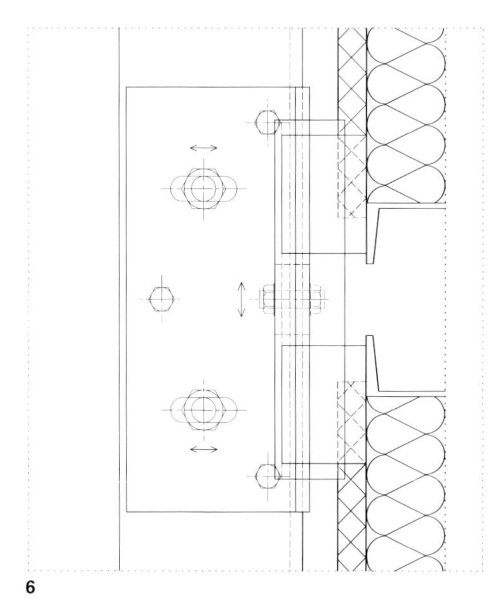

6

Bei den Blankenburger Fassadenelementen kann die Innenschale in zwei Varianten ausgebildet sein. Zum einen als 20 Millimeter dicke Sokalitplatte mit dahinterliegender Gölzathenfolie, zum anderen als gepresste, acht Millimeter dicke Asbestzementplatte (Abb. 5, Nr. 6).[6] Im ersten Fall übernimmt die Sokalitplatte, eine Mineralfaser-Leichtbauplatte, welche als schwachgebundenes Asbestprodukt[7] gilt, die Funktion des Raumabschlusses und brandschutztechnische Aufgaben, die dahinterliegende Gölzathenfolie dient als dampfbremsende Schicht. Im zweiten Fall werden die genannten Aufgaben in Gesamtheit durch die gepresste Asbestzementplatte übernommen. Allerdings erreicht diese Platte eine deutlich geringere wasserdampfdiffusionsäquivalente Luftschichtdicke s_d als die Gölzathenfolie. Innerhalb dieser Konstruktion kann unter Ansatz von Standardkennwerten der bauzeitlichen Literatur während der Tauperiode Tauwasser ausfallen.[8] Infolge der geringen s_d-Werte der außenseitigen Bauteilschichten wird allerdings eine ausreichend hohe Verdunstungsmenge erreicht und das Bauteil kann wieder austrocknen. Im weiteren Bauteilaufbau folgt eine 80 Millimeter dicke Wärmedämmung aus Mineralwolle und als äußerer, nicht direkt bewitterter Raumabschluss eine sechs Millimeter dicke, ungepresste Asbestzementplatte. Davor befindet sich als Schutz vor direkten Witterungseinflüssen eine hinterlüftete Wetterschale, die wahlweise mit emailliertem Einscheiben-Sicherheitsglas oder emailliertem bzw. beschichtetem Stahlblech ausgeführt wurde. Der Hinterlüftungsspalt ist je nach Ausführung 62 Millimeter oder 134,5 Millimeter breit. Als Primärtragwerk des Mehrzweckgeschossbaus Typ „Leipzig" dient im Wesentlichen eine Stahlskelettkonstruktion. Lediglich die Fundamente, die Bodenplatte und die Kelleraußenwände sind als Stahlbetonkonstruktion ausgeführt. Die Stahlskelettkonstruktion besteht aus in Querrichtung des Gebäudes hintereinander angeordneten zweifeldrigen Stockwerkrahmen, die in Längsrichtung in Höhe der Geschossdecken und der Dachdecke durch Längsriegel untereinander verbunden sind. Auf die Längsriegel sind die vorgefertigten Stahlverbund-Deckenplatten aufgelegt (Abb. 3). Die Untergurte der vorgefertigten Stahlverbund-Deckenplatten ragen über den Stahlbeton-Obergurt hinaus. Die auskragenden

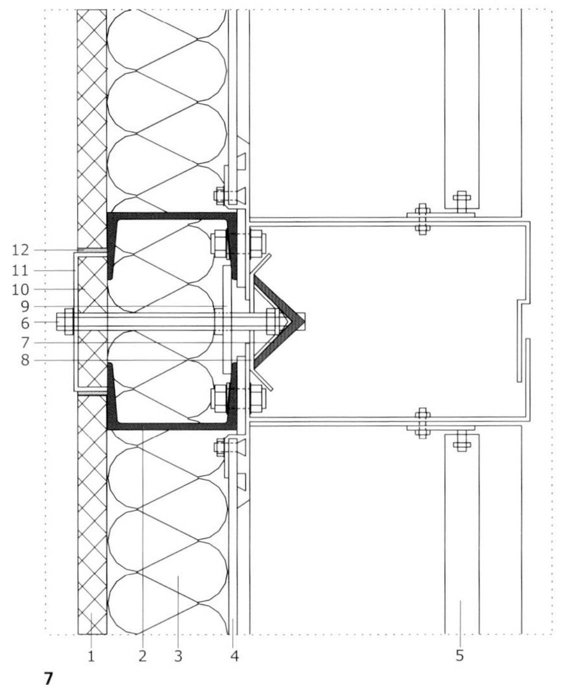

7

1 Sokalitplatte mit Gölzathenfolie oder Asbestzementplatte
2 Rahmenkonstruktion aus U-Profilen
3 Mineralwolledämmung
4 Asbestzementplatte
5 Emailliertes Glaspaneel in Aluminiumrahmen
6 Gewindestab
7 Winkelschiene
8 Dichtungsband
9 Anpressplatte
10 Sokalitstreifen mit Gölzathenfolie oder Asbestzementstreifen
11 Aluprofil eloxiert
12 Dauerelastischer Fugenkitt

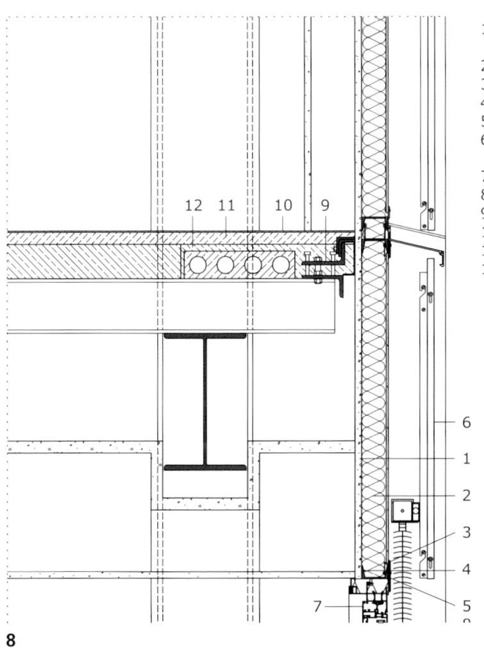

8

1 Sokalitplatte mit Gölzathenfolie oder Asbestzementplatte
2 Mineralwolledämmung
3 Halterung Asbestplatte
4 U-Profil aus Stahl
5 Abdeckblech
6 Emailliertes Glaspaneel in Aluminiumrahmen
7 Aluminiumfenster
8 Außenliegender Sonnenschutz
9 Fassadenauflager
10 Teppich
11 Zementestrich
12 Ortbeton

Untergurte dienen als Unterkonstruktion für die Fassadenaufhängung.[9]

Die Fassadenelemente wurden in Transportgestellen auf die Baustelle geliefert und dann vor die Stahlskelettkonstruktion gehängt, wie dies auf Abbildung 4 zu erkennen ist. Die Ausbildung des Fassadenauflagers und die Montage der Elementfassade an einer Geschossdecke werden anhand der Abbildungen 5 und 6 erläutert. In Abbildung 5 erkennt man den Stiel des Stockwerkrahmens (Nr. 1) und die auf dem Längsriegel aufgeschweißte Stahlverbund-Deckenplatte mit dem auskragenden Untergurt in Form eines Doppel-T-Trägers (Nr. 2). Die auskragenden Untergurte werden untereinander durch aufgeschraubte L-Profile in Fassadenlängsrichtung verbunden (vergleiche auch Abb. 4). An den L-Profilen ist das eigentliche Fassadenauflager befestigt. Bei der Montage befestigte man an dem L-Profil mit Muttern zwei Gewindebolzen (Nr. 4). Auf die Bolzen wurde nun ein weiteres L-Profil mit nach oben ragendem Schenkel aufgesteckt. Das L-Profil mit nach oben ragendem Schenkel verfügt über drei Gewindebohrungen, in die Schrauben (Nr. 5) eingesetzt sind. Durch das Ein- und Ausschrauben der drei Schrauben ließ sich das Fassadenauflager in der Höhe justieren. Eine Ausrichtung senkrecht zur Fassadenebene wurde durch Langlöcher im L-Profil des Fassadenauflagers möglich (Abb. 6). Anschließend hängte man die vollständig vorgefertigten Fassadenelemente ein. Das Verschieben der Fassadenelemente auf dem nach oben ragenden Schenkel des L-Profils ermöglichte eine Justierung parallel zur Fassadenebene. Die Fassadenelemente wurden schließlich durch ein aufgeschraubtes Winkelprofil fixiert (Abb. 6).

Auf der Oberseite jedes Fassadenelements ist auf dem Stahlrahmen ein U-Profil aufgeschraubt (Nr. 11), welches zur Lagesicherung des darüberliegenden Fassadenelements und als wesentlicher Bestandteil der Fugenausbildung dient. Auf die Schenkel des U-Profils wurden Dichtungsprofile (Nr. 12) aufgesteckt. Ein zugeschnittener

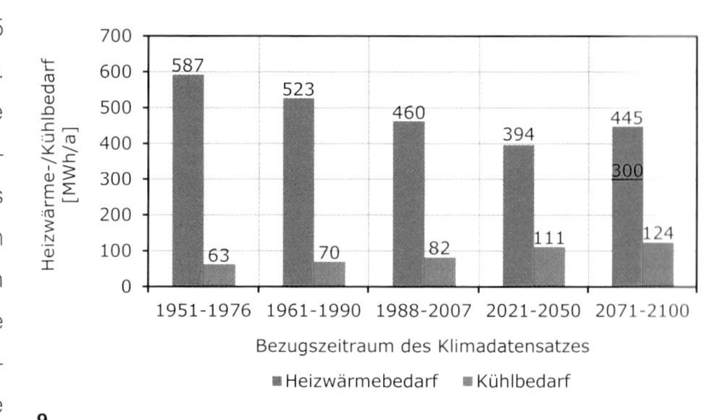

9

Dämmstoffstreifen wurde eingelegt und das darüberliegende Fassadenelement (Nr. 13) eingehängt. Die Fuge schloss man nach innen je nach Ausführung (siehe oben) mit einem Asbestzementstreifen oder einer Gölzathenfolie und einem Sokalitstreifen. Von außen schraubte man ein Tropfblech auf.

Auch die Vertikalfuge zwischen zwei Fassadenelementen galt es dicht und mit möglichst geringer Wärmebrückenwirkung zu schließen (Abb. 7). Hierzu schraubte man in eine Winkelschiene (Nr. 7) mehrere Gewindestäbe (Nr. 6) ein. Anschließend wurden ein vorkonfektioniertes Dichtungsband (Nr. 8) auf die Gewindestäbe aufgesteckt und Anpressplatten (Nr. 9) aufgeschraubt. Nun wurden von der oberen Geschossdecke aus die Gewindestäbe mit der Winkelschiene, dem Dichtungsband und den Anpressplatten in die Fuge eingezogen. Mittels einer Mutter wurde die Anpressplatte von der Innenseite gegen die Schenkel der U-Profile des Fassadenrahmens und damit auch das Dichtungsband gegen die Außenseite gepresst. Anschließend stopfte man die Fuge mit Wärmedämmung aus und verschloss sie wiederum mit einer Abdeckleiste von innen.

Sämtliche im Folgenden beschriebenen Untersuchungen wurden an einem beispielhaft ausgewählten Gebäude des Typs „Leipzig" durchgeführt. Im Zuge einer Sanierung des untersuchten Gebäudes im Jahr 1996 tauschte man die bauzeitlichen Thermofenster gegen Einfachfenster mit Zweischeiben-Wärmeschutzverglasung aus. Auch die ursprüngliche Treppenhausfassade mit Einscheibenverglasung wurde ersetzt. Des Weiteren wurde eine zweite abgehängte Decke als Raumabschluss eingefügt. Einen Vertikalschnitt durch die Fassade des untersuchten Mehrzweckgeschossbaus Typ „Leipzig" im heutigen Zustand zeigt Abbildung 8.

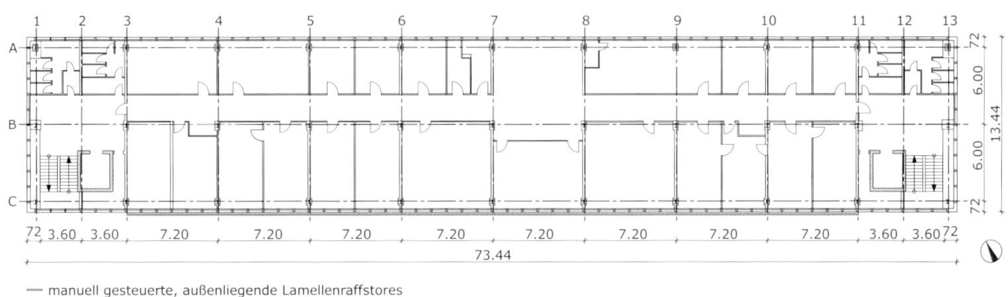

— manuell gesteuerte, außenliegende Lamellenraffstores

10

KLIMAWANDEL__Der fortschreitende Klimawandel führt zu erheblichen Veränderungen im Hinblick auf den Heizwärme- und Kühlbedarf sowie beim sommerlichen Wärmeschutz. Auch andere Umwelteinwirkungen wie Überflutung, Starkregen, Hagel, Wind und Schnee sind von Veränderungen durch den Klimawandel betroffen.[10]

Nach heutigem Stand der Klimaforschung stellt der Anstieg der Treibhausgaskonzentrationen in der Erdatmosphäre die Hauptursache des Klimawandels dar.[11] Um die Auswirkungen des bereits stattgefundenen und des projizierten Klimawandels auf den Energiebedarf und den sommerlichen Wärmeschutz von Gebäuden abschätzen zu können, bieten sich thermisch-dynamische Gebäudesimulationen an. Diese benötigen als Eingangsdaten Klimadatensätze mit stündlicher Auflösung. Hierfür eignen sich die speziell zur Anwendung in Gebäudesimulationsprogrammen erstellten Testreferenzjahre. Die Datensätze der Testreferenzjahre bilden den Witterungsverlauf eines charakteristischen Jahres einer definierten Zeitperiode ab. Sie bestehen aus stündlichen Werten verschiedener meteorologischer Elemente.[12]

Es existieren drei Testreferenzjahr-Datensätze, die auf Messwerten an Wetterstationen des Deutschen Wetterdienstes (DWD) basieren. Dies sind die Testreferenzjahre 1986[13], 2004[14] und 2010[15]. Die zugrundeliegenden Messdaten stammen aus den Zeiträumen 1951 bis 1976, 1961 bis 1990 sowie 1988 bis 2007. Das Testreferenzjahr 2035 basiert auf Klimaprojektionen und ist für den Zeitraum 2021 bis 2050 gültig. Zahlreiche Klimaprojektionen lassen zum Ende des 21. Jahrhunderts einen weiteren, ausgeprägten Temperaturanstieg erwarten.[16] Um einen typischen bis leicht überdurchschnittlichen Sommer zum Ende des 21. Jahrhunderts in den sommerheißen Gebieten Deutschlands nach DIN 4108-2:2013-02 abbilden zu können kann der Sommer des Jahres 2003 an der DWD Wetterstation Mannheim herangezogen werden.[17]

HEIZWÄRME-/KÜHLBEDARF__Zunächst wird die Entwicklung des Heizwärme- und Kühlbedarfs analysiert (Abb. 9). Die real gemessenen Wetterdaten des Jahres 2003 an der Station Mannheim sind geeignet, eine charakteristische Sommerperiode zum Ende des 21. Jahrhunderts abzubilden, für eine charakteristische Heizperiode im Zeitraum 2071 bis 2100 waren die Wintermonate jedoch deutlich zu kalt. In einer groben Näherung wurde versucht, den Heizwärmebedarf zum Ende des 21. Jahrhunderts über eine exponentielle Trendfortschreibung abzuschätzen. Folgende Aspekte sind auffällig: Im Zuge des Klimawandels nimmt der Heizwärmebedarf merklich ab, der Kühlbedarf hingegen steigt deutlich an. Trotzdem bleibt auch in Zukunft der Heizwärmebedarf bei dem betrachteten Gebäude größer als der Kühlbedarf. Dies ist eine Feststellung, die für mehrere untersuchte denkmalgeschützte Bestandsgebäude zutrifft, bei denen sich die energetische Sanierung der Hüllfläche weitestgehend auf den Austausch der Fenster beschränkt hat. Für diese

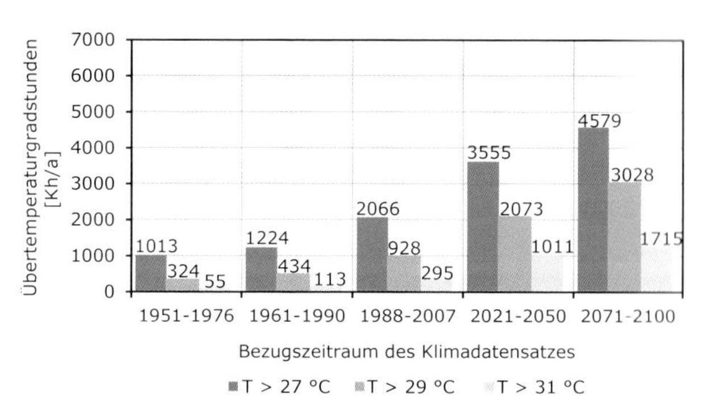

11

Gebäude nimmt der Gesamtenergiebedarf, also die Summe aus Heizwärme- und Kühlbedarf, mit fortschreitendem Klimawandel ab. Folglich profitieren diese Gebäude sogar von den klimatischen Veränderungen. Dies ist bei Gebäuden, die deutlich höhere Standards im Hinblick auf den winterlichen Wärmeschutz erfüllen, nicht der Fall. Bei diesen kann im Zuge des fortschreitenden Klimawandels und ohne besondere Maßnahmen zum sommerlichen Wärmeschutz der absolute Wert des Kühlbedarfs den des Heizwärmebedarfs übertreffen.[18]

SOMMERLICHER WÄRMESCHUTZ__Zur Beurteilung des sommerlichen Wärmeschutzes für das untersuchte Gebäude mittels thermisch-dynamischer Gebäudesimulation wurden die Randbedingungen der DIN 4108-2:2013-02, Kapitel 8.4 herangezogen. Die DIN 4108-2 unterteilt Deutschland in drei Sommer-Klimaregionen. Die folgenden Nachweise wurden für sommerheiße Gebiete der Sommer-Klimaregion C bestimmt.

Um die thermische Innenraumqualität im Sommer über längere Zeitperioden beurteilen zu können, wird die Kenngröße der Übertemperaturgradstunden verwendet. Übertemperaturgradstunden berücksichtigen sowohl die Dauer als auch die Höhe der Überschreitung einer definierten Bezugstemperatur. Der Nachweis des sommerlichen Wärmeschutzes für Nichtwohngebäude in sommerheißen Gebieten gilt als erbracht, wenn bei einem Bezugswert der Innentemperatur von 27 °C nicht mehr als 500 Übertemperaturgradstunden über das ganze Jahr verteilt erreicht werden.

BEURTEILUNG DES IST-ZUSTANDES – TYP „LEIPZIG"__ Der Mehrzweckgeschossbau Typ „Leipzig" verfügt als Metallleichtgebäude mit leichtem Innenausbau und abgehängten Decken über eine sehr geringe wirksame Wärmespeicherfähigkeit. Infolge der durchgehenden Fensterbänder ergeben sich recht hohe solare Energieeinträge. Bei dem untersuchten Gebäude sind die Längsseiten nach Nordnordost und Südsüdwest orientiert. Lediglich die Fenster an der Südsüdwestfassade verfügen über außenliegende Lamellenraffstores als Sonnenschutz. Wie aus Abbildung 10 ersichtlich wird, verfügen die Fenster an der Nordnordostfassade, die großflächig verglasten nach Südsüdwest orientierten Treppenhausfassaden und die Fenster an den Schmalseiten des Gebäudes über keinerlei Sonnenschutz.

Die Kombination der genannten Einflussfaktoren führt zu deutlichen Überschreitungen der zulässigen Übertemperaturgradstunden. Abbildung 11 zeigt die berechneten Übertemperaturgradstunden des kritischsten Raumes. Dargestellt sind die Übertemperaturgradstunden für drei verschiedene Bezugswerte der Innentemperatur. Man erkennt, dass selbst unter den Klimarandbedingungen der Erbauungszeit der Anforderungswert nach heutiger Norm von 500 Kh/a nicht erfüllt werden kann. Des Weiteren wird der extreme Anstieg der Übertemperaturgradstunden mit fortschreitendem Klimawandel ersichtlich. Daraus ergibt sich die Notwendigkeit, beim Erhalt denkmalgeschützter Gebäude dem sommerlichen Wärmeschutz eine höhere Bedeutung beizumessen, als dies in der aktuellen Sanierungspraxis der Fall ist.

GEBÄUDEERTÜCHTIGUNG__ Zur Reduktion der solaren Energieeinträge wird vorgeschlagen, die Fenster auf den Stirnseiten des Gebäudes mit außenliegenden Raffstores nachzurüsten. Diese und die Lamellenraffstores an der Südsüdwestfassade sollten über Strahlungs- und Windsensoren automatisiert werden. Dadurch wird gewährleistet, dass der Sonnenschutz auch in nicht belegten Räumen oder öffentlichen Bereichen wie Treppenhäusern, Teeküchen etc. aktiviert wird. Außerdem können ungewollte Solarstrahlungseinträge auch außerhalb der Nutzungszeit, insbesondere an Wochenenden, unterbunden werden. Durch eine Automatisierung über Strahlungssensoren kann sichergestellt werden, dass schon bei geringeren Globalstrahlungswerten der Sonnenschutz aktiviert wird, als dies bei manueller Steuerung der Fall ist. Eine Sonnenschutzsteuerung mit einer Grenzbestrahlungsstärke von 180 W/m² stellt den geringsten Aktivierungswert dar, der in der Praxis erfolgreich umgesetzt wurde.[19] Für die nordostfenster im Sommer erhebliche diffuse Strahlungsgewinne generiert. Demgegenüber sind die Wärmeeinträge im Winter zu vernachlässigen und die Reduktion des g-Wertes der Ver-

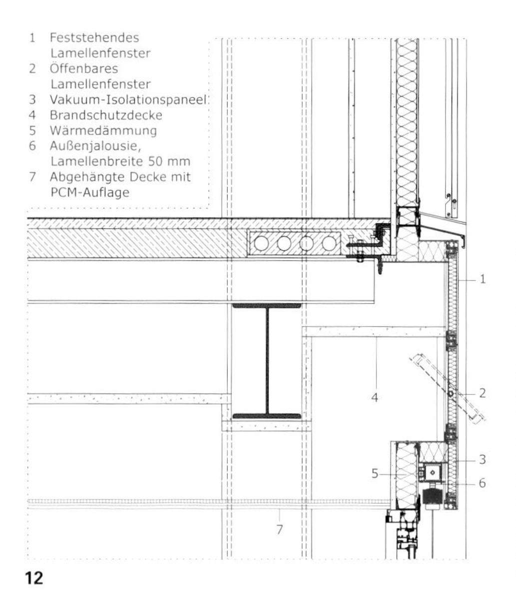

12

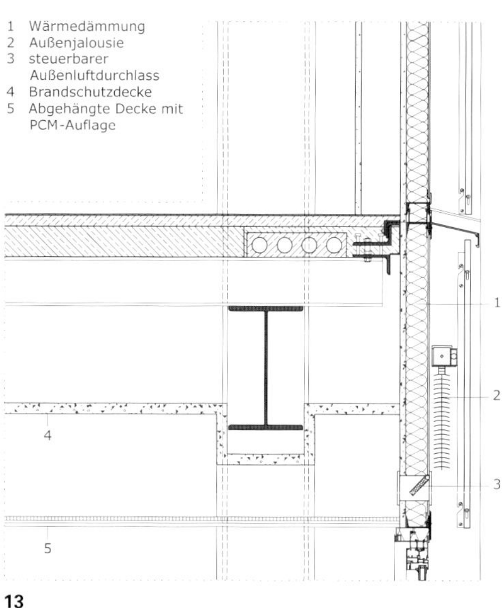

13

Simulation der Ertüchtigungsmaßnahmen wurde davon ausgegangen, dass die Steuerung die Lamellenraffstores ab einer Bestrahlungsstärke von 180 W/m² auf der jeweiligen Fassadenoberfläche aktiviert. Außerdem werden die Lamellen in der Simulation mit einer Neigung von 45° gegenüber der Horizontalen angenommen, um einen Sichtbezug zum Außenraum aufrechtzuerhalten. Die großflächig verglaste Treppenhausfassade und die nach Nordnordost orientierten Fenster werden mit Sonnenschutzverglasung mit einem Gesamtenergiedurchlassgrad (g-Wert) von 0,33 ausgestattet. Wie die Simulationen und Messungen vor Ort ergeben haben, werden durch die Nord-glasung hat keinen entscheidenden Einfluss auf den Heizwärmebedarf.[20]

Zur nachträglichen Erhöhung der thermischen Speicherfähigkeit bietet sich der Einsatz von Latentwärmespeichern an. Bei diesen Materialien handelt es sich in der Regel um Paraffine oder Salzhydrate. Dabei wird deren hohe Schmelzenthalpie beim Phasenwechsel von fest zu flüssig ausgenutzt. Zum Überwinden der Bindungsenergie zwischen den Molekülen beim Übergang vom festen in den flüssigen Aggregatzustand muss Wärmeenergie von außen zugeführt werden. Dabei verändert sich deren fühlbare Temperatur nicht, sondern lediglich ihr Aggregatzustand.

Das bedeutet: Die Wärmeenergie aus solarer Einstrahlung oder internen Wärmeeinträgen wird durch den Phasenwechsel des Materials gespeichert, ohne eine Temperaturerhöhung im Raum hervorzurufen. Ein besonderer Vorteil von Latentwärmespeichern beim Bauen im Bestand ist die Tatsache, dass sich mit einer sehr geringen zusätzlichen Masse eine sehr hohe Wärmespeicherfähigkeit erzielen lässt. So wird beispielsweise bei einem auf dem Markt erhältlichen Phasenwechselmaterial auf Salzhydratbasis mit einem Schmelzbereich zwischen 22 °C und 28 °C dieselbe Wärmeenergie benötigt, um es von 21 °C auf 34 °C zu erwärmen wie bei einem Stahlbetonbauteil mit einer 12,5-fachen Masse. Um den Effekt der latenten Wärmespeicherung bei länger andauernden Hitzeperioden tagtäglich ausnutzen zu können, muss versucht werden, das Material durch Wärmeentzug wieder zu verfestigen. Im Idealfall geschieht dies über natürliche Wärmesenken wie beispielsweise die kühle Nachtluft.

Ein Vorschlag für die baukonstruktive Umsetzung der genannten Maßnahmen zur Verbesserung des sommerlichen Wärmeschutzes beim Typ „Leipzig" wird anhand von Abbildung 12 erläutert. Dabei handelt es sich zunächst um einen Vorschlag, der im Betrieb mit geringem Energieaufwand verbunden ist, der es jedoch erforderlich macht, die Fassade im Bereich des Sturzes in ihrem heutigen Erscheinungsbild leicht zu verändern. Daher wird in einem zweiten Schritt eine aus denkmalpflegerischer Sicht optimierte Variante erläutert.

Beim ersten Vorschlag werden die existierende abgehängte und raumabschließende Decke sowie die abgehängte und mit Asbest belastete Brandschutzdecke entfernt. Ebenso werden die hinterlüfteten, asbestbelasteten Sturzpaneele zurückgebaut. Sie werden durch Sturzpaneele in Form von Lamellenfenstern ersetzt. Die Brüstungspaneele bleiben von dem Vorschlag unberührt. Um die Fassadenansicht möglichst weitgehend zu erhalten, werden die Lamellenfenster mit farbig emailliertem Einscheibensicherheitsglas und als Structural Glazing ausgeführt. Dadurch kann die Farbigkeit des Sturzbereiches erhalten werden und der sichtbare Anteil der Fugen zwischen den Lamellen und der sichtbare Anteil des Rahmens können deutlich reduziert werden. Anstelle eines Isolierglasaufbaus werden die Lamellen mit folgendem Aufbau ausgeführt (von außen nach innen): farbig emailliertes Einscheibensicherheitsglas, Vakuum-Isolationspaneel, Metallblech. Zur Gewichtsreduktion wird die innere Scheibe durch ein dünnes Metallblech ersetzt. Es wird eine neue Brandschutzdecke eingezogen und als Raumabschluss eine abgehängte Decke mit integriertem Latentwärmespeichermaterial. Zwischen der Brandschutzdecke und der abgehängten Decke mit integriertem Latentwärmespeichermaterial entsteht ein über die Gebäudebreite durchgängiger Luftkanal, welcher zur Abfuhr der latent gespeicherten Wärmeenergie genutzt werden kann. Durch Öffnen der Lamellenfenster kann eine Querlüftung erzielt werden. Die Lamellenfenster sollten mit einer Temperaturregelung automatisiert werden, sodass sich diese öffnen, wenn die Temperatur im Lüftungsspalt über 21,5 °C und über der Außenlufttemperatur liegt. Durch die Trennung des Lüftungsbereiches vom Aufenthaltsbereich kann die Automatisierung problemlos auf die Nutzungszeit ausgeweitet werden, ohne dass Zugluft die Aufenthaltsqualität beeinträchtigt.

Mit dem beschriebenen Maßnahmenpaket können beträchtliche Verbesserungen im Hinblick auf den sommerlichen Wärmeschutz erzielt werden (vgl. Abb. 12).[21]

Im Folgenden wird eine Variante vorgestellt, die auf demselben Konzept basiert, aus denkmalpflegerischer Sicht aber wesentliche Vorteile bietet (vgl. Abb. 13). Anstelle einer natürlichen Belüftung des Zwischenraumes zwischen der Brandschutzdecke und der Decke mit integriertem Latentwärmespeichermaterial über Lamellenfenster wird eine Abluftanlage eingesetzt. Dadurch kann die Fassade in ihrem Erscheinungsbild vollständig erhalten werden. Der nicht hinterlüftete Teil des Sturzpaneels muss wegen der Asbestbelastung trotzdem komplett ausgetauscht werden. In diesen werden steuerbare, gedämmte Zuluftöffnungen eingebaut. Die Abluftanlage verursacht einen Unterdruck im Lüftungsquerschnitt zwischen der Brandschutzdecke und der Decke mit integriertem Latentwärmespeichermaterial. Über Außenluftdurchlässe (ALD) strömt kühle Nachtluft nach. Übliche, auf dem Markt verfügbare Außenluftdurchlässe sind ungeeignet, da sie gewöhnlich nicht automatisch verschließbar sind. Über eine Abluftanlage soll normalerweise sowohl im Sommer als auch im Winter dauerhaft mindestens der hygienisch notwendige Luftwechsel sichergestellt werden. In dem hier beschriebenen Fall dient die Abluftanlage ausschließlich zur Abführung der im Sommer latent, in der abgehängten Decke, gespeicherten Wärme. Ein Nachteil dieser Variante ist, dass bei aktiviertem Sonnenschutz keine Lüftung möglich ist. Des Weiteren ist für den Betrieb der Abluftanlage Energie erforderlich. Dieser Nachteil kann im Vergleich zur vorherigen Variante aber durch geringere Wärmeverluste im Winter zumindest teilweise kompensiert werden. Infolge des großen Rahmenanteils der Lamellenfenster können keine vergleichbar guten U-Werte im Sturzpaneel erreicht werden wie bei Austausch der Beplankung und Dämmung in der denkmalpflegerisch optimierten Variante. Die Lüftungsanlage bietet den Vorteil, dass unabhängig von den Umgebungsbedingungen, wie beispielsweise der Windanströmrichtung oder der Windgeschwindigkeit, dauerhaft hohe Luftwechselzahlen garantiert werden können.

ZUSAMMENFASSUNG__Die dargestellten Untersuchungen zeigen den positiven Einfluss des Klimawandels auf den Gesamtenergiebedarf bestehender Gebäude mit geringem energetischem Standard. Der Heizwärmebedarf und damit der winterliche Wärmeschutz wird zwar nach wie vor ein dominierender Parameter bei der Gebäudesanierung bleiben, aber an Bedeutung einbüßen. Demgegenüber muss die Auseinandersetzung mit Fragen des sommerlichen Wärmeschutzes einen höheren Stellenwert in der Planungspraxis erhalten. Die Gebäudeautomation bildet in Verbindung mit innovativen baukonstruktiven Verbesserungen einen wesentlichen Grundstein, um auch in Zukunft angenehme Innenraumtemperaturen im Sommer sicherstellen zu können.

Anmerkungen

1 Von Buttlar, Adrian / Wittmann-Englert, Kerstin / Dolff-Bonekämper, Gabi (Hg.): *Baukunst der Nachkriegsmoderne. Architekturführer Berlin.* Berlin 2013, S. 214; Hillmann, Roman: „Piękno metalowego profilu. Budynki typu Lipsk w NRD i w Polsce". In: Muzeum Śląskie w Katowicach (Hg.): *Sztuka i Przemysł / Kunst und Industrie.* Katowice 2013, S. 251–259 (mit deutscher Zusammenfassung S. 454–455); Vereinigung der Landesdenkmalpfleger (Hg.): *Zwischen Scheibe und Wabe. Verwaltungsbauten der Sechzigerjahre als Denkmale.* Wiesbaden 2012, S. 153–155

2 Pisternik, Walter / Raeschler, Heinz / Rebetzky, Gustav / Bauakademie der DDR (Hg.): *Chronik Bauwesen Deutsche Demokratische Republik 1945–1971.* Berlin 1974, S. 149

3 Ebd., S. 307

4 Ebd., S. 314 f.

5 Pisternik, Walter / Raeschler, Heinz / Ertel, Gerhard u.a. / Bauakademie der DDR (Hg.): *Chronik Bauwesen Deutsche Demokratische Republik 1971–1976.* Berlin 1979, S. 15

6 VEB Metalleichtbaukombinat (Hg.): *Außenwände – Leichte Außenwände, MLK-Vorhangwand KV III, Katalog M 7917 GWA.* Leipzig 1979, Blatt 1.1. S. 3

7 Bayerisches Landesamt für Umwelt: *Schadstoffratgeber – Gebäuderückbau.* http://www.lfu.bayern.de/altlasten/schadstoffratgeber_gebaeuderueckbau/suchregister/doc/402.pdf (Stand März 2004)

8 Kleber, Kurt: *Praktische Bauphysik.* Berlin 1972, S. 167 ff. und 199 ff.

9 Golembiewski / VEB Metalleichtbaukombinat Forschungsinstitut Leipzig: *Stahlbautechnischer Erläuterungsbericht – Variante 3.1.* Leipzig 1971

10 Weller, Bernhard / Naumann, Thomas / Jakubetz, Sven (Hg.): *Gebäude unter den Einwirkungen des Klimawandels.* Berlin 2012; Weller, Bernhard / Fahrion, Marc-Steffen / Naumann, Thomas (Hg.): *Gebäudeertüchtigung im Detail für den Klimawandel.* Berlin 2013

11 IPCC (Hg.): „Summary for Policymakers". In: *Climate Change 2013: The Physical Science Basis. Contribution of Working Group I to the Fifth Assessment Report of the Intergovernmental Panel on Climate Change.* Cambridge, New York 2013, S. 13

12 Christoffer, Jürgen / Deutschländer, Thomas / Webs, Monika: *Testreferenzjahre von Deutschland für mittlere und extreme Witterungsverhältnisse TRY.* Offenbach 2004, S. 10

13 Blümel, Klaus / Hollan, Eberhard / Kähler, Malte u. a.: *Entwicklung von Testreferenzjahren (TRY) für Klimaregionen der Bundesrepublik Deutschland.* Berlin 1986. – Bundesministerium für Forschung und Technologie Forschungsbericht T 86-051. Technologische Forschung und Entwicklung – Nichtnukleare Energietechnik

14 Christoffer / Deutschländer / Webs 2004 (wie Anm. 12)

15 Deutscher Wetterdienst (Hg.): *Aktualisierte und erweiterte Testreferenzjahre von Deutschland für mittlere, extreme und zukünftige Witterungsverhältnisse.* Offenbach 2011

16 Vgl. hierzu beispielsweise: Bernhofer, Christian / Matschullat, Jörg / Bobeth, Achim: *Klimaprojektionen für die REGKLAM-Modellregion Dresden.* Berlin 2011, S. 21 ff.; Meehl, Gerald A. / Stocker, Thomas F. / Collins, William D. u. a.: „Global Climate Projections". In: *Climate Change 2007: The Physical Science Basis* (Contribution of Working Group I to the Fourth Assessment Report of the Intergovernmental Panel on Climate Change). Cambridge, New York 2007, S. 802 f.

17 Naumann, Thomas / Fahrion, Marc-Steffen / Nikolowski, Johannes u. a.: „Verletzbarkeitsanalysen im Gebäudebestand". In: Weller, Bernhard / Fahrion, Marc-Steffen / Naumann, Thomas: *Gebäudeertüchtigung im Detail für den Klimawandel.* Berlin 2013, S. 10

18 Weller, Bernhard / Fahrion, Marc-Steffen / Horn, Sebastian u. a.: „Doppelfassaden im Zeichen des Klimawandels". In: *Bauphysik 36.* 2/2014

19 Lichtmeß, Markus: *Aktivierung von Blend- und Sonnenschutzsystemen. Forschungsbericht.* Wuppertal 2008, S. 18

20 Fahrion, Marc-Steffen: Sommerlicher Wärmeschutz im Zeichen des Klimawandels – Anpassungsplanung für Bürogebäude. Dresden, Technische Universität, Fakultät Bauingenieurwesen, Institut für Baukonstruktion, Diss., 2015

21 Ebd.

ERHALTUNG UND SANIERUNGSPRAXIS

ENERGETISCHE SANIERUNG AM BEISPIEL ROSTOCKER SOLITÄRBAUTEN DER 1960ER JAHRE_MAIK BUTTLER

1a

Durch die Auswahl von drei denkmalgeschützten Solitärbauten und die Fokussierung auf diese Gebäudetypologie der 1960er Jahre und deren Sanierung erhält diese Untersuchung ihre besondere Spezifik. Die Auswahl dieser Bauten ergab sich aus dem Umstand, dass diese Gebäude durch buttler architekten in der denkmalpflegerischen Analyse sowie der energetischen Sanierung betreut wurden (Abb. 1a–c).

KONTEXTE_Rostock erfuhr in den 1960er bis 80er Jahren eine starke Erweiterung und einen Zuzug auf insgesamt 254.000 Einwohner[1]. Weit mehr als die Hälfte der Einwohner lebten 1989 in den neuen Wohngebieten, die im Zuge der Stadterweiterungen durch den industriellen Wohnungsbau errichtet wurden.

Der Bau großflächiger neuer Wohngebiete unter Nutzung industrieller Bauweisen sah in der städtebaulichen Planung von Beginn an Wohngebietszentren vor, welche oft durch besondere bauliche Ensembles gebildet bzw. geprägt wurden und den kulturellen und sozialen Bedürfnissen eines jeden Wohngebietes gewidmet waren. Darüber hinaus wurden prägnante Solitäre auch in vorhandene Stadträume als städtebauliche Akzente eingefügt, um neue kulturelle Nutzungen zu etablieren: Die Kunsthalle Rostock und der Teepott in Rostock-Warnemünde sind Beispiele für die Integration in eine vorhandene Parklandschaft außerhalb des Stadtzentrums bzw. in die besondere historische Promenaden- und Hafensituation in Rostock-Warnemünde, während die Mehrzweckhalle in Rostock-Lütten-Klein den zentralen Auftakt und Beginn des Stadtteilzentrums dieses neuen Wohngebietes darstellt.

Jedes Gebäude ist konkreter Ausdruck eines Ortes in der Zeit. Die Aufgabe der vorgestellten Solitäre war eine „Leuchtturmfunktion" in einem kulturellen und gesellschaftlichen Kontext. Es wurde deshalb ein besonderes Augenmerk und viel Sorgfalt auf die Planung dieser Gebäude gelegt. Die hohe städtebauliche Qualität wurde oft unterstützt durch die Verwendung der Schalen-

1a–c_Drei Rostocker Solitärbauten nach der Sanierung: die Kunsthalle Rostock, die Mehrzweckhalle Rostock-Lütten-Klein und der Teepott Rostock-Warnemünde

konstruktionen Ulrich Müthers (1934–2007). Aber auch orthogonale Entwurfskonzepte, wie das der Kunsthalle, wurden durch prägnante und bestechende Großformen beeindruckend in Szene gesetzt, welche in jedem Fall mit starkem skulpturalen Charakter den umgebenden Freiraum und die Wohngebiete prägten. Diese äußerlich wahrnehmbare starke Präsenz und Ausstrahlung wurde ebenso auf den Innenraum übertragen – durch die unverstellte Sicht und Darstellung der hoch ästhetischen Konstruktionen in einem meist freien Raum. Ein weiteres Konzept neben dem zentralen, offenen Innenraum war das Konzept des fließenden Innenraumes: Ein bevorzugtes Interesse galt dabei dem Spiel von differenzierten Niveauebenen im Großraum, welche oft den Außenraum mit dem Innenraum verbanden, jedoch gleichzeitig in völliger Barriere für behinderte Menschen endeten.

1b, 1c

Die Beispiele zählen zu den privilegierten Bauvorhaben dieser Zeit, welche den kulturellen Anspruch der DDR öffentlich transportieren sollten: Mit der regelmäßigen Kunstschau des Baltikums, den Ostsee-Biennalen, in der Kunsthalle Rostock, in der Multifunktionalität von Kultur und Konsum in der Mehrzweckhalle sowie dem Teepott als einem der größeren Gaststättengebäude der 1960er Jahre mit Café/Restaurant und Barbetrieb sowie einem bestechenden Blick über die Ostsee an der Hafenein- und Ausfahrt.

Sie hatten damit über die Nutzung hinaus die politische Funktion, die DDR für die Besucher aller Ostseeländer zu repräsentieren, für die auslaufenden Schiffe und die Bürger in den neuen Wohngebieten konkret erlebbar zu sein. Diese Vorbildfunktion mischte sich mit der ungebrochenen Begeisterung und Euphorie für einen Aufbruch in eine neue Zeit, in der dem großflächigen

2_Kunsthalle Rostock, Entwurf 1967, err. 1968/69, Aufnahme nach Fertigstellung des 1. Bauabschnittes der Energetischen Sanierung in den Jahren 2009/10 3_Kunsthalle Rostock, neu konstruierte Oberlichter und Überdachung des Innenhofes

Straßen- und Städtebau und dem industriellen Bauen in ganz Europa noch keinerlei Makel anhafteten.

2

KUNSTHALLE ROSTOCK__Der starke Bezug zur skandinavischen Architektur in dieser Zeit wird mit dem ersten Beispiel, der Kunsthalle, besonders evident, da für die Entwurfsvorbereitung durch die Architekten um Hans Fleischhauer (1930–2012) skandinavische Bauten analysiert und auch vor Ort besichtigt wurden. Ein Umstand, der sowohl aus der Entwurfsaufgabe eines Ausstellungsgebäudes für den Ostseeraum als auch aus dem starken Zugehörigkeitsgefühl zum traditionellen Kulturraum der ehemaligen Hanse resultiert. Entsprechend fiel das Ergebnis des Entwurfsprozesses aus: Die klare Kargheit des Entwurfs, die minimalistische Materialästhetik in der Auswahl und Verarbeitung natürlicher Materialien sowie die Integration von Regionalität in den Kontext der Moderne sind hierfür Zeugnis. Gleichzeitig ist die Kunsthalle eines der qualitätvollen Beispiele einer gesamtdeutschen Moderne der 1960er Jahre und kann in einem Zug mit dem Römisch-Germanischen Museum Köln und der Akademie der Künste im Hansaviertel in Berlin genannt werden (Abb. 2).

Nüchtern beschrieben handelt es sich um einen kubischen, weitgehend geschlossenen Baukörper in Backstein und Kunststeinreliefs über quadratischem Grundriss mit einem ebenfalls quadratischen offenen Innenhof für die Außenpräsentation von Skulpturen. Der über insgesamt vier Niveaus geschichtete, fließende und zusammenhängende Innenraum wird im Erdgeschoss über die Glasfassade des Plastiksaals zum Innenhof und zum Freiraum belichtet, sonst aber ausschließlich im oberen Geschoss über Oberlichter und eine darunter befindliche diffus streuende Glasdecke mit indirektem Tageslicht versorgt.

AUSGANGSPUNKT UND AUFGABENSTELLUNG__Als großer Vorteil für das Gebäude stellt sich seine unveränderte Nutzung dar: Der durchgängige Betrieb sowie die relativ geringen Eingriffe an geschädigten Bauteilen wie Oberlichtverglasungen, Außenfenster, -fassaden und -türen beließen einen relativ hohen Grad an originaler Bausubstanz. Jedoch erwies die Analyse, dass diese Bauteile von Beginn an bauphysikalisch, klimatisch und bautechnisch nicht funktioniert haben. In den späten 1980er Jahren wurden bereits Stahloriginalkonstruktionen durch Aluminiumelemente ersetzt. Ein weiterer Eingriff erfolgte in den frühen 1990er Jahren mit dem Einbau einer Teilklimaanlage für das Obergeschoss und dem Austausch der originalen Drahtglas-Einscheibenoberlichter gegen Kunststoff-Lexan-Oberlichter.

Als erster Abschnitt der denkmalpflegerischen Generalsanierung wurde die energetische Sanierung der Gebäudehülle im Bestand beauftragt. Zu dem Maßnahmepaket gehörte: Sanierung der Dachfläche einschließlich Dachaufbau, Erneuerung der Oberlichtkonstruktionen für die Ausstellungsbelichtung, Sanierung der Stahl-Glas-Fassade des Plastiksaales als größte Fassade des Gebäudes und die Verbesserung der energetischen Eigenschaften der Außenwandflächen.

ENTWICKLUNG NEUER LÖSUNGEN__Ein besonderer Umstand bei diesem ersten Bauabschnitt der energetischen Sanierung bestand in der Möglich-

3

keit der Abstimmung der neuen Lösungen mit dem Leiter des Erbauerkollektivs, Hans Fleischhauer. Hierbei konnten wir interessante Aussagen zur Ausbildung von Details erhalten, welche in den 1960er Jahren in der Umsetzung technisch nicht möglich waren.

Im ersten Schritt wurde eine hochgedämmte Dachkonstruktion durch einen komplett neuen bautechnischen Flachdachaufbau über den Betonfertigteilkassetten hergestellt. Hierbei wurde besonderer Wert darauf gelegt, dass die deutliche Erhöhung der Dämmstärken keine optischen und technischen Veränderungen im Bereich der Attika und der Oberlichter hervorruft. Der vorhandene, aus historischen und ergänzten Schichten bestehende Aufbau war zu diesem Zeitpunkt vollstän-

4_Kunsthalle Rostock, Tageslichtbeleuchtung der Ausstellungsflächen **5**_Kunsthalle Rostock, neu konstruierte Stahlfassade des Plastiksaals **6**_Kunsthalle Rostock. Zwecks klimatischer Schließung des Baukörpers wurde der Innenhof überdacht.

dig durchnässt und wurde abgetragen. Die neue Dachabdichtung wurde gemäß historischer Vorlage in einem bituminösen System ausgeführt.
Ein wesentlicher Schritt war die Entwicklung neuer Oberlichtkonstruktionen (Abb. 3) in gestaltruktion. Lichtsimulationen bildeten dabei ein wichtiges Werkzeug, um ungewünschten direkten Lichteintrag gegenüber dem gewünschten indirekten Lichteinfall auf ein absolutes Minimum zu reduzieren (Abb. 4).

4

5

terischer Anlehnung an die originalen prismatischen Einscheibendrahtverglasungen, welche bauphysikalisch und korrosionstechnisch nie funktioniert hatten (im Sommer akutes Hitzeproblem, im Winter Kälte- und Kondensationsproblem über den Ausstellungsflächen).
Das Ziel, funktionierende Oberlichter unter denkmalpflegerischen Aspekten zu entwickeln, wurde ergänzt um die Suche nach einer möglichst einfachen und kostengünstigen Lösung. Die Lösungsentwicklung erfolgte als interdisziplinäre Zusammenarbeit mit einem Fachplaner der Lichtplanung und mündete aufgrund der Brandschutz- und Verdunkelungsanforderung für Ausstellungszwecke in einer komplexen Kons-

In der neuen Lösung konnte vollständig auf den Einsatz von prismatischen Spezialgläsern zur Lichtlenkung verzichtet und der vorhandene besondere Charakter des Tageslichtes erhalten werden. Die sichtbaren Änderungen betreffen die asymmetrische Ausbildung der Oberlichter und deren leicht erhöhten Aufbau, welcher aus der idealen lichttechnischen Geometrie und der erhöhten Dämmstärke des Dachaufbaus resultieren (vgl. Abb. 3).
Die Bauteilgruppe der Außenfassaden, -fenster- und -türen ist generell bis auf eine einzige Ausnahme nicht mehr original und vermutlich aufgrund der Korrosion der Stahlelemente bzw. der Zersetzung der Holzfenster ausgewechselt

worden. Als einziges originales Element konnte nur das Stahl-Glas-Türelement des Windfangs mit den Eingangstüren und festen Seitenteilen überdauern, da diese unter der Vordachsituation witterungsgeschützt waren.

Als weitere Aufgabe wurde die Entwicklung einer neuen großflächigen Stahl-Glas-Fassade (Abb. 5) in Anlehnung an die Materialität und Gliederung des Stahloriginals vorgenommen, das bereits in den 1980er Jahren entfernt und zugunsten einer gemauerten Brüstung (innenseitig mit Heizkörpern) und wesentlich kleinerer Aluminiumfenster ersetzt worden war. Die Neukonstruktion nahm alle historischen Details einschließlich der Freistellung bzw. Wiedersichtbarmachung der Betonstützen, der bodentiefen Ausbildung und der Oberlichtöffnungen auf. Die Fassade wurde als hochwärmegedämmte Konstruktion mit Dreischeibenverglasung unter Berücksichtigung der originalen Profilbreiten und Geometrien geplant. Es wurden als funktionell neue Aspekte, unter Beibehaltung der geometrischen Ausführung der Fassade, eine großflächige Öffnung für den Transport von Ausstellungsexponaten in das Gebäude realisiert sowie eine bodenintegrierte Beheizung vor dem Fassadenelement im Innenraum eingebaut.

Die größte denkmalpflegerische Herausforderung bestand in der wärmetechnischen Ertüchtigung der Innenhoffassaden in beidseitigem historischen Sichtklinkermauerwerk bzw. besonderen Kunststeinreliefs. Hier wurde ein gänzlich neues energetisches und räumliches Konzept entwickelt: Die Schließung der Kubatur zu einem kompakten energetischen Baukörper durch eine Glasüberdachung des Innenhofes (Abb. 6). Die Verlagerung der Außenfassaden in das Glasdach war jetzt möglich mit einerseits dem Effekt der Belassung der Innenhoffassaden (jetzt als Innenwände ohne thermische Anforderungen), aber auch einer optimalen wärmetechnischen Lösung in der Detailausbildung des Glasdaches andererseits. Auf diese Weise wurde ein verbessertes Verhältnis von Außenhüllenfläche zum Bauvolumen erreicht.

6

Gänzlich neue Lösungsfindungen mit neuen räumlichen Ideen durch interdisziplinäre energetische Analysen und Planungen in der Denkmalpflege ermöglichen unter dem Anspruch einer energetischen Sanierung völlig ungeahnte Möglichkeiten im Umgang mit und der Erhaltung von Denkmalsubstanz.

MEHRZWECKHALLE ROSTOCK-LÜTTEN-KLEIN__Bei der Mehrzweckhalle Rostock-Lütten-Klein führten die neuen Nutzungsanforderungen der 1990er Jahre zu langem Leerstand und in der Konsequenz zur

7_Mehrzweckhalle Rostock-Lütten-Klein nach Fertigstellung der Sanierung 2004 8_Mehrzweckhalle Rostock-Lütten-Klein, Planung und Realisierung der Sanierung 2001/02. Hier der zentrale offene Nutzungsraum über beide Geschosse

Erteilung einer Abbruchgenehmigung. Durch die Planung und Realisierung eines neuen Konzeptes in engem Bezug zum Denkmal konnten der Abbruch des Gebäudes verhindert und die wichtige städtebauliche Funktion des Gebäudes entsprechend der originalen Aufgabe langfristig sichergestellt werden (Abb. 7). Die Realisierung des Originalgebäudes erfolgte 1967/1968 durch Ulrich Müther, verantwortlich für die Konstruktion der vierteiligen Hyparschale, sowie Erich Kaufmann und Kollektiv, die den architektonischen Entwurf vorlegten.

Als eine der größten hyperbolischen Paraboloidschalen Ulrich Müthers, zentraler städtebaulicher Baustein eines multifunktionalen Kultur- und Stadtteilzentrums und überdachte Markthalle für das mit 23.000 Einwohnern größte Neubauwohngebiet Rostocks bildet die Mehrzweckhalle seit Abschluss der Sanierung der Jahre 2003/04 wieder den räumlichen und inhaltlichen Auftakt des Stadtteilzentrums.

7

Die Mehrzweckhalle war ursprünglich und ist heute wieder ein markanter Gesellschaftsbau mit Kultur-, Einzelhandels- und Gastronomienutzung, welcher durch einen zentralen offenen Nutzungsraum über beide Geschosse bis unter die Schale geprägt war und weiterhin geprägt wird.

AUSGANGSPUNKT UND AUFGABENSTELLUNG__Eine Nutzung erfolgte nur bis in die frühen 1990er Jahre. Grund für die Nutzungsaufgabe war das Fehlen einer geordneten Grundrissstruktur mit klaren Erschließungsbereichen. Auf unterschiedlichen Höhenniveaus und mit zu niedrigen Geschosshöhen waren zu viele kleinteilige Raumzonen ausgebildet, welche eine moderne Nutzung und eine neue Haustechnikintegration nicht ermöglichten. Die Konsequenz der großen räumlichen Mängel führte durch den Ausschluss jeglicher Nachnutzungen zur Erteilung einer Abbruchgenehmigung. Alternative Konzepte, wie die Umwandlung in eine Schwimmhalle, wurden nach Prüfung ebenfalls verworfen. Erst in einem letzten Schritt konnte ein differenziertes Entwurfs- und Nutzungskonzept mit vielen unterschiedlichen Teilnutzungen als Ergebnis erreicht werden, welches langfristig funktioniert und gleichzeitig eine Nutzung im originalen Sinne einer zentral gelegenen „Mehrzweckhalle" darstellt.

Die generelle Neukonzeption von Raum und Nutzung für das gesamte Gebäude als Bedingung für die Verhinderung eines Abbruchs des Wahrzeichens war die komplexe Aufgabe, welche in kurzer Zeit realisiert werden sollte. Bauherr war die TLG Immobilien Mecklenburg-Vorpommern GmbH.

ENTWICKLUNG NEUER LÖSUNGEN__Erster und entscheidender Schritt war zu prüfen, ob die gestaltbildende Hyparschale erhalten werden konnte: Das positive Ergebnis der Bauteiluntersuchungen und der statischen Berechnungen in Zusammenarbeit mit Ulrich Müther ermöglichte den Verbleib der Hyparschale. Neben der Reinigung der Schalenunterseite wurden partiell an tragenden Elementen, besonders im Außenraum, betonsanierende Maßnahmen durchgeführt. Zur Beurteilung der unter der Bodenplatte liegenden vorgespannten Fundamentbalken war es notwendig, Bausubstanz im Innenraum abzubrechen und freizulegen.

Als zweiter Schritt wurde die Analyse der Bestandsgebäudestruktur unterhalb der Schale vorgenommen. Aufgrund der bereits beschriebenen

8

räumlichen Probleme wurde von einer weiteren Verwendung abgesehen. Schließlich erfolgte der Rückbau aller nachträglichen Anfügungen. Das neue dreidimensionale Raumkonzept hielt an der Idee eines gestaltbildenden zentralen und offenen Nutzungsraumes über beide Geschosse bis unter die Schale fest (Abb. 8).

Die denkmalpflegerischen Abstimmungen umfassten neben dem Gesamtkonzept und allen daraus resultierenden Detailpunkten der Planung die Anforderungen für die Hyparschale und deren konstruktive Teile sowie originale Teile der

9_Mehrzweckhalle Rostock-Lütten-Klein. Außendetail der Fassade mit originalem Sonnenschutz **10**_Mehrzweckhalle Rostock-Lütten-Klein. Blick in die Eingangssituation des Innenraumes

9

Fassaden, wie die prägenden Sonnenschutzelemente. Letztere wurden vorsichtig demontiert, in den Oberflächen erneuert und zur Fertigstellung wieder montiert (Abb. 9).

Die neu geplante und realisierte Lösung zeigt im Grundriss die gleichen geometrischen Grundverhältnisse und Ausbildungen. Die eingestellten, umlaufenden tischartigen Strukturen sind jedoch in ausreichenden lichten Höhen mit einem durchgängigen Erdgeschoss und durchgängigem Obergeschoss barrierefrei und funktional ausgeführt. Die Erschließungen wurden klar geordnet und in den Flächen der Besucherzahl angepasst. Die minimalen Windfänge in den geschlossenen Fassaden wurden mit den erforderlichen vertikalen Erschließungen auch barrierefrei und offen als Foyer mit einer Brückensituation neu geordnet. Unnötige Einbauten wurden entfernt, sodass der Besucher bereits mit dem Eintritt den gebäudehohen Innenraum erlebt (Abb. 10). Der ganz außergewöhnliche Umstand, dass für einzelne Nutzungen im Erdgeschoss – wie für den Discounter – eine provisorische, leicht demontierbare Deckenkonstruktion eingezogen werden musste, ändert nichts an dem langfristigen Gesamtkonzept, dass jederzeit ein zentraler gebäudehoher Innenraum wieder in der ursprünglichen Gesamtgröße hergestellt werden kann. Auch in der Einteilung der Erschließungsbereiche und vermietbaren Flächen ist das Gebäude im Ober- und besonders im Erdgeschoss flexibel geplant mit verschiedenen Szenarien der Erschließungszonen. Die energetische Sanierung ist sehr konsequent in den Neubauteilen entsprechend der EnEV umgesetzt und auch in den Fassaden mit den Verglasungen sowie hinterlüfteten Konstruktionen nachhaltig ausgeführt worden.

Nur durch zeitgemäße Nutzungen und durch die Realisierung neuer Lösungen im Bereich der räumlichen Anforderungen konnte das Gebäude vor einem Abbruch gerettet werden. Dabei wurden denkmalpflegerische und funktionelle Anforderungen in Abwägung zu einer Gesamtlösung gebracht, die dem Hyparschalen-Gebäude eine lange Multifunktionalität ermöglicht.

10

TEEPOTT ROSTOCK-WARNEMÜNDE__Der Teepott in Rostock-Warnemünde ist ein ganz besonderes Bauwerk direkt an der Hafeneinfahrt. Zusammen mit dem historischen Leuchtturm von 1897/98 bildet dieses Gaststättengebäude ein städtebauliches Ensemble und die maritime Landmark von Warnemünde im Dreiangel Ostsee – Mole – Landpromenade (vgl. Abb. 1).

Der Teepott ist ein Nachfolgerbau eines Teepavillons, ebenfalls „Teepott" genannt. Dieses interessante kleine Gebäude der Moderne von Walter Butzek aus dem Jahre 1926 ging 1945 durch Brandstiftung verloren. Der Neubau besetzte mit der Fertigstellung 1968 diesen Ort wieder und füllte eine Kriegslücke im Gedächtnis der Rostocker. Wie bei dem zeitgleichen Mehrzweckhallenbau sind die Entwurfsverfasser Ulrich Müther für die Konstruktion der dreiteiligen gerundeten Hyparschale sowie Erich Kaufmann, Hans Fleischhauer und Kollektiv für den architektonischen Ent-

11_Teepott Rostock-Warnemünde nach Fertigstellung der Sanierung 2002. Blick von der Promenade 12_Teepott Rostock-Warnemünde, Detail der Fassade

wurf. Seine besondere Bekanntheit verdankt der Teepott einerseits der einmaligen Lage direkt im Hafen- bzw. Molenbereich von Rostock-Warnemünde und andererseits der Tatsache, dass es sich um eine der wenigen Hyparschalenkonstruktionen mit runder Grundrissform handelt.

11

Realisiert als monofunktionale Großgastronomie, welche ebenfalls durch einen zentralen offenen Nutzungsraum über verschiedene Ebenen bzw. Geschosse bis unter die Schale geprägt wurde, erfolgte eine Nutzung nur bis in die frühen 1990er Jahre. Die Nutzungsaufgabe des Gebäudes erfolgte aufgrund einer enorm überdimensionierten Gastronomie ohne Flexibilität, ohne teilbare Raumbereiche und mit verschiedenen Höhenniveaus, vor allem aber auch ohne jeglichen Außenraumbezug zur Promenade und zum Strand und damit auch ohne Außenterrassen zum Meer. Die begleitenden Probleme in den unteren Raumbereichen – vielfach ohne Tageslicht, mit kleinteiligen, verbauten Grundrissstrukturen, mit unterschiedlichen Höhenniveaus, zu niedrigen Geschosshöhen und sehr desolater und abgenutzter Konstruktion im gesamten Gebäude – reflektieren symptomatisch die Probleme des zeitgleichen Baus, der Mehrzweckhalle. Auch der lang anhaltende Leerstand mit verschiedensten gescheiterten Nutzungsvorschlägen verstärkt diese Analogie. Trotz enormer Attraktivität der Lage und hohem Bekanntheitsgrad stellte sich die Aufgabe einer umfassenden Neukonzeption von Raum und Nutzung.

ENTWICKLUNG NEUER LÖSUNGEN__Auch in diesem Fall war die Prüfung von Erhaltungsmöglichkeiten der gestaltbildenden Hyparschale durch das Engagement Ulrich Müthers möglich und damit der Schlüssel für die weitere Planung gegeben. Was sich hiermit so kurz und einfach benennen lässt, war tatsächlich äußerst wichtig, aufwendig und längst nicht selbstverständlich, da es auch in Rostock Beispiele von Schalenkonstruktionen gibt, welche statisch als nicht ausreichend beurteilt wurden. Dementsprechend wurden bei jenen Beurteilungen durch verschiedene Maßnahmen und zusätzliche Bauteile, wie zum Beispiel durch zusätzliche Stützen, die Schalenkonstruktionen so ertüchtigt, dass ihre Erscheinung sich deutlich veränderte und an Leichtigkeit und Sinn verlor.[2] Die Erbringung eines statischen Nachweises unter neuen Anforderungen war also eine der wichtigsten Aufgaben zum Erhalt der Schalenbauten. Ulrich Müther nutzte hierfür seine Beziehungen zur TU Dresden.

Nach Analyse der Bestandsgebäudestruktur (unterhalb der Schale) und der Entscheidung für eine völlige innere Neuordnung wurde im Rahmen der Sanierungs- und Umbaumaßnahme 2001/02 ein neues dreidimensionales Raumkonzept mit folgenden Hauptaspekten umgesetzt:

- im Erd- und Obergeschoss multifunktionale Nutzung unter Flexibilitätskriterien (die wesentlichen Nutzungsbausteine waren Gastronomie, ein Radiosender und ein Unternehmen des Veranstaltungsmanagements).
- Einbindung des Gebäudes in den besonderen Ort durch „Öffnung" des Erdgeschosses sowie Neuanlage einer umlaufenden Terrasse (Abb. 11).
- Verlegung der meisten dienenden Nebenräume vom Erdgeschoss in das Untergeschoss.
- Integration eines Maritimen Museums in das Untergeschoss mit Öffentlichkeitswirkung und damit Herstellung einer weiteren „öffentlichen Fassade".

12

Die räumliche Neustrukturierung erforderte jedoch die Aufgabe des Großraums unterhalb der Schale durch die Einordnung der vertikalen Erschließungen und die flexible Einteilung von Nutzungen. Als Kompensation und Reaktion auf diese Veränderung der räumlichen Situation wurden durch die Architekten Wände mit transparenten Glaskonstruktionen als Anschluss an die Schalenunterseite entwickelt und geplant. Leider wurden diese durch den privaten Bauherrn nicht umgesetzt, sodass geschlossene Wände die Gesamtuntersicht optisch zerteilen.

Die energetische Sanierung erfolgte entsprechend der Bauteile sehr differenziert in Abwägung der technischen und finanziellen Möglichkeiten. Neubauteile wurden nach dem Stand der EnEV geplant und ausgeführt und die historischen Bauteile entsprechend ertüchtigt (Abb. 12).

Nur durch eine Nutzungsmischung konnte das relativ große Gebäude, das als Groß- bzw. Einraum mit ehemals monofunktionaler Nutzung konzipiert worden war, vor einem Abbruch gerettet werden. Notwendige Veränderungen dieser Strukturumwandlung bedingten die Aufteilung des ehemaligen Großraums in kleinere Nutzungseinheiten und die Öffnung aller geschlossenen, ehemals durch Fritz Kühn mit Metallelementen bedeckten Fassadenbereiche im Erdgeschoss zur Promenade und zum Meer. Die private Eigentümerschaft erschwerte die Umsetzung wichtiger architektonischer Details aufgrund der Minimierung der Investition.

ZUSAMMENFASSUNG WICHTIGER ERKENNTNISSE__

Kriterien der Erhaltung von Denkmalen der DDR-Moderne – Solitärbauten:

Denkmalpflege heißt im Kern die Sicherung und Erhaltung des Denkmals im ursprünglichen, überkommenen und möglichst unveränderten Zustand. Doch Denkmale wurden in ihrer Entstehungszeit oft für sehr unterschiedliche Nutzungen mit stark abweichenden Anforderungen, für andere klimatische Ansprüche und mit anderen bautechnischen Mitteln errichtet, als sie heute maßgebend sind.

Wichtigstes Kriterium für den Erhalt eines Denkmals ist seine weitere Gebrauchsfähigkeit. Die Möglichkeit einer langfristigen nachhaltigen Nutzung ermöglicht in der Regel die Findung eines Bauherrn, der die erforderlichen Maßnahmen zu einer Wiederaufnahme der ursprünglichen Nutzung veranlasst und umsetzt. Wenn diese Nutzung jedoch über lange Zeiträume aus räumlich-konstruktiven Gründen des Bestandes nicht möglich ist, dann ist die sensible Anpassung des Denkmals an weitere Nutzungsoptionen eine wichtige Maßnahme, um Leerstand, Aufgabe, Verfall oder Abbruch zu verhindern.

Als größte Hemmnisse für eine solche Anpassung erwiesen sich bei den untersuchten Gebäuden zumeist räumliche Probleme: die einstige Vorliebe für heute meist unbespielbare Großräume in Mononutzungen, extrem viele Niveauunterschiede ohne Möglichkeiten der Barrierefreiheit, niedrige Decken- und Geschosshöhen, welche eine nachträgliche Integration von Haustechnik ausschließen, zu kleine und kleinteilige Nebenraumzonen, die falsche Ausrichtung bzw. nachteilige Schließung von wichtigen Außenfassaden und damit die deutliche Einschränkung von Außenraum-Innenraum-Nutzungen und -beziehungen.

Letztere sind die Bedingung für eine erfolgreiche Auffindbarkeit, Wahrnehmung sowie Einladung zur Nutzung in der heutigen Konkurrenz der Angebote.

Weitere Hemmnisse im Bereich der Baukonstruktionen sind: erhöhte Kosten für Altlastenentsorgung im Innenbereich (Asbest, Lüftungen, Heizungen) und Außenbereich, Anforderungen des Brandschutzes an Baukonstruktionen und erforderliche Korrosionsschutzsanierungen insbesondere der Stahlbetonbauteile.

Eine energetische Sanierung wurde von Eigentümern und Bauherren teilweise nachrangig oder getrennt zur Gewährleistung der Nutzung gesehen, besonders bei Vermietmodellen, da Nebenkosten auf Mieter umgelegt werden können. Gegenwärtig gewinnt jedoch die energetische Bewertung, Planung und Sanierung von Denkmalen vor dem Hintergrund steigender Betriebskosten und der zunehmenden technischen Möglichkeiten der Sanierung mehr Bedeutung, obwohl die EnEV nach wie vor die Möglichkeiten der gesetzlichen Befreiung bietet, um den Denkmalcharakter und deren wichtige Eigenschaften zu erhalten.

Der Schwerpunkt bei der ganzheitlichen Sanierung von Denkmalen, welche zukünftig immer eine energetische Sanierung mit einschließen wird, liegt in einer individualisierten, unkonventionellen und in jedem Falle absolut interdisziplinären Lösungsfindung, welche spezielle Sonderlösungen erreichen kann. Bauphysik, Energieplanung, Haustechnikplanung und die Planung der Baukonstruktionen werden in einem komplexen und zum Teil iterativen Prozess mit Hilfe von computergestützten Simulationen in ein Gesamtkonzept der aufeinander abgestimmten bautechnisch realisierbaren Maßnahmen überführt. Um die komplizierten klimatischen Situationen und Einzelfallprobleme eines Denkmals zu lösen, bedarf es eines hochqualifizierten Planungsprozesses, der in dieser detaillierten und technischen Tiefe vor mehreren Jahrzehnten undenkbar gewesen wäre.

Denkmale in öffentlicher Eigentümerschaft haben in der Regel eine größere Chance, eine angemessene denkmalpflegerische Sanierung zu erhalten, als Denkmale privater Eigentümer und stark profitorientierter Investoren.

ANMERKUNGEN

1 Zum Vergleich: Der Großraum Rostock umfasst heute ca. 227.000 Einwohner. Siehe zur nachkriegszeitlichen Stadtentwicklung auch den Beitrag von Peter Writschan in diesem Band.

2 In Rostock ist hierfür das Beispiel des „Cosmos" in der Südstadt zu benennen.

„NICHT BERÜHREN – WEITERBAUEN – ZERSTÖREN"_

GERD JÄGER

Vorstellen möchte ich zwei Bauten, die in den 1960er Jahren in Schwerin und Neubrandenburg entstanden sind.[1] Beide werden öffentlich genutzt und waren besonders zu ihrer Entstehungszeit, und bis zum Ende der DDR, für ihre Stadt von großer politischer, gesellschaftlicher und kultureller Bedeutung. Die Gebäude gehören sowohl wegen ihres architektonischen Ausdrucks als auch wegen der seinerzeit mutigen Baukonstruktion zu den Wegbereitern der modernen Baukunst der DDR der 1960er Jahre. Beide stehen heute in der Denkmalliste des Landes Mecklenburg-Vorpommern.

Es handelt sich um die Sport- und Kongresshalle in Schwerin, die 1958–62 nach Entwürfen des VEB Industrieprojektierung Nord, Betriebsteil Rostock (Paul Peters, Erwin Beckmann und Fritz Breuer unter Leitung von Hans Fröhlich) errichtet wurde. Unsere Planungsaufgaben waren es einerseits, die bauliche Sanierung durchzuführen, andererseits, das Bauwerk an aktuelle Nutzungsanforderungen anzupassen. Aufgrund des Sanierungsstaus hatte sich das Leistungsangebot der Halle von Jahr zu Jahr reduziert, der Betrieb war in hohem Maße eingeschränkt.

Ähnliche Probleme gab es mit dem Haus der Kultur und Bildung (HKB) in Neubrandenburg, das in der Zeit zwischen 1963 und 1965 realisiert wurde (Architektin: Iris Grund). Nicht nur der dortige Veranstaltungssaal (mit ansteigender Bestuhlung) und die Stadtbibliothek konnten den Anforderungen der Gegenwart nicht mehr entsprechen. Mit einer Umstrukturierung und Erweiterung zu einem Medien- und Veranstaltungszentrum sollte den grundsätzlichen Schwierigkeiten des Gebäudeensembles begegnet werden.

Für mich stellen sich im Zusammenhang mit historisch bedeutsamen Bauwerken der sogenannten Ostmoderne drei Fragen: 1. Was ist anders als bei deutlich älteren Bauten? 2. Was unterscheidet sie von gleichaltrigen Bauten der „Westmoderne"? 3. Bedarf es daraus abgeleitet eines anderen Verständnisses der Sanierungs- bzw. Modernisierungsaufgabe beim Architekten?

Gemeinsam ist allen, dass – vorausgesetzt, die Gebäude sollen nicht als museales Objekt konserviert werden – sie sich zeitgemäßen Anforderungen hinsichtlich ihrer Nutzung, des Brandschutzes, des Umganges mit Energie etc. stellen müssen.

Sicherlich muss der historische Kontext der Entstehung eines Bauwerkes Beachtung finden. Auch hier unterscheidet sich die Ostmoderne nicht grundsätzlich von älteren Epochen. Architektur war und ist immer auch Ausdruck der herrschenden politischen und gesellschaftlichen Verhältnisse gewesen. Die Reaktion großer Teile der Gesellschaft auf die Ostmoderne ist häufig des-

1_Schwerin, Sport- und Kongresshalle, errichtet 1958–62, Fassade mit Haupteingang, Foto 2010

1

wegen so stark, weil es sich in vielen Fällen um eine noch persönlich erlebte Vergangenheit handelt. Die Bauwerke stehen als ihre gestaltgewordenen Vertreter. So bezweifle ich beispielsweise, dass beim Palast der Republik die städtebaulichen und gesundheitsschädlichen Defizitaspekte ohne eine politische Motivation stark genug gewesen wären, um einen Abbruch zu legitimieren. Eine regelrechte Historisierung ist auch bei vielen anderen Bauwerken der Ostmoderne oft noch nicht vorhanden bzw. bis zu ihrem Abbruch oder ihrem Umbau noch nicht vorhanden gewesen. Ich habe beobachtet, dass die persönliche Nähe der handelnden Personen zu diesen Bauten zur Folge hat, dass deren Zeugniswert geringer eingeschätzt wird als der von Bauwerken, deren Entstehungsepoche wir gesellschaftlich und kulturell als abgeschlossen betrachten können (und die nicht Teil der eigenen Vita sind). Entsprechend werden Veränderungen leichtfertiger hingenommen.

Ein Vorteil im Umgang mit Bauten aus den 1960er Jahren besteht darin, dass die meisten Planungsunterlagen noch vorhanden sind. Das gilt sowohl für die Zeichnungen selbst als auch für Berechnungen, Baubeschreibungen, Genehmigungsunterlagen, technische Beschriebe oder besondere Protokolle. Und zwar sowohl für die Architekten als auch für die Fachplaner. Auch leben noch viele der handelnden Personen, Planer ebenso wie Ausführende, und können befragt werden.

So konnte ich insbesondere zum Neubrandenbur-

2_Querschnitt der Halle. Das Dachtragwerk, als Stahlfachwerk, überspannt eine Fläche von 65 x 83 Metern. Das Eigengewicht von 500 Tonnen wird von lediglich vier Pfeilern abgetragen. 3_Innenraum mit Bestuhlung nach der Sanierung. Die maximale Zuschauerzahl liegt bei etwa 8000 Personen, Foto 2012.

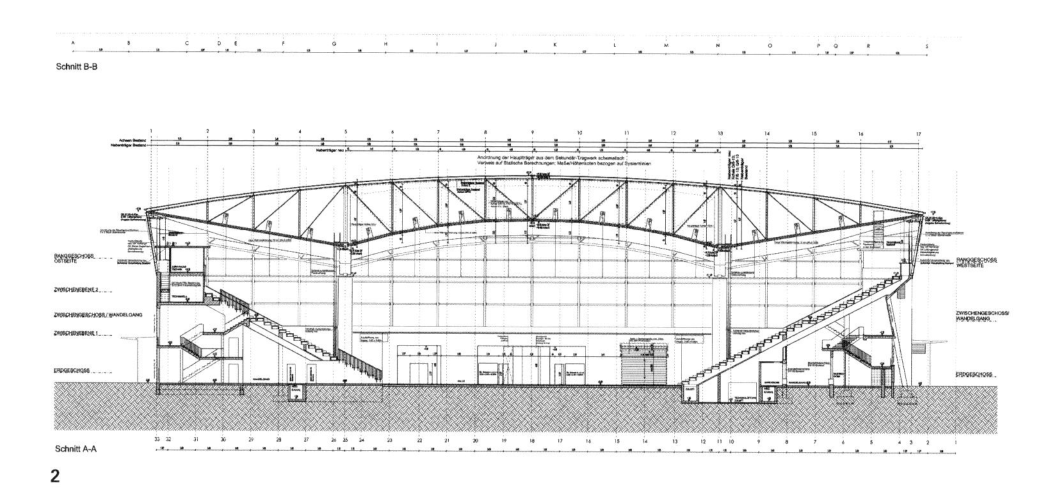

2

ger Haus der Kultur und Bildung mit der Architektin Dr. Iris Grund sprechen. Durch die erhaltenen Einblicke verstand ich, was ihr seinerzeit wichtig war, sogar was anders geplant war, als es realisiert wurde und ob es dafür allein technisch-bauliche Zwänge oder wirtschaftliche Gründe gab. Die Position der obersten Denkmalschutzbehörde, die Aufgabe der Sanierung oder Modernisierung sei nicht die „Reparatur" vergangener Fehler, brachte einen gewissen Konflikt zu den Interessen der Autorin des architektonischen Entwurfes mit sich.

Vorteilhaft ist auch, dass sich die Bauproduktionsprozesse noch nicht gänzlich verändert haben. So kann oft mit ähnlichen Methoden „weitergebaut" werden. Zum Beispiel ist eine Aluminium-Glas-Fassade auch heute noch eine Pfosten-Riegel-Konstruktion und unterliegt einer ähnlichen Fertigung. Gleiches gilt für Stahlbauteile oder vorgefertigte Stahlbetonelemente. Voraussetzung ist allerdings, dass im jeweiligen Fall nicht dem strikten Erhalt der Bausubstanz, sondern auch der Tradition der Herstellung eine wirkliche Bedeutung beigemessen wird.

SANIERUNG DER SPORT- UND KONGRESSHALLE SCHWERIN__Die Halle konnte nicht in kleinere Nutzungseinheiten geteilt werden. Dadurch wurde im Laufe der Nachwendejahre das Veranstaltungsspektrum sehr begrenzt. Eine geringe Auslastung war die Folge. Nicht die gleichzeitige Durchführung mehrerer Veranstaltungen stand im Fokus, sondern die Abteilbarkeit, da nur sie den Veranstaltern wie den Zuschauern das Gefühl gibt, sich nicht in einer großen Halle zu verlieren. Darüber hinaus verfügte die Halle nicht mehr über den technischen Komfort, der von Veranstaltern heute erwartet wird. Gemeint ist die Möglichkeit der individuellen Installation von Beleuchtung und Beschallung mit einem Gewicht bis zu 40 Tonnen an verschiedenen Orten der Decke. Heizung und Kühlung waren aufgrund nicht vorhandener Wärmedämmung ein Hauptkostenfaktor, der den wirtschaftlichen Betrieb der Halle ausschloss. Und der Brandschutz wurde so „gelöst", dass vor jeder einzelnen Veranstaltung zusammen mit der Feuerwehr ein Evakuierungsszenario ausgearbeitet werden musste. Dabei kam es nicht selten vor, dass die Feuerwehr präventiv während der Veranstaltung im Dachraum der Halle positioniert werden musste.

Die Stadt Schwerin schrieb 2009 einen Investorenwettbewerb aus, den wir zusammen mit der Heitkamp-ProjektPartner GmbH für uns entscheiden konnten. Die Sanierung wurde nach eineinhalbjähriger Planung in nur viereinhalb Monaten während der Veranstaltungspause im Sommer 2011 durchgeführt (Abb. 1). Unser Entwurf sah vor, ein neues Tragwerk in das bestehende räumliche Fachwerk einzuflechten, und zwar oberhalb der vorhandenen abgehängten Deckenkonstruktion (Abb. 2). Dadurch wird es nicht wahrgenommen und kann dennoch an den vorgegebenen Abhängepunkten neue Punktlasten von zusätzlich 40 Tonnen aufnehmen. Teil dieses Tragwerks und damit verbunden war die Montage von Trennvorhängen, die erstmals eine Dreiteilung der Halle ermöglichen. Die teilweise undichte Dachhaut wurde erneuert. Gleichzeitig wurde Dämmung aufgebracht, der Dachrand jedoch in der bestehenden Dimension beibehalten. Die vorhandene, zum Teil stark beschädigte Holzbestuhlung wurde gegen Einwände der Veranstalter nicht durch komfortablere Polsterstühle ersetzt, sondern konnte mit Unterstützung des Landesamtes für Denkmalpflege durch form- und materialgleiche Nachbauten ergänzt werden (Abb. 3).

Die Stahl-Glas-Fenster einschließlich der Türen waren stark korrodiert und in ihrer Funktion eingeschränkt. Sie wurden komplett durch eine Aluminiumkonstruktion ersetzt, wobei die alten Profilstärken beibehalten wurden. Dies stellte sich als besonderes Problem heraus, da die heute

3

handelsüblichen Profile sehr viel schlanker sind und wieder breite, dem Bestand nachempfundene Profile entwickelt und hergestellt werden mussten (Abb. 4 bis 6).

Dass wir den Investorenwettbewerb, der gleichzeitig ein Betreiberkonzept für 22 Jahre umfasste, für uns entscheiden konnten, hing entscheidend mit der Tatsache zusammen, dass ein Betreiber gefunden wurde, der eine Nutzungskopplung zwischen der Ostseehalle in Kiel und der Sport- und Kongresshalle in Schwerin herstellen konnte; somit konnte eine positive Gesamtbilanz für Investition und Betrieb vorgelegt werden.

In diesem Zusammenhang wurde auch ein Rückbau und Ersatz durch eine Multifunktionshalle

4_ Fassadenbereich vor Sanierung. Foto 2010 **5_**Fassade mit Haupteingang nach der Sanierung. Foto 2012 **6_**Seitenfront (Sozial- und Sanitärbereiche) mit erneuerten Fenstern und Türen. Foto 2012 **7_** Neubrandenburg, „Haus der Kultur und Bildung", errichtet 1963–65, Schaubildzeichnung der Hauptfront

4

5

6

diskutiert. Diese wäre nicht unerheblich preiswerter gewesen und hätte aus Sicht der Veranstalter große Vorteile gehabt. Denn zusätzlich zur Sanierung der Sport- und Kongresshalle war es erforderlich, im Rahmen des Gesamtbudgets eine Ballsporthalle neu zu errichten, die die vielschichtigen funktionalen Anforderungen des Schweriner Volleyball-Clubs abdecken konnte. Eine Befragung hatte ergeben, dass die Meinung der Schweriner Bürger geteilt war. Und es verwundert nicht, dass die jüngere Bevölkerung den Abriss zugunsten einer flexibleren Multifunktionshalle befürwortete. Ihr fiel es schwer, den architektonischen Wert des Gebäudes als Denkmal nachzuvollziehen. Schließlich gaben die Denkmalbehörden und die damit verbundene Förderung den Ausschlag.

SANIERUNG, UMBAU UND ERWEITERUNG DES HAUSES DER KULTUR UND BILDUNG (HKB) NEUBRANDENBURG__ Für die Eintragung dieses Gebäudeensembles in die Denkmalliste dürfte neben der städtebaulichen Figur, die aus einem vierseitig umbauten Innenhof und einem hohen, schlanken Turm bestand, zweifellos der Mehrzwecksaal mit etwa 600 Sitzplätzen entscheidend gewesen sein. Decke und Wände waren mit geschuppten Holztäfelungen beplankt, die eine hervorragende Akustik gewährleisteten. Der Saal diente als Spielstätte der Neubrandenburger Philharmonie und des Neustrelitzer Landestheaters. Ein anderer Flügel des Gebäudeensembles diente der Neubrandenburger Regionalbibliothek als Hauptstandort. Während der DDR-Zeit fanden mehr als 50 Arbeitsgemeinschaften und Zirkel für Jugendliche und Erwachsene Platz im Haus der Kultur und Bildung. Das Gebäude im Zentrum der Stadt war geografischer und zugleich kultureller Mittelpunkt Neubrandenburgs. Der Nutzung mehr verfügte. Die Buchsäle waren von den Möglichkeiten einer modernen Bibliothek weit entfernt. Der Forderung nach einem „Markt-

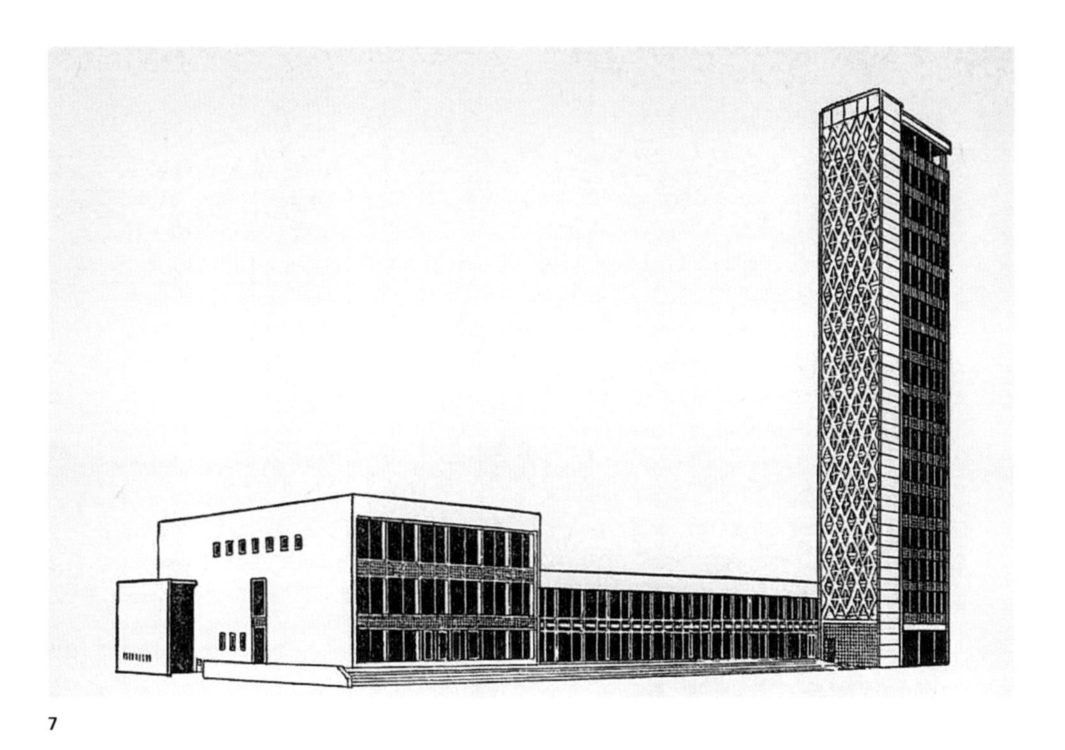

7

16-geschossige Turm, auch „Kulturfinger" genannt, ist eine reine Stahlkonstruktion. Er wurde als dominantes Gegenstück zur Marienkirche errichtet, insbesondere, um die Überlegenheit der sozialistischen Gesellschaftsordnung zu demonstrieren (Abb. 7).

Bereits zum Zeitpunkt des Architektenwettbewerbes, im Jahr 2005, war das Gebäude nur noch sehr eingeschränkt nutzbar. Dies verschärfte sich weiter im Laufe der langen Planungszeit, sodass das Haus ein Jahr vor Baubeginn neben einer stark verkleinerten Bibliothek über keine weitere

platz Bibliothek" war mit den vorhandenen Räumen nicht zu entsprechen.

Der große Saal diente, auch aufgrund seiner veralteten Bühnentechnik, nur noch für wenige Anlässe. Die ansteigende Bestuhlung engte die Nutzbarkeit des Saales, beispielsweise für Seminare, sehr ein. Die benachbarte Marienkirche war inzwischen mit ihrem neuen Konzertsaal zum musikalischen Zentrum aufgerückt. Der Turm verfügte über nur einen Lift und war damit kaum zu erschließen. Die Holzfenster waren durchgefault, der Ausbaustandard lag bei „null". In

8_Visualisierung der Marktplatzfront nach der Überarbeitung des Wettbewerbsentwurfs
9_„Haus der Kultur und Bildung", Modell der Realisierungsplanung mit Massivdach

8

9

den Sommermonaten waren die Räume wegen Überhitzung nur sehr eingeschränkt nutzbar, der Bestandsbrandschutz hätte einer Überprüfung nicht standgehalten.

Mein Büro erhielt im Rahmen des Wettbewerbes den ersten Preis und den Planungsauftrag. Nach mehreren Planungsstopps konnte 2009 mit den Bauarbeiten begonnen werden.

Die Aufgabenstellung sah zunächst die Erweiterung der Stadtbibliothek und die Schaffung eines multifunktionalen Veranstaltungssaales für etwa 800 Personen vor, teilbar in bis zu fünf Einzelsäle. Daneben sollten die Stadtinformation und ein Radiosender im umgebauten Haus beheimatet werden. Die Industrie- und Handelskammer war als Mieter der Räume des Turmes vorgesehen, ebenso die Verwaltung des neuen Veranstaltungszentrums. Das oberste Geschoss blieb, wie bis dahin, einem Restaurant vorbehalten. Die Dachterrasse, die nicht mittels Lift zugänglich war, wurde behindertengerecht für ein breites Publikum, insbesondere zu touristischen Zwecken, erschlossen (Abb. 8 und 9).

Auch in Neubrandenburg wurde, wie bei der Sport- und Kongresshalle in Schwerin, zeitweilig die Möglichkeit des Abrisses und Neubaus diskutiert. Dabei bejahte die Bevölkerung sehr viel eindeutiger den Erhalt des Ensembles als beispielsweise die höchste Verwaltungsebene. Aber Landesdenkmalamt und Bevölkerung gaben hier den Ausschlag für die Sanierung.

Sehr zum Nachteil wirkte sich die sehr lange Vorbereitungszeit, unterbrochen durch mehrere Planungsstopps aufgrund zwischenzeitlicher Finanzierungslücken und fehlender politischer Entscheidungen aus, über mehrere Legislaturperioden mit wechselnden Entscheidungsträgern. Begleitet wurde die Planung von großem öffentlichem Interesse und die Bürgerbeteiligung nahm weitere Zeit in Anspruch. Ganze Fachplanungsbüros oder aber die Mitarbeiter von Büros wechselten, wodurch zusätzliche Anforderungen bei der Übertragung von Planungswissen an die handelnden Personen zu bewältigen waren. Als feststand, dass die Finanzierung des Bauvorhabens nicht ausschließlich durch die Nutzung städtischer Institutionen zu erreichen war, wurde

10_Das sogenannte Theaterfoyer vor Sanierung und Umbau, Zustand 2010 **11**_Die Stadtbibliothek war im Wettbewerbsverfahren von 2005 im ehemaligen Saaltrakt des „Hauses der Kultur und Bildung" vorgesehen. Durch Einbau einer Geschossdecke entstanden großflächige Bibliotheksbereiche. Das ehemalige Foyer hätte den Eingangsbereich abgegeben. Planungsstand vor Vergabe der Flächen an ein Textileinzelhandelsunternehmen als „Ankermieter"

10

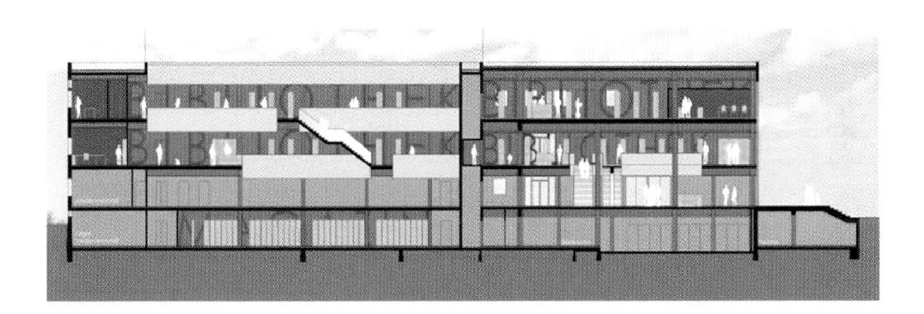

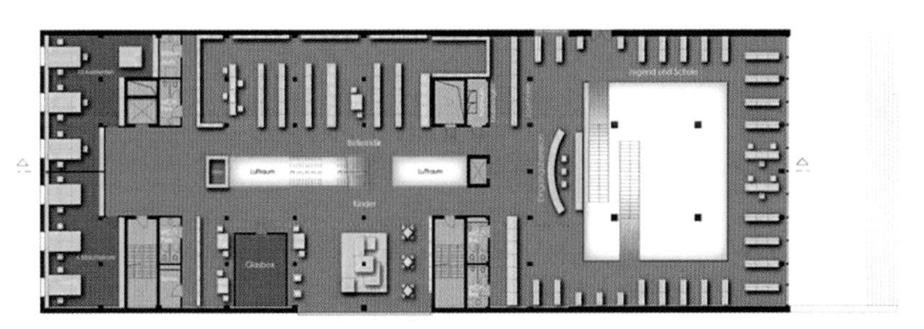

11

12_Platzzugewandte Front des ehemaligen Saaltraktes nach Eröffnung der Filiale des Textileinzelhandelsunternehmens, Foto 2013

12

die Bibliotheksnutzung in ihrer Fläche reduziert und vom ehemaligen Saaltrakt in einen anderen Gebäudeflügel verlegt sowie für den Saaltrakt nach einem finanzkräftigen „Ankermieter" gesucht.

Dieser übernahm schließlich einen Großteil „seiner" Räume im Zustand eines erweiterten Rohbaus, unter anderem das ehemalige Theaterfoyer (Abb. 10 und 11). Dieser Teil des Ensembles wurde als erstes fertiggestellt und neu bezogen. An der platzseitigen Fassade, über dem zarten Originalschriftzug „Haus der Kultur und Bildung" leuchtet nun in Großschrift das Firmenlogo von H & M (Abb. 12).

Das Bauvorhaben wird im Herbst 2014 abgeschlossen sein. Trotz aller Bemühungen und großen Engagements bei den Beteiligten habe ich die Sorge, dass das Ergebnis nach nahezu zehn Jahren ein unbefriedigendes sein wird. Die Würde des Hauses wird nicht mehr die alte, seine Vorbildfunktion und Strahlkraft gebrochen sein.

Es macht mich zutiefst nachdenklich, dass ein Baudenkmal, das in der Nachkriegszeit eines sozialistischen Staates unter schlechten ökonomischen Rahmenbedingungen entstanden ist, in der Gegenwart von einem der reichsten und gesellschaftlich führenden Länder nicht in der gleichen konstruktiven und gestalterischen Qualität weiterentwickelt werden konnte. Der immer und immer für alle Entscheidungen bemühte Hinweis auf die wirtschaftliche Machbarkeit wirkt da äußerst unglaubwürdig und hilflos.

Während die Oberbürgermeisterin Schwerins mir vor der Einweihung der Sport- und Kongresshalle die Frage stellte, wie sie ihren Bürgern erklären solle, „wo das ganze Geld hingegangen sei; man sehe ja nichts", könnte die Wiedereröffnung des Hauses der Kultur und Bildung die Frage aufwerfen, warum so viel Gelder in die Sanierung geflossen seien, wo man doch kaum noch was vom Alten erkenne.

AUSKLANG__Ich komme noch einmal zu meiner eingangs gestellten Frage zurück. Was sollen wir tun: nicht berühren, weiterbauen, zerstören? Meine Antwort ist eindeutig: „Nicht berühren" würde bedeuten, die Bauten ihrem natürlichen Verfallsprozess zu überlassen, sie im wörtlichen Sinne zu ruinieren. Die Bauwerke wären für immer zerstört.

„Zerstören" oder „zurückbauen" würde zunächst der Gefahr einer Verfälschung der Bauten der Vergangenheit entgegenstehen. Wir würden nicht der Versuchung unterliegen, den Diskurs darüber zu führen, ob es Aufgabe der Denkmalpflege sei, den Erhalt eines Zustandes oder den einer Entwicklung zu schützen. Das Bauwerk wäre schlichtweg nicht mehr vorhanden. Es könnte weder im Guten noch im Schlechten wirken und nicht länger auf eine Epoche oder zumindest einen Zeitraum verweisen, die oder der historisch, das heißt abgeschlossen ist.

Allein die Möglichkeit des Weiterbauens bleibt Ausweg und notwendige Konsequenz zugleich. Nur durch die Implementierung historischer Bauten in unseren Alltag kann die Geschichte lebendig bleiben, können ihre Zeugnisse zu einem bedeutenden Bestandteil unserer Gegenwart werden. Ich möchte mit einem Zitat Alvar Aaltos, in dessen Atelier ich nach meinem Studium für kurze Zeit arbeitete, schließen: Aalto wurde einmal gefragt, wie denn in ferner Zukunft mit seinen Bauten umzugehen sei. Schließlich seien sie doch wohl in ihrer Art einzigartig und als Unikate geplant und errichtet. Seine wie immer schlichte Antwort lautete: „einfach weiterbauen".

ANMERKUNG

1 Für den Druck des Tagungsbeitrages wurde das Redetyposkript nur leicht überarbeitet und der Vortragstil beibehalten.

KONZEPT FÜR EINE DENKMALGERECHTE SANIERUNG DER MENSA AM PARK IN WEIMAR_FRAUKE BIMBERG

1

Die Mensa am Park war bereits Gegenstand und Veranstaltungsort der ersten Tagung „Denkmal Ost-Moderne" im Januar 2011. Damals präsentierten Vertreter der Initiative Mensadebatte die von ihnen zusammengetragenen Fakten zur Planungs- und Baugeschichte sowie zur Denkmalfähigkeit der Mensa am Park und zeigten in Führungen durch das Gebäude die Notwendigkeit der Sanierung auf. Die Arbeit der Initiative Mensadebatte trug wesentlich dazu bei, dass die Mensa am Park im April 2011, kurze Zeit nach der Tagung, als Kulturdenkmal ausgewiesen wurde.[1] Über diesen Erfolg hinaus beenden die Autoren ihre Betrachtung in der Tagungsdokumentation „Denkmal Ost-Moderne – Aneignung und Erhaltung des baulichen Erbes der Nachkriegsmoderne" mit dem Ausblick auf die Erarbeitung eines Sanierungskonzeptes als notwendigen nächsten Schritt.[2] In meiner Abschlussarbeit im Sommersemester 2013 am Fachbereich Architektur an der Bauhaus-Universität Weimar habe ich mich mit diesem Thema beschäftigt. Die Ergebnisse dieser Arbeit werden hier zusammenfassend vorgestellt.

SANIERUNGSBEDARF_Die Mensa am Park ist Teil eines in den 1950er Jahren begonnenen Gebäudekomplexes von Hochschulgebäuden an der

1_Luftbild der Mensa am Park mit den Universitätsgebäuden am Campus Marienstraße 2_Südostfassade der Mensa am Park mit Terrasse, April 2013

Marienstraße, welcher durch die Mensa und deren Nachbargebäude zur geplanten Campusstruktur vervollständigt wurde (Abb. 1).[3] Durch diese besondere städtebauliche Lösung und die Ausformung des Baukörpers reagiert die Mensa direkt auf ihren Standort am Park an der Ilm. Die Fassade, geprägt durch einen Wechsel aus langen Fensterbändern und geschlossenen Wandflächen, öffnet das Bauwerk zum Park und schafft so eine Verbindung zwischen Architektur und Umgebung (Abb. 2). Diese Eigenschaften sowie die material- und farbästhetische Gestaltung und der Umstand einer individuellen Planung aus der ehemaligen Hochschule für Architektur und Bauwesen (heute Bauhaus-Universität) heraus stellen neben der authentischen Überlieferung der Mensa die wichtigsten Denkmalwerte des Gebäudes dar.

2

Die sehr gute bauzeitliche Überlieferung führt in den täglichen Abläufen des Mensabetriebs allerdings zu erheblichen Problemen. Die energetische Bilanz der Fassade ist durch fehlende oder mangelnde Wärmedämmung und einen großen Fensteranteil defizitär und führt daher zu hohen Heizenergieverlusten. Ein Großteil der Gebäudetechnik ist seit der Eröffnung der Mensa am Park 1982 unverändert geblieben. Die Lüftungstechnik wird noch immer platz- und energieintensiv in einem eigenen Geschoss mit separater Steuerungszentrale betrieben (Abb. 3 bis 5). Zudem

3_Motor einer Lüftungsanlage mit Keilriemenantrieb, April 2013 **4**_Lüftungsanlage im Lüftergeschoss der Mensa am Park, April 2013 **5**_Steuerungsanlage der Lüftungszentrale in der Mensa am Park, April 2013 **6**_Flächenbedarfsanalyse für alle Geschosse, Maßstab 1:3000

3 4 5

hat sich die Gästezahl seit Inbetriebnahme der Mensa mehr als halbiert. Dieser Rückgang führt derzeit zu einem Flächenüberangebot an Küchen-, Kühl- und Lagerräumen, weshalb sich die Mensa für das Studentenwerk Thüringen nicht wirtschaftlich betreiben lässt.

Aus diesen Umständen ergibt sich im Wesentlichen der Sanierungsbedarf der Mensa am Park.

Bereits 2005 gab das Studentenwerk Thüringen eine Sanierungsstudie bei dem Büro Stelzer & Kraft Ingenieure aus Jena in Auftrag. Diese konstatierten einen hohen Verschleißgrad der Anlagentechnik und die Notwendigkeit der räumlichen Umgestaltung aufgrund des veränderten Flächenbedarfs.[4] Die Studie schlug umfangreiche Eingriffe in den Baukörper und die Raumstruktur

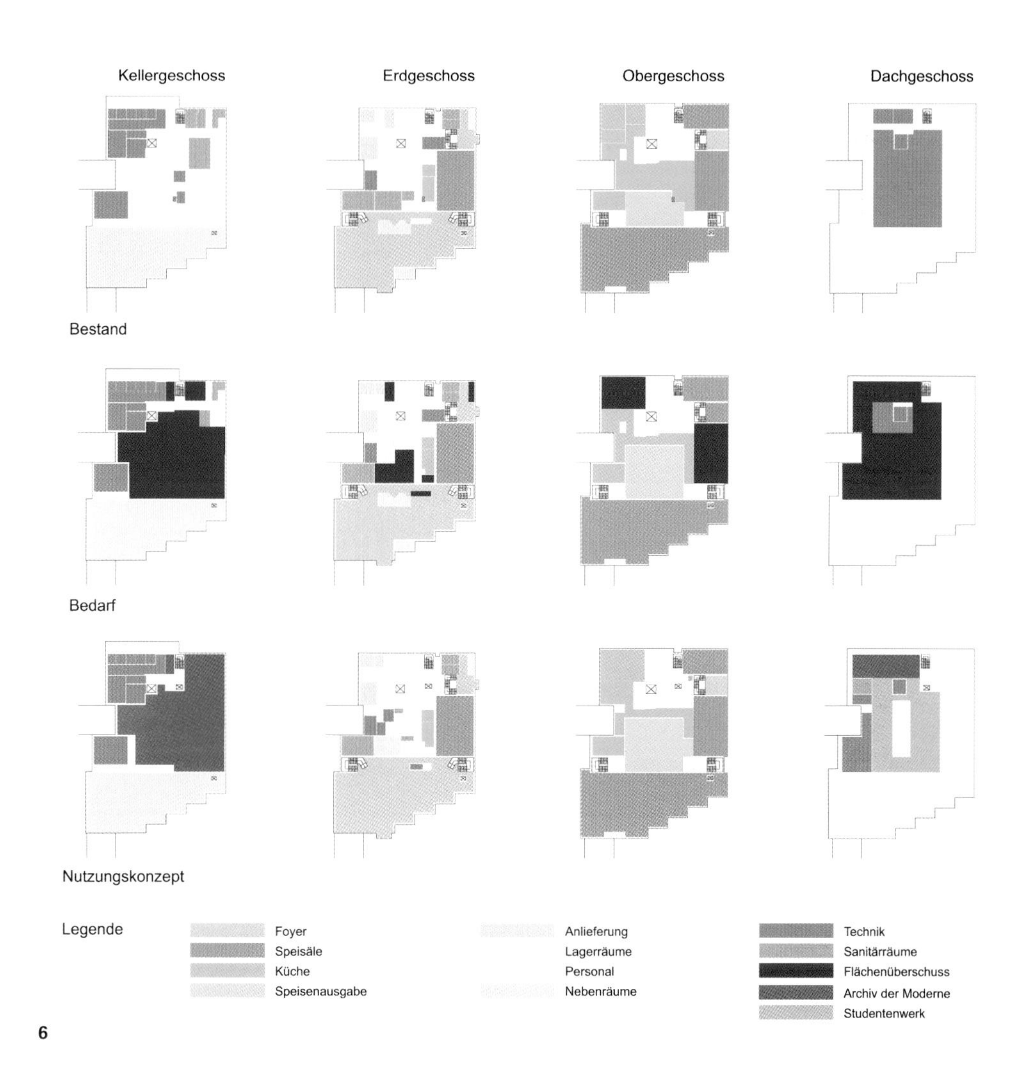

6

vor. Durch die Denkmaleintragung haben sich die Randbedingungen für eine Sanierung der Mensa am Park entscheidend verändert. Laut Thüringer Denkmalschutzgesetz bedürfen bauliche Veränderungen an einem geschützten Gebäude der Erlaubnis der Denkmalschutzbehörde. Zudem ist der Eigentümer zur denkmalgerechten Erhaltung und Pflege eines Kulturdenkmals verpflichtet.[5] Die Umbaupläne von 2005 sind daher nicht mehr durchsetzbar.

Ziel meiner Arbeit war es demnach, ausgehend von einer Flächenbedarfsanalyse ein Nutzungskonzept für die Mensa am Park zu erstellen und Möglichkeiten zur energetischen und technischen Sanierbarkeit zu untersuchen, welche den Anforderungen gerecht werden, die aus dem

7_Abbruch-Neubau-Kartierung Erdgeschoss, Maßstab 1:500 8_Abbruch-Neubau-Kartierung Obergeschoss, Maßstab 1:500 9_Abbruch-Neubau-Kartierung Lüftergeschoss, Maßstab 1:500 10_Abbruch-Neubau-Kartierung Dachgeschoss, Maßstab 1:500

7 8

Denkmalstatus resultieren. Inspiriert durch die Reflexion über das Verbrauchen und Abnutzen von Werten jüngster Architektur wird die Sanierung der Mensa am Park in meiner Arbeit als ein Modellprojekt für den behutsamen Umgang mit der Bausubstanz eines Gebäudes betrachtet. Reparatur und Umbau werden Abbruch und Ersatzneubau vorgezogen. Maßgebend war der Gedanke, dass die Bausubstanz der Mensa am Park aus Gründen der Authentizität und Nachhaltigkeit grundsätzlich schützenswert und daher bei Umbau- und Sanierungsmaßnahmen soweit wie möglich zu erhalten ist.

BESTANDSAUFNAHME UND NUTZUNGSKONZEPT__Die Mensa am Park befindet sich aufgrund der durchgängigen Nutzung in einem gepflegten Zustand. Der Abnutzungsgrad der Bausubstanz und Technik erscheint angesichts der 30-jährigen Standzeit nachvollziehbar. Eine Sanierung einzelner Bauteile und der technischen Installationen ist notwendig. Der Flächenüberschuss in der Mensa am Park beläuft sich auf etwa 1500 Quadratmeter Nutzfläche, die sich über alle Geschosse, aber hauptsächlich auf das Keller- und Lüftergeschoss verteilen (Abb. 6). Dies entspricht ungefähr der Grundfläche eines Vollgeschosses. Die Verände-

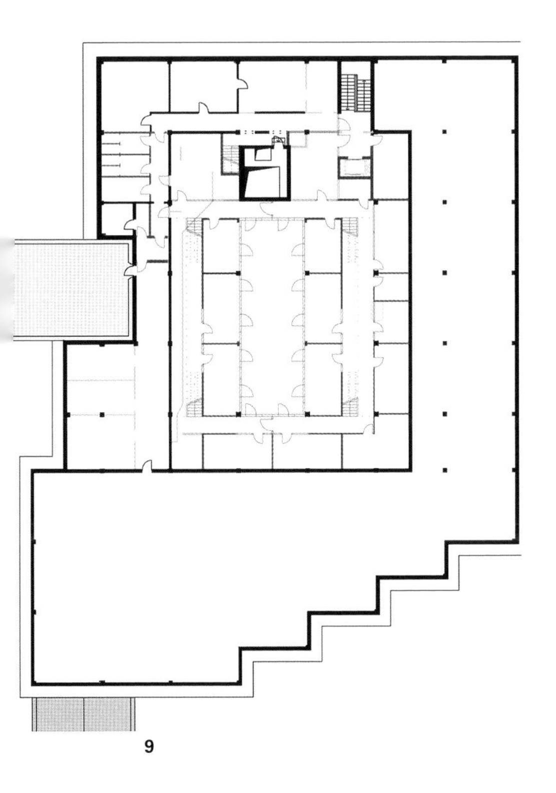

9

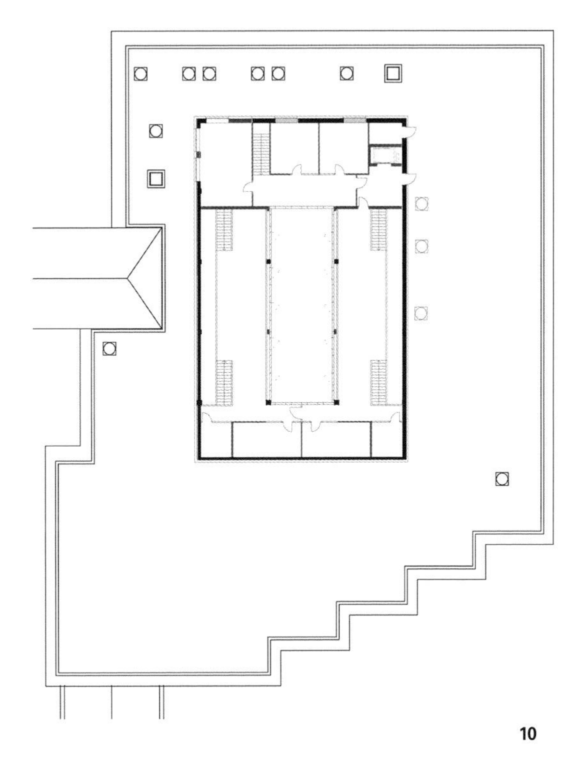

10

rung der Gebäudekubatur stellt dabei in Hinblick auf die eingangs genannten Denkmalwerte des Gebäudes keine Option für die Reduzierung des Flächenüberschusses dar. Das Nutzungskonzept baut vielmehr auf die Ansiedlung zusätzlicher Funktionen und Mieter in der Mensa am Park. Im Keller- und Lüftergeschoss können neue Nutzer untergebracht werden, während die für den Mensabetrieb notwendigen Räumlichkeiten auf die Wirtschaftsräume im Erd- und Obergeschoss reduziert werden können. Potenzielle Nutzungen für die freien Flächen sind Lager- und Archivräume im Kellergeschoss und Büroflächen im Lüftergeschoss auf dem Dach. Als Nutzer kommen das Archiv der Moderne an der Bauhaus-Universität und die Universitätsverwaltung sowie Serviceeinrichtungen des Studentenwerks Thüringen in Frage.

Bezogen auf die einzelnen Grundrisse bedeutet dies bauliche Eingriffe in unterschiedlichem Umfang (Abb. 7 bis 10). Im Kellergeschoss ist zur Umnutzung der Lagerräume zu Archivfunktionen lediglich das Aufbrechen zu kleinteiliger Raumstrukturen und die Unterteilung verschiedener funktionaler Einheiten notwendig. Im Erdgeschoss wird die Zuwegung und Erschließung

11_Entwurfszeichnung Gebäudeschnitt, Maßstab 1:500 **12**_Fassadenmaterialien: Waschbetonplatte, geschliffener Terrazzo, eloxierte Aluminiumrahmen

des Gebäudes nicht verändert. Das Hauptfoyer mit dem doppelten Treppenaufgang ins Obergeschoss, die Cafeteria und das Nebentreppenhaus auf der Parkseite sind die am hochwertigsten ausgeführten Räume auf diesem Geschoss und durch ihre räumliche und materialästhetische Gestaltung Träger wesentlicher Denkmaleigenschaften. Da überdies ihre Funktionen weiterhin benötigt werden, wird hier keine Veränderung vorgeschlagen bis auf die Revision zweier nachträglicher Einbauten im Hauptfoyer. Größere Eingriffe sind jedoch im Wirtschaftsteil des Erdgeschosses notwendig, um die bereits genannte Konzentration der Räumlichkeiten für die Mensa zu ermöglichen. Zudem sind hier Eingriffe denkmalpflegerisch zu vertreten, da die Wirtschaftsräume weniger wertvoll ausgeführt sind.

Einen wesentlichen Eingriff bedeutet hier das Einbringen eines zweiten Personenaufzuges im Anschluss an das befindliche Wirtschaftstreppenhaus an der Nordostseite der Mensa. Dieser ist nötig, um kreuzungsfreie Wege zwischen Gästeverkehr und Personal- und Nahrungswegen zu ermöglichen.

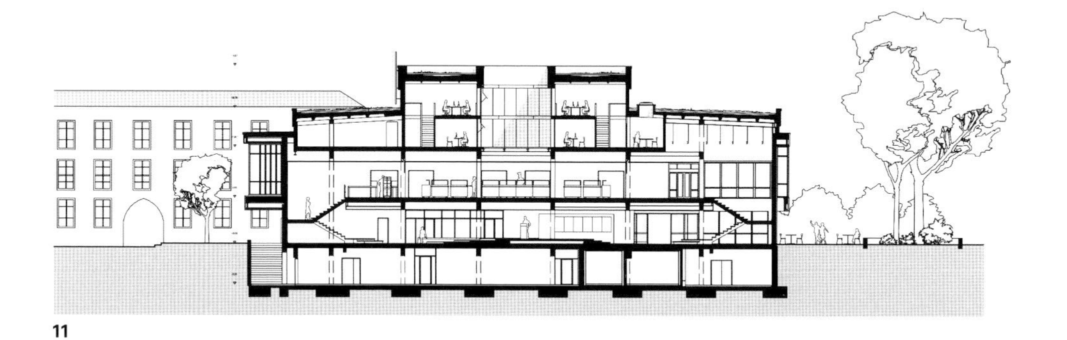

11

Im Obergeschoss wird die gleiche Strategie wie im Erdgeschoss verfolgt. Dort sind die hochwertig gestalteten Räumlichkeiten der große und der kleine Speisesaal (das sogenannte Parkdeck) und der Klubraum an der Nordostecke. Diese bleiben unverändert. Im Wirtschaftsteil wird die Speisenausgabe um die Fläche der jetzigen Zubereitungsküche vergrößert. Diese wird an die Nordwestseite des Gebäudes verlegt, wo sich im Moment zu groß dimensionierte Vorbereitungsflächen befinden. Diese werden zwar verkleinert, aber weiterhin im Anschluss an die Zubereitung angeordnet. Die Verlegung der Küche an eine bestehende Fensterfront bedeutet zudem eine Aufwertung des Arbeitsmilieus.

Für die Einrichtung einer Büronutzung im größtenteils unausgebauten Lüftergeschoss ist eine grundlegende Raumneueinteilung notwendig. Zudem ist die Verlegung der Lüftungstechnik Voraussetzung für die neue Nutzung. Eine nach heutigem Standard dimensionierte Lüftungsanlage benötigt weniger als die Hälfte der derzeitigen Aufstellfläche und eine geringere Raumhöhe. Daher wird sie in die Südwestecke des Lüftergeschosses verlegt. Die Raumhöhe der jetzigen Lüftungszentrale beträgt an der niedrigsten Stelle 5,20 Meter. Dies ermöglicht das Einziehen einer zusätzlichen Ebene in die „Bürolandschaft" und die Erschließung eines neuen Geschosses, wodurch der zur Verfügung stehende Raum optimal genutzt wird. Zur ausreichenden Belichtung der

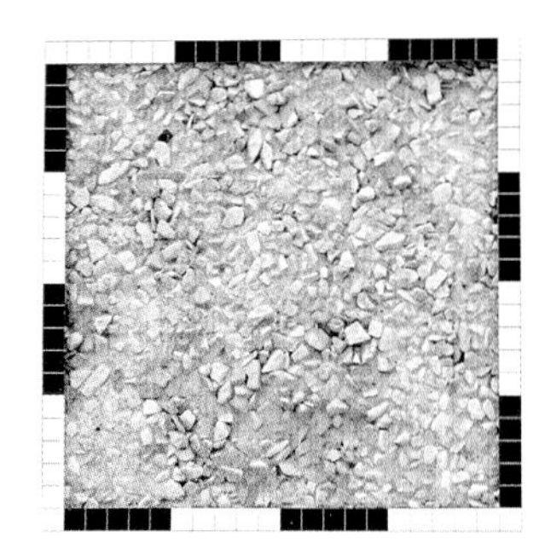

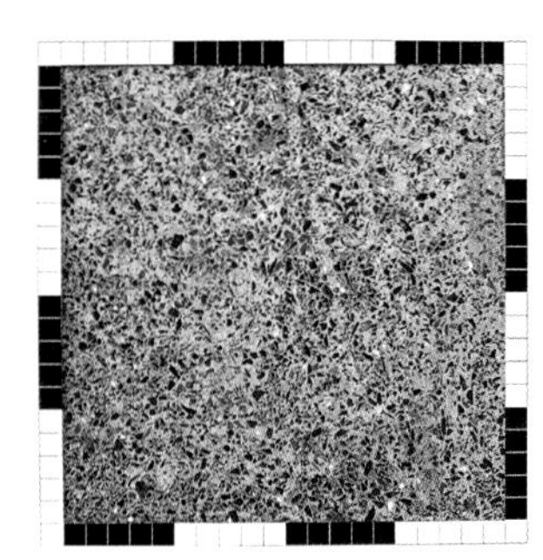

12

neuen Arbeitsplätze wird ein Lichthof in der mittleren Achse des Lüftergeschosses vorgeschlagen. Dieser Eingriff ermöglicht es zudem, das darunter liegende Geschoss, in diesem Fall die neue Speisenausgabe, über eine Lichtdecke unterstützend natürlich zu belichten (Abb. 11).

Die Gebäudezonierung in Wirtschaftsteil und öffentliche Räume erweist sich als funktional und wird dementsprechend beibehalten. Ziel der vorgeschlagenen Interventionen ist es, Nutzungsänderungen möglichst in bestehender Struktur umzusetzen: Zum Einen lässt dies ausreichend Spielraum für weitere Veränderungen. Sollte die Auslastung der Mensa in Zukunft wieder steigen, so lassen sich die jetzigen Raumzusammenhänge reaktivieren. Auch die ursprüngliche Konzeption bleibt so für weitere Nutzergenerationen ablesbar. Zum Anderen gehen die vorgeschlagenen Veränderungen von dem Grundsatz des Weiterbauens aus. Es geht also um das Verändern durch Hinzufügen und Ergänzen. In dem Verständnis, dass ein Gebäude kein abgeschlossenes Projekt ist, sondern den Rahmen für mögliche weitere Bauaufgaben bietet, zeigt der Entwurf, dass das Gebäude auch veränderten Anforderungen gerecht werden kann.

ENERGETISCHE SANIERUNG_Die Heizenergiebilanz der Mensa lässt sich durch eine energetische Fassadensanierung erheblich verbessern. Dies ist unter weitestgehendem Erhalt der Bestandsmaterialien und der äußeren Erscheinung realisierbar. Sowohl die Waschbetonplatten- und Terrazzoverkleidungen als auch die goldeloxierten Aluminiumrahmen der Fenster können dabei im Original erhalten werden (Abb. 12). Auf diese Erkenntnisse, die aus einer Diplomarbeit von 2009 über die Mensa am Park und einem Seminar am Lehrstuhl Denkmalpflege und Baugeschichte der Bauhaus-Universität von 2010 hervorgehen[6], konnte ich bei meiner Untersuchung zurückgreifen. Möglichkeiten zur energetischen Verbesserung sind beispielsweise die Überdämmung konstruktiver Wärmebrücken und der Putzflächen der Attika sowie der Außenwände des Lüftergeschosses. Dort lässt sich die Haptik und Farbigkeit eines neuen Putzes dem jetzigen nachempfinden. Zudem ist die innenliegende, nichttragende Ziegelmauerwerkschale der geschlossenen Fassadenteile herauszunehmen und durch einen Baustoff höherer Dämmwirkung zu ersetzen. Das Flachdach lässt sich zu einem Gründach ertüchtigen, welches nicht nur erheblich bessere Dämmwerte aufweist, sondern auch als Regenauffangfläche dient. Die größte energetische Schwachstelle der Mensa ist jedoch der hohe Anteil an Verglasungen in der Außenhaut. Die Glasfassaden sind als vor Ort montierte Pfosten-Riegel-Konstruktion, bestehend aus einem Stahlhohlprofil und einem Blendrahmen aus eloxiertem Aluminium ausgeführt. Diese Konstruktion ist demontierbar. Daher lässt sich die jetzige Doppelverglasung ohne gasgefüllten Zwischenraum durch dreifach isolierverglaste Scheiben unter Erhalt der Rahmen austauschen. Allein durch diese Maßnahmen erfüllen alle Bauteile die Anforderungen an die aktuelle Energieeinsparverordnung.[7] Zusammen mit einer Erneuerung der Lüftungsanlage, welche mit Wärmerückgewinnung arbeitet, kann der jährliche Heizenergieverbrauch um über die Hälfte des aktuellen Wertes reduziert werden.

Der Jahresenergieverbrauch der Mensa zur Erzeugung von Heizwärme belief sich 2012 auf 615.009 kWh.[8] Bezogen auf die beheizte Fläche ergibt dies einen jährlichen Verbrauch von etwa 290 kWh/m²a. Der Energieverbrauch zur Erzeugung von Warmwasser belief sich im gleichen Zeitraum auf 207.882 kWh. Insgesamt ergibt dies einen jährlichen Heizenergieverbrauch von 388 kWh/m²a. Die Energieeinsparverordnung 2009 schreibt als Vergleichswert für den Gebäudetyp Mensa einen Energiebedarf von 120 kWh/m²a für die Erzeugung von Heizwärme und Warmwasser vor.[9] Die Mensa überschreitet diesen Wert aktuell um das Dreifache und weist damit einen für Bestandsgebäude dieser Zeit nicht ungewöhnlichen, aber dennoch sehr ungünstigen Energieverbrauch auf. Durch die oben beschriebenen Maßnahmen lässt sich allein der Energiebedarf für die Erzeugung von Heizwärme auf 80 kWh/m²a senken. Dies entspricht einer Reduzierung auf ungefähr ein Viertel des Ist-Wertes. Der Gesamtjahresheizwärmebedarf der Mensa ließe sich schließlich um die Hälfte des jetzigen Wertes auf 157 kWh/m²a reduzieren.[10] Dies kommt dem Richtwert von 120 kWh/m²a sehr nahe und stellt eine erhebliche Verbesserung dar. Es bestand zudem die Vermutung, dass ein vollständiger Austausch der Fensterrahmen eine weitere signifikante Verbesserung über diese Einsparung hinaus bedeuten könnte. Tatsächlich führt der Einbau eines Systems thermisch getrennter und isolierter Metallprofile mit Dreifachverglasung und einem optimalen U-Wert von 1 W/m²K lediglich zu einer Reduzierung des Jahresheizwärmebedarfs um weitere 13 kWh/m²a auf 144 kWh/m²a. Das entspricht einer zusätzlichen Einsparung von nur etwa einem Zehntel des zuvor genannten Jahresheizwärmebedarfs. Diese unwesentliche Verbesserung ist gegenüber dem alleinigen Austausch der Gläser mit einem sehr hohen baulichen und finanziellen Mehraufwand verbunden. Es ist also nicht nur aus denkmalpflegerischen Gründen wünschenswert ,die Bestandsfensterrahmen zu erhalten. Auch in ökonomischer und ökologischer Hinsicht ist dieser Vorschlag sinnvoll.

DENKMALWERTBILANZ__Für die abschließende Bewertung der genannten Maßnahmen ist vor allem der Erhalt der eingangs beschriebenen Denkmaleigenschaften der Mensa am Park von Bedeutung. Die Änderung der Nutzung und bauliche Eingriffe beschränken sich in diesem Konzept auf den denkmalpflegerisch weniger hochwertigen Wirtschaftsteil des Gebäudes. In den öffentlich zugänglichen Räumen werden das Konzept des fließenden Raumes und damit der interne Zusammenhang sowie die Materialität und Gestaltung nicht verändert. Dadurch wird die Qualität der architektonischen Ausformung gewahrt und betont. Die energetische Sanierung ist ohne Veränderung der äußeren Erscheinung des Gebäudes unter weitestgehendem Erhalt der Bestandsmaterialien möglich. Grundlage ist vor allem der gute Zustand der baulichen Substanz und die Langlebigkeit der verwendeten Materialien.
Sämtliche Sanierungsvorschläge tragen also zum Erhalt der Denkmalwerte der Mensa am Park bei und schöpfen darüber hinaus bisher ungenutztes Potenzial des Gebäudes aus, indem beispielsweise ein weiteres Geschoss erschlossen wird.

FAZIT__Die eingehende Beschäftigung mit der Mensa am Park hat die bisherigen Vermutungen zur Sanierbarkeit bestätigt. Die Energiebilanz lässt sich allein durch Ertüchtigung der Fassade deutlich verbessern. Für die geschlossenen Bauteile werden vorbildliche Dämmwerte erreicht, ohne die vorgehängten Verkleidungen zu verändern. Für den denkmalpflegerischen Umgang mit der Gebäudehülle ist das ein Glücksfall, wird doch so die Frage nach Substanz- oder Bilddenkmalpflege, die sich für die Nachkriegsmoderne ebenso wie für die klassische Moderne immer noch stellt[11], ganz klar zugunsten der Substanz entschieden. In der Mensa am Park wurden vorwiegend robuste und langlebige Baustoffe verbaut, wie Beton, Mauerwerk, Kunststein, Stahl und Glas. Die Materialstärken sind großzügig bemessen und auch die Details weisen eine hohe Ausführungsqualität auf. Wenn nicht Materialschwäche oder energetische Gründe einen Bauteilaustausch erfordern, ist der Erhalt des Bestandes die logische Konsequenz. Der Denkmalwert der Mensa beschränkt sich zudem nicht nur auf die Formensprache und Städtebauliches. Hier ist eindeutig auch die Substanz Träger der Denkmaleigenschaften. Die Individualplanung von Möbeln, Ausstattungen und Kunstwerken sowie die Unterstützung der Ausführung durch Studenten und Mitarbeiter der Hochschule machen die Mensa am Park zu einem besonderen bau- und sozialgeschichtlichen Zeugnis. Diese Ebene der Denkmalvermittlung ist an den Substanzerhalt gekoppelt. Auch wirtschaftlichen Interessen kommt die Vermeidung von baulichen Eingriffen entgegen. Bei den Betrachtungen zur Betriebswirtschaftlichkeit und Nachhaltigkeit von Baumaßnahmen ist auch die Architektur selber als Ressource zu verstehen. Ein Bestandsgebäude liefert durch die in ihm gebundene Energie einen wertvollen Beitrag zur Emissionsreduzierung. Der amerikanische Architekt Carl Elefante prägte den Satz „The greenest building is one that is already built." [12] Auch Muck Petzet thematisierte dies auf der 13. Architekturbiennale in Venedig 2012 als Kurator des deutschen Pavillons. Die dortige Ausstellung warb mit dem aus der Umweltbewegung entlehnten Slogan „Reduce Reuse Recycle" für den verantwortungsvollen Umgang mit dem Baubestand. In der Architektur meint dies die Vermeidung unnötiger Änderungen und die Auffassung von Weiterbauen und Weiternutzen als eine eigenständige Bauaufgabe. [13] Es handelt sich dabei nicht nur um energetische und wirtschaftliche Betrachtungen, sondern vor allem um die Wertschätzung des Vorhandenen.

Nur durch Gebrauch und Pflege ist der langfristige Erhalt eines Gebäudes zu sichern. Auch ein Denkmal muss in erster Linie nutzbar sein, um bestehen zu können. Das erfordert gelegentlich Kompromisse zwischen denkmalpflegerischem Anspruch und Nutzerwünschen. Die präsentierten Ergebnisse zeigen jedoch, dass Sanierung und Umbau der Mensa am Park unter Berücksichtigung der Betreiberwünsche und unter Erhalt der denkmalwerttragenden Eigenschaften möglich ist. Neben dem Mensabetrieb entstehen weitere Nutzungseinheiten. Dieses vielfältige Flächenangebot sichert die zukünftige Auslastung des Gebäudes und damit die effiziente Bewirtschaftung. Es wird außerdem vorgeschlagen, zusätzlich zum Studentenwerk eine universitäre Einrichtung in der Mensa unterzubringen. Dies schärft das Profil der Mensa als Hochschulgebäude und ist zugleich als Ausgangspunkt für eine Zusammenarbeit von Studentenwerk und Universität bei der Sanierung zu sehen, wovon beide Institutionen profitieren können.

Die Voraussetzungen für eine erfolgreiche Sanierung sind, wie hier dargelegt, in jeder Hinsicht gegeben. Es besteht demnach begründete Hoffnung, dass die Durchführung die hohen Erwartungen erfüllen wird.

Die Mensa am Park hat in den letzten drei Jahren Bekanntheit über die Stadt- und Universitätsgrenzen hinaus erfahren. Die Sanierung eines so jungen Denkmals wird Modellcharakter haben und daher auf großes Interesse in Fachkreisen stoßen. Zur Qualitätssicherung ist die Sanierung daher als ein interdisziplinäres Projekt von Eigentümer, Nutzern und denkmalpflegerisch engagierten und versierten Planern anzugehen.

ANMERKUNGEN

1 http://www.mensadebatte.de/?p=75 (letzter Zugriff April 2014)

2 Fritz, Moritz/ Kirfel, Florian: „Mensadebatte Weimar. Über die strategische Organisation einer Initiative und deren Rahmenbedingungen", in: Escherich, Mark (Hg.): *Denkmal Ost-Moderne – Aneignung und Erhalt des baulichen Erbes der Nachkriegsarchitektur.* Berlin, 2012, S. 165

3 Vertiefende Darstellungen zur Planungs- und Baugeschichte finden sich bei Luck, Stephan / von Engelberg, Eva: „ Die Mensa am Park in Weimar", in: *In situ- Zeitschrift für Architekturgeschichte.* Worms, Nr. 2/2010, S. 231246; Mensadebatte.de, „Die Ungeliebten", in: Initiative Horizonte: *Design Response Ability – Horizonte Magazin für Architekturdiskurs*, Weimar, 2010, S. 23–40; Rudolph, Benjamin / Müller, Rainer: „Der Campus der Hochschule für Architektur und Bauwesen Weimar", in: *Arbeitsheft des Thüringischen Landesamtes für Denkmalpflege und Archäologie*, Erfurt Nr. 36/2010, S. 148–170; Fritz, Moritz / Kirfel,Florian: „Mensadebatte Weimar. Über die strategische Organisation einer Initiative und deren Rahmenbedingungen", in: Escherich (Hg.) 2012, S. 156–165; Wollny, Friederike: „Campus Marienstraße mit Mensa", in: von Engelberg-Dočkal, Eva / Vogel, Kerstin (Hg.): „Sonderfall Weimar? DDR-Architektur in der Klassikerstadt", Weimar 2013, S. 157–165; Angermann, Kirsten: „ Die Mensa am Park – Gebäude und Geschichte", in: Fritz, Moritz / Kirfel, Florian (Hg.): *Die Mensa am Park – Vom Gebrauchen und Verbrauchen jüngster Architektur*, Weimar 2013, S. 81–96

4 Stelzer & Kraft Ingenieure: „Studie zur Sanierung der Mensa am Park in Weimar", erstellt im Auftrag des Studentenwerkes Jena-Weimar (heute Studentenwerk Thüringen), Jena 2005, S. 3

5 Thüringer Denkmalschutzgesetz, § 13 (1) und § 7 (1), 2004.

6 Luck, Stephan: Die Mensa am Park in Weimar – Analyse, Bewertung und Sanierungskonzeption, Diplomarbeit Bauhaus-Universität Weimar, Fakultät Architektur, Lehrstuhl Denkmalpflege und Baugeschichte, Weimar 2009, S. 37–47; Seminardokumentation des interdisziplinären Seminars „Die Mensa am Park", Professur Denkmalpflege und Baugeschichte, Professur Entwerfen und Baukonstruktion, Professur Bauklimatik, Bauhaus-Universität Weimar, Wintersemester 2010/2011.

7 Bundesministerium für Verkehr, Bau und Stadtentwicklung, „Zweite Verordnung zur Änderung der Energieeinsparverordnung", Anlage 3, in Bundesgesetzesblatt Teil I Nr 67/ 2013, Bonn, S. 3975–3976

8 Angaben des Servicezentrums Liegenschaften der Bauhaus-Universität Weimar, 2013

9 Bundesministerium für Verkehr, Bau und Stadtentwicklung, „Bekanntmachung der Regeln für Energieverbrauchskennwerte und der Vergleichswerte im Nichtwohngebäudebestand", 31. Juli 2009. S. 25

10 Diese Werte beruhen auf Berechnungen der Normheizlast und des Jahresheizwärmebedarfs für Heizung und Warmwasser gemäß DIN EN 12831 und VDI 2067. In der Arbeit wurden drei verschiedene Sanierungsmodelle berechnet und miteinander verglichen.

11 Vgl. Hansen, Astrid: „Substanz und Erscheinungsbild – Chancen eines denkmalgerechten Umgangs mit der Nachkriegsmoderne", in: Gisbertz, Olaf für das Netzwerk Braunschweiger Schule (Hg.): *Nachkriegsmoderne kontrovers – Positionen zur Gegenwart.* Berlin 2012, S. 152–165; Schyma, Angelika: „Wieviel Substanz braucht ein Denkmal?", in: *Arbeitsheft des Landesamtes für Denkmalpflege Sachsen,* Markleeberg, Nr. 14/2009, S. 174–176

12 Elefante, Carl: "The greenest building is one... that is already built", in: *forum journal – The Journal of the National Trust of Historic Preservation, National Trust Forum.* Washington DC, Vol. 21, No. 4/2007, S.26–38

13 Vgl. Petzet, Muck / Heilmeyer, Florian (Hg.): *Reduce, Reuse, Recycle – Ressource Architektur. Deutscher Pavillon 13. Internationale Architekturausstellung La Biennale di Venezia 2012.* Ostfildern, 2012, S. 10

ZWISCHEN TRÄNENPALAST UND CAFÉ MOSKAU. FALLSTUDIEN ZUR KONSERVIERUNG DER OSTMODERNE IM ZENTRUM VON BERLIN_NORBERT HEULER

Das besondere Profil der Denkmallandschaft der Nachkriegsarchitektur in Berlin, das sowohl die Ostmoderne wie auch die Westmoderne umfasst, habe ich in meinem Beitrag auf dem ersten Teil dieser Tagungsreihe im Januar 2011 ausführlich gewürdigt.[1] Berlin, die unter den Alliierten gespaltene deutsche Metropole, war Hauptschauplatz der Ost-West-Konfrontation und architektonisches Schaufenster der Systemkonkurrenz.

An keinem anderen Ort in Deutschland ist die enge Wechselwirkung im Miteinander bzw. Gegeneinander der historischen Entwicklung in der Architektur so deutlich erlebbar wie in Berlin. Die besondere politische Situation der in West und Ost geteilten Stadt spiegelt sich in der Nachkriegsarchitektur des Wiederaufbaus und ist Grundlage für die Initiative, die beiden Bauabschnitte der Karl-Marx-Allee im Ostteil Berlins und das Hansaviertel im Westteil Berlins für die Eintragung als Weltkulturerbe anzumelden.

Obwohl bereits die 1979 veröffentlichte zentrale Denkmalliste der DDR Bauwerke der Nachkriegszeit als Teil des Denkmalensembles „Berlin – Hauptstadt der DDR" verzeichnet, darunter das 1951/52 errichtete Hochhaus an der Weberwiese von Hermann Henselmann, das 1962–64 errichtete Staatsratsgebäude der DDR von Roland Korn und Hans Erich Bogatzki sowie als „Denkmal der Produktions- und Verkehrsgeschichte" den zwischen 1965 und 1969 errichteten Fernsehturm am Alexanderplatz, spielte das Problem der Erhaltung und Pflege dieser Bauten für die Denkmalpflege der DDR noch keine Rolle.

Auch wenn der Einsturz der Dachkonstruktion der 1956/57 als Beitrag der USA zur Interbau nach Entwurf des Architekten Hugh Stubbins errichteten Kongresshalle im Tiergarten im Mai 1980 kein direkter Auslöser war, so markiert das Jahr 1980 für West-Berlin doch den Zeitpunkt, von dem an die Bedeutung der Nachkriegsarchitektur als Gegenstand des Denkmalschutzes und der Denkmalpflege immer mehr Interesse und Zuwendung fand. Die spürbar zunehmende Bedrohung der Architektur der 1950er und 60er Jahre aufgrund anstehender Instandsetzungsmaßnahmen und geplanter Veränderungen oder gar Abbrüche führte Anfang der 1980er Jahre zu den ersten Eintragungsverfahren und zu den ersten Erfolgen bei der Erhaltung und denkmalgerechten Instandsetzung.

Im ehemaligen Ostteil von Berlin stehen den vor allem in den 1990er Jahren eingetretenen Verlusten – dem 1992 erfolgten Abbruch des Stadions der Weltjugend, dem Abbau des Lenin-Standbildes am heutigen Platz der Vereinten Nationen (1992), der Hochhausscheibe Interhotel Berolina an der Karl-Marx-Allee (1995/96), des Außenministeriums der DDR (1996), der Ungarischen Botschaft Unter den Linden (1998), der Hyparschale der Mehrzweckgaststätte „Ahornblatt" auf der Fischerinsel (2000) und dem Abbruch des Palastes der Republik (2006-08) – mittlerweile eine Reihe wichtiger Anlagen der Ostmoderne gegenüber, die nicht nur vor einem Abriss bewahrt und erhalten, sondern auch erfolgreich instandgesetzt oder modernisiert wurden. Die Berliner Denkmalpflege konnte dabei auf einen großen Erfahrungsschatz der seit den 1980er Jahren erfolgten Erhaltungs- und Instandsetzungsmaßnahmen im Westteil der Stadt zurückgreifen.

Als erste Gebäudeanlage der Ostmoderne wurde in den Jahren 2002 bis 2004 die 1961 bis 1964 nach Entwurf des Architekten Hermann Henselmann errichtete Gebäudegruppe von Haus des Lehrers und Kongresshalle am Alexanderplatz (Abb.1) unter Denkmalpflegeaspekten instandgesetzt und umgebaut. Die Gebäudegruppe zählt zu den prominentesten Zeugnissen der Ostmoderne, ja der modernen Architektur der 1960er Jahre in DDR und BRD überhaupt. Im Unterschied zu anderen DDR-Bauten der 1960er Jahre konnte die Gebäudegruppe als denkmalpflegerischer Fixpunkt bereits im städtebaulichen Ideenwettbewerb Alexanderplatz 1993/94 verankert und gegen Absichten zur städtebaulichen Neuordnung und Verdichtung gesichert werden.

1

Das markanteste Merkmal des Denkmalensembles, der 125 Meter lange und acht Meter hohe Mosaikfries aus Glas- und Glaskeramik am Haus des Lehrers mit dem Titel *Unser Leben* von Walter Womaka wurde erhalten und restauriert. Die Vorhangfassade musste aufgrund des bautechnisch schlechten Zustandes vollständig erneuert werden. Die Erneuerung orientierte sich am Ursprungszustand und nicht an der in Gliederung, Glasqualität und Farbe mehrfach veränderten überlieferten Gestaltung. Der größte bauliche Eingriff in die Denkmalsubstanz des Haus des Lehrers ist die Veränderung des Grundrisses durch Einbau eines zentralen Erschließungskerns anstelle der ursprünglichen Treppenhäuser, durch den die geforderte höhere Flexibilität und Wirtschaftlichkeit erreicht wurde.

In den Jahren 2004 bis 2005 wurde das 1962–64 nach Entwurf des Architekten Roland Korn errichtete Staatsratsgebäude am Schloßplatz für die European School of Management durch das Büro HG Merz instandgesetzt und umgebaut. Erhalten und restauriert wurde das herausragende Merkmal des Gebäudes, das in die Fassade eingefügte Portal IV des 1950 gesprengten Berliner Stadtschlosses. Vom Balkon dieses Portals hatte Karl Liebknecht am 9. November 1918 die Sozialistische Republik ausgerufen.

Aus bautechnischen Gründen erneuert werden musste die Fensterkonstruktion. Als Ergebnis der Diskussion um den Umgang mit den erhaltenen Innenräumen konzentrierte sich die Denkmalpflege auf die Erhaltung der Foyers und der großen Treppenanlage sowie auf die repräsentativ ausgestatteten Konferenz- und Sitzungssäle, die in ihrer Gestaltung und bis auf eine Ausnahme auch in ihrer Größe erhalten wurden. Lediglich der Festsaal im zweiten Obergeschoss wurde durch eine reversible, transparente Zwischenwand in zwei Vorlesungssäle geteilt. Erhalten wurden alle wandfesten Kunstwerke wie zum

2

2_Berlin, „Tränenpalast“

Beispiel das 120 Quadratmeter große Glasbild in der großen Treppenhalle mit Darstellungen *Aus der Geschichte der deutschen Arbeiterbewegung* von Walter Womacka und die Mosaikwand mit dem Staatswappen der DDR in einem der Hörsäle. Vielleicht sollte an dieser Stelle noch erwähnt werden, dass der westliche Gebäudeteil nach wie vor nicht genutzt wird und bisher nicht instandgesetzt ist.

Ein besonderes Gebäude der Ostmoderne ist der als Ein- und Ausreisehalle am Bahnhof Friedrichstraße geplante, kurz nach dem Mauerbau 1961/62 nach Entwurf des Reichsbahnrates Horst Lüderitz errichtete sogenannte Tränenpalast (Abb. 2). Mit seiner betont leichten und

hellen Architektur und mit seinem Standort im Zentrum der Hauptstadt der DDR bildet diese Übergangsstelle eine Ausnahme in der sonst eher sachlich-nüchternen oder gar abweisenden Gestaltung der Grenzanlagen. Die besondere Form der sich in Höhe und Breite aufweitenden Halle wurde durch den damaligen Minister für Verkehrswesen folgendermaßen begründet: „nach Richtung Ost-Berlin muss die Freiheit sichtbar werden durch Vergrößerung der Stützweite und der Höhe der Halle. In Richtung des Ein- und Ausgangs Richtung Nord-Süd-Bahn muss alles ein bisschen enger werden, denn die Leute kommen aus dem Westen oder gehen in den Westen, das muss man dargestellt spüren."[2]
Im Zusammenhang mit dem inzwischen in der unmittelbaren Nachbarschaft fertiggestellten Hochhausprojekt Spreedreieck stand eine denkmalgerechte Erhaltung des seit 1990 denkmalgeschützten „Tränenpalastes" in situ zeitweise infrage. Inzwischen ist der „Tränenpalast" erhalten und instandgesetzt und wird als Bestandteil des Mauergedenkkonzeptes des Landes Berlin und des Bundes als zentrale Dokumentationsstätte genutzt, um über die Teilung Berlins und Deutschlands und den Alltag der Menschen in Ost und West bis zur Wiedervereinigung zu informieren.
Die schwierigste Aufgabe bei der Instandsetzung war, wie bei vielen Bauten der Moderne, die Erhaltung und wärmeschutztechnische Aufrüstung der großflächigen Glasfronten des Pavillons. Im Ergebnis konnte die thermisch nicht getrennte bauzeitliche Konstruktion einschließlich der eloxierten Klemmprofile erhalten werden. Eingriffe waren lediglich für den Einbau der etwas stärkeren Wärmeschutzgläser notwendig. Außerdem mussten die vorhandenen Öffnungsflügel so umgerüstet werden, dass sie sich im Brandfall automatisch öffnen. Um bei der neuen Verglasung die optische Wirkung heutiger industriell gefertigter Gläser zu vermeiden, kam ein Isolierglasverbund zum Einsatz, der sich aus dem Restaurierungsglas Tikana auf der Außen- und einer Floatglasscheibe mit Wärmeschutzbeschichtung auf der Innenseite zusammensetzt.[3]
Mit dem zweiten Bauabschnitt der Karl-Marx-Allee entstand in den Jahren 1959 bis 1965 zwischen Strausberger Platz und Alexanderplatz ein durchgrüntes Wohngebiet mit acht- und zehngeschossigen Wohnscheiben in Großplattenbauweise sowie entlang der Karl-Marx-Allee fünf Pavillonbauten für Wohnfolgeeinrichtungen, das Café Moskau, das Kino International und das nach der Wende durch einen Neubau ersetzte Hotel Berolina in vor Ort gefertigten Stahlbetonkonstruktionen nach individuellem Entwurf des Architekten Josef Kaiser. Kennzeichnend für die Pavillons ist ein zur Straße ausgerichteter hoher, großzügig verglaster Verkaufsraum mit Galerie. Die moderne Gestaltung der Pavillons ist auf Eleganz und Transparenz angelegt. Die profilierten goldeloxierten Aluminiumrahmen der Schaufenster und die lebhaften, mit vielfarbigen matt und transluzid gebrannten Glaskeramikfliesen gestalteten Fassadenflächen geben den Gebäuden eine Note von Luxus und Eleganz.
Vergleicht man den aktuellen Zustand der einzelnen Pavillonbauten, wird ablesbar, wie sich die Wertschätzung von Gestaltungsqualität und technischen Möglichkeiten einer denkmalgerechten Erhaltung und Instandsetzung entwickelt hat.

3_ Berlin, Karl-Marx-Allee 45, Pavillon „Kunst im Heim“ **4_**Berlin, Karl-Marx-Allee 45, Pavillon „Kunst im Heim“, Innenraum **5_**Berlin, Karl-Marx-Allee 34, Restaurant Café Moskau, Fassadenausschnitt an der Schillingstraße **6_**Berlin, Karl-Marx-Allee 36, Pavillon Kosmetiksalon „Babette“

Der ursprünglich als „Mokka-Milch-Eisbar" bekannte Pavillon (Karl-Marx-Allee 35) wurde bereits in den 1990er Jahren instandgesetzt und umgebaut. Die neue Fensteranlage lässt weder im Material noch in der Ausbildung der Details die Qualität der bauzeitlichen Gestaltung erahnen.

3

4

Der Pavillon für das Schuhhaus Zentrum (Karl-Marx-Allee 46) ist zwar bis heute in seiner bauzeitlichen Substanz erhalten, die Keramik- und Glasmosaikflächen der Fassade wie auch die Profile der Fensteranlagen waren jedoch vollständig überstrichen. Die Glasmosaikflächen an der Hauptfassade sind inzwischen freigelegt. Die ursprüngliche Eleganz der Architektur ist hier trotzdem nur noch zu erahnen.
Der ursprünglich als Kunstgewerbeatelier und Raumausstattungsgeschäft „Kunst im Heim" (Karl-Marx-Allee 45) errichtete Pavillon wird heute als Galerie genutzt (Abb. 3 und 4). Die Glasmosaik- und Keramikflächen der Fassaden wurden im Zuge der Instandsetzung und des Umbaus für die Galerie erhalten und wieder freigelegt. Die vollständig erneuerten Fensteranlagen nehmen zwar die Geometrie der Gliederung und die Ansicht der bauzeitlichen Fensteranlagen auf, die Tiefe der Profile und die Einbausituation weicht allerdings deutlich von der bauzeitlichen Fensteranlage ab.

Das Cafe Moskau (Karl-Marx-Allee 34) bildete gemeinsam mit dem Uraufführungskino International und der Hochhausscheibe des Hotels Berolina den städtebaulichen Höhepunkt des Wohnquartiers an der Kreuzung Schillingstraße. Nach jahrelangem Leerstand mit temporären Nutzungen unter anderem als legendärer Ort der Berliner Clubszene wurde das Gebäude 2008/09 im Auftrag des privaten Eigentümers und Bauherrn Nicolas Berggruen Holdings durch HSH-Architekten (Hoyer, Schindele und Hirschmüller) zu einem Konferenz- und Veranstaltungsgebäude mit Nachtclub umgebaut. Im Ergebnis der Diskussion um das denkmalpflegerische Konzept und die Anforderungen der neuen Nutzung wurde die in der

1980er Jahren im Sinne einer „heimeligeren" Atmosphäre erfolgte Überformung zugunsten einer Wiedergewinnung des bauzeitlichen modernen, transparenten und offenen Charakters des Gebäudes sowie der Grundrissdisposition aufgegeben. Künstlerische Arbeiten der 1980er Jahre verblieben allerdings im Gebäude. Durch Anstriche und Verkleidungen verdeckte ursprüngliche Oberflächen wurden wieder freigelegt, die veränderten Decken in Anlehnung an die bauzeitliche Gestaltung erneuert. Die Konstruktion der großflächigen Fenster blieb, trotz thermisch nicht getrennter Profile, einschließlich der eloxierten Klemmleisten erhalten und wurde durch den Einbau neuer Gläser technisch aufgerüstet, die isolierende, absturzsichernde, schall- und sonnenschutztaugliche Funktionen erfüllen (Abb. 5).
Erhalten bzw. wiederhergestellt wurde auch die eigens für alle Pavillons durch den Grafiker Klaus Wittkugel entworfene Leuchtschrift auf dem Dach.
Aus funktionalen Gründen wurde an der Ostseite, im Bereich der ehemaligen Küche, ein neuer, zusätzlicher Zugang mit großzügigem Foyer, Treppen und einem Aufzug für die behindertengerechte Erschließung des Gebäudes geschaffen. Zur Karl-Marx-Allee präsentiert sich der neue Eingang als reflektierende dunkle Glaswand, die bei Veranstaltungen mit LED-Technik eine zeitgenössische Antwort auf die Bildsprache am Haupteingang gibt. Das Café Moskau dokumentiert in seiner der bauzeitlichen Gestaltung verpflichteten Instandsetzung die konsequent moderne Haltung der Architektur der frühen 1960er Jahre der DDR. Der Pavillon des ursprünglichen Kosmetiksalons „Babette" (Karl-Marx-Allee 36) wird heute als Bar

5

6

genutzt (Abb. 6). Die Konstruktion und Detailgestaltung der Fenster entspricht dem Café Moskau. Eine Instandsetzung hat hier bisher nicht stattgefunden.
Seit 2012 wird der ursprünglich durch den Modesalon „Madeleine" und das Blumenhaus „Interflor" sowie als Eingang zum U-Bahnhof Schillingstraße genutzte Pavillon an der Karl-Marx-Allee 32 / Ecke Schillingstraße durch den Architekten

Dietzsch (Büro Baumeister und Dietzsch) instandgesetzt und umgebaut (Abb. 7). Während die Fassade an der Karl-Marx-Allee vor der Instandsetzung zwar beschädigt, aber weitgehend in ihrer bauzeitlichen Substanz erhalten war, waren an der Fassade Schillingstraße bereits in den 1970er und 1980er Jahren, wohl aufgrund eingetretener Schäden, die bauzeitlichen Glasmosaikflächen entfernt und durch Keramikplatten ersetzt worden. Auch die ursprünglich in den Kämpfer der Fensterkonstruktion integrierte Jalousieanlage war zwischenzeitlich durch auf die Fensterkonstruktion aufgesetzte Jalousiekästen ersetzt. Die eloxierten Profile der Fensteranlage waren schwarz gestrichen. Ausgehend von der hohen gestalterischen Qualität der Pavillonbauten – die ursprünglich alle mit den gleichen Materialien, Konstruktionen und Details errichtet worden waren – wurde als Instandsetzungsziel die Erhaltung des bauzeitlichen Bestandes sowie die Wiederherstellung der verlorenen Gestaltqualität bereits veränderter Bereiche formuliert. Die aus der Erfahrung mit dem Café Moskau gewonnene Hoffnung der Erhaltung der Fensterprofile musste allerdings schnell aufgegeben werden: Die nähere Untersuchung der Fenster zeigte erhebliche Korrosionsschäden an den Stahlprofilen. Nicht zuletzt durch die besondere Konstruktion der Fensterrahmen, die nicht eingesetzt, sondern direkt in die Stahlbetonskelettkonstruktion eingegossen worden waren, war eine teilweise Demontage und Reparatur nicht möglich. So musste die Fensterkonstruktion vollständig erneuert werden. Trotz der größeren Last der neuen Verglasung wurde eine Lösung gefunden, mit der die Abmessungen der bauzeitlichen Anlage nicht nur in der Ansichtsbreite, sondern auch in der Tiefe exakt eingehalten werden – und das trotz der großen Abmessungen der über zwei Geschosse reichenden Anlage (Abb. 8). Die Tiefe der Profile erhöhte sich lediglich um das Maß der dickeren Scheiben. Auch die erneuerten Klemmprofile entsprechen in ihren Abmessungen und ihrem Farbton dem bauzeitlichen Bestand und konnten aufgrund der erhaltenen Geometrie der Fensteranlage wie ursprünglich nicht nur außen, sondern auch innen eingebaut werden (Abb. 9).

Das Erscheinungsbild der Pavillonbauten wird neben den Fensteranlagen mit den goldeloxierten Klemmprofilen auch durch die mit farbigen Flachglasriemchen belegten Fassadenflächen bestimmt. Im Zuge der Instandsetzung konnten vor allem im Inneren des Pavillons große, zwischenzeitlich überstrichene Flächen freigelegt werden (Abb. 10). Ein besonderes Problem war und ist jedoch die Reparatur der mit durchgefärbten Flachglasriemchen belegten Flächen (Abb. 11 und 12). Ersatzmaterial ist auf dem aktuellen Markt nur eingeschränkt zu bekommen, vornehmlich fehlt das bauzeitliche Farbspektrum, das für jeden Farbton eine Vielzahl von Farbnuancen zeigt. Wo nur einzelne fehlende oder beschädigte Glasriemchen ersetzt werden müssen, ist das nicht so gravierend wie bei den Flächen, die insgesamt neu hergestellt werden sollen, da sich hier die fehlenden Farbnuancen im Gesamterscheinungsbild deutlich zeigen werden.

Eine der am weitesten gehenden Veränderungen gegenüber dem Bestand der letzten Jahre ist die geplante Wiederherstellung der zwischenzeitlich mit gelben Keramikfliesen belegten großen geschlossenen Fläche des U-Bahn-Eingangs, die

7_Berlin, Pavillon Schillingstraße/Karl-Marx-Allee 32 **8**_Berlin, Pavillon Schillingstraße/Karl-Marx-Allee 32 mit neuen Fensterkonstruktionen

7

8

wie ursprünglich wieder mit Flachglasriemchen belegt werden und möglichst auch wieder das U als Markierung des U-Bahneingangs erhalten soll. Von besonderer Bedeutung für die Instandsetzung dieses Pavillons ist das große Engagement des Architekten wie auch das Verständnis

9

10

des Bauherrn für die gestalterische Qualität des Pavillons und die gestalterischen Details der Erbauungszeit, zu denen auch die Werbeschrift auf dem Dach gehört. So überlegt der Bauherr zum Beispiel inzwischen, in Abänderung seines bisherigen Werbeschriftzugs mit den für die Pavillons seinerzeit entworfenen Einzelbuchstaben als Schriftzug zu werben.

Eine umfassende Instandsetzung des Kinos International (Karl-Marx-Allee 33) ist gegenwärtig noch nicht in Planung. Geplant ist aktuell die Instandsetzung des Betonreliefs, das mit einer Gesamtfläche von über 2000 Quadratmetern die beiden Seitenfassaden und die Rückfassade des Kinogebäudes schmückt. Ein sichtbarer Schaden ist der abblätternde Anstrich, wodurch die Lesbarkeit des Reliefs und das Gesamterscheinungsbild des Gebäudes stark beeinträchtigt werden. Eine umfassende vorbereitende Untersuchung ergab neben der abblätternden Farbe keine konstruktiven Schäden, das heißt keine wesentlichen Betonschäden und keine Schäden an der Aufhängung der vorgefertigten Betonplatten. Parallel muss eine notwendige umfassende Maßnahme vorbereitet werden, die vor allem die Instandsetzung und technische Aufrüstung der großen Fensterfront des Foyers im ersten Obergeschoss beinhalten wird.

Zum Schluss möchte ich noch ein aktuelles Problem vorstellen, das nicht die Ostmoderne der 1960er bis 1980er Jahre betrifft, sondern die der unmittelbaren Nachkriegszeit, also der Zeit, bevor sich Anfang der 1950er Jahre der Stil der Nationalen Traditionen durchsetzte.

Noch vor Gründung der DDR im Jahre 1949 wurde unter der sowjetischen Militäradministration ein Wettbewerb zum Wiederaufbau der im Zweiten Weltkrieg ausgebrannten Volksbühne am heutigen Rosa-Luxemburg-Platz ausgeschrieben. eintretender Verlust an politischer Bedeutung des Hauses der Volksbühne dazu, dass der Plan, das bereits fertiggestellte moderne Äußere entspre-

11

12

Aus dem Wettbewerb gingen die Architekten Sobotka, Müller und Fehling als Sieger hervor. Nach ihrem Entwurf wurden auf beiden Seiten Anbauten für Probebühnen, Restaurants und Foyers angefügt. Die Hauptfront blieb erhalten, allerdings ohne Wiederherstellung des ursprünglichen Mansarddaches. Die einzelnen Bauteile sind in kubischer Klarheit zueinander geordnet. Der im Stil der Moderne begonnene Wiederaufbau wurde 1952 gestoppt und der Dresdener Architekt Richter mit dem Weiterbau im Stil der Nationalen Traditionen beauftragt. Wahrscheinlich führte ein dann chend der Nationalen Traditionen zu überformen, nicht zur Ausführung kam. So ist das Haus der Volksbühne heute ein einzigartiges Zeugnis der Entwicklung der Architektur bzw. des Wechsels der Baupolitik an einem Bauwerk (Abb. 13). Besonders eindrucksvoll zeigt sich dies in dem heute sogenannten Grünen und Roten Salon. Während die Fensterbänder aus schlanken, hochrechteckigen Fensterflügeln, eine Stahlverbundkonstruktion, deutlich den modernen Entwurfsansatz der Architekten Sobotka, Müller und Fehling zeigen, repräsentiert die Innengestaltung der Salons mit ihren profilierten Wand- und Deckengestaltungen und Leuchten den Stil der Nationalen Traditionen. Der Rote und der Grüne Salon dokumentieren damit in einem Raumzusammenhang eindrucksvoll den Umschwung der Baupolitik der DDR.

Heute werden die beiden Salons als Veranstaltungsräume genutzt. Die vorhandenen Stahlverbundfensterkonstruktionen erfüllen weder die aktuellen Anforderungen an den Wärmeschutz, noch – und das ist das eigentliche Problem – an den Schallschutz. Die Volksbühne ist umgeben von Wohnbauten und aufgrund von Klagen der Anwohner von Veranstaltungsverboten bedroht. Selbst mit einer Aufrüstung der wiederaufbauzeitlichen Stahlverbundfenster können die erforderlichen Schalldämmwerte nicht erreicht werden. Wenn der Veranstaltungsbetrieb in den Salons beibehalten werden soll – und das scheint nicht nur politisch sehr gewünscht – bleibt leider keine andere Lösung, als das Fensterband durch eine neue Konstruktion zu ersetzen. Wir gehen davon aus, dass die Abmessungen der bauzeitlichen Fensterkonstruktion mit einer neuen Konstruktion eingehalten werden können und dass in der äußeren Ebene des Verbundglases ein Glas Verwendung finden wird, das die optische Qualität der heutigen Verglasung aufweist, um so zumindest das Erscheinungsbild weitgehend zu erhalten.

13

Die Beispiele und die in der Praxis gewonnenen Erfahrungen zeigen, dass die Probleme der Erhaltung und Pflege der Bauten der Ostmoderne und der Westmoderne sich nicht unterscheiden. Wichtige Voraussetzungen für eine denkmalgerechte Erhaltung auch der Bauten der Nachkriegsmoderne sind engagierte Architekten, die den Wert der Denkmale erkennen und schätzen und um denkmalgerechte Lösungen ringen, engagierte Fachleute und Fachfirmen sowie Hersteller, die die Probleme der Erhaltung, Reparatur und gegebenenfalls Wiederherstellung verstehen und es als Ansporn sehen, ihr Wissen für denkmalgerechte Lösungen zu mobilisieren, technische Lösungen zu entwickeln und für die Reparatur bzw. die Wiederherstellung zum Beispiel beschädigter oder verlorener Materialien Ersatzmaterialien zu entwickeln und zu produzieren. Nicht zuletzt brauchen wir denkmalbewusste und denkmalverständige Bauherren, die im Interesse der Denkmale auch Experimente eingehen, die Sonderlösungen akzeptieren, die bereit sind, Abstriche an ihren Nutzeranforderungen zu machen, welche die Grenzen der Belastbarkeit der Denkmale akzeptieren und die außergewöhnliche künstlerische Qualität für ein selbstbewusstes Denkmalmarketing nutzen. Mit den Betreibern der Bar im ehemaligen Kosmetiksalon „Babette“ und den Bauherren der Kongresshalle, des Café Moskau und des Pavillons an der Karl-Marx-Allee Ecke Schillingstraße haben wir in diesem Sinne positive Erfahrungen gemacht.

ANMERKUNGEN

1 Heuler, Norbert: „Gegenmoderne – Westmoderne – Ostmoderne. Eine konservatorische Zwischenbilanz aus Berlin“. In: Escherich, Mark (Hg.): *Denkmal Ost-Moderne: Aneignung und Erhaltung des baulichen Erbes der Nachkriegsmoderne* (Stadtentwicklung und Denkmalpflege, Bd. 16). Berlin 2012, S. 52–69

2 Zitat nach einem Schreiben des Ingenieurs Günter Matzko, Statiker, Entwurfsingenieur und Projektleiter für die Grenzübergangsstelle Friedrichstraße vom Sept. 2006

3 Isolierglasverbund, Tikana 6 mm, Scheibenzwischenraum 16 mm und 6 mm Floatglas = 28 mm

KULTURHÄUSER UND STADTHALLEN DER 1960ER UND 70ER JAHRE ALS DENKMALE__MARK ESCHERICH

Die Erhaltungsbilanz der DDR-Kulturhäuser und -Stadthallen der 1960er und 70er Jahre stellt sich gar nicht so schlecht dar, wie man angesichts der momentan sehr intensiven Medienberichterstattung über Verluste nachkriegsmoderner Architektur in Deutschland annehmen könnte. Vor allem in den größeren Städten Ostdeutschlands versucht man durchgängig, trotz anfänglicher Abrissgedanken und mangelnder finanzieller Mittel, diese Kulturbauten zumindest grundsätzlich zu erhalten.[1]
Dass diese Beispiele der „zweiten Etappe der DDR-Kulturhausentwicklung"[2] weniger infrage gestellt werden, hat viel mit ihrer Lage(-Gunst) zu tun.[3] Während Kulturhäuser zuvor programmatisch „an den Zentren der industriellen und landwirtschaftlichen Produktion" errichtet wurden, rückten sie seit den 1960er Jahren in die Stadtzentren.[4] Sie traten dort an die Stelle von meist verworfenen sogenannten Zentralen Gebäuden der Administration und der Wirtschaft. Der Architekturtheorektiker Bruno Flierl sprach von neuer „kulturell-kommunikativer Zentralität".[5]
Innerhalb der innerstädtischen Ensembles, mit denen ab Mitte der 1960er Jahre der Wiederaufbau der Stadtzentren in der DDR vollzogen werden sollte, waren Kulturhaus oder Stadthalle herausgehobene Bausteine.[6] Ihre Architektur präsentierte sich seit dem vorbildhaften, preisgekrönten Dresdener Kulturpalast nach Entwürfen des Kollektivs Leopold Wiel (1960) ausnahmslos in Form moderner Flachbaukörper. Im Inneren der Gebäude selbst lösten nutzungsflexible und vielfältig gestaltbare Säle die am Theaterbau orientierten älteren Grundrisssysteme ab. Grundsätzlich folgte der Kulturhausbau nun einem offeneren Funktionsschema.[7] Davon profitieren die Häuser bis heute. Vorteilhaft wirkt sich auch aus, dass diese zentralen Kulturhäuser und Stadthallen nicht von Unternehmen, sondern von den Kommunen errichtet wurden – die Betreibergesellschaften sind meist hundertprozentige Töchter der Kommunen.[8]
Obwohl die Kulturhäuser – wie Bruno Flierl festhielt – zu „jenem Teil der DDR-Lebenswirklichkeit" gehörten, „der weitgehend akzeptiert war"[9], ist ihre Wahrnehmung innerhalb des offiziellen DDR-Geschichtsbildes heute eine auch ambivalente. Ein ideologisches Unbehagen besteht gegenüber der gesellschaftlichen Funktion: Kulturhäuser stehen für kulturelle und politische Indoktrination im SED-Staat.[10]

ZUR DENKMALPFLEGERISCHEN WAHRNEHMUNG DER HÄUSER__Ganz grundsätzlich wird die DDR-Moderne momentan zu einem (fast) selbstverständlichen Gegenstand der Denkmalpflege.[11] Dabei kommt den Kulturhäusern und Stadthallen eine Vorreiterrolle zu: Sie werden vergleichsweise geschätzt – auch außerhalb von Fachkreisen. Erleichtert wird die denkmalpflegerische Aneignung auch dadurch, dass die gesellschaftlich gebrandmarkte Industrialisierung des DDR-Bauwesens (also Typisierung und Vorfertigung) die Bauaufgabe nur wenig berührte. Zwar sind einige Typenprojekte – beispielsweise das des Institutes für Technologie kultureller Einrichtungen beim Kulturministerium – entwickelt und gebaut worden.[12] In den größeren Kreis- und den Bezirksstädten entstanden jedoch ausgesprochen individuelle Einzelstücke.

Für die Erfassung und Inventarisation seit 1990 stand trotzdem vorerst das Geschichtszeugnis im Mittelpunkt. Recht intensiv widmeten sich die ostdeutschen Landesdenkmalämter in den 1990er Jahren der als genuin sozialistisch geltenden Bauaufgabe Kulturhaus und versuchten, den gesamten Kulturhausbestand zu erfassen.[13] Bei den Eintragungen ging man allerdings über die 1950er Jahre selten hinaus. Allein in Mecklenburg-Vorpommern wurden die Sport- und Kongresshalle in Schwerin (1958–62) und das Haus der Kultur und Bildung in Neubrandenburg (1963–65) gelistet. Aufsehen erregte 1994 die Unterschutzstellung des Karl-Marx-Forums in Chemnitz, einschließlich der dort von 1969 bis 1974 errichteten Stadthalle.[14]

Die jüngste Eintragungsphase – seit etwa Mitte der 2000er Jahre – ist weniger das Ergebnis behördlicher Initiative. Sie ist vielmehr von außen an die Ämter herangetragen worden. Zwar spielt mittlerweile auch ein Generationenwechsel in den Ämtern eine gewisse positive Rolle, wichtiger war jedoch das „Aufwachen" der ostdeutschen Gesellschaft aus einer Art Transformationsschock: Ähnlich anderen Lebensbereichen fand Reflexion über die gewaltigen Veränderungen weniger während, sondern eher nach den 1990er Jahren statt.

Neben der großflächigen Umformatierung der Stadträume durch Sanierungen fiel nun auch auf, dass zahlreiche der qualitätvollen und ikonischen Architekturzeugnisse der DDR-Zeit bereits nicht mehr zu erkennen waren. Das Bewusstwerden des Verlustes löste – in einer geradezu klassischen Weise – ein neues Interesse an dem noch Vorhandenen aus.

Ein Beispiel ist der Kulturpalast Dresden, dessen Umbau bereits 1993 diskutiert wurde. Seit den frühen 2000er Jahren thematisierten mehrere Bürgerinitiativen die städtebauliche Moderne im Stadtzentrum Dresdens. Öffentliche Diskussionen und Proteste hatten wesentlichen Einfluss darauf, dass sich das Landesdenkmalamt schließlich 2005 zur Feststellung des Denkmalstatus durchrang.[15]

Natürlich ging es den Bürgerinitiativen nicht immer ausschließlich um Denkmalschutz. Gerade im Falle von Kulturhäusern und Stadthallen verteidigten sie oft die niedrigschwelligen kulturellen Orte. Während sich anfangs eher „junge Kreative" engagierten, sind solche Initiativen und Gruppen aktuell breiter gesellschaftlich verankert und werden auch behördlicherseits so wahrgenommen. Das führt dazu, dass die Landesdenkmalämter bürgerschaftliche Äußerungen deutlich ernster nehmen als noch vor zehn Jahren. Beispielsweise erfolgte jüngst die Prüfung des Hauses der Kultur in Gera auf die Anregung einer engagierten Kulturbürgerin höheren Alters hin. Im Fall der sogenannten Lau-

1_Gera, Haus der Kultur, Foyer – Eintragung ins Denkmalbuch 2013 2_Gera, Haus der Kultur, Außenansicht 3_Hoyerswerda, ehemaliges Haus der Bergarbeiter, heute Lausitzhalle – Eintragung ins Denkmalbuch 2013

1

2

3

sitzhalle in Hoyerswerda gab die Abschlussarbeit eines Studierenden der Bauhaus-Universität den Anstoß.[16] Beide Gebäudekomplexe wurden in die Denkmalliste eingetragen (Abb. 1 bis 3).[17] Oder: Das Kreiskulturhaus in Schwedt hat die Inventarisationsabteilung des Brandenburgischen Landesdenkmalamtes als „denkmalverdächtig" unter Beobachtung.[18] Man wartet dort regelrecht auf Interessensbekundungen vonseiten der Stadt oder anderer Akteure. So ließe sich das „öffentliche Interesse" an der Erhaltung besser feststellen. Bemerkenswert ist auch, dass die Denkmalbegründungen sich nicht mehr in der Betonung des Aspektes des Geschichtszeug-

4_Schwedt, ehemaliges Kreiskulturhaus, heute Uckermärkische Bühnen (err. 1974–1978). Der Bühnenturm wurde 2011 im Rahmen eines deutsch-polnischen Gemeinschaftprojekts gestalterisch bearbeitet. **5**_Gotha, Saal des Kreiskulturhauses, 850 Plätze, erbaut 1970–72

4

5

6_Chemnitz. Im Hintergrund das ehemalige Karl-Marx-Forum mit Stadthalle; im Vordergrund der mittelalterliche Siedlungskern mit Neuem Rathaus; dazwischen Kaufhausbauten der Zeit nach 1990 **7**_Gera, Breitscheidstraße. Hier war seit etwa 1960 als Erweiterung zum historischen ein zweiter Stadtzentrumsbereich geschaffen worden, der nach 1990 selbst überformt wurde. Neben einigen Ersatzneubauten und Wohnhaussanierungen fällt der abgeräumte und ungestaltet gebliebene östliche Bereich der Breitscheidstraße ins Auge. Ganz rechts: das heutige Kultur- und Kongresszentrum Gera (ehemals Haus der Kultur)

6

nisses verkrampfen, sondern die – oft durch die Symbiose von Architektur und bildender Kunst gesteigerte – künstlerische Wertdimension anerkennen. So dürften einige der anspruchsvolleren Bauten, die noch nicht gelistet sind, als Denkmalkandidaten der nächsten Jahre infrage kommen. Durch die Bestandsdezimierungen ergibt sich verstärkend ein Galapagos-Effekt: da, wo der Veränderungsdruck am geringsten ist, erhalten sich ursprüngliche Exemplare in pittoresken Reinformen. Die Denkmalpflege hat solchen Phänomenen historisch immer Aufmerksamkeit geschenkt (Abb. 4 und 5).

VERÄNDERUNGEN IM UMFELD UND HINSICHTLICH DER NUTZUNG_Auffällig ist in Ostdeutschland allerorts die Auflösung der einst engen Verbindungen zwischen den Kulturhäusern sowie Stadthallen und ihrem städtebaulichen Umfeld. Der Strukturwandel nach der politischen Wende hat hier seine Spuren hinterlassen. Als Kulturbauten waren sie, wie erwähnt, integrale Bestandteile der Umgestaltungen in den DDR-Städten. Die Planungen wurden je nach Standort aber nicht gleichermaßen realisiert. Unvollständig geblieben sind beispielsweise die Zentren Neubrandenburgs und Dresdens. Wenn auch die Kulturbauten der DDR anfangs eher als Fremdkörper in den neuen Nachwende-Raumbildern der Innenstädte betrachtet wurden, sind sie heute zunehmend anerkannte und mittlerweile auch historisierte Teile der zeitgenössischen Stadtzentren. In Chemnitz – auch ein unvollendetes Ensemble – steht das Karl-Marx-Forum mit der Stadthalle mittlerweile in einer Art „City-Potpourri'" zwischen Älterem und Jüngerem (Abb. 6).

Der Bereich der Breitscheidstraße in Gera und die Stadtpromenade in Cottbus seien als Beispiele für einst geschlossene Städtebauensembles der DDR-Zeit angeführt. Sie wurden seit den 1990er Jahren unter veränderten wirtschaftspolitischen Bedingungen und städtebaulichen Prämissen regelrecht zerkratert (Abb. 7). Es ist bedeutungsvoll, dass gerade die Kulturbauten von diesen drastischen Auflösungserscheinungen vergleichsweise unbehelligt blieben[19] und dass sich ihr ideeller Stellenwert – vor allem im Kontext der Veränderungen – bis heute offensichtlich sogar gesteigert hat. Gerade in den am stärksten vom Strukturwandel betroffenen Orten schätzt man die Häuser am meisten als „Anker" und Potenzial.

7

Die als „Haus der Berg- und Energiearbeiter" 1977–84 errichtete Lausitzhalle in Hoyerswerda wird vor Ort als das „gesellschaftliche Zentrum der Stadt" mit regionaler Außenwirkung angesehen.[20] Die Verpflichtung für die kulturelle Grundversorgung hofft man mit Einnahmen aus dem Veranstaltungsbetrieb unterstützen zu können. Weitere Synergieeffekte sucht man im Touris-

8_Neubrandenburg, Haus der Kultur und Bildung, historische Aufnahme **9**_Neubrandenburg, Haus der Kultur und Bildung, Eingangsfront des ehemaligen Saalgebäudes, 2015

8

mus.[21] Ähnlich ist die Stimmung in Schwedt. Das ehemalige Kreiskulturhaus steht wesentlich für die Ausstrahlungskraft der Stadt. Obwohl Schwedt ein knappes Drittel seiner einst rund 50.000 Bewohner verloren hat, sind die Besucherzahlen des Theaterbetriebes (Uckermärkische Bühnen) nur geringfügig zurückgegangen.[22] Die im Gebäude angelegten guten Bedingungen für Theateraufführungen – große Bühne und Bühnenhaus – zahlen sich aus. Heute werden weder der Betrieb noch das Gebäude infrage gestellt. Die Bürger sind regelrecht stolz, auch auf das Gebäude, vor allem die Älteren (siehe Abb. 3 und 4).[23]

Solche Kontinuitäten sind für die kleineren Orte typisch, allein schon wegen der begrenzten Möglichkeiten, das Nutzungsprogramm neu auszurichten. Entsprechend halten sich auch bauliche Veränderungen in Grenzen. So sind beispielsweise in Hoyerswerda, Gotha und Heiligenstadt die Säle in den Kulturhäusern bauzeitlich erhalten. In Schwedt wurde lediglich das Gestühl formgleich erneuert.

BAULICHE VERÄNDERUNGEN – VOM „WEITERBAUEN" ZUM „UNSICHTBAREN SANIEREN" UND ZURÜCK_Zu größeren Nutzungsänderungen und Umbauprojekten kam es dagegen vor allem dort, wo lukrative Verwertungsoptionen lockten oder ein (einigermaßen) wirtschaftlicher Weiterbetrieb durch die Kommune möglich erschien, wie beispielsweise in Suhl bzw. Chemnitz. In Dresden wurde das Schicksal des 1969 eröffneten Kulturpalastes einerseits bestimmt von einem dort grundsätzlich traditionsbetonten Städtebaudiskurs und andererseits vom politischen Willen, symphonische Hochkultur anstelle von Massenkultur im Stadtzentrum zu fördern. Vehement wurde jahrzehntelang die Wandlung vom Kulturhaus zum Konzerthaus vorangetrieben. Dem Philharmonieorchester, das seit der Eröffnung des Kulturpalastes mit der Akustik des großen Mehrzwecksaales haderte, wurde seit den 1990er Jahren ein exklusiver Saal für ihre Aufführungen versprochen. Weil man sich einen Philharmonieneubau an anderem Ort nicht leisten konnte und wollte, blieb der Umbau des Kulturpalastes der vermeintlich beste Kompromiss. Die erwähnte Unterschutzstellung wurde allerdings erst vorgenommen, nachdem ein „alles entscheidender Wettbewerb ausgeschrieben worden" war (2008).[24] Mit dem geforderten Raumprogramm war das multifunktionale Kulturhauskonzept, das Konzerte, Kabarett, Unterhaltungsprogramme, Kongresse, Tanz und Galas im Saal ermöglichte, endgültig abgewählt. Baulich wurde nahezu das gesamte Gebäudeinnere der

Umgestaltung anheimgegeben. Mittlerweile ist der preisgekrönte Entwurf des Büros gmp in der Realisierung. Die Frage des Erhaltungsgebotes, und Durchschnitt" ein.[26] Auch ein bindender Zusammenhang zwischen Gebäude und Saal wurde dementiert.[27] Wenn 2017 Umbau und Saalneubau

9

vor allem des Mehrzwecksaals, wurde von den Behörden nicht besonders thematisiert. Von der Landeskonservatorin wird dazu die sinngemäße Aussage kolportiert, der Denkmalstatus bedeute ja nicht, dass an den Gebäuden keine Veränderungen erfolgen dürften.[25] Die eigentliche fachliche Frage, wie viel Veränderung am Kulturpalast möglich ist, ohne dass der Denkmalwert als verloren gelten muss, wurde vor Gericht erläutert, weil es der Architekt Wolfgang Hänsch auf dem Wege einer Urheberrechtsklage so erzwungen hatte. Fachgutachter ordneten den künstlerischen Wert des Saales allerdings nur „zwischen Sensation fertiggestellt sein werden, wird man sich abschließend ein Bild vom Ausmaß der Verluste und vom Status dieses Baudenkmales machen können.

NEUBRANDENBURG_Unter wirtschaftlich komplizierten Vorzeichen hat die Stadt Neubrandenburg 2012 bis 2015 das zentrale Haus der Kultur und Bildung umgebaut und zu einem Medien- und Veranstaltungszentrum ausgerichtet.[28] Die hohen Subventionen, die man in DDR-Zeiten aufbrachte, waren auf Dauer für die Kommune nicht tragbar, sodass man nach der Jahrtausendwende ein Umnutzungskonzept aufstellte und sich entschloss,

10_Neubrandenburg, Haus der Kultur und Bildung, Mittelbau mit dem ehemaligen Saaltrakt im Hintergrund und Vordach, 2015
11_Stadthalle Chemnitz, Erweiterung, Wettbewerbsentwurf von studioinges Berlin, 2011

dieses mittels Fördermitteln baulicherseits zu realisieren.

Das in den Jahren 1963–65 errichtete Haus der Kultur und Bildung gilt als fulminanter Auftakt der zweiten, der modernen Etappe der DDR-Kulturhausentwicklung.[29] Als „Zentrales Gebäude" des schwer kriegszerstörten Neubrandenburg verortet, verweist bereits die Hausbezeichnung auf eine differenzierte (Mehr-)Funktionalität. Allein der Turm war ein Relikt älterer Städtebaukonzepte. Der bereits 1995 festgestellte und vor Ort weitgehend akzeptierte Denkmalstatus steht auch für die starke Verankerung des Hauses in der Stadt (Abb. 8).

Das neue Nutzungskonzept sah neben den bereits vorhandenen kommunalen Kultureinrichtungen im Gebäudekomplex neue Bereiche für Tagungen, Veranstaltungen, Gastronomie und Einzelhandel vor.[30] Als erstes fiel dem neuen Konzept, mit der Orientierung auf Tagungen und andere Veranstaltungen, der Kulturhaussaal mit seinen ansteigenden Sitzreihen zum Opfer. Der Abbruch und der Einbau von Geschossdecken, um Flächen für einen Textileinzelhändler zu schaffen, bedeutet nicht nur den Verlust eines architektonisch und akustisch gleichermaßen gelungenen Innenraums, sondern auch eines Orts der regionalen Kulturgeschichte mit hohem Identifikations- und Erinnerungswert. Die geplante Nachnutzung hinterlässt angesichts der zwangsläufigen Symbolik des Wandels einen faden Nachgeschmack (Abb. 9). Wohlwissend um die Brisanz beschwört der kommunale Bauherr durch sein Veranstaltungsmarketing gebetsmühlenartig, dass „das Haus (...) das kulturelle Zentrum Neubrandenburgs (...) bleiben" werde.[31]

10

11

Lange Zeit haben die Denkmalbehörden dem (Um-)Bauherrn eine vertretbare denkmalpflegerische Gesamtbilanz bei dem Projekt zugetraut: Mit Verweis auf die anzuerkennenden „nutzungsbedingten Notwendigkeiten" akzeptierte das Landesdenkmalamt sogar den neuen, ebenen Saal an der Stelle des bisherigen Innenhofes der Vierflügelanlage.[32] Die Planungen zu einem weit auskragenden Vordach am Vorplatz lösten indes einen Konflikt zwischen den Parteien aus.

Die Denkmalfachbehörde stellte sich dagegen, zumal man bereits „vielen Veränderungen (...) zugestimmt [habe], um die neuen Nutzungen zu ermöglichen. Zusätzlichen Umbauplänen, die nicht zwangsläufig aus dem Nutzungskonzept resultieren", könne daher nicht entsprochen werden.[33] Die architektonische Komposition aus Saalbau, Turm und flachem Mittelteil sei wesentlich vom Größenverhältnis der einzelnen Bauglieder zueinander geprägt. Aber das geplante Vordach würde nun das gesamte Erscheinungsbild des Denkmals beeinträchtigen. Trotz dieser Bedenken hielten Bauherr und Architekt unter Verweis auf das Nutzungskonzept an der Planung fest.[34]

Entschieden wurde der Konflikt schließlich von der Oberen Denkmalschutzbehörde beim zuständigen Bauministerium. „Man sehe keine empfindliche Störung des Erscheinungsbildes durch das geplante Kragdach" hieß es von dort.[35] Das Dach diene der Ablesbarkeit des Saales, als neues in das Denkmal integriertes Element – zumal in die „Fassade des Denkmals (...) nicht physisch eingegriffen werde". Sie bliebe als „Zeitdokument" erhalten.[36] Der Architekt vertrat das Vordach vor allem, weil sehr behutsame und „unsichtbare" Baumaßnahmen an Gebäuden in öffentlichem Eigentum schwer vermittelbar seien. Man könne die Investition nicht ausreichend sehen. Die Politik als Bauherr verlange gewissermaßen nach einem erlebbaren baulichen Nachweis des Mitteleinsatzes (Abb. 10).[37]

Beim kritischen Blick auf das Umbauergebnis schwingt unweigerlich Adrian von Buttlars Warnung vor den „Risiken und Nebenwirkungen" des Weiterbauens mit: „Gerade wo Epochenabstand und ästhetischer Kontrast [zwischen Errichtungs- und Sanierungsphase) gering sind", so von Buttlar, bestehe die Gefahr, dass „ein wesenloser Hybrid" entsteht, dessen spezifische Geschichtlichkeit nicht mehr erkennbar ist.[38] Die bei älteren Denkmalen so reizvolle und für deren Denkmaleigenschaft oft interessante Schichtung von Älterem und Neuerem sei nach von Buttlar schwierig bei der denkmalwerten Nachkriegsarchitektur herzustellen[39] – zumal wenn das Alte nicht eindeutig als solches lesbar bleibt, weil es selbst zu großen Teilen erneuert wird.

Zwar sind in Neubrandenburg die Ziegelsteinfronten des ehemaligen Saalgebäudes und die Waschbetonattika des Mittelteils erhalten geblieben, die flächenanteilmäßig sehr großen Glas-Metall-Fassaden wurden aber nachgebildet und stellen das argumentativ beanspruchte „Zeitdokument" infrage.[40] Die Authentizität und Aura solcher mittlerweile historischen Fassadenkonstruktionen lässt sich offensichtlich nicht im Ganzen imitieren.[41]

CHEMNITZ_Für ein „unsichtbares Sanieren" steht (bisher) die Stadthalle in Chemnitz, errichtet in den Jahren 1969–74. Bei ihrer Sanierung (2008–10) wurden die Glasscheiben zwar erneuert, die Profile aber erhalten, ebenso auch andere bauzeitliche Oberflächen an den Fassaden (zum Beispiel Rochlitzer Porphyr) und im Innenraum. Mit dem behutsamen baulichen Umgang geht eine recht positive Stimmungslage in der lokalen Öffentlichkeit einher: Die sächsische Industriestadt vermarktet sich seit Mitte der 2000er Jahre offiziell als „Stadt der Moderne". Die entsprechende Wertschätzung für die Industriearchitektur der frühen Moderne und das Neue Bauen der 1920er

Jahre beeinflusst in Chemnitz auch den Umgang mit Bauten der Nachkriegsmoderne. Die Stadthalle ist unumstritten. Als beliebter Veranstaltungsort werden im Zusammenhang mit diesem Kulturbau auch die städtebaulich-architektonischen Besonderheiten und Qualitäten vor Ort geschätzt (siehe Abb. 6).[42]

Auch hier sehen die Betreiber der Halle im überregionalen Wettbewerb von Events der Massenkultur die Notwendigkeit, das Tagungs- und Kongresssegment zukunftsorientiert auszubauen. Weil im Bestand keine Möglichkeiten (mehr) bestehen, werden entsprechende Erweiterungsbauten erwogen. Der Wettbewerb von 2011 stand angesichts der elaborierten skulpturalen Gebäudekubatur der Chemnitzer Halle ganz im Zeichen der Frage, ob – und wenn ja, wie – Weiterbauen an einer städtebaulichen Großplastik möglich ist. Die Jury hat dabei sehr konträre Positionen gewürdigt, aber den Wettbewerbsbeitrag, der das „formvollendete Objekt" gar nicht berührt, nur mit dem zweiten Platz ausgezeichnet (mvm architekt + starke architektur). Der erstplatzierte und zur Realisierung in den nächsten Jahren vorgesehene Entwurf des Büros studioinges wagt demgegenüber – gewissermaßen – ein radikales Weiterbauen, indem er den flachen Baukörperkranz, der sich um den mittig platzierten Mehrzwecksaal legt, vervollständigt (Abb. 11). Die Entwurfsidee basiert auf dem Dreiecksraster der bauzeitlichen Tragwerkstruktur und schreibt es fort.[43] So dockt die Erweiterung nach den Plänen der Architekten – in Gestaltung und Materialität – eigenständig als sogenannter Kongressbaustein ohne Abstandsfuge an das bestehende Hauptfoyer an. Dennoch bleibt die architektonische Zutat sichtbar und die Erweiterung für den Betrachter nachvollziehbar. Aus einiger Entfernung dürften Bestand und Erweiterung gar zu einer „Baukörperskulptur" verschmelzen, die – als selbstähnliche Weiterentwicklung – die Stadthalle nach wie vor wie einen Solitär im Stadtraum wirken lässt. Hier sieht es ganz so aus, als könnte eine Symbiose zwischen Alt und Neu gelingen, ohne dass ein „wesenloser Hybrid" entsteht.[44]

ANMERKUNGEN

1 Der Text basiert auf einem Vortrag, der erstmals in Gisbertz, Olaf (Hg.): *Bauen für die Massenkultur. Stadt- und Kongresshallen der 1960er und 1970er Jahre*, Berlin 2015, S. 209–218 publiziert wurde und hier in einer überarbeiteten sowie erweiterten Form und um zahlreiche Abbildungen ergänzt erscheint.

2 Flierl, Bruno: „Das Kulturhaus in der DDR". In: Dolff-Bonekämper, Gabi / Kier, Hiltrud (Hg.): *Städtebau und Staatsbau im 20. Jahrhundert.* Berlin 1996, S. 159. Der hier vorgelegte Beitrag basiert auf einem Vortrag, der am 29. November 2013 anlässlich der Tagung „Bauen für die Massenkultur. Stadt- und Kongresshallen der 1960er und 70er Jahre" in Augsburg gehalten wurde.

3 Vgl. Pfeiffer, Nanette: *DDR-Kulturhäuser und-Stadthallen der 60er und 70er Jahre. Eine diskursanalytische Betrachtung des Umgangs und der Wahrnehmung seit den 1990er Jahren anhand ausgewählter Beispiele* (unveröff. Bachelorarbeit, 2013 eingereicht bei der Professur Denkmalpflege und Baugeschichte der Bauhaus-Universität Weimar). S. 73

4 Flierl 1996 (wie Anm. 2), S. 159

5 Ebd.

6 Die drei wichtigsten Arbeiten zu den DDR-Stadthallen und-Kulturhäusern der 1960er und 70er Jahre sind: Flierl 1996 (wie Anm. 1); Hain, Simone / Schroedter, Michael / Stroux, Stephan: *Die Salons der Sozialisten. Kulturhäuser in der DDR.* Berlin 1996; und Meyer, Christine: *Kulturpaläste und Stadthallen der DDR. Anspruch und Realität einer Bauaufgabe*, Köln 2005. Vor allem Hain / Schroedter / Stroux 1996 illustrieren das flächendeckende Netz einer kulturellen Infrastruktur von Kulturbauten in der DDR. Eine vollständige Bestandsübersicht scheint bisher nicht zu existieren. Die These Christine Meyers, dass ab etwa 1960 in der DDR nur noch Kulturbauten in größeren Städten errichtet worden wären, lässt sich zwar tendenziell, nicht aber grundsätzlich bestätigen.

7 Typisch – und bis in die 1980er Jahre gültig – waren diagonalquadratische oder polygonale Saalformen. Vgl. Hain / Schroedter / Stroux 1996 (wie Anm. 6), S. 142

8 Im vorliegenden Beitrag kann lediglich eine Auswahl von Bauten betrachtet werden. Ausgeklammert bleiben unter anderem Beispiele, die nicht Gegenstand denkmalpflegerischen Handelns geworden sind. Ein solcher ist die „Stadthalle der Freundschaft" in Suhl (err. 1969–72). 1992 hat die Stadt die im Stadtzentrum gelegene Stadthalle mit

Schwimmhalle, Gaststättenkomplex und Wohnhochhaus für eine D-Mark an einen Investor verkauft. In den Folgejahren entstand durch eingreifenden Umbau das Suhler Congress-Centrum. vgl. http://www.insuedthueringen.de/lokal/suhl_zellamehlis/suhl/39-4-Millionen-Mark-erloest-ohne-Gegenleistung;art83456,1584405

9 Flierl 1996 (wie Anm. 2), S. 151

10 Deutlich greifbar ist dieses Moment beispielsweise in der Debatte um den Kulturpalast Dresden. Vgl. Buttolo, Susann: „Der Dresdner Kulturpalast – vom Werden eines besonderen Baudenkmals und den anhaltenden Versuchen seiner Destruktion". In: Escherich, Mark (Hg.): *Denkmal Ost-Moderne: Aneignung und Erhaltung des baulichen Erbes der Nachkriegsmoderne* (Stadtentwicklung und Denkmalpflege, Bd. 16). Berlin 2012, S. 207

11 Vgl. Escherich, Mark: „Die Aneignung der Ostmoderne durch die Denkmalpflege". In: ebd., S. 10–25

12 Realisierungen zum Beispiel in Bad Liebenstein, Berlstedt, Neuholland, Glienicke und Hagenow, nach Entwurf von Klaus Wever und anderen. Diesen Bauten ist bisher wenig nachgegangen worden, am meisten noch bei Hain / Schroedter / Stroux 1996 (wie Anm. 6).

13 Zu Mecklenburg-Vorpommern: Handorf, Dirk: „Horte der Ordnung und Größe. Kulturhäuser der fünfziger Jahre in Mecklenburg-Vorpommern". In: *Denkmalschutz und Denkmalpflege in Mecklenburg-Vorpommern* 3/1996 (Bd. 3). S. 40–44; zu Thüringen: Sutthoff, Ludger J.: „Kulturhäuser – Zentren des politischen und kulturellen Lebens in der DDR". In: Deutsches Nationalkomitee für Denkmalschutz (Hg.): *Verfallen und vergessen oder aufgehoben und geschützt? Architektur und Städtebau der DDR – Geschichte, Bedeutung, Umgang, Erhaltung* (Schriftenreihe des DNK, Bd. 51). Bonn 1996. S. 84–89; zu Brandenburg: Ruben, Thomas / Wagner, Bernd (Hg.): *Kulturhäuser in Brandenburg. Eine Bestandsaufnahme*. Potsdam 1994

14 Vgl. Glaser, Gerhard: „Das Karl-Marx-Forum in Chemnitz". In: Deutsches Nationalkomitee für Denkmalschutz (Hg.): *Verfallen und Vergessen oder aufgehoben und geschützt? Architektur und Städtebau der DDR*. Bonn 1995, S. 57

15 Vgl. Escherich 2012 (wie Anm. 11), S. 24

16 Vgl. Scharfenberg, Philipp: *Ausgewählte DDR-Kulturhäuser und-Stadthallen der 60er und 70er Jahre. Denkmale der Ostmoderne?* (unveröffentlichte Bachelorarbeit, 2013 eingereicht bei der Professur Denkmalpflege und Baugeschichte der Bauhaus Universität Weimar)

17 Schreiben Landesamt für Denkmalpflege Sachsen vom 11.11.2013 an Stadtverwaltung Hoyerswerda und nach freundlicher Auskunft der Stadtverwaltung Hoyerswerda, FG Stadtentwicklung, SB Denkmalpflege im März 2015

18 Landesamt für Denkmalpflege und Archäologisches Museum Brandenburg, Zossen – Ilona Rohowski, Inventarisation Uckermark, Telefonat und Emailauskunft 2013, zit. nach Pfeiffer 2013 (wie Anm. 3), S. 52

19 Vgl. Pfeiffer 2013 (wie Anm. 3), S. 72

20 Vgl. Scharfenberg 2013 (wie Anm. 16), S. 38

21 Ebd.

22 Bis 1989 etwa 150.000, heute etwa 130.000 Besucher jährlich

23 Nach freundlicher Auskunft von Jörg Strutzke, technischer Leiter der Uckermärkischen Bühnen Schwedt

24 Vgl. Buttolo 2012 (wie Anm. 13), S. 210

25 *Dresdner Neueste Nachrichten* vom 23.09.2008, zit. nach http://www.das-neue-dresden.de/kulturpalast-dresden.html, Zugriff 15.05.2015

26 Zimmermann, zit. nach Prozesse. „Streit um den Dresdner Kulturpalast". In: *Focus online* vom 27.03.2012, http://www.focus.de/kultur/kunst/prozesse-streit-um-den-dresdner-kulturpalast_aid_728678.html, Zugriff 15.05.2015

27 Aussagen des Gerichtes und der Richter, zit. nach Eichstädt, Sven: „Architekt scheitert mit Klage gegen Umbau des Kulturpalastes in Dresden". In: http://www.nmz.de/kiz/nachrichten/architekt-scheitert-mit-klage-gegen-umbau-des-kulturpalastes-in-dresden, vom 24.04.12, Zugriff 15.05.2015

28 Siehe den Beitrag von Gerd Jäger in diesem Band.

29 Vgl. Flierl 1996 (wie Anm. 2), S. 159

30 Andreas Segeth (*Neubrandenburger Zeitung* vom 07.03.2012) schrieb hierzu: „Von Kritikern wird das Projekt als sinnloses und zu teures Prestigeobjekt, von Befürwortern hingegen als dringend notwendige Erneuerung des gefährlich maroden Bauwerks angesehen."

31 http://www.hkb-neubrandenburg.de/, 29.11.2013

32 Archiv LDA Mecklenburg-Vorpommern, Objektakte NB 4117/01, vgl. Pfeiffer 2013 (wie Anm. 3), S. 19

33 Schreiben von LDA Mecklenburg-Vorpommern an Stadt Neubrandenburg/Oberbürgermeister (09.07.2008), Betreff: HKB Neubrandenburg, BA Häuser A, B, C, T (Turm) und Freianlagen. Ebd.

34 Schreiben der Unteren Bauaufsichtsbehörde Neubrandenburg an das Ministerium für Verkehr, Bau und Landesentwicklung (02.09.2008), Betreff: Umbau, Nutzungsänderung und Erweiterung des HKB in Medien- und Veranstaltungszentrum – Haus A, B, C und Turm sowie Außenanlagen. Ebd.

35 Schreiben des Ministeriums für Verkehr, Bau und Landesentwicklung an den OB Neubrandenburg (18.11.2008), Betreff: Antrag auf Entscheidung nach § 7 Abs. 6 Denkmalschutzgesetz zum Vorhaben Neuwoges. Ebd.

36 Ebd.

37 Bei einer früheren Planung für die denkmalpflegerisch instandgesetzte Sport- und Kongresshalle Schwerin sah sich Architekt Gerd Jäger einer solchen Kritik ausgesetzt.

38 Von Buttlar, Adrian: „Acht Thesen zum Denkmalschutz der Nachkriegsmoderne". In: Meier, Hans-Rudolf / Scheurmann, Ingrid (Hg.): *DENKmalWERTE. Zur Theorie und Aktualität der Denkmalpflege*. München / Berlin 2010, S. 131

39 Ebd.

40 Der Verfasser ist sich im Klaren, dass sich diese Optionen in der Praxis der Denkmalpflege bei thermisch nicht getrennten Profilen und/oder bei Korrosionsschäden geradezu aufzwingen. Ähnliche Konflikte bei anderen, älteren Denkmalgruppen werden zumindest diskutiert, während dies bei der Nachkriegsmoderne selten der Fall ist.

41 Vgl. Hillmann, Roman: „Neue Fassadentechnik, altes Erscheinungsbild – Was passiert konstruktionsästhetisch?". In: Weller, Bernhard / Jakubetz, Sven (Hg.): *Denkmal und Energie 2008*. Dresden 2008, S. 46 f.

42 Siehe auch den Beitrag von Thomas Morgenstern in diesem Band

43 Vgl. Meyer, Friederike: „Angestrickt – Erweiterung der Stadthalle Chemnitz zum Tagungszentrum". In: *Bauwelt*. 35/2011, S. 10 ff.; vgl. Scharfenberg 2013 (wie Anm. 16), S. 27

44 Siehe hierzu auch die entsprechenden Abbildungen im Beitrag von Thomas Morgenstern in diesem Band.

KOMMUNALE ZWISCHENBILANZEN

DIE BAUTEN DER NACHKRIEGSMODERNE IN ROSTOCK. EINE AUFGABE FÜR DEN DENKMALSCHUTZ_PETER WRITSCHAN

Die Hansestadt Rostock besitzt ein reichhaltiges Erbe der Nachkriegsmoderne. Die großflächigen Zerstörungen im Zweiten Weltkrieg sowie der rasante wirtschaftliche Aufschwung zum bedeutendsten Zentrum der maritimen Wirtschaft der DDR zogen umfangreiche Baumaßnahmen für Industrie, Wohnen und Kultur nach sich. Dabei hatte sich eine eigene lokale Architektursprache entwickelt, sodass man durchaus von einer „Nordmoderne" sprechen kann.

URSPRÜNGE__Bereits in den 1920er Jahren wurde die Architektur in Rostock stark vom Neuen Bauen beeinflusst. Es entstanden Beispiele der weißen Moderne ebenso wie herausragende Klinkerbauten. Dabei wurden Gestaltungsprinzipien der Backsteingotik aufgegriffen und in die moderne Architektursprache übersetzt. Mit farbigen Backsteinen und hellen Putzflächen ließen sich wirkungsvolle Kontraste erzielen. Die moderne Architektur konnte sich auch noch in den ersten Jahren des „Dritten Reiches" behaupten, als Anpassung an die veränderte politische Situation reichte zunächst das Aufsetzen eines Steildaches. Die ansässigen Flugzeugwerke verstanden sich als Hightech-Unternehmen und realisierten zweckmäßige und sachlich gestaltete Bauten wie das 1936 errichtete Heinkel-Werk. Hier im Industriebau hatte die Architektursprache des Neuen Bauens eine ihrer Nischen gefunden.[1]

Aber auch zu Beginn der 1950er Jahre, als die stalinistische Doktrin der „Nationalen Traditionen" den Wohn- und Gesellschaftsbau in ein historisierendes Korsett zwang, wurde für die Industrie weiter „modern" gebaut. Der Fischereihafen Marienehe entstand zur gleichen Zeit wie die Lange Straße. Inmitten der schwierigen Phase der Umstrukturierung des ehemaligen Fischkombinats zu einem zeitgemäßen Hafen- und Gewerbegebiet wurden 1997 die wichtigsten Bauten unter Denkmalschutz gestellt.[2] Im Laufe der Zeit konnten die meisten Gebäude saniert und einer neuen Nutzung zugeführt werden. Das ehemalige Verwaltungsgebäude wurde mit nur geringen inneren Umbauten zum Hotel (Abb. 1), die eindrucksvolle Schaltstation zu einem Film- und Fotostudio. Nur die 320 Meter lange Fischhalle musste aus hafenlogistischen Gründen um ein Drittel gekürzt werden. Der verbliebene Teil ist in einzelne Segmente aufgeteilt und an unterschiedliche Firmen vermietet.

DAS SOZIALISTISCHE STADTZENTRUM__Die Lange Straße als sozialistische Magistrale folgte in ihrer Dekoration mit Türmchen und Säulen der Forderung, an das wertvolle nationale Erbe anzuknüpfen. Für Rostock wurde dazu die Backsteingotik

1_Fischereihafen Marienehe, Am Fischereihafen 113, Verwaltungsgebäude **2**_Lange Straße, Blick Richtung Westen

1

2

3_ Haus der Schiffahrt (Haus der Gewerkschaften), Warnowhotel und Kröpeliner Tor, Foto 1977 4_Hochhaus August-Bebel-Straße
5_Haus Sonne am Neuen Markt

auserkoren. In seiner baulichen Struktur besitzt der Straßenzug jedoch eine durchaus moderne Ausprägung (Abb. 2).[3] Nach der Hinwendung

3

zur Architektur der Moderne ab Ende der 1950er Jahre ließen sich die weiteren Bauten, wie das „Haus der Schiffahrt" und das Hochhaus am Neuen Markt, daher problemlos einbinden. Die gestalterische Verbindung zu den älteren Bauten wurde durch den Backstein geschaffen.

Das Ensemble der Langen Straße steht seit 1979 als Denkmalbereich unter Schutz. Die umfangreichen Sanierungen in den 1990er Jahren an den historisierenden Bauten erfolgten mit großer Liebe zum Detail. Weniger überzeugend war die Fassadenerneuerung am „Haus der Schiffahrt". Die Plastizität der Fassade in ihrem Wechselspiel von hervortretendem Stahlbetonraster und zurückgesetzten Fensterebenen, betont durch die Verkleidung der Brüstungsfelder mit Wellplatten, wurde zugunsten einer glatten Vorhangfassade aufgegeben. Diese ist zwar wärmetechnisch optimal, nimmt dem Gebäude aber viel von seiner Leichtigkeit und Eleganz. Dieses Problem wird noch verstärkt durch die vorgesetzte zweigeschossige Fußbebauung. Anfang der 1990er Jahre herrschte jedoch die Auffassung, durch diese Maßnahmen das Gebäude „verbessert" zu haben.

Das Material Backstein wurde sogar in die industrielle Plattenbauweise übernommen; zum ersten Mal beim Neubau des Warnowhotels am südwestlichen Endpunkt der Langen Straße (Abb. 3). Bei allem historischen Bezug wurde

4

5

die industrielle Art der Fertigung in der Gestaltung betont: Die Klinkerriemchen wurden nicht im Verband verlegt, sondern Fuge auf Fuge bereits im Plattenwerk in den noch feuchten Beton eingedrückt. Zum Hotelkomplex gehörte auch die Newa-Bar: Ein aufgeständerter eingeschossiger Baukörper schwebte über einem zurückgesetzten Erdgeschoss.[4] Zu einem gelungenen städtebaulichen Anschluss zur Kröpeliner Straße kam es jedoch nicht mehr, da sich die übergeordneten Ziele der Stadtplanung geändert hatten. Jahrzehntelang stieß daher der zierliche Bau der Newa-Bar unvermittelt an eine daneben liegende Brandwand. Ursache war der 20. Jahrestag der DDR im Jahre 1969, der zu einer überbordenden Planungseuphorie führte. Die Innenstädte sollten endlich zu „sozialistischen Stadtzentren" umgestaltet werden, markante Stadtkronen den Sieg des Sozialismus weithin sichtbar manifestieren.[5] Für Rostock war ein Hochhaus in Form eines Segels vorgesehen. Während dieses einprägsame „Bildzeichen" durchaus ein Wahrzeichen der Stadt geworden wäre, sah die weitere Planung umfangreiche Abbrüche von älterer Bebauung und deren Ersatz durch überdimensionierte Großstrukturen vor. So wurden große Teile der nördlichen Altstadt vernachlässigt und schließlich abgerissen. Nach nur zwei realisierten Bauten wurde das Vorhaben gestoppt.

Der Schwerpunkt der Bautätigkeit verlagerte sich im Rahmen des Wohnungsbauprogramms auf die „grüne Wiese". Eines der verwirklichten Projekte ist ein 23-geschossiges Wohnhochhaus. Da die zugehörige Fußbebauung fehlt, steht es seitdem ohne städtebaulichen Zusammenhang verloren auf einem Hof. Die ursprünglich starke gestalterische Betonung der Vertikalen ließ das einsame Hochhaus zum Fremdkörper in der Stadtsilhouette werden. Mit einer veränderten Fassadengestaltung wurde versucht, das Gebäude durch Himmel- und Wolkenfarben seiner unangenehmen Dominanz im Stadtbild zu entledigen. Auch eine Umgangsform mit „störender" Architektur. (Abb. 4).

Den Umgestaltungsplanungen ist auch unnötigerweise die Christuskirche am Schröderplatz zum Opfer gefallen. Die neugotische Kirche war nach schweren Kriegsschäden mühsam wieder aufgebaut worden. Nun stand sie der neuen Zeit im Wege – nicht nur räumlich, sondern vor allem ideologisch und kunsthistorisch. Neogotik galt in der Zeit als nicht erhaltenswert. Solche politisch motivierten Zerstörungen wirken bis heute im Bewusstsein der Menschen nach.

Die 1960er Jahre waren aber nicht nur von radikalen Neugestaltungen geprägt. Ebenso erfolgten gelungene Sanierungen historischer Gebäude, qualitätsvolle Lückenschließungen und städtebauliche Umgestaltungen, wie die Schaffung der Fußgängerzone Kröpeliner Straße oder der Neubau des Haus Sonne am Neuen Markt, in dem sich Tradition und Moderne auf gelungene Weise verbinden (Abb. 5).[6] Das Gebäude, unter Ensembleschutz stehend, ist in seinem äußeren Erscheinungsbild und in seiner Nutzung unverändert, es beherbergt weiterhin Hotel und Gastronomie.

Der teilweise rücksichtslose Umgang gerade der DDR-Moderne mit historischen Gebäuden und Stadtstrukturen hatte zu einer Gegenbewegung geführt, die sich die Bewahrung und Wiederherstellung des historischen Stadtgrundrisses als Ziel setzte. An die Erfahrungen mit dem Haus Sonne und ähnlichen Bauten anknüpfend, wurde 1977 an städtebaulich hervorragender Stelle, an der Ecke Kröpeliner Straße/Breite Straße, eine Kriegslücke mit einem modernen Giebelhaus geschlossen. Das Besondere war die Errichtung dieses Solitärs in Plattenbauweise (Abb. 6).[7] Dies war der Beginn der Nachmoderne oder der Anpassungsarchitektur, der vorherrschenden Architektursprache der 1980er Jahre in den Innenstädten. Der damalige Denkmalpfleger der Stadt Hans-Otto Möller schreibt dazu: „1977 bestand die stadtgestalterische Aufgabe (...) sowohl darin, den Anschluss an den vorhandenen Wohnblock, den markanten Abschluss dieser Straßenzeile, als auch die maßstäbliche Verbindung und Aufwertung an die Giebelhausbebauung der historischen Kröpeliner Straße zu finden. Gleichzeitig sollte dieser Neubau aber auch das erste in industrieller Bauweise in der Innenstadt gefertigte Haus sein und damit ein Auftakt für weitere imposant gestaltete Bauten der Innenstadt werden. Dieser errichtete Bau zeigt beispielhaft die Möglichkeit der Anpassung an eine vorhandene Bausubstanz und an die sich immer weiter entwickelnden Möglichkeiten der Plattenbauweise in unserer Stadt." Aufbauend auf diesen Erfahrungen wurde in den 1980er Jahren das zuvor leergeräumte Quartier in der nördlichen Altstadt mit angepassten Giebel- und Traufenhäusern in Anlehnung an den historischen Stadtgrundriss bebaut.[8] Gegenwärtig wird die Erhebung dieses Gebietes zu einem Flächendenkmal vorbereitet. Die untere Denkmalschutzbehörde arbeitet dabei eng mit den Ämtern der Stadt, mit dem Sanierungsträger, dem Ortsbeirat, Architekten und Vereinen zusammen. Das Landesamt für Kultur und Denkmalpflege Mecklenburg-Vorpommern kann aufgrund personeller Engpässe hier wenig Grundlagenforschung betreiben. Daher wird durch Austausch mit Studenten und Wissenschaftlern verschiedener Hochschulen auch externer Sachverstand genutzt.

Das aufwändigste Gebäude der 1980er Jahre war ohne Zweifel das sogenannte Fünfgiebelhaus am Universitätsplatz.[9] Die zahlreichen Sonderelemente der reich gegliederten Fassade führten die Idee der seriellen Fertigung des industriellen Bauens jedoch ad absurdum. Beide Bauten erfreuen sich seit ihrer Entstehung großer Beliebtheit. Sie sind durch einen Denkmalbereich geschützt. Umbauten gab es in den Erdgeschosszonen als Anpassung an veränderte gewerbliche Anforderungen. Die restlichen Fassaden sind weitestgehend original erhalten. Beklagenswert ist der Verlust der qualitätsvollen künstlerischen Innenausstattung der ursprünglichen Gaststätten. Schon kurz nach ihrer Entstehung galten sie Anfang der 1990er Jahre als unmodern. Einige Kunstwerke konnten gerettet und in anderer Umgebung wieder aufgestellt werden.

Die Rückbesinnung auf die historische Stadt hatte jedoch auch zur Folge, dass die Schöpfungen der Nachkriegsmoderne in Misskredit gerieten. So wurde die Wiederherstellung der westlichen historischen Stadtkante 1993 im Rahmenplan[10] des Sanierungsgebietes festgeschrieben. Dies zog den Abbruch des Warnowhotels mit der Newa-Bar nach sich. Begründet wurde er

6

damit, dass das Hotel mit seinen engen inneren Raumstrukturen nicht mehr den heutigen Ansprüchen genüge. Der Neubau mag ja im Inneren eine höhere Qualität besitzen, von außen lässt sich diese nur schwer erkennen. Querelen in der Lokalpolitik, Fehler der Stadtplanung und Einknicken vor Investoreninteressen führten zu einem Neubau, der deutlich hinter der städtebaulichen Qualität seines Vorgängers zurückfällt und keinen würdigen Abschluss des Ensembles der Langen Straße darstellt.

KÜHNE SOLITÄRE__Weitere hervorragende Einzelbauten, die inzwischen unter Denkmalschutz stehen, entstanden in der Phase der Ostmoderne, wie der Komplex der Sektion Schiffstechnik der Universität Rostock (Abb. 7). Bei der Sanierung wurde besonderer Wert auf den Erhalt der eingefärbten Putzflächen, der zeittypischen Schwingflügelfenster und der baugebundenen Kunst gelegt.

An der Ingenieurhochschule für Seefahrt in Warnemünde ist besonders eindrucksvoll der Kontrast zwischen dem I. Bauabschnitt von 1952, der noch den Formen der 1930er Jahre verhaftet ist, und dem modernen II. Bauabschnitt von 1961 zu sehen. Der Komplex dient immer noch der seemännischen Ausbildung und wird schrittweise denkmalgerecht saniert.

Die Kunsthalle wurde als moderner Museumsneubau errichtet; dabei wurden Anregungen skandinavischer Architektur verarbeitet. Die gegenwärtigen Baumaßnahmen sollen zum einen die Energieeffizienz erhöhen, zum anderen das Problem der behindertengerechten Erschließung lösen. Das ursprüngliche Erscheinungsbild wird dabei erhalten bzw. wiederhergestellt.[11]

Einen besonderen Stellenwert nehmen die „kühnen Solitäre"[12] von Ulrich Müther ein. Die geschwungenen Dächer waren so zahlreich und selbstverständlich im Stadtbild vertreten, dass deren besondere Bedeutung erst mit dem Abbruch des „Ahornblattes" in Berlin im Jahre 2000 in das Bewusstsein der Öffentlichkeit gelangte. Für den Messepavillon in Schutow (Abb. 8) und die Mehrzweckhalle in Lütten-Klein lagen schon Abbruchgenehmigungen vor. Glücklicherweise wurden diese durch die Eigentümer nicht genutzt. So gelang es, diese Bauten im Jahre 2002 unter Denkmalschutz zu stellen. Im original erhaltenen Messepavillon nutzt ein Autohaus das Gebäude für den ursprünglichen Verwendungszweck: als Ausstellungspavillon. Die innere Struktur der Mehrzweckhalle wurde aufgegeben, die veränderten Nutzungsanforderungen zwangen zu einer völlig neuen Raumstruktur. Nur so ließ sich das Gebäude überhaupt erhalten. Original sind die Hyparschale und die markante Rasterfassade der Obergeschosse. Wie ursprünglich befinden sich in der Halle neben Einkaufsmöglichkeiten gewerbliche Nutzungen. Jedoch bedurfte der Lebensmitteleinzelhandel aus hygienischen Gründen einer Unterhangdecke. Damit war das domartige Erlebnis der spitz zulaufenden Schale über der alten Kaufhalle nicht mehr möglich.

Der „Teepott" in Warnmünde steht schon seit 1984 auf der Denkmalliste. Dies und seine große Popularität schützten ihn in den 1990ern nicht vor Abbruchbegehren. Mehrere Betreiber waren mit der darin befindlichen Großgaststätte gescheitert. Daher erfolgte auch hier beim durchgreifenden Umbau im Jahr 2002 eine umfangreiche Neuordnung der inneren Struktur und der Erdgeschosszone, während die Schale und die Obergeschossfassade im Original erhalten blieben.

Die 1971 als Ersatz für die abgebrochene neogotische Kirche am Schröderplatz errichtete Christuskirche im Häktweg wurde 2005 Denkmal und ist im Wesentlichen unverändert erhalten geblieben.

Das die Silhouette in Warnemünde bestimmende markante Neptunhotel, 1971 fertiggestellt, war ein Gemeinschaftswerk mit schwedischen Architekten und Baufirmen. Es steht bisher nicht unter Denkmalschutz.

7_Universität Rostock, Gebäude der Sektion Schiffstechnik **8**_Messepavillon Schutow, heute Autohaus

7

8

9_Das sogenannte Sonnenhochhaus in Rostock-Evershagen, Foto 1992 **10**_Sonnenhochhaus in Rostock-Evershagen nach der Umgestaltung **11**_Leerstehender Verkaufspavillon des Lichtenhäger Brink in der Großwohnsiedlung Rostock-Lichtenhagen

9

10

DIE WOHNKOMPLEXE__Zahlreiche neue Wohngebiete entstanden ab Ende der 1950er Jahre in industrieller Bauweise. Waren die ersten Wohngebiete noch mit den allgemein üblichen Typenbauten errichtet worden, begann Mitte der 1960er Jahre die Suche nach lokalen Gestaltungsmöglichkeiten. Die in der Langen Straße erprobte Klinkerplatte im Wechsel mit Waschputzfeldern wurde ab Mitte der 1960er Jahre prägend für die Plattenbauarchitektur in Rostock. Für jedes Wohngebiet wurden neben einer eigenständigen städtebaulichen Figur auch spezielle Gestaltungsprinzipien der Plattenbaufassaden entwickelt, bis hin zu großen bildkünstlerischen Elementen.[13]
Im Zentrum Evershagen erfolgte sogar eine ins Philosophische gehende Darstellung der vier grundlegenden Elemente Feuer, Wasser, Erde und Luft an den umgebenden Giebeln.[14] Leider wurden nur die Giebel unter Schutz gestellt, nicht jedoch die dazugehörigen Gebäude. Am Sonnenhochhaus wurden die Balkone, die in ihrer lebhaften Linienführung eine Weiterführung der Sonnenstrahlen assoziieren ließen, durch verglaste Loggien ersetzt, die diesen Effekt nicht mehr bieten können (Abb. 9 und 10). Für die Mieter hatte dieser Umbau allerdings Vorteile, denn die Balkone waren aufgrund der Verlärmung durch die benachbarte Stadtautobahn kaum nutzbar. Der Wohnkomfort erhöhte sich auch dadurch, dass im bisher ungenutzten Erdgeschoss für die Bewohner ein eigener Wellness- und Schwimmbadbereich angelegt wurde. Damit wurde die ursprüngliche architektonische Idee, maximalen Komfort in den Großwohneinheiten unterzubringen, vollendet. Gleichzeitig stieg damit die Akzeptanz des Wohnens „in der Platte".
Einige der Großwohneinheiten mit ihren markanten Terrassenwohnungen sind gegenwärtig Gegenstand der Denkmaluntersuchung. Sie besitzen noch weitgehend die ursprüngliche Fassa-

dengestaltung im Gegensatz zu vielen anderen Plattenbauten, die Wärmedämmverbundsysteme erhielten. Dabei wurde nicht immer die ursprüngliche Fassadengestaltung wiederhergestellt. Manche neuen Farbgestaltungen sollten besonders originell sein, jedoch ist der Reiz des betont Modischen schnell verflogen.

11

FAZIT__In Rostock stehen viele markante Einzelbauten der DDR-Moderne unter Denkmalschutz.[15] Als Flächendenkmal gibt es bisher nur die sehr anspruchsvolle Freiflächengestaltung der 1970er Jahre, den sogenannten Lichtenhäger Brink.[16] Hier wurde in einem Neubaugebiet eine ausgedehnte Fußgängerzone mit kleinen Läden und Gaststätten und einer aufwändigen gartenkünstlerischen Gestaltung geschaffen. Die Schließung der Läden aufgrund veränderten Einkaufsverhaltens nach der Wende hat zu einer Verödung dieses Bereichs geführt und stellt uns bei der Bewahrung und Belebung der Anlage vor große Probleme (Abb. 11).

Zu Abbrüchen in den Großwohnsiedlungen kam es nur vereinzelt, vor allem nicht mehr nutzbare Schulgebäude wurden aufgegeben. Alle Siedlungen sind saniert und üppig durchgrünt. Die Wohngebietszentren wurden nach der Wende umfassend ausgebaut und die Infrastruktur erheblich verbessert. Daher ist der Leerstand gering und die Akzeptanz groß. Ein sehr beliebter Stadtteil

12_Rostock Südstadt, Blick auf den Bereich des Südringes (Flächen für eine mögliche Verdichtung), Foto 1977 **13**_Blick auf einen Teil der Großwohnsiedlung Rostock/Lütten-Klein 1977

12

13

ist die Südstadt. Um 1960 geplant, folgte sie den internationalen Vorbildern der durchgrünten, aufgelockerten Stadt. Trotz gleicher Typenbauten gelang es, angenehme Wohnstandorte zu schaffen. Die Wohnungsgenossenschaften möchten daher gern auf den – ihrer Meinung nach zu großzügigen – Freiflächen weitere Wohnungen bauen.

Um hier keinen Wildwuchs entstehen zu lassen, hat die Stadt eine umfangreiche Untersuchung in Auftrag gegeben. Dabei wurden zum einen die bauhistorische Bedeutung herausgearbeitet und zum anderen Vorschläge für eine sinnvolle Ergänzung unterbreitet. Die ursprüngliche städtebauliche Idee soll dabei auf jeden Fall erhalten bleiben. Innerhalb dieses Diskussionsprozesses ist auch zu klären, wie die schützenwerten städtebaulichen Strukturen gesichert werden können (Abb. 12).[17] Favorisiert wird die Erstellung eines Bebauungsplans, der die erforderliche Schutzfunktion für den Erhalt der Struktur übernimmt und gleichzeitig mögliche Ergänzungen regelt. Da die sehr schlichten Fassaden vielfach verändert wurden, ist der klassische Denkmalbereich mit seinem Schutz des äußeren Erscheinungsbildes nicht zielführend, es sei denn, man beschränkt sich auf den städtebaulichen Grundriss und die Baumassenverteilung.

2015 begeht die ehemalige Großwohnsiedlung Lütten-Klein ihr 50-jähriges Jubiläum. Damals ein wegweisender Entwurf mit einem spannungsvollen Stadtzentrum, gebaut nach dem ersten Preis des Architekturwettbewerbs, eingereicht von der Hochschule Weimar (Abb. 13).[18] Der damalige Entwurf ist im Wesentlichen umgesetzt worden. Die letzten Bauten wurden jedoch erst Ende des 20. Jahrhunderts realisiert. Die guten Erfahrungen mit der Analyse der Südstadt ermuntern die Hansestadt Rostock, dieses Instrument auch auf die anderen Großwohnsiedlungen anzuwenden. Auf deren Grundlage kann dann eine geeignete Schutzstrategie entwickelt werden. Als Instrumente stehen Erhaltungs- und Gestaltungssatzung, Bebauungsplan und Denkmalbereichsverordnung zur Verfügung, die sinnvoll eingesetzt werden müssen.

ANMERKUNGEN

1 Durth, Werner / Nerdinger, Winfried: *Architektur und Städtebau 30er/40er Jahre.* Bonn 1997, S. 30 und 49. Herbert Rimpel hatte neben dem Heinkelwerk in Oranienburg auch das Rostocker Werk geplant.

2 Kirchner, Jörg: „Möglichkeiten der Industriearchitektur in den 50er Jahren". In: *Denkmalschutz und Denkmalpflege.* 3/1996, Schwerin, S. 81–84

3 *Architekturführer DDR, Bezirk Rostock.* Berlin 1977; wenn nicht anders angegeben, stammen die Angaben zu den Gebäuden aus diesem Buch. Dort werden auch alle beteiligten Architekten aufgeführt.

4 Jastram, Dieter: „Hotel Warnow in Rostock". In: *Deutsche Architektur.* 12/1967, Berlin, S. 710–717

5 Rat der Stadt Rostock, Stadtbauamt: *Stadtzentrum Rostock – Planung und Aufbau.* Broschüre, Rostock, 1969

6 Jastram, Dieter / Hering, Fritz: „Wohnheim ‚Sonne' in Rostock". In: *Deutsche Architektur.* 8/1971, Berlin, S. 484–486

7 Baumbach, Peter / Kaufmann, Erich: „Eckbebauung Breite / Kröpeliner Straße in Rostock". In: *Architektur der DDR* 11/1981, Berlin, S. 670–674

8 Kaufmann, Erich: „Gedanken zum innerstädtischen Bauen in der nördlichen Altstadt in Rostock". In: *Architektur der DDR* 11/1984. Berlin, S. 647–653

9 Weise, Dirk: „Fünfgiebelhaus am Universitätsplatz in Rostock". In: *Architektur der DDR* 12/1987. Berlin, S. 20–22

10 Rostocker Gesellschaft für Stadterneuerung und Stadtentwicklung: *Städtebauliche Rahmenplanung für das Sanierungsgebiet Stadtzentrum Rostock.* Rostock 1993

11 Siehe den Beitrag von Maik Buttler in diesem Band. Dort werden von dem Architekten auch die Sanierungsmaßnahmen der letzten Jahre an der Mehrzweckhalle in Lütten-Klein und am „Teepott" in Warnemünde ausführlich dargestellt.

12 Dechau, Wilfried: *Kühne Solitäre.* Stuttgart/München 2000

13 Bezirksbauamt: *Bauen im Ostseebezirk* (Bd. 7). Rostock 1982

14 Rat der Stadt, Abt. Kultur: *Bildende Kunst im Stadtbild von Rostock.* Rostock 1980, S. 85–88, 90–92

15 Denkmalliste der Hansestadt Rostock: http://www.rostock.de/Denkmalpflege

16 Stadtarchiv Rostock (Hg.): *Lichtenhäger Mosaik. Vom Werden, Wachsen und Sein des sozialistischen Stadtteils Rostock-Lichtenhagen.* Rostock 1986, S. 8 f.; Rat der Stadt, Abt. Kultur 1980 (wie Anm. 14)

17 Braun, Lutz / Viebke, Torsten: *Städtebauliche Analyse Rostock-Südstadt, Hansestadt Rostock, Amt für Stadtentwicklung, Stadtplanung und Wirtschaft.* 2014

18 Wettbewerb Wohnbezirkszentrum Lütten-Klein, In: *Deutsche Architektur.* 10/1966, Berlin, S. 610–615

DENKMALE UND DENKMALENSEMBLES DER DDR-MODERNE IN LEIPZIG_PETER LEONHARDT

Wie in vielen Städten der früheren DDR sind in Leipzig die Bauten der 1950er Jahre allgemein akzeptiert, als Baudenkmale inventarisiert, instandgesetzt und neu genutzt. Konservatorische Probleme unterscheiden sich nicht von den Problemen mit Denkmalen älterer Epochen. Auch in ihrer spezifisch ostdeutschen Ausprägung als „Architektur der nationalen Bautraditionen" gehören die Bauten der 1950er Jahre nicht zu den „unbequemen Baudenkmalen", wobei sich in der Wertschätzung von Fall zu Fall westdeutsche Modernefeindlichkeit und ostdeutsche Nostalgie vereinen. Politische Ressentiments spielen bei der Nutzung jedenfalls keine Rolle. Bildkünstlerische Werke, die stets zum Bauprogramm gehörten, wurden restauriert und selbst einige Werbeanlagen haben als charakteristische Elemente einer DDR-Folklore überlebt.

Unumstritten ist auch jene kleine Gruppe von Bauten, die nach der Mitte der 1950er Jahre teils in moderner Konstruktion, teils traditionell, aber weitgehend ohne historisierendes Erscheinungsbild, dafür häufig mit hohem Materialaufwand ausgeführt worden sind. Ihre Fassaden zeigen typische Rastergliederungen, wie sie auch im westdeutschen Wiederaufbau das Bild bestimmten. Die Bauten der 1960er und 70er Jahre unterlagen bis in jüngste Zeit anderen Bedingungen.[1]

Für das Verständnis der spezifischen Situation in Leipzig ist ein kurzer Rückblick auf die Planungsgeschichte sinnvoll.[2]

RÜCKBLICK_Der Bebauungsplan für das Stadtzentrum aus dem Jahr 1949 und der Aufbauplan für den „zentralen Bereich" aus dem Jahr 1952, der die schwer zerstörten Vorstädte einschloss, bildeten ein Jahrzehnt lang die Grundlage für den Wiederaufbau zahlreicher Bauten des späten 19. und frühen 20. Jahrhunderts, die Leipzigs Stadtbild in besonderem Maße ausmachen. Öffentliche Gebäude wie der Hauptbahnhof, das Grassimuseum, Kunstakademie und Konservatorium sowie zahlreiche Geschäfts- und Messehäuser wurden in den 1950er Jahren mit hohem Aufwand wieder aufgebaut. 15 Jahre nach Kriegsende gab es im Stadtzentrum mit dem Messehof, den Wohnhäusern am Roßplatz und der Baustelle des Opernhauses nur wenige nennenswerte Neubauten – das Stadtbild bestimmten Wohn- und Geschäftshäuser der Jahrhundertwende und zahlreiche enttrümmerte Brachen.

Das Sichtbare sei nicht Ausdruck der tatsächlichen Bauleistungen, resümierte Leipzigs Stadtarchitekt Walter Lucas 1958. Die neuen Weichenstellungen des V. Parteitags der SED mit ihren Beschlüssen zum Wiederaufbau der zerstörten Innenstädte und der 1960 veröffentlichte „Perspektivplan für das Leipziger Stadtzentrum"

1_Leipzig, Perspektivplan für die Entwicklung des Stadtzentrums 1960

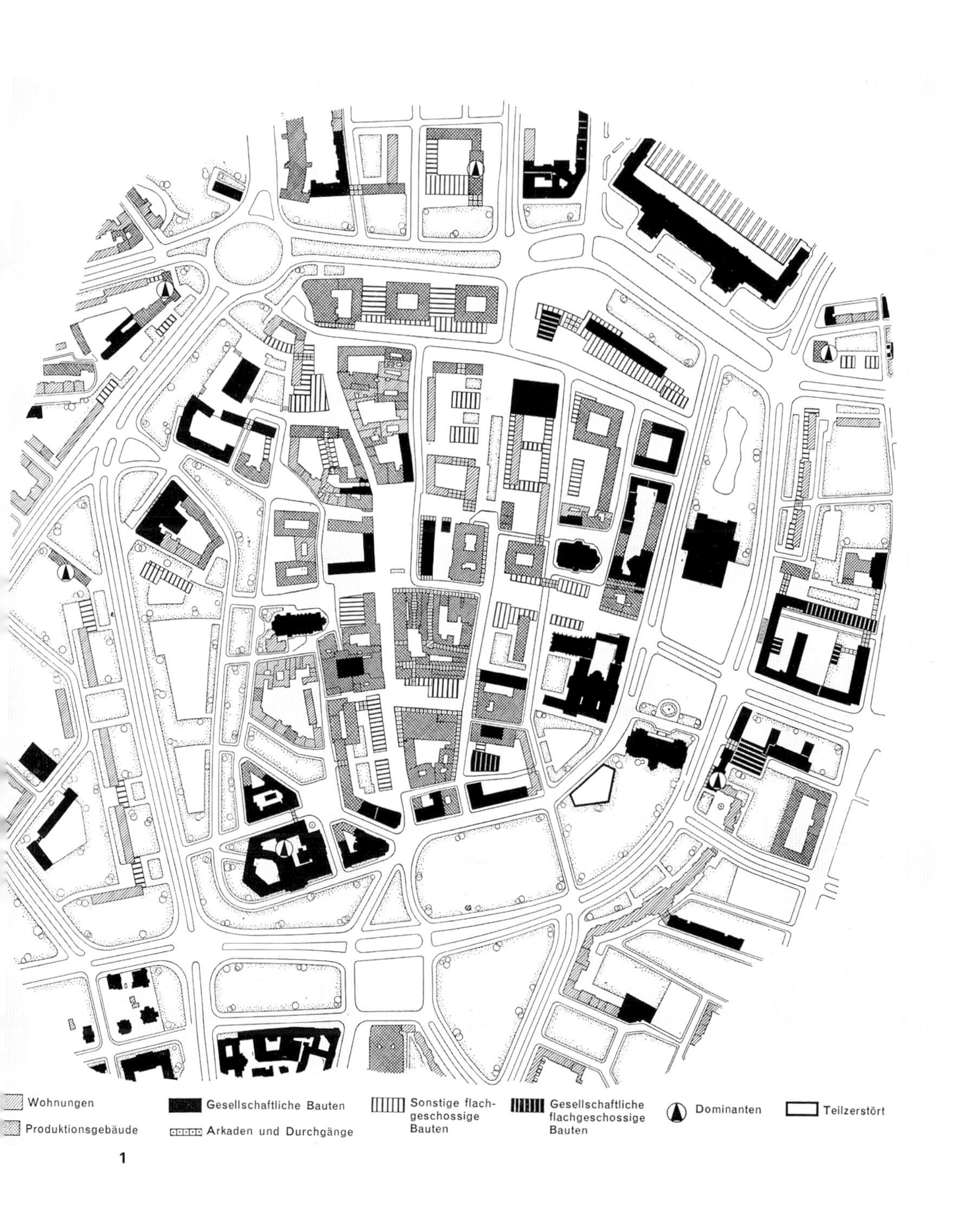

(Abb. 1) markierten den Bruch mit der traditionsbewussten Stadtplanung der Nachkriegszeit. Der Plan gehe – so beschrieb Lucas das Ziel – weit über das Schließen zufällig entstandener Baulücken oder die Wiederherstellung eines früheren Zustandes hinaus. Nun wolle man großzügiger und optimistischer in die Zukunft blicken und nehme die Beseitigung des Alten in Kauf, wenn es einem neuen, großen städtebaulichen Ziel im Weg stehe.

Die Deutsche Bauakademie lobte die neue Planung. Vizepräsident Edmund Collein befand, man habe in Leipzig „die zu enge Auffassung von einer Rekonstruktion des ehemaligen Stadtkerns verlassen"; nun sei es möglich, die Prinzipien des sozialistischen Städtebaus nicht nur in dem räumlichen Ensemble des Rings zum Tragen zu bringen, sondern auch den Kern der Stadt einzubeziehen.[3] Die nachfolgenden Abbrüche – darunter das Museum der bildenden Künste am Karl-Marx-Platz gegenüber der Oper, das Gewandhaus im Musikviertel und die Universität mit der Universitätskirche – werfen bis heute einen Schatten auf die jüngere Architektur und erschweren ihre Akzeptanz.

Bis zur 800-Jahrfeier 1965 sollte die Neubebauung des Stadtzentrums zu einem ersten Abschluss kommen. Aufbauschwerpunkte waren der Markt, der Karl-Marx-Platz und der Georgiring, das heißt die Ostseite des Promenadenringes. In einem zweiten Bauabschnitt entstand bis 1969 die Bebauung am Brühl und am Sachsenplatz. Mit der Einweihung des Neubaus der Karl-Marx-Universität kam 1975 die Bebauung des Altstadtkerns trotz der noch immer fragmentierten Form zu einem vorläufigen Abschluss.

BAUTEN UND ENSEMBLES IM STADTZENTRUM AB 1960__Mit den neuen Planungsgrundlagen war die Absicht verbunden, die Stadt von innen nach außen neu zu gestalten. Deshalb begann der Umbau am Markt, wo sich der Charakter Leipzigs als Messestadt besonders zeigen sollte.[4] Diesem Umstand ist es zu verdanken, dass die Renaissancefassade der Alten Waage an der Nordseite des Marktes – ein Synonym für die lange Tradition der Handelsstadt – als Kopie eines vollständig verlorenen Bauwerks am alten Standort wieder errichtet und mit einer zeitgemäßen Rasterfassade an der Katharinenstraße verbunden wurde. Gleichzeitig erhielt das Königshaus seine schon im 19. Jahrhundert verlorene barocke Fassade in den Obergeschossen als freie Kopie zurück. Daneben entstand – angepasst an das Königshaus – das Messehaus am Markt. Deutlich weniger Ortsbezug bestimmte die Planungen für das Messeamt an der dem Alten Rathaus gegenüberliegenden Westseite und die Wohnanlage zwischen Katharinenstraße und Salzgäßchen.

Der Beschluss zum Neubau eines Opernhauses anstelle des kriegsbeschädigten Neuen Theaters hob bereits 1950 den erst ein Jahr zuvor festgesetzten Wiederaufbau des historistischen Ensembles am Karl-Marx-Platz auf.[5] Nach der Einweihung des Opernhauses wurde in den Jahren 1961–64 als zweiter Neubau die Hauptpost anstelle eines kriegszerstörten Vorgängerbaus errichtet. Zeitgleich entstanden am Promenadenring zwischen Karl-Marx-Platz und Hauptbahnhof nach Entwürfen von Horst Krantz vom VEB Leipzig-Projekt drei siebengeschossige Wohnhausscheiben über einer weit in den Straßenraum vorgeschobenen Ladenzone in dem neu entwickelten System „WV

2000".[6] In der Größe und städtebaulichen Platzierung führen sie in völlig neuer Form den 1953 am Roßplatz begonnenen Ausbau des Promenadenrings mit Wohnhochhäusern fort.

Spätestens mit dem Abbruch der Ruine des Museums der bildenden Künste wurden 1963 die Weichen für die vollständige Neubebauung des Karl-Marx-Platzes gestellt. Sechs Jahre später erfolgte die Sprengung der Universitätskirche und der Universitätsgebäude; an ihrer Stelle wurde bis 1975 die Universität, bestehend aus dem Sektionshochhaus, Rektorats-, Hörsaal- und Seminargebäude, Mensa und Bibliothek neu errichtet.[7] Ihren Abschluss fand die Neubebauung des Platzes mit der Einweihung des Neuen Gewandhauses im Jahre 1981.

Das Kaufhaus am Brühl, nach einheitlichem Entwurf in zwei Bauabschnitten in den Jahren 1908–11 und 1927/28 erbaut, gehörte durch seine moderne Stahlbetonkonstruktion zu den wenigen wiederaufbaufähigen Gebäuden im nördlichen Abschnitt der Leipziger Altstadt, die im Zweiten Weltkrieg schwerste Zerstörungen erlitten hatte. Nach provisorischer Instandsetzung öffnete es als Kaufhaus des Friedens im Frühjahr 1946.

Zwischen 1966 und 1969 errichtete der kommunale Wohnungsbaubetrieb nach Abbruch der noch verbliebenen historischen Bebauung zwischen Ranstädter und Halleschem Tor drei Wohnhausscheiben mit verbindenden eingeschossigen Ladenzonen in Kammstellung zum Promenadenring. Die im westeuropäischen Städtebau der Nachkriegszeit weit verbreitete Bauform fand in den 60er Jahren auch in der DDR zunehmend Anklang. Einen starken Akzent erhielt die Baugruppe durch die markante Kontur des Kaufhauses, das in die Neubebauung einbezogen und dessen Sandsteinfassade mit einer fensterlosen Aluminiumverkleidung versehen wurde.[8] Nach seiner Fertigstellung gehörte das Ensemble zu den am häufigsten wiedergegebenen Ansichten Leipzigs.

Der 1969 als „innerstädtischer Fest- und Freiraum", als „kulturelles Zentrum" angelegte Sachsenplatz, eine mit Grünflächen, Springbrunnen und zahlreichen Kunstwerken besetzte Fläche, war der Versuch, einen kriegszerstörten Stadtraum neu zu definieren. Seine Wirkung erhielt er durch eine Platzwand aus historischen Wohn- und Geschäftshäusern an der Westseite der Katharinenstraße. Das wichtigste Bauwerk, das Kongress- und Ausstellungsgebäude „Leipzig-Information" mit seiner originellen aufsteigenden Dachform, hätte an einem anderen Standort gute Chancen gehabt, als herausragendes Denkmal der Ostmoderne den durchaus breiten gestalterischen Rahmen der DDR-Architektur der 60er Jahre zu illustrieren.

REVISION DER OSTMODERNE__Schon 1977 formulierte Jochen Helbig vom Dresdner Institut für Denkmalpflege eine den Zeitumständen entsprechend verhaltene, gleichwohl deutliche Kritik an den städtebaulichen Lösungen der 1960er Jahre: „In der jetzigen Stadtstruktur wirken die Plätze, an deren Stelle bis zu ihrer Zerstörung Häuserviertel gestanden haben, unorganisch – so an der Kloster- und Thomasgasse (...); ebenso wenig befriedigend erscheint der Versuch, am neu entstandenen Sachsenplatz zwischen Katharinen- und Reichsstraße einen mittelalterlichen Stadtgrundriss neu zu überbauen, mit neuen Dominanten auszustatten und dabei den Quartiercharakter aufzugeben."[9]

Die Illustration zu diesen Ausführungen zeigte mit einem Luftbild von der Thomaskirche zum Brühl die am häufigsten abgebildete Ansicht des neuen Leipzig, die in keinem Bildband fehlte, um die geglückte Verbindung von Alt und Neu im Stadtzentrum zu illustrieren – hier erschien sie mit umgekehrter Absicht. Die dann von Wolfgang Hähle bearbeitete Denkmalkarte des Leipziger Stadtzentrums gab bereits 1985, als überhaupt nicht daran zu denken war, die weitgehende Wiederherstellung des historischen Straßenverlaufs an dieser Stelle als fernes Ziel aus.[10]

Es überrascht nicht, dass die Kritik an den Stadträumen der Moderne schon in den letzten Jahren der DDR in konkrete Revisionsvorschläge mündete. 1988 hatte die Stadt Leipzig zu einem städtebaulichen Wettbewerb für die weitere Gestaltung des Stadtzentrums eingeladen. Einigkeit bestand unter allen 28 Teilnehmern darüber, dass das Ziel in der Verdichtung und Wiederbebauung der Freiräume und in der Wiederherstellung historischer Straßenverläufe bestehen müsse.

Am weitesten ging hier der Entwurf einer Arbeitsgemeinschaft Leipziger Architekten (Stefan Riedel, Andrea Krüger, Heinz-Jürgen Böhme, Angela Wandelt); sie schlug vor, etwa zehn im Zweiten Weltkrieg verlorene Bauten – überwiegend barocke Bürgerhäuser, darunter Kochs, Äckerleins, Deutrichs und Hohmanns Hof – als Rekonstruktionen wieder zu errichten. Die Bauten der 1960er Jahre – das Messeamt am Markt, die „Leipzig-Information" am Sachsenplatz, der Wohnhof in der Katharinenstraße und die Wohnhausscheibe in der Reichsstraße – sind dagegen zum Abbruch vorgesehen. Wo der Abbruch zum damaligen Zeitpunkt unmöglich schien, sollten die historischen Baufluchten durch geeignete Anbauten wieder hergestellt werden.[11]

Hier knüpfte die Stadtplanung nach der Wiedervereinigung an. Schon 1991 beschloss der Stadtrat neben einer Gestaltungssatzung für künftige Neubauten einen städtebaulichen Rahmenplan für das Stadtzentrum. Danach sollen „die übermäßig aufgeweiteten Straßen- und Stadträume der in den 1960er Jahren entstandenen Bauensembles langfristig wieder auf die historischen Konturen zurückgeführt werden."[12]

DENKMALPFLEGE__Die Vorbehalte von Denkmalpflegern gegen die Stadträume und Bauten der Moderne sind die Ursache, weshalb keines der großen Neubauprojekte der 1960er Jahre – Markt, Augustusplatz, Sachsenplatz, Brühl – als Ensemble unter Denkmalschutz steht. Die Bauten der Ostmoderne wurden in Leipzig stets nur als ausgewählte Einzelobjekte inventarisiert: Oper, Gewandhaus, Hauptpost und das Hochhaus Wintergartenstraße, jedoch nicht die Wohnhausscheiben am Georgiring und von den Universitätsbauten am Augustusplatz lediglich das Universitätshochhaus; das Kaufhaus konsument am Brühl, jedoch nicht die zugehörigen Wohnhäuser, am Markt nur das Messehaus und die Alte Waage und keines der Gebäude am Sachsenplatz.

Am Markt sind die Veränderungen des Stadtbildes seit der Wiedervereinigung besonders auffällig; sein Erscheinungsbild wird heute nicht mehr von den Bauten der 1960er Jahre, sondern von Neubauten nach der Jahrtausendwende bestimmt. Nach der Eröffnung der Neuen Messe verlor das Verwaltungsgebäude des Messeamtes seine Funktion und wurde 2002, um Baufreiheit für den Neubau der Marktgalerie zu schaffen, abgebrochen.[13]

Das 1961–63 erbaute Messehaus am Markt bildete mit seinem abgewalmten Dach, der kleinteiligen Rastergliederung und zurückhaltenden Farbgebung seiner Fassaden eine respektvolle Ergänzung zum benachbarten Königshaus. Mit dem Auszug der Messe aus der Innenstadt stellte sich wie bei zahlreichen älteren Messehäusern die Frage der künftigen Nutzung. Während bei den vor dem Zweiten Weltkrieg errichteten Ausstellungsbauten die denkmalgeschützten Fassaden stets unangetastet blieben und Eingriffe nur die innere Struktur betrafen, hat die MIB AG als Eigentümer im Jahr 2002 einen Wettbewerb für die Neugestaltung der Fassade veranstaltet, obwohl der Bau schon seit 1993 unter Denkmalschutz stand. Das Messehaus wurde bis auf das Stahlskelett entkernt; bis 2005 wurde eine neue Fassade nach Entwürfen des Leipziger Büros Weis & Volkmann ausgeführt. Gleichzeitig erfolgte der Abbruch der ebenfalls denkmalgeschützten Passage des benachbarten Messehofs. An ihre Stelle trat ein Neubau mit vollkommen anderem Raumbild, größerer Höhe und natürlicher Belichtung, während man die sparsam gegliederten Natursteinfassaden des ersten Messehausneubaus der Nachkriegszeit durch vorgesetzte Glaspaneele modischen Trends angepasst hat.

Die Frage nach der künftigen Gestalt des Universitätscampus am Augustusplatz war nach 1990 von Auseinandersetzungen um die „richtige" Erinnerung an die 1968 gesprengte Universitätskirche blockiert. Die Vorgeschichte des Universitätsneubaus der 1970er Jahre und die Umstände seiner Realisierung haben eine vorurteilsfreie Prüfung möglicher Denkmalwerte verhindert. Lediglich das Hochhaus wurde im Jahr 2000 durch eine Entscheidung der höheren Denkmalschutzbehörde beim Regierungspräsidium Leipzig gegen die fachlichen Einwände des Landesamts für Denkmalpflege zum Kulturdenkmal bestimmt, obwohl die maßgebliche Veränderung seines Erscheinungsbilds zu diesem Zeitpunkt bereits im Gang war.[14] Nach Peter Kulkas Entwürfen ersetzte eine Verkleidung aus grauem Granit die frühere Leichtmetallfassade.

Im Unterschied dazu genießen Opernhaus und Gewandhaus seit ihrer Einweihung 1961 und 1981 wie die dort beheimateten Institutionen höchste Wertschätzung. Die Oper findet sich schon im ersten Entwurf einer Denkmalliste der Stadt Leipzig aus dem Jahre 1974, das Gewandhaus in jener aus dem Jahr 1986. Bereits vor 1990 wurde am Gebäude der Oper kontinuierlich gearbeitet. In den zurückliegenden Jahren mussten die nicht mehr funktionsfähigen Leichtmetallfenster ersetzt werden, was ohne Veränderung des Erscheinungsbilds der schmalen goldeloxierten Aluminiumprofile gelang. Die Restaurierung der Fassaden und die Neuverankerung der gelockerten Sandsteinplatten sind noch nicht abgeschlossen. Im Jahr 2007 ließ die Verwaltung der Oper das verbrauchte Gestühl im Zuschauerraum form- und farbgetreu erneuern. Behutsam modernisiert und vergrößert wurde nur der Kassenbereich im Foyer. Mit dem Schauspielhaus und der Oper verfügt Leipzig über zwei originale Theatersäle aus den 1950er Jahren.

Noch vollständig im Zustand der Erbauungszeit ist das Gewandhaus erhalten. Einige wenige Veränderungen, insbesondere zur Verbesserung des Brandschutzes, sind kaum zu bemerken. Sie erfolgten bis zu seinem Tod im Frühjahr 2015 unter der künstlerischen Leitung des Architekten des Gewandhauses Rudolf Skoda.

Im Januar 1996 wurde der Sachsenplatz, der stets nur als Interimslösung galt, nach einer Städtebauwerkstatt des Planungs- und Baudezernats als Standort für das Museum der bildenden Künste empfohlen, der Bau der „Leipzig-Information" im Jahr 1999 abgebrochen, die Platzfläche aufgegeben und der Neubau des Museums nach fünfjähriger Bauzeit im Jahr 2004 eingeweiht. Zehn Jahre später geht auch die Randbebauung ihrer Vollendung entgegen. Erhalten blieben die rahmenden Bauten des Platzes – das Bürohaus „Interpelz", das Mittelgangwohnhaus in der Reichsstraße und die bereits erwähnte Wohnanlage zwischen Katharinenstraße und Reichsstraße.

Entschuldung, Abbruchförderung und die Aussichten auf einen hohen Verkaufserlös gaben den Ausschlag, dass die Leipziger Wohnungs- und Baugesellschaft (LWB) nach der Jahrtausendwende die Sanierung der Wohnhäuser am Brühl nicht weiter verfolgte, für die man noch 1999 nach einem Wettbewerbsverfahren das Umbauprojekt von Otto Steidle prämiert hatte. Die Frage nach dem Umgang mit den Wohnhäusern spaltete die Öffentlichkeit. Für den Architekten Stefan Rettich bildete die Baugruppe eine „Demarkationslinie der Generationen", ein „Bollwerk gegen die neue Gemütlichkeit", gegen die „Kulissenarchitektur der Marktgalerie".[15] Für ihn lag der Wert des Ensembles im Bruch mit der Vergangenheit und mit dem überkommenen Stadtgrundriss. Der Leipziger Künstler und Stadthistoriker Heinz-Jürgen Böhme, der schon 1988 zu den Verfassern des weitreichenden Revisionsentwurfs für das Stadtzentrum zählte, sah in diesem Bruch keinen Wert, sondern ein korrekturbedürftiges Defizit. Seine Kritik am Städtebau der 1960er Jahre und an den bestehenden Bauten ging von der Vorstellung eines geschlossenen Stadtbilds aus und argumentierte deshalb hauptsächlich gestalterisch. Sie setzte sich schließlich durch.

Im Jahre 2007 wurden die Wohnhäuser abgebrochen. Nach dem Verkauf des Grundstücks errichtete die Projektentwicklungsgesellschaft mfi AG hier das Einkaufszentrum Höfe am Brühl, das scheinbar alle Mängel beseitigt: die überbaute Plauensche Gasse kam wieder zutage, die Baufluchten rückten weiter in die Straße vor und selbst eine gewisse Fassadenvariabilität konnte erreicht werden.

Bereits 1993 hatte das Landesamt für Denkmalpflege das Kaufhaus konsument unter Denkmalschutz gestellt und ging selbstverständlich von der Voraussetzung aus, dass die ältere Fassade von Emil Franz Hänsel *und* die jüngere Aluminiumverkleidung von Harry Müller eine Einheit bilden, die die Geschichte des Hauses dokumentiert, wobei die schwungvolle Form der jüngeren Fassade die ältere voraussetzte.

Zunächst erwirkten die Eigentümer mit Hinweis auf die schlechte Nutzbarkeit der historischen Stahlbetonkonstruktion eine Beschränkung der Erhaltungspflicht auf die beiden Fassaden und erhielten eine Abbruchgenehmigung für den größten Teil des Gebäudes. Trotz vertraglicher Verpflichtung mit der Stadt Leipzig zum Erhalt beider Fassaden strengten sie danach bei der höheren

Denkmalschutzbehörde eine Genehmigung auch zum Abbruch der älteren Fassade an. Maßgebend für deren Zustimmung war nicht etwa ein geringer Zeugniswert, sondern kurioserweise die rein theoretische Frage, ob die Wiederherstellung der älteren Fassade möglich sei, obwohl eine solche Wiederherstellung gar nicht zur Diskussion stand. Auf der Grundlage eines Gutachtens des Statikers Rolf Seifert kam die höhere Denkmalschutzbehörde zu dem Schluss, dass diese keinen Wert besäße, sondern nur noch als Träger der jüngeren Fassadenelemente fungiere.[16] Lediglich ein schmaler Streifen von 15 Metern sollte erhalten bleiben. Die Fassadenelemente der 1960er Jahre waren zuvor demontiert worden, später gereinigt und, soweit sie noch verwendbar waren, nach Fertigstellung des Rohbaus auf den neuen Träger montiert worden (Abb. 2).

2

DENKMALE AUSSERHALB DER INNENSTADT_Bereits 1993 wurde das zehngeschossige Bürohochhaus des VEB Verlade- und Transportanlagenbau in der Zschortauer Straße, das erste Bürohochhaus der DDR, zugunsten eines Neubaus mit deutlich größerer Nutzfläche abgebrochen. Gab hier der starke Investitionsdruck den Ausschlag für den Abbruch, fehlt für die Abbrüche des Instituts für Stahlbau im Jahre 2002[17] und des Schwimmstadions im Sportforum im Jahre 2004, an deren Stelle später lediglich Parkplätze errichtet wurden, jede Begründung.

Die Windmühlenstraße bildete im Anschluss an die Bebauung des Roßplatzes und das alte Grassimuseum einen Schwerpunkt im Wiederaufbau der frühen 1950er Jahre, wobei das Konzept einer „Messemagistrale" als breite Straßenverbindung von der Altstadt zum Messegelände (von der Mustermesse zur Technischen Messe) dem Vorhaben gesteigerte Bedeutung verlieh. Die 1952–54 errichteten Wohnhäuser an der Südseite der Windmühlenstraße nehmen mit ihrer Fassadenornamentik und der Verwendung von Rochlitzer Porphyr Bezug auf die lokale Baugeschichte; die 1956/58 errichteten Bauten an der Nordseite sind sparsamer gegliedert und zeigen, wie sich das Konzept der Nationalen Bautraditionen immer mehr verlor. Ab 1961 wurde die Bebauung dann mit Montagekonstruktionen der 2-Mp- und der 5-Mp-Laststufe bis zum Bayerischen Platz fortgesetzt. Die Wohnhäuser an der Südseite sind bereits 1997 durch das kommunale Wohnungsbauunternehmen instandgesetzt worden. Nach der Privatisierung der Bauten an der Nordseite strebten die neuen Eigentümer eine energetische Sanierung an. Nach mehreren Musterflächen stimmte die Denkmalschutzbehörde im Jahr 2012 einer Wärmedämmung von geringer Stärke an Straßen- und Hofseite zu. Die Entscheidung wurde durch den Umstand begünstigt, dass die Putzflächen der Straßenfassaden weitgehend verbraucht waren und der Edelputz der Erbauungszeit trotz Wärmedämmung originalgetreu wiederhergestellt werden konnte, wobei sich das Erscheinungsbild der Fassaden durch den hohen, weiterhin ungedämmten Sockel aus Kunststein nur unmerklich verändert hat.

Als Ergänzung einer NS-Kleinsiedlung entstand in den Jahren 1967/68 (Planung 1965/66) neben einer kleinen Zahl von Einfamilienhäusern und einer Schule eine rund 330 Meter lange, zehngeschossige Wohnhausscheibe der 5-Mp-Laststufe mit Mittelgangerschließung. Als frei stehende Höhendominante am südöstlichen Stadtrand von Leipzig geplant, lag der Block mit seinen knapp 800 Wohnungen zur Erbauungszeit an einer wichtigen Ausfallstraße (Abb. 3). Nach Verlegung dieser Fernverkehrsstrecke für den Braunkohleabbau befindet er sich heute in einer Randlage. Der Bau besteht aus fünf Wohnsegmenten, die durch Erschließungskerne miteinander verbunden sind, wobei sich die unterschiedlichen Funktionen in der Gestaltung der einzelnen Gebäudeabschnitte zeigen.

Im Erschließungsteil befinden sich auch Gemeinschaftsräume, die an der Straßenseite durch Leichtmetallfenster in Erscheinung treten. Die Treppenräume auf der Rückseite zeigen einfachere Fenster ohne gestalterischen Anspruch.

Bei der Sanierung in den Jahren 1999/2000 erhielt die Fassade eine Wärmedämmung, sämtliche Fenster wurden erneuert und an der straßenabgewandten Seite in zwei von fünf Segmenten Balkone angebaut. Alle Erneuerungen sollten in der Materialwirkung und Farbgebung das ursprüngliche Erscheinungsbild behalten. Konservatorische Forderungen nach einer mehr substanzwahrenden Sanierung waren zum damaligen Zeitpunkt nicht durchzusetzen.

Das in den Jahren 1970–74 zeitgleich mit dem Universitätshochhaus errichtete Wohnhochhaus Wintergartenstraße blieb die einzige von acht geplanten Hochhausdominanten am Promenaden-

3_Leipzig, Wohnhaus Lene-Voigt-Straße 4_Leipzig, Wohnhochhaus Wintergartenstraße

ring, die das Stadtzentrum ringförmig umgeben sollten. Bereits 1994 wurde das Hochhaus unter Denkmalschutz gestellt. Die Fassade mit minimaler Wärmedämmung und einer Verkleidung aus hellen Kunststeinplatten war knapp 30 Jahre nach Loggien liegen, die das gesamte Gebäude umziehen. Da kein vergleichbarer Kunststein beschafft werden konnte, erhielten die Fassaden eine keramische Verkleidung im gleichen Plattenformat und Verlegeraster.

3

4

ihrer Fertigstellung ein Sanierungsfall. Eine erste Planung der Leipziger Wohnungs- und Baugesellschaft (LWB), die eine Erhöhung um weitere zehn Geschosse vorsah, konnte verhindert werden, nicht aber der Abbruch der zweigeschossigen Fußbebauung, in der sich ein Restaurant, ein Kindergarten und ein Lebensmittelmarkt befanden. Wie bei dem Wohnhaus in Probstheida mussten die denkmalpflegerischen Ziele bei der Sanierung auf die Bewahrung des äußeren Erscheinungsbildes im städtebaulichen Zusammenhang beschränkt bleiben (Abb. 4). Die Vergrößerung der Laibungstiefe durch die Montage einer Wärmedämmung schien im vorliegenden Fall hinnehmbar, weil sämtliche Fensteröffnungen in tiefen

Das Projekt „WV 2000" der zehngeschossigen Wohnhausscheiben am Georgiring wurde in Leipzig noch dreimal in variierter Form wiederholt. In der Karl-Liebknecht-Straße ergänzt ein zweigeschossiger Ladenpavillon mit Glasfassaden das weit von der Straße zurückgesetzte Wohnhaus; im jüngeren Bauabschnitt an der Windmühlenstraße stehen drei Wohnhäuser schräg zur Straße und in den zweigeschossigen Verbindungsbauten befand sich ursprünglich ein Datenverarbeitungsbetrieb; in Lößnig ergänzen die Wohnhäuser Planungen aus der Zeit vor dem Zweiten Weltkrieg. Nur das Wohnhaus in der Karl-Liebknecht-Straße steht unter Denkmalschutz. Die Montage einer Wärmedämmung war auch hier nicht zu verhin-

5

dern, mit großer Sorgfalt erfolgte die Erneuerung der Aluminiumprofile der Schaufensteranlagen, deren ursprüngliches Erscheinungsbild weitgehend bewahrt wurde (Abb. 5).

GEFÄHRDUNGEN UND CHANCEN_Die Hauptpost ist der einzige Bau in Leipzig aus den 1960er Jahren, dessen Innenarchitektur und Ausstattung bis heute weitgehend vollständig erhalten ist. Nach langjährigem Leerstand soll ab 2015 unter dem neuen Namen „The Post" der Umbau zu einem Apartmenthaus mit Restaurants und Gewerbeflächen erfolgen. Die veröffentlichten Pläne[18] zeigen mehrere weitreichende Eingriffe in die Substanz, von denen bislang vor allem die zweigeschossige Aufstockung in der Öffentlichkeit diskutiert wird.[19] Nicht weniger schwerwiegend sind die übrigen Veränderungen: Direkt neben dem Haupteingang am Augustusplatz ist ein breiter passagenartiger Durchgang zum Hof vorgesehen, dem große Teile des ehemaligen Postschalterraumes zum Opfer fallen, obschon eine Erschließung nur wenige Meter entfernt über den Grimmaischen Steinweg leicht möglich wäre; die Innenräume sollen weitgehend entkernt, an den eleganten freistehenden Pavillon der Fernmeldehalle an der Rückseite soll angebaut werden. Nach der im wesentlichen positiven Beurteilung des Vorhabens durch das Landesamt für Denkmalpflege sind grundsätzliche Änderungen an der Planung nicht mehr zu erwarten.

Durch langen Leerstand, Vernachlässigung und Vandalismus hat das bereits 1995 privatisierte ehemalige Gästehaus des Ministerrates im Musikviertel schwere Schäden erlitten. Erst 2013 wurde das Gästehaus des Ministerrates nach einer Recherche zu seiner Baugeschichte[20] unter Denkmalschutz gestellt. Die weitere Perspektive ist dennoch ungewiss (Abb. 6). Immerhin finden die Forderungen nach Erhaltung dieses architektonisch und historisch bedeutsamen Denkmals auch politische Unterstützung. Der gültige Bebauungsplan, der an dieser Stelle eine Wiederherstellung des städtebaulichen Rahmens mit villenartiger Bebauung und den Abbruch des Denkmals vorsieht, soll geändert, eine maßvolle Verdichtung des Grundstücks durch Neubauten ermöglicht werden.

Die 1982 als Ersatz für einen kriegszerstörten Vorgängerbau errichtete katholische Propsteikirche St. Trinitatis zeigt starke Fundament- und Dachschäden. Eine Sanierung wäre – wie es auf der Internetseite des „Kirchbau-Fördervereins neue Propsteikirche Leipzig" heißt – „fraglich" und „würde Unsummen verschlingen".[21] Am 3. Mai 2015 wurde die alte Propsteikirche entwidmet. Die Gemeinde beabsichtigt einen baldigen Verkauf des Grundstücks. Eine weitere gottesdienstliche Nutzung ist nicht vorgesehen. Die kurzzeitig erwogene Unterbringung von Asylsuchenden wird mittlerweile nicht mehr verfolgt. Erst im Juni 2015 wurde die Kirche unter Denkmalschutz gestellt.

Der 1987 eingeweihte Bowlingtreff am Wilhelm-Leuschner-Platz wurde nach nur zehnjähriger Nutzung 1997 geschlossen (Abb. 7). Die große Resonanz seiner Wiederentdeckung bei der Jahresausstellung des Studiengangs Architektur der HTWK Leipzig im Oktober 2007[22] führte zur Unter-

6

schutzstellung durch das Landesamt für Denkmalpflege und ließ eine baldige Revitalisierung erwarten. Inzwischen ist der Schwung wieder verebbt. Auch der jüngste Vorschlag des Kulturamtes, hier und in der ehemaligen unterirdischen Umformerstation aus den 1920er Jahren, in der sich die Bowlingbahnen befanden, das Naturkundemuseum einzurichten, ging ins Leere. Nach fast 20 Jahren Leerstand, dem damit verbundenen Vandalismus und gravierenden Bauschäden gibt es keinerlei Perspektive für das Gebäude.

AUSBLICK__Die intensiven Forschungen zur Architekturgeschichte der DDR haben in den zurückliegenden Jahren die Aufnahme weiterer Bauten in das Denkmalverzeichnis gefördert. Schon

7_Leipzig, Bowlingtreff, Innenraum, Zustand 1989 **8**_Leipzig, Löwenapotheke, Grimmaische Straße

2008 hat das Landesamt für Denkmalpflege die Löwenapotheke in der Grimmaischen Straße als Einzeldenkmal inventarisiert (Abb. 8), das ehemalige Gästehaus der Karl-Marx-Universität in der Ritterstraße 12 und die Lückenschließung Nikolaistraße 31 kamen später hinzu. Weitere Bauten aus den 1980er Jahren außerhalb des Stadtzentrums sollen folgen. Unberücksichtigt blieben allerdings das robotron-Gebäude[23] und das Bürohaus des Baukombinates Leipzig in der Grimmaischen Straße; beide wurden im Jahre 2013 abgerissen.

7

8

Der Umbau einer ganzen Reihe wichtiger Bauten der Nachkriegsmoderne schon bald nach 1990 – unter anderem des Studentinnenwohnheims „Jenny Marx" am Georgiring oder des Sportmedizinischen Instituts des DHfK – war nicht zuletzt durch den hohen Wärmedurchlass begründet. Ihre Fassaden verschwanden hinter dicken Dämmungen, womit trotz erkennbarer Versuche, das ursprüngliche Erscheinungsbild zu imaginieren, die Eleganz und der künstlerische Schwung der Erbauungszeit verlorengingen.

Mittlerweile liegen einige Instandsetzungen schon 20 Jahre oder länger zurück und in wenigen Jahren stehen abermals grundhafte Sanierungen an. Vielleicht lässt sich in dem einen oder anderen Fall die historische Fassade wiedergewinnen. Erfolgversprechend sind dabei die inzwischen sehr viel weiter verbreiteten Systeme von Innendämmungen. Wenn sich diese Erwartung erfüllen soll, müssen aber neben den historischen gerade auch die unbestreitbaren anschaulichen Werte wie etwa ab 1970 bei den Mietshäusern des Historismus oder in den 1980er Jahren bei den Siedlungen der Weimarer Republik betont und erwiesen werden.

ANMERKUNGEN

1 Topfstedt, Thomas: „Ohne Chance? Zum Umgang mit Baudenkmalen der Nachriegsmoderne in Leipzig". In: Aldenhoff, Birgit u. a. (Hg.): *DENKMALpflege – StädteBAU. Beiträge zum 70. Geburtstag von Hiltrud Kier.* Köln 2008, S. 104–111

2 Topfstedt, Thomas: „Die städtebauliche Entwicklung nach 1945". In: Landesamt für Denkmalpflege Sachsen (Hg.): *Die Bau- und Kunstdenkmäler von Sachsen. Stadt Leipzig. Die Sakralbauten* (Bd. 1). München/Berlin 1995, S. 104–122

3 Collein, Edmund: „Über den Aufbau unserer Stadtzentren". In: *Deutsche Architektur* 2/1962, 11. Jg., S. 69–75

4 Müller, Wolfgang/Schulze, Johannes: „Aufbauschwerpunkt ‚Marktplatz'". In: *Deutsche Architektur* 2/1962, 11. Jg., S. 80–84

5 Topfstedt, Thomas: „Augustusplatz – Karl-Marx-Platz – Augustusplatz. Aufbauplanung und Neugestaltung nach dem Zweiten Weltkrieg". In: Topfstedt, Thomas / Lehmann, Pit (Hg.): *Der Leipziger Augustusplatz. Funktionen und Gestaltwandel eines Großstadtplatzes.* Leipzig 1994, S. 69–76

6 Krantz, Horst: „Keramische Oberflächengestaltung bei der 2000-kp-Großblockbauweise". In: *Deutsche Architektur* 6–7/1961, 10. Jg., S. 346–249

7 Topfstedt, Thomas: „Die bauliche Entwicklung der Universität Leipzig von 1949 bis 1989". In: Marek, Michaela / Topfstedt, Thomas, unter Mitwirkung von Uwe John (Hg.): *Geschichte der Leipziger Universitätsbauten im urbanen Kontext* (*Geschichte der Universität Leipzig 1409–2009*, Bd. 5). S. 441–514

8 „Zur Rekonstruktion des Warenhauses ‚konsument' Am Brühl in Leipzig". In: *Deutsche Architektur* 4/1969, 18 Jg., S. 198–205

9 Helbig, Jochen: „Fragen städtebaulicher Denkmalpflege". In: *Denkmale in Sachsen.* Weimar 1978, S. 93–116, hier S. 103

10 Landesamt für Denkmalpflege Sachsen (Hg.): *Die Bau- und Kunstdenkmäler von Sachsen. Stadt Leipzig. Die Sakralbauten* (Bd. 1). München/Berlin 1995, S. 121

11 Fischer, Dietmar: „Ideen für das Stadtzentrum". In: *Leipziger Blätter 15*/1989, S. 33–41

12 Stadt Leipzig, Dezernat Stadtentwicklung und Bau (Hg.): *Die Leipziger Innenstadt. Planen und Bauen 1990 bis 2010*, S. 15

13 Menting, Annette: „Leipziger Marktszenen. Vom Umgang mit der Nachkriegsmoderne in Leipzig". In: Sächsische Akademie der Künste (Hg.): *Tradition und Zukunft der Moderne. Städtebau und Architektur in Brünn und Leipzig.* Dresden 2004, S. 46–56

14 Bartetzky, Arnold: „Ende der Fahnenstange. Schadensbegrenzung von Meisterhand: Peter Kulkas Umbau des Leipziger Universitätshochhauses". In: *Frankfurter Allgemeine Zeitung* vom 04.04.2001, S. 55

15 http://www.nextroom.at/periodical.php?id=7575&inc=artikel&sid=26319, Zugriff 18.06.2015

16 Rometsch, Jens: „‚Geblieben ist nur roher Stein'. Denkmalexperten sehen keinen Erhaltungswert für alte Kaufhaus-Fassade am Brühl". In: *Leipziger Volkszeitung* vom 25.07.2008; Winkelmann, Matthias / Rometsch, Jens: „‚Kaum ein alter Stein wäre wieder zu verwenden'. Blechbüchse: Denkmalpfleger Hocquél hält alte Fassade für nicht restaurierbar / Investor lehnt Sanierung ab". In: *Leipziger Volkszeitung* vom 10.03.2010

17 Krieg, Stefan W.: „Ende eines Experiments. Nachruf auf das Gebäude des Instituts für Stahlbau". In: *Leipziger Blätter 42*/2003, S. 25

18 Vgl. http://www.thepostleipzig.com/, Zugriff 17.06.2015

19 Vgl. http://www.icomos.de/aktuelles-allgemein.php#01id140, Zugriff 17.06.2015

20 Primpke, Carina: *Die Gästehäuser der DDR-Regierung in Berlin-Niederschönhausen und in Leipzig – Ein bautypologischer Vergleich und die Qualifizierung des Leipziger Objektes als Denkmal* (Masterarbeit, Europa-Universität Viadrina Frankfurt (Oder)). 2013.

21 http://www.bauverein-propstei-leipzig.de/index.php/dieneuepropstei, Zugriff 04.05.2015

22 Menting, Annette: *Bowling together! Bowlingtreff Leipzig. Eine Spielstätte auf Zeit.* Leipzig 2007

23 Menting, Annette (Hg.): *Robotron – Ein ver*Fall *der Moderne in Leipzig.* Leipzig 2006

DAS STADTZENTRUM VON CHEMNITZ (KARL-MARX-STADT). ERHALTUNG VON DENKMALEN UND ENSEMBLES DER 1960ER UND 1970ER JAHRE_ THOMAS MORGENSTERN

Im Stadtzentrum von Chemnitz sind eine Reihe sehr guter Einzelgebäude und Ensembles aus den 1960er und 70er Jahren in weitestgehender Originalität erhalten.[1] Sie wurden 1994 vom Sächsischen Landesamt für Denkmalpflege unter Denkmalschutz gestellt (Abb. 1). Eine Maßnahme, die anfangs bei einigen wichtigen Chemnitzer Persönlichkeiten und Institutionen auf scharfe Kritik stieß. Man vermutete eine Behinderung des Aufschwungs und der Neubebauung der City (Abb. 2). Den Architekturzeugnissen aus der DDR-Zeit, als die Stadt den Namen Karl-Marx-Stadt trug, wurde damals wenig baukultureller Wert beigemessen. Nicht nur die lokale Presse nahm die Kritik auf, selbst dem Magazin *Der Spiegel* war das Streitthema in einer Ausgabe von 1994 mehrere Seiten wert. Eigentlich sehr verwunderlich, da bereits die Ergebnisse des im Dezember 1991 jurierten städtebaulichen Wettbewerbes vorlagen: Der erste Preis (Zlonicky, Wachten & Ebert aus Dortmund) tastete die städtebaulichen Figuren des Karl-Marx-Forums nicht an[2] und wurde Grundlage des ersten Rahmenplans für das Stadtzentrum. Der Landeskonservator Professor Dr. Gerhard Glaser versuchte damals die Wogen zu glätten. Unter dem politischen Druck sah er sich dann genötigt, Kompromisse einzugehen. So wurde für das Rawema-Industriezentrum, die Gebäude des Rates des Bezirkes und der SED-Bezirksleitung und auch für das „Interhotel Kongress" der Denkmalschutzstatus zurückgestellt. Ich möchte mich in meinem Beitrag auf die wichtigsten Bereiche im Wiederaufbaugebiet Stadtzentrum beziehen: den Zentralen Platz mit Stadthalle und Straße der Nationen.

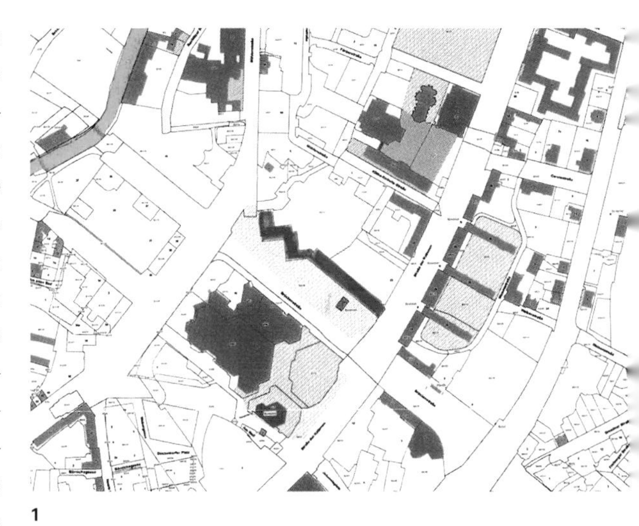

1

Sonnabend, 3. September 1994 Mopo. CHEMNITZ UND UMGEBUNG Seite 5

Herr Glaser besuchte sein DDR-Museum

Wird wohl doch kein Museum: Die City von Chemnitz. Foto: Härtel

Von Jan Oechsner

Chemnitz - Im Streit um den Entscheid des Sächsischen Denkmalamtes, die Chemnitzer Innenstadt als Beispiel für die Plattenarchitektur der DDR unter Bestandsschutz zu stellen, hat die Dresdner Behörde jetzt eingelenkt. Bei seinem gestrigen Besuch bei OB Peter Seifert versicherte der Chef des Denkmalamtes, Gerhard Glaser (57), daß weder der geplante Umbau des Eingangsbereiches am Hotel Mercure (Abriß der Auffahrtrampe) noch der Neubau des ECE auf der Fläche des Stadthallenparkplatzes von der Schutzverordnung betroffen sind. Damit sind die geplanten Investitionen in Höhe von über 610 Millionen Mark gesichert. Allein mit dem ECE (in der ersten Ausbaustufe Ende 1996 eröffnen 100 Geschäfte und Büros) sollen über 1 000 Arbeitsplätze geschaffen werden.

Konkrete Aussagen über den Umfang der Citybauten, die an der Brückenstraße unter Schutz gestellt werden sollen (u.a. Arbeitsamtsgebäude, Karl-Marx-Kopf), machte Glaser jedoch nicht. Dazu will sich sein Amt, so der oberste Denkmalschützer gestern, in den kommenden zwei Wochen schriftlich äußern.

OB Seifert geht nach dem gestrigen Gespräch mit Glaser davon aus, daß die Denkmalbehörde den umstrittenen Beschluß nicht mehr durchsetzen kann: „Nachdem jetzt die ersten Objekte herausgelöst sind, kann von Denkmalschutz keine Rede mehr sein."

Ein Ende des Streites ist damit jedoch nicht in Sicht. Die Stadt will in der Denkmalfrage ihre eigene Planungshoheit durchsetzen, das Denkmalamt seine Zuständigkeit nicht abgeben.

2

1_Stadtzentrum von Chemnitz. Ausschnitt aus der Denkmalbestandskarte, erarbeitet vom Landesamt für Denkmalpflege Sachsen, Stand 2010 2_Zeitungsartikel aus der *Chemnitzer Morgenpost*, 3. September 1994 3_Stadtzentrum von Chemnitz, Straße der Nationen und Karl-Marx-Forum von Südwesten aus, 1970er Jahre

ZERSTÖRUNG, WIEDERAUFBAU UND DIE STRASSE DER NATIONEN ALS NEUE STÄDTEBAULICHE HAUPTACHSE__Die Bombardierung der Chemnitzer Innenstadt erfolgte spät, nämlich am 5. März 1945 mit über 700 schweren Bombern der Alliierten in mehreren Angriffswellen. Die Schreckensbilanz: 2100 tote Zivilisten, 3326 zerstörte Gebäude und ca. 100.000 Obdachlose. Am stärksten betroffen waren das Stadtzentrum und der südliche Teil der Innenstadt. Parallel zur Trümmerberäumung startete man bald erste Architekturwettbewerbe für den Wiederaufbau der Innenstadt. Der Generalplan für die City folgte in dieser Zeit noch weitestgehend dem historisch gewachsenen Straßenraster. War bis zur Gründung der DDR 1949 die Wiederaufbauplanung noch eine Angelegenheit städtischer Fachbehörden, kam es danach auf Anordnung des Politbüros der SED zu einer Zentralisierung der städtebaulichen Kompetenzen. Das Ministerium für Aufbau und die Bauakademie in Ost-Berlin trafen fortan die wichtigen Entscheidungen für den staatlichen Bausektor. So wurden 1950 die „16 Grundsätze des Städtebaus" in der DDR beschlossen, danach folgte das „Aufbaugesetz" – Chemnitz wurde eine von acht Aufbaustädten. Unter Leitung der Chefarchitekten der Stadt, *Georg Funk* und *Werner Oehme*, wurden viele Bebauungsvarianten und Teilpläne für die City von Chemnitz erstellt, aber letztlich nicht oder nur teilweise in Berlin bestätigt.

Mit der 1953 von der SED- und Staatsführung verordneten Umbenennung in Karl-Marx-Stadt kam es zur vollständigen Abwendung von Oehmes Planungen, die ein Ringstraßensystem und die weitestgehende Beibehaltung des historischen Stadtgrundrisses zum Inhalt hatte. Das war zum einen das niederschlagende Ergebnis des jahrelang mit dem Bauministerium in Berlin ausgetragenen Streits, zum anderen sollte die Industriestadt, die nun den Namen von Karl Marx verordnet bekommen hatte, auch städtebaulich besonderen Ansprüchen gerecht werden. Die

3

etwa 50 Meter breite Straße der Nationen wird städtebauliche Hauptachse, das neue „Rückgrat" der Innenstadt und gekreuzt von der fast ebenso breiten (zur Karl-Marx-Allee umbenannten) Brückenstraße mit dem Karl-Marx-Forum.

Das industrielle Bauen bestimmte seit Mitte der 1950er Jahre die Architektur. Es entsteht in den Folgejahren einerseits eine Reihe sehr guter Einzelgebäude an der Straße der Nationen und der Brückenstraße, aber andererseits ein viel zu breiter Straßenraum ohne Stadtgrün. Am Rosenhof beginnend, über den Markt und den dreiseitig abgeräumten Neumarkt bis in die geschwungene Straße der Nationen wird eine räumlich überdimensionierte Hauptachse angelegt (Abb. 3).

4_Das Teilensemble Rosenhof im Südwesten der Innenstadt, historische Aufnahme 5_Ausschnitt Rahmenplan Innenstadt Chemnitz, mit markierten Standorten „Kammbebauungen“, 1990er Jahre 6_Blick in die Straße der Nationen mit „Kammbebauung“, historische Aufnahme

Mangelhafte Raumbildung und an vielen Stellen noch bis 1990 nicht bebaute Lücken machten das Stadtzentrum kaum attraktiv. Für den langgestreckten neuen Rosenhof (Abb. 4) wurde eine historisch überlieferte, axial versetzte, interessante Raumfolge von Holzmarkt und Roßmarkt radikal überformt. Um hier gegebenenfalls eine Rückführung des Stadtgrundrisses auf die historischen Märkte mit moderner Architektur zu ermöglichen, wurde 1994 der Rosenhof nicht unter Denkmalschutz gestellt. Aber diese Stadtreparatur ist nicht erfolgt. So geschah dann die Gebäudesanierung am Rosenhof nach freien Planungen der Eigentümerin, der kommunalen Grundstücks- und Gebäudewirtschafts-Gesellschaft.

4

5

In den Jahren 1961 bis 1967 wird die typische „kammartige“ Bebauung, bestehend aus querstehenden Hochhausscheiben in Fünf-Megapond-Plattenbauweise und flachen Pavillons, an drei City-Standorten errichtet: Straße der Nationen, am Rosenhof und an der westlichen Brückenstraße (Abb. 5). Von diesen wurde das erste Ensemble (Straße der Nationen 26–54) als einziges 1994 als Sachgesamtheit unter Denkmalschutz gestellt. Die Bebauung besteht aus drei achtgeschossigen Wohnhauszeilen, verbunden von zweigeschossigen Gesellschaftsbauten parallel zur Straße der Nationen, mit hofseitig unterirdischer Anlieferung der Geschäfte. Sie gilt als beispielgebende städtebauliche Lösung und steht in einer Reihe mit ähnlichen (allerdings früheren) Wiederaufbauprojekten in Westeuropa und der Bundesrepublik, wie beispielsweise die Holtenauer Straße in Kiel und die Berliner Straße in Frankfurt am Main. Das Ensemble wurde 1959/60 geplant von einem Kollektiv des VEB Hochbauprojektierung Karl-Marx-Stadt (genannt HOPRO) unter Leitung der Architekten *Johannes Gitschel* und *Gerhard Lake* und bis 1962 ausgeführt (Abb. 6). Es war zugleich die Erstanwendung der Großplattenbauweise in der Laststufe fünf Megapond im Stadtzentrum. Im Gegensatz zur später folgenden WBS 70 mit 6,3-Megapond-Laststufe und dreischaliger Außenwand (Tragschale, Dämmschicht, Wetterschale) waren die Außenwandelemente dieser ersten Plattenbauten einschalig, ohne Dämmschicht.[3] So war

6

bei der 1994/95 durchgeführten Sanierung und Modernisierung durch die kommunale Grundstücks- und Gebäudewirtschafts-Gesellschaft die Verbesserung der Wärmedämmung unabdingbar und auch denkmalrechtlich zu genehmigen. Das Fugenbild der Großtafelelemente wurde durch etwas eingetiefte Rillen auf den neuen Deckputz übertragen. Alle weiteren Sanierungsschritte erfolgten deutlicher unter Beachtung denkmalpflegerischer Prämissen. So waren die offenen Loggien mit ihren Brüstungsplatten aus Rochlitzer Porphyrtuff zu erhalten. Dies stieß anfänglich auf starken Protest des Vermieters, da er hier verglaste Wintergartenelemente geplant hatte, wie sie bereits am Rosenhof kurz vorher eingebaut worden waren. Da die Sanierung im bewohnten

Zustand erfolgte, unterstützten die Mieter mehrheitlich unsere Erhaltungsforderung durch eine Unterschriftensammlung, da sie auch lieber ihre offenen Loggien behalten wollten. Wenn sich Bürgerwille mit denkmalpflegerischen Zielen vereint, ist das häufig eine große Erfolgsgarantie.

Die zweigeschossigen Gesellschaftsbauten entlang der Straße der Nationen wurden mit den zeittypischen Laubengängen im Erdgeschoss erbaut, was zu einer optisch eleganten Leichtigkeit der überkragenden, voll verglasten Obergeschosse führte. In den Zwischenräumen erfolgte dann noch 1965 die Aufstellung von drei kleinen Brunnen, geschaffen von lokal bekannten Künstlern. Die parkähnlich angelegten Hofbereiche zwischen den Wohnblöcken haben mit einer kleinen Teichanlage und der Aufstellung verschiedener Skulpturen zum Teil öffentlichen Charakter, bieten aber auch gleichzeitig Höfe für die Mieter. Diese Wohnhöfe sind noch weitestgehend im ursprünglichen Zustand erhalten, lediglich einige durch Vandalismus beschädigte Kunstwerke wurden entfernt und vorerst eingelagert.

Die zweigeschossigen Gesellschaftsbauten kamen nach 1990 durch die Treuhand-Gesellschaft zum Verkauf an verschiedene Bewerber. Die Nutzer der Ladeneinheiten wechselten häufig und fast jeder hinterließ seine Spuren. Inzwischen hat die Firmengruppe Claus Kellnberger zwei Gebäude erworben und das Architekturbüro *Peter Koch* mit der denkmalgerechten Sanierung beauftragt. So erfuhren die mit Farbe überstrichenen Natursteinteile ebenso wie die Arkadenstützen aus Porphyrtuff oder die Schieferverkleidungen der Giebel eine aufwendige Restaurierung. Die verschlissenen Schaufenster und Ladeneingänge erhielten wieder ihre entstehungszeittypische Rahmung aus Stahl und Aluminium.

Diesen Abschnitt der Straße der Nationen in der typischen Kammbebauung rundet nach Norden hin das Hotel Moskau ab, erbaut 1960–62 nach Plänen der HOPRO Karl-Marx-Stadt, Architekt *Horst Neubert*. Nach 1990 als Günnewig-Hotel Europa firmierend, heißt es heute Hotel an der Oper. Die Gastronomie im vorgelagerten Zweigeschosser trägt noch den Namen Café Moskau. Während Fassaden, Eingangshalle und Treppenaufgang des Hotels originalgetreu restauriert werden konnten, erfuhren die Gästezimmer eine moderne Umgestaltung. Gleich gegenüber an der Einmündung der Carolastraße in die Straße der Nationen entstand 1960/61 ein im Eckbereich etwas zurückgesetzter Stahlbetonskelettbau mit kräftigem Flachdachüberstand und sichtbar belassenem Skelett in der Hauptfassade. Ein zweigeschossiger Ladenpavillon vermittelt zur Villenbebauung in der Carolastraße.[4] Auch diese Gebäude wurden saniert. Anstelle des beliebten Fischlokals Gastmahl des Meeres ist eine Privatbank in den Pavillon eingezogen.

VERWALTUNGSBAUTEN AN DER STRASSE DER NATIONEN__Den Anfang der Straße der Nationen bildet, mit Giebel zum Neumarkt hin, die ehemalige Hauptverwaltung der Post, errichtet 1964–67 nach Entwürfen des Leipziger Amtes für Projektierung der Deutschen Post unter der Leitung von *Hermann Lucke*. Der 114 Meter lange achtgeschossige Stahlbetonskelettbau mit filigran gegliederter Aluminium-Glas-Vorhangfassade in Türkis-Blautönen wird durch Giebelverkleidungen aus dunkelrotem Rochlitzer Porphyrtuff

7_Straße der Nationen mit Hauptpostamt im Vordergrund; Rawema-Industriezentrum im Hintergrund, historische Aufnahme

akzentuiert. In dem durch ein Betonkragdach abgesetzten Erdgeschoss waren einst Schalter- und Serviceräume der Deutschen Post untergebracht – zwar eine der größten und modernsten Postserviceeinrichtungen der DDR, aber in der Außenwirkung wenig attraktiv wegen der vielen leeren Schaufenster. Während die Postverwaltung die ersten vier Obergeschosse selbst belegte, wurden die obersten drei Geschosse durch den Allgemeinen Deutschen Nachrichtendienst (ADN) und das Stadtbauamt genutzt. Hier begann ich 1981 meine Berufstätigkeit im Büro des Stadtarchitekten (Abb. 7).

Nach dem Verkauf der Immobilie durch die Post an eine Investorengruppe aus Hamburg im Jahr 2000 folgte bereits im Jahr darauf die qualitativ hochwertige Sanierung und Umnutzung unter Beachtung denkmalpflegerischer Aspekte. Die *curtain wall* musste gleichartig erneuert werden, da viele Klemmprofile verrottet und Glasflächen „erblindet" waren. Von den drei zeitgenössischen Wandgemälden in den Posträumen der Erdgeschosszone, geschaffen von Chemnitzer Künstlern, konnte nur eines gerettet werden. Zwei waren auf dünnen Gipswänden über den Fernsprechkabinen gemalt, die bei Bergungsversuchen zerbrachen. Eine fotografische Dokumentation wurde vorher erstellt, da die Bergung von vornherein als äußerst kritisch eingeschätzt worden war. Heute sind über zwei Etagen Läden

8_Straße der Nationen 10–12, Rawema-Haus vor dem Umbau 2009 **9**_Straße der Nationen 10–12, Rawema-Haus nach dem Umbau, Aufnahme 2013 **10**_Karl-Marx-Forum mit Großplastik Karl Marx und Hotelhochhaus im Hintergrund

8

9

und Boutiquen eingerichtet, eine kleinere Postfiliale ist auch geblieben. Die Obergeschosse sind gegenwärtig an das Finanzamt und eine Justizbehörde vermietet.

Das Rawema-Industriezentrum, Straße der Nationen 10–12, wurde fast zeitgleich mit der Hauptpost in den Jahren 1966–68 errichtet, geplant 1965 vom VEB Hochbauprojektierung Karl-Marx-Stadt, Architekten *Roland Kluge und Günter Hauptmann*. Der neungeschossige Stahlbetonskelettbau war mit seinen umlaufenden Brüstungsbändern aus vorgeprägten Aluminiumblechen Vorläufer sowie Testprojekt für das Jahre später erbaute Verwaltungsgebäude des Rats des Bezirks und akzentuiert durch den großen Fassadenspiegel mit den zeittypischen Betontraljen nach Entwürfen von *Siegfried Tschierschky* (1965). In dem 139 Meter langen Baukörper waren 1000 Büroarbeitsplätze für die in der Stadt ansässigen Industriekombinate geschaffen worden. Im Erdgeschoss befanden sich Läden und Gaststätten (Abb. 8).

Dieses Gebäude war aus den eingangs erwähnten Gründen nicht als Kulturdenkmal erfasst worden. So kam es 2000 durch die damalige Eigentümerin, die Treuhand-Liegenschaftsgesellschaft (TLG), zur Ausschreibung eines Architektenwettbewerbs. Die meisten Entwürfe gingen ziemlich frei mit der überkommenen Fassadengestaltung um. Zum Glück kam es unter der TLG zu keiner Realisierung. So erwarb der Privatinvestor Claus Kellnberger das Rawema-Haus und ließ 2010 durch das Architekturbüro *Peter Koch* den Umbau planen. Peter Koch war der letzte Chefarchitekt des Hochbauprojektierung-Nachfolgebetriebs im Wohnungsbaukombinat (genannt „Komplexe Vorbereitung") und eröffnete nach 1991 ein eigenes Büro. Er bewahrte den Fassadenspiegel mit den Betontraljen und erneuerte die Bandfassade mit neuem Material, nur im Detail etwas verändert durch mäanderförmige Brüstungsbänder und teilweise geschlossene Ecken. Trotzdem ist der ursprüngliche Gebäudetypus weitestgehend ablesbar. So kann auch ohne Denkmalschutz ein Umbau mit einer Respektierung der Standorttypik erfolgen, wenn Architekt und Bauherr dies wollen (Abb. 9).

KARL-MARX-FORUM UND ZENTRALER PLATZ_Ein bereits Ende 1959 DDR-weit ausgelobter Wettbe-

10

werb für den Zentralen Platz mit einem Haus der Kultur und Wissenschaften, dem Haus der Partei, einem Hotel mit 450 Betten und einem Aufstellplatz für Demonstrationen mit einer Tribüne für 250 Personen und einem Denkmal für Karl Marx wurde im Frühjahr 1960 durch eine von hohen Funktionären aus Berlin dominierte Jury beurteilt. „Die Vielzahl von Unklarheiten und Unstimmigkeiten der mit den zuständigen Fachleuten nicht abgestimmten Wettbewerbsausschreibung spiegelte sich auch in den Vorschlägen der 28 Teilnehmer wider".[5] Der erste Preis ging an einen Beitrag eines Kollektivs der Hochschule für Architektur und Bauwesen Weimar, der später aber kritisch betrachtet und nicht realisiert wurde. Es sollte noch einige Jahre dauern, bevor die große „zentrale Lücke" bebaut werden konnte. Die dann realisierte städtebauliche Planung der Gesamtanlage entwickelte das Stadtbauamt – ab 1964 unter der Leitung von Stadtbaudirektor *Karl-Joachim Beuchel* (Abb. 10).

Die historische Brückenstraße – als erste große Querstraße zur neuen Magistrale (Straße der Nationen) – wurde Ende der 1960er Jahre zur weiträumigen Karl-Marx-Allee. Sie fungierte fortan als Aufmarsch- und Demonstrationsort. Hier wurde 1971 das Karl-Marx-Monument aufgestellt – geschaffen vom Moskauer Bildhauer *Lew Kerbel*, in Leningrad in einer Bronzespeziallegierung gegossen, in Segmente zerlegt und in Karl-Marx-Stadt vor Ort verschweißt. Der Sockel wurde mit ukrainischem Granit verkleidet. Als Hintergrund gestalteten die Chemnitzer Künstler *Volker Beier* und *Heinz Schumann* eine überdimensionale Schrifttafel aus Aluminiumspezialguss, integriert in die Fassade des Verwaltungsgebäudes des Rats des Bezirks. Das Schlusszitat aus dem Kommunistischen Manifest „Proletarier aller Länder vereinigt Euch" wird in mehreren Sprachen dargestellt.

Das neungeschossige Verwaltungsgebäude des ehemaligen Rats des Bezirks in der heute rückbenannten Brückenstraße 10–12 wurde 1968–70 als Stahlbetonskelettbau mit vorgehängter Bandfassade aus vorgefertigten Aluminiumbrüstungselementen erbaut. Im Erdgeschoss richtete man schräg hinter der Großplastik 1971 noch eine Karl-Marx-Gedenkstätte ein. Der erst 1977–79 ausgeführte Komplex der SED-Bezirksleitung, mit W-förmigem Grundriss, schließt das Karl-Marx-

11_Stadthalle mit Hotel Kongress. Im Vordergrund der Stadthallenpark mit Wasserspielen, um 1985 **12**_Stadthalle, Hauptfoyer mit Galilei-Skulptur, Wandbild und Lamellendecke, 2012

11

Forum räumlich durch seine gefaltet vorspringende Fassade ab und bildet mit dem Verwaltungsgebäude von 1968–70 eine architektonische Einheit. Das Gesamtprojekt lag in der Verantwortung des Wohnungsbaukombinats Karl-Marx-Stadt – Betriebsteil „Komplexe Vorbereitung".[6] Der gesamte Gebäudekomplex gehört heute dem Freistaat Sachsen, genutzt als Sitz verschiedener Landesbehörden. Er wurde erst im Mai 2010 vom Landesdenkmalamt nachträglich in die Denkmalliste des Freistaats aufgenommen.

DER STADTHALLENKOMPLEX MIT HOTELHOCHHAUS__
Bereits ab 1964 befasste sich die Hochbauprojektierung Karl-Marx-Stadt unter Chefarchitekt *Rudolf Weißer* mit Planungen für die Stadthalle mit Hotel und Gaststätten. Allerdings wurden diese ersten Entwürfe, wohl auch wegen zu hoher Kos-

ten, abgelehnt. Doch dann gab es die Finanzmittelfreigabe durch das Kulturministerium für die Stadthalle und die „Vereinigung Interhotel" übernahm die Finanzierung des neuen Hotels.[2] So gab es dann eine Beschlussfassung zur Realisierung des letzten von Weißer erstellten Entwurfs, denn auch Staatschef Walter Ulbricht drängte auf eine Fertigstellung dieses neuen Stadtzentrums von Karl-Marx-Stadt spätestens 1972. Im Kollektiv unter Leitung des Chefarchitekten *Rudolf Weißer* arbeiteten damals die Architekten *Konrad Reimann, Siegfried Krieger, Hans Förster* und der junge *Peter Koch* sowie als Chef der Gruppe Tragwerksplanung *Achim Natschka,* dazu Spezialisten für Bauklimatik, Haus- und Bühnentechnik. Fachberater im Institut für Kulturbauten Berlin war *Wladimir Rubinow.* Die Realisierung erfolgte in den Jahren 1969–74. Aufbauend auf dem Dreiecksraster entstanden polygonale Grundrissformen und sechseckige Saalbaukörper in interessanter Verbindung und Höhenstaffelung zueinander und lockerten das flächenintensive Gebäudeensemble auf. Beeindruckend war auch die Fassadengestaltung mit dem ausgewogenen Einsatz von Stahl-Glas-Elementen im Kontrast zu Sichtbetonstrukturelementen und dem regional typischen roten Porphyrtuff (Abb. 11). Die Haupteingangstüren schuf der Berliner Metallgestalter *Achim Kühn,* die Betonstrukturelemente an der Fassade des Großen Saales *Hubert Schiefelbein.* Im Innenraum überzeugt eine fließende Raumfolge, teilweise mit beweglichen Trennwänden variierbar. Großer Saal (inzwischen auf 3000 Plätze erweitert) und Kleiner Saal (bis 590 Plätze) werden durch die weiträumigen Foyers verbunden. Zentraler Punkt ist ein glasüberdachtes Atrium, das Troparium,

12

ausgestaltet mit tropischen Pflanzen, geplant von Gartenarchitekt *Karl Wienke.* Hier vereinen sich die Besucherströme der Säle und hier war früher der Übergang zum Hotel sowie Raum für flexible Nutzungen durch die Veranstaltungen „am Tropenhaus" mit exotisch anmutender Grünkulisse im Hintergrund.

Im Verweilbereich des Hauptfoyers wirkt die Bronzeplastik *Galilei ... und sie bewegt sich doch* von *Fritz Cremer* bestimmend – gut inszeniert mit dem expressiven Wandbild *Befreiung der*

13_Ausschnitt Stadtzentrum mit Stadthalle und Hotel Mercure, Straße der Nationen mit Hauptpost und Rawema-Haus – Vogelschau aus westlicher Richtung, 2005

Wissenschaft durch die sozialistische Revolution von *Horst Zickelbein*, dahinter und darüber die „fließend" bewegte Stucklamellendecke von *Eberhard Reppold* (Abb. 12). „Die Stadthalle für sich stellt eine für die DDR der 1970er Jahre charakteristische Synthese von Architektur und Bildender Kunst dar, mit einzelnen Bildwerken von beachtlicher künstlerischer Qualität oder dekorativer Wirkung. Die politisch-bildende Absicht ist nicht übersehbar".[7] Aber auch im Ganzen betrachtet gehörte die Stadthalle zu den interessantesten Beiträgen der DDR im Kulturbau. Im architekturhistoriografischen Vergleich der Stadthallen und Kulturhäuser der 1960er und 1970er Jahre in DDR-Bezirksstädten sticht das Chemnitzer Beispiel deutlich hervor.

Der große Distanzbereich, den der Stadthallenbaukörper zur Straße der Nationen hin erforderte, wurde als kleiner Park mit Wasserspielen gestaltet.[8] In den Park integriert wurden Werke der Bildenden Kunst, so die Betonplastik *Würde des Menschen* von *Gerd Jäger* und eine reich skulpturierte Stele von *Wieland Förster* aus Rochlitzer Porphyr. Für die nach der Errichtung der Galerie am Roten Turm 1999 erforderliche höhenmäßige Anpassung der Wasserbecken und deren Anbindung an die Freiflächengestaltung der Neuen Wallanlagen konnte der einstige Autor, der Gartenarchitekt *Karl Wienke* gewonnen werden.

Die kontrastierende Höhendominante zum lagerhaften Stadthallenkomplex mit seinem kleinen Park bildete das 28-geschossige Hochhaus des Interhotels Kongress. Es wurde in Betongleitschalung errichtet und ist mit 97 Metern Höhe das höchste Gebäude der Stadt, zumindest, wenn man die Industrieschornsteine außer Acht lässt. Ursprünglich war es mit 760 Betten in 387 Zimmern ausgestattet. Die Fassadenstaffelung unterstützt die vertikalen Linien und nimmt

13

auch gleichzeitig Bezug auf das gegenüberliegende Parteigebäude in Zickzackform. Die helle Aluminiumvorhangfassade mit Wärmedämmung wurde erst 1993/94 nachgerüstet (Abb. 13). Sie war bereits zur Erbauungszeit geplant, fiel jedoch Einsparungen wegen überhöhter Baukosten zum Opfer. So erhielt der Hotelbaukörper nur einen hellgrauen Silikatspritzputz auf dem Beton. Dieser war in fast 20 Jahren Standzeit stark nachgedunkelt. Das Interhotel wurde deshalb im Volksmund scherzhaft „schwarze Witwe" genannt. Eine glückliche Fügung war, dass *Peter Koch*, der einzige heute noch aktive Architekt aus dem Kollektiv von Chefarchitekt *Rudolf Weißer*, 1993/94 die Fassadenerneuerung plante und betreute. *Peter Koch* wurde ebenfalls mit einigen notwendigen funktionellen und brandschutztechnischen Ergänzungen für den Stadthallenkomplex beauftragt. Auch hier zeigte sich sein Bekenntnis zur ursprünglichen architektonischen Konzeption und der Wahrung denkmalpflegerischer Belange.

Mitte der 1990er Jahre bestand die Absicht, den nördlichen Gebäudeteil der Stadthalle an der Brückenstraße gegenüber der Marx-Skulptur zu einem Kinocenter umzubauen. Ein mehrgeschossiger neuer Gebäudekomplex sollte anstelle der ehemaligen Gaststätten und des Ladenlokals des Intershops entstehen. Dafür wurde die Abtrennung der Ver- und Entsorgungssysteme, die schon mit der Herauslösung des nun als Mercure firmierenden Hotels begonnen hatte, fortgesetzt. Zum Glück für das Denkmalensemble kam es nicht zur Realisierung dieser Pläne.

Bis der Verkauf an einen privaten Investor erfolgte, stand dieser Teil der Stadthalle einige Jahre leer. Danach erfolgte der Umbau zum sogenannten Terminal 3. Unter Beibehaltung der Fassaden entstanden dort Gaststätten, eine Diskothek und kleine Läden. Dabei hätte man diesen Teil funktionell, wirtschaftlich und denkmalpflegerisch günstig zu einem heute dringend erforderlichen Kongress- und Tagungsbereich umnutzen können. Der frühere „Klub der Intelligenz" des Kulturbundes der DDR besaß bereits Seminar- und Tagungsräume, durch mobile Trennwände flexibel kombinierbar. So wurde 2011 ein aufwendiger Wettbewerb für die Stadthallenerweiterung zum Kongresszentrum ausgeschrieben. Den ersten Preis erhielt studioinges aus Berlin für einen südlich an Anlieferbereich und Hauptfoyer angedockten Neubau[9]. – eine denkmalpflegerisch (noch) vertretbare Lösung, im Gegensatz zu den nachfolgend prämierten Arbeiten.

FAZIT__Inzwischen sind die meisten der DDR-Denkmale in der Chemnitzer City saniert und behutsam erneuert bzw. einer geänderten Nutzung oder neuen Bedingungen angepasst. Die meisten Objekte sind gut vermietet oder wie zum Beispiel die Stadthalle mit optimalen Besucherzahlen ausgelastet. Eine Akzeptanz bei Kommunalpolitikern und großen Teilen der Bürgerschaft hat sich eingestellt. Auch Brandschutzkonzepte und Wärmedämmung konnten meist denkmalverträglich verbessert werden. Alles zusammen letztendlich das Ergebnis eines langen, nicht immer einfachen Entwicklungsprozesses.

ANMERKUNGEN

1 Für den Druck des Tagungsbeitrags wurde das Redetyposkript leicht überarbeitet und der Vortragstil beibehalten.

2 Glaser, Gerhard: „Das Karl-Marx-Forum in Chemnitz". In: *Verfallen und vergessen oder aufgehoben und geschützt?* (Schriftenreihe des DNK, Bd. 51). Bonn 1995, S. 57

3 Vgl. Morgenstern, Thomas: „Energieeinsparung bei denkmalgeschützten Plattenbauten der 60er und 70er Jahre". In: *Energieeinsparung bei Baudenkmälern* (Dokumentation der Tagung des DNK am 19. März 2002 in Bonn, Schriftenreihe des DNK, Bd. 67). S. 73

4 Planung: HOPRO, Architekt *Horst Neubert*

5 Beuchel, Karl Joachim: *Die Stadt mit dem Monument. Zur Baugeschichte 1945–1990* (Reihe: Aus dem Chemnitzer Stadtarchiv, Heft 9). Chemnitz 2006, S. 97

6 Architekten: *Sehm, Seidel, Schlegel, Arnold*

7 Glaser, Gerhard / Heckmann von Wehren, Irmhild: *Karl-Marx-Forum und Straße der Nationen in Chemnitz, Begründung des Denkmalwertes*. Dresden 1994, S. 2

8 Entwurf: Gartenarchitekt *Karl Wienke*, WBK Komplexe Vorbereitung

9 Siehe den Beitrag von Mark Escherich in diesem Band

HINTERM HORIZONT GEHT'S WEITER. DRESDNER PRAXISBEISPIELE IM KONTEXT_BERNHARD STERRA

Wenn im Folgenden von „Praxis" die Rede ist, so ist damit die Bandbreite des denkmalpflegerischen Tuns gemeint, von der haptisch-materiellen Arbeit „am Objekt" bis zum Nachdenken über Denkmale und Denkmalpflege. Darauf und auf sich wandelnde „Kontexte" der Annäherung an das Denkmal und seine Zeitgeschichte kann nur skizzierend eingegangen werden, ebenso auf den Wandel von Perspektiven, die hiermit zusammenhängen: Wer blickt aus welcher Richtung und Höhe wohin? Was bestimmt den Blick, seine Selektion und Interpretation? Entsprechend geben die nachfolgenden Seiten lediglich einige am Beispiel Dresdens entwickelte Gedanken wieder.

1

„HINTERGRUNDSTRAHLUNGEN" (Abb. 1)_Bis in die trivialen Ebenen der Werbeaccessoires des Stadtmarketings finden sich, mehr oder weniger professionell aufbereitet, Wunsch und Wirklichkeit des Fremd- und Eigenbildes einer Stadt wieder, wird eine Botschaft zwischen touristischer Animation und der Suggestion von Identität transportiert, die beides hervorbringen soll: die Wiedererkennbarkeit eines spezifischen Profils und, darauf aufbauend, die Steigerung der Attraktivität und des wirtschaftlichen Ertrags. Ist das Unvergleichbare benannt, ist der Beliebigkeit vorgebeugt. In der Tat: Städte wie Hannover, Leipzig, Chemnitz oder Dortmund würde man mit dem Dresden-Slogan des Jahres 2013 „Eine faszinierende Idee" schwerlich assoziieren.

Der Begriff der „Idee" verweist auf den des „Mythos", hier gemeint als die verklärende und über Geschichtliches hinausweisende Wahrnehmung, Interpretation und Tradierung einer Vorstellung kollektiver Identität. In der Mythisierung erscheint Zeitliches in einem unveränderlichen Zustand des Bedeutungsvollen aufgehoben, an dem Neues gemessen wird; hinter dem Horizont ist nicht Neues zu erwarten, ja will auch nichts grundlegend Neues erwartet werden … .

1_Schlüsselanhänger „Dresden – eine faszinierende Idee", ein Accessoire des Dresdner Stadtmarketings

Über diesen sogenannten Mythos Dresden und kollektive Mechanismen, die mit ihm einhergehen, ist vieles geschrieben und interpretiert worden, gab es manches, was historisch entzaubert wurde, anderes, das als Kontinuum seine Bestätigung gefunden hat.[1] Letztlich wurde durch die eindringliche Wiederholung der zugehörigen Topoi – von der Kunst- und Kulturstadt, der Schönheit von Architektur und Landschaftsraum und so fort – dieser „Mythos" zunehmend popularisiert, wenn nicht vulgarisiert. So stellen die seit 1990 in Erfüllung gegangenen und gehenden Rekonstruktionswünsche Identifizierungsangebote zur Verfügung und bedienen eine in der Breite der Gesellschaft eher unreflektierte Erwartungshaltung, die dann aber durch die geschaffenen Tatsachen eine normative Kraft entfaltet und damit jenes Diffus-Mythische weiterhin bedient – ein verlässlicher Mechanismus.

Vor diesem Hintergrund hatten und haben es die Zeugnisse der Nachkriegsmoderne, um auf unser Thema zu kommen, in der Zeit nach 1990 besonders schwer. Schauen wir kurz auf die bis in die heutigen Tage nachwirkende ablehnende Haltung gegenüber diesen Bauten, die gerne für die Destruktion des Überlieferten nach 1945 in die Verantwortung genommen werden.

So bezieht sich der Titel des Dokumentarfilms *Das neue Dresden – auf den Spuren eines Verlustes*[2] von 2006 quasi dialektisch auf Fritz Löfflers Werk *Das alte Dresden*, Opus magnum vor allem zur barocken Geschichte der Stadt und in bürgerlichen Kreisen ein obligates Werk zur Selbstverortung und Selbstvergewisserung. Protagonisten vor allem der Denkmalpflege kontrastieren in dem Film die Zeitzeugenschaft der unermüdlich und unter unsäglichen Schwierigkeiten für die Bewahrung der kulturellen Überlieferung Eintretenden mit der Gegenwelt der seinerzeit vollzogenen sogenannten zweiten Zerstörung Dresdens. Ein Beispiel aus dem Filmtext möge diesen Tenor illustrieren: „Die SED-Städtebaupolitik in Dresden war Plünderung nationalen Kulturerbes im großen Stil. Sie brachte einen immensen Verlust an Authentizität, Maßstab und Urbanität. Die Politisierung städtebaulicher Fragen und die Auswirkung von Arroganz, ja Dummheit der Macht auf Entscheidungen zum Wiederaufbau Dresdens vergrößerten die Schadensbilanz des Bombenterrors in der Zeit des real existierenden Sozialismus beträchtlich."[3] Kontrastierend gegenübergestellt wurde diesem Kommentar etwa die Aussage des früheren Oberbürgermeisters Walter Weidauer als eines politisch-ideologischen Protagonisten: „Besser wohnen wollen wir, schöner und freier soll unser Leben sich gestalten, keine Paläste für die Reichen und Hütten für die Armen, sondern Demokratie im Wohnungsbau. Je besser und zweckmäßiger der Mensch wohnt, umso größer seine Leistungsfähigkeit; nicht eine Residenzstadt mit ihrem starken parasitären Einschlag, sondern eine Stadt der Arbeit, der Kultur, des Wohlstandes für alle muss Dresden werden."[4]

Die Baupolitik der ersten Jahre nach 1990 war stark von einer dezidierten Ablehnung der DDR-Planung geprägt: „Wer, wie viele von uns, viele Jahre ohnmächtig darunter litt, dass wirtschaftliches Unvermögen und grobschlächtige Bauideologie viele Städte beschädigten oder gar zerstörten – wir sprechen deshalb in Dresden von der zweiten Zerstörung für den Zeitraum bis 1990 –, der wird in der Rückgewinnung unserer bis zur

Auflösung malträtierten städtischen Räume und in der Schaffung neuen Stadtgeflechtes den vordringlichsten Heilungsbedarf sehen. Nach den Jahren, da sich städtebauliches Vokabular in der soldatischen Aneinanderreihung von Blöcken und Zeilen erschöpfte, ist dies nicht einfach rückwärtsgewandte Stadtgeschichtsnostalgie. Es ist vielmehr die Sorgfaltspflicht gegenüber den Bewohnern, ihnen die misshandelten Stadträume, ja überhaupt das Fehlen von städtischen Raumsequenzen ins Bewusstsein zu führen. Wir alle, Bewohner dieser Stadt und Planer müssen allmählich zurückfinden in Maß und Rhythmus von Straße und Platz. Diese stadträumliche Wahrnehmung muss erst wieder ausgeprägt werden, bevor sie von neuerlichen Brüchen und Dissonanzen im Keime erstickt wird."[5]

Einem vermeintlich umfänglichen Investitionsdruck wurde mit einem Revival des alten Paradigmas „Urbanität durch Dichte" vorauseilend zu entsprechen versucht und dem Systemwechsel offensiv mit Bilderstürmerei und demonstrativer Feindschaft, zumindest jedoch mit Gleichgültigkeit gegenüber der überlieferten DDR-Architektur Ausdruck verliehen. Die Planer fanden ihre Mitte in der Orientierung am Modell der „europäischen Stadt", das nun den Heilshorizont für die Genesung eines geschundenen Stadtorganismus darstellte.

Während in dem Film *Das neue Dresden* eine Geschichte des zweiten Verlustes an historischem Erbe vor dem Hintergrund des spezifischen Umfeldes von Ideologie und Herrschaftsausübung zur Zeit der DDR reflektiert und vermittelt wird, zeigt der Dokumentarfilm *Was bleibt – Nachkriegsmoderne in Dresden* [6], zu welchen Zerstörungen nach 1990 solche ideologischen Gegenreaktionen sowie ein entfesselter Markt geführt haben.

Hieraus einige exemplarische Zitate: So beispielsweise der Architekt Wolfgang Hänsch: „ (…) und wer das Geld hat, kann bauen und eben auch abbrechen." Der Kunsthistoriker Gilbert Lupfer: „ Es hat natürlich auch viel damit zu tun, mit welcher Gesellschaftsordnung die [die Bauwerke, B.S.] identifiziert werden; also, man meint oft dann die Gesellschaftsordnung der DDR und trifft eben das konkrete Bauwerk." Die Denkmalpflegestudentin Heidrun Kaiser: „Die kommende Generation wird dieser Generation, die heute die Abrisse anordnet, Vorwürfe machen und wird sagen, das war einfach nicht in Ordnung, man braucht diese Zeitzeugnisse". Die beiden in den zwei Filmen zum Ausdruck kommenden Positionen repräsentieren in polarer Weise, dass der Blick auf die Dinge einem Wandel unterliegt, dass Perspektiven gewechselt werden und diverse Deutungsangebote nebeneinander bestehen. Ja, die Landschaft ist noch weit differenzierter geworden durch eine Vielzahl privater Initiativen.[7] Brüche in der Geschichte haben, nicht zuletzt auch im Zuge eines Generationswechsels, zum Wandel von Perspektiven und damit zu veränderten Wahrnehmungen geführt, sodass mittlerweile ein Pluralismus der Erfahrungen, Sichtweisen, Horizonte entstanden ist und entsprechend auch ein Pluralismus der Erzählungen, nicht unbedingt sogleich changierend zwischen euphorischer Akzeptanz und kategorischer Ablehnung, sondern basierend auf unterschiedlichen Formen des Engagements.

Ohne hier auf diese Entwicklung näher eingehen zu können, so sei doch zumindest angemerkt, dass sich damit ein Interpretationsangebot multipler Narrative entwickelt hat, mit dem sich auch die Denkmalpflege auseinanderzusetzen hat und aus dem sie zunehmend Wissen, Partnerschaft und Unterstützung generiert. [8]

2

3

VERLUSTE__Im Konzert derjenigen, die sich mit der Nachkriegsmoderne im Spannungsfeld von Annahme und Abwehr befassen, kann die Denkmalpflege eine eigene verantwortungsvolle Rolle spielen. Ermöglicht es das ihr zur Verfügung stehende gesetzliche Instrumentarium doch, dem Schutz und Erhalt auf der Basis fachlicher Gründe oberste Priorität einzuräumen. In der Regel setzt die Entscheidung für die Schutzwürdigkeit von Zeugnissen einer bestimmten Zeitepoche, sobald sie gefällt ist, eine Mechanik der wissenschaftlichen und institutionalisierten Aneignung und Verwaltung in Gang, deren Stringenz und Verlässlichkeit auch immer wieder externe Sympathisanten veranlassen, sich des Partners „Denkmalpflege" zu vergewissern.

Idealerweise würde sich die Denkmalpflege vor diesem Erfahrungshintergrund immer schon vorausschauend, ja vorauseilend mit Epochen befassen, sodass sie „gerüstet" wäre, sich für deren Zeugnisse einzusetzen und ihre Qualitäten zu vermitteln – und dies bereits zu einer Zeit, in welcher der Mainstream vielleicht noch anders fokussiert ist.[9] Dieses Modell mag jedoch allenfalls für die Zukunft gelten (der ministeriell prophezeite personelle Aderlass verheißt allerdings zumindest für die sächsische Denkmalpflege nichts Gutes), für die Bauten der 1960er bis 1980er Jahre muss demgegenüber bislang ein eher *reaktives* Handeln konstatiert werden. Wahr, ja selbstverständlich, ist ebenfalls: Die Denkmalpflege unterliegt selbst zeitgeschichtlich bedingten Schwerpunktsetzungen: Während Zeugnisse der „Nationalen Bautraditionen" schon recht früh – teilweise noch vor 1990 – als Kulturdenkmale erfasst waren, erschien eine positive Betrachtung der Zeugnisse der Folgezeit aus den angedeuteten Gründen

4

weder aktuell noch opportun. Eine Verdichtung der öffentlichen Aufmerksamkeit führte immer wieder zu einem „Nachziehen" der Denkmalpflege – leider oft zu spät, wie noch exemplarisch gezeigt werden wird. Auch für westlich sozialisierte Denkmalpfleger übte die Präsenz zahlloser authentischer Zeugnisse des 19. und beginnenden 20. Jahrhunderts zunächst eine so große Faszination aus, dass man sich nur gelegentlich mit Anregungen zu Unterschutzstellungen von Objekten der 1960er bis 1970er Jahre dem Ost-Mainstream entgegenstellte.

So ist die Verlustbilanz der vergangenen Jahrzehnte für Dresden erheblich und aus der heutigen Sicht – mit größerem Abstand, größerem Wissen und größerer, auch öffentlicher Sensibilität – natürlich umso bedauerlicher. Hierzu einige Exempel.

Denkmalschutz bestand etwa für das Centrum-Warenhaus (Abb. 2), für dessen Zukunftsfähigkeit im Jahr seiner Unterschutzstellung 2007 die Messen allerdings bereits gelesen waren, sodass auch das sogenannte öffentliche Erhaltungsinteresse gegen eine zugesagte maximale wirtschaftliche Ausnutzung des Grundstücks und seiner Umgebung und somit gegen den Abbruch im selben Jahr nichts auszurichten vermochte. Die überlieferte Konnotation des sogenannten Freßwürfels (Abb. 3) – des Gaststättenkomplexes Am Zwinger (1965-67) – mit dem Abbruch der Sophienkirche in den frühen 1960er Jahren bedeutete für die wiedererstarkte bürgerliche Kraft nach 1990 eine solche Befleckung, dass, ähnlich dem Polizeipräsidium in der Schießgasse, auch nur der Gedanke an etwaige architektonische Qualitäten eine kollektive Ächtung provoziert hätte. Hier kam es also ebenso wenig zu ernsthaften Erwägungen einer Schutzwürdigkeit wie für das 1978 bis 1981 als Teil einer größeren Planung errichtete ehemalige Fernmeldetechnikhaus am Postplatz, ein Zeugnis beispielsweise für die Hubplattenbauweise und mit seiner markanten (teilweise leicht barockisierenden) Verkleidung mit Sandsteinplatten ein Unikat im Stadtraum. Es ist nunmehr dem Abriss geweiht.

Beispielhaft für weitere bereits verschwundene Bauten, die zugleich stellvertretend für zerstörte Ensembles stehen, seien an dieser Stelle die

5

Restaurants International bzw. Bastei in der Prager Straße sowie die Gaststätte Wallterrasse genannt.[10]

Das Rundkino (Abb. 4) steht zwar seit 2008 unter Schutz, doch seit seiner Abkoppelung vom Kontext der Prager Straße und seiner Bedrängung durch Neubauten, für die das Paradigma der europäischen Stadt bemüht wurde, findet sich die ehemalige architektonische Preziose in einer unwirtlichen Hinterhofsituation ohne Gestalt wieder, wo nun auch explizit die Stelle markiert werden muss, an der es in das Gebäude hineingeht. Eine Art Zerstörung durch Eliminierung eines sinnfälligen Kontextes also.

Über den Kulturpalast (Abb. 5) und sein Schicksal hat Susann Buttolo das Wesentliche berichtet.[11] Die Denkmalpflege ist nach dem gravierenden Abbruch des Mehrzwecksaals derzeit unterwegs, weiteren Schaden vom Gebäude fernzuhalten, was bei einem kulturpolitischen Projekt dieser Kategorie, an dem sich zahlreiche Konfliktpunkte auftun und das für unterschiedlichste Kräfte ein Prestige- oder Identifikationsobjekt darstellt, nicht einfach und nicht sonder-

6_Freiberger Straße, Verdichtung der Stadtlandschaft, 2014 **7**_Opernrestaurant Semperoper, Zustand 1989 **8**_Kindertagesstätte Gret-Palucca-Straße, Zustand 2013

lich erfolgsträchtig ist. Als Kulturhaus der Stadt wird es schlussendlich mit Sicherheit seine Akzeptanz finden. Auf die Versprachlichung der denkmalpflegerischen Verluste im Zuge einer Marketingstrategie darf man allerdings gespannt sein – der Denkmalpfleger an der Basis muss dies wohl den Ebenen überlassen, die auch für die politischen Wichtungen verantwortlich sind.

Was sich im Umfeld des Kulturpalasts stadträumlich und stadtbildlich seit Neuerem an „Klängen" ergibt, vermag zwar über den Verlust an bauhistorischer Integrität nicht hinwegzutrösten, ist jedoch zumindest nicht uninteressant: das Bauwerk steht auch im Umfeld der nachgestellten Neumarktfassaden da wie ein Kristall, kraftvoll, elegant und: weder abweisend noch autistisch, sondern von beeindruckender Präsenz und „Echtheit".

6

Ein seit wenigen Jahren in Vollzug befindlicher Sündenfall lässt sich in der Freiberger Straße verfolgen (Abb. 6), wo die städtebauliche Geste einer Reihung quergestellter Hochhäuser aus den 1960er Jahren nun nachverdichtet wird, wodurch sich ein groteskes Nebeneinander unterschiedlichster Typologien ergibt, von der Zerstörung der Freiflächen zu schweigen.[12] Hier zeigt sich besonders markant, dass nicht explizit geschützte Zeugnisse immer noch eher den Reflex der ungebremsten Verfügbarkeit aktivieren als die Frage nach vorhandenen Qualitäten, die es eventuell wert wären, in die Zukunft transportiert zu werden – ein baukulturelles Vakuum, dem man zu-

7

8

9_„Blaues Haus", Zustand 2013 **10**_Neue Mensa der Technischen Universität, Fritz-Förster-Platz, Zustand 1989 **11**_Hochhaus Pirnaischer Platz, Zustand 2014 **12**_Philippus-Kirche, Dresden-Gorbitz (1990–92)

9

10

mindest eine „Freiwillige Selbstkontrolle" an die Hand geben möchte, besser jedoch ein auch interdisziplinäres Miteinander. Denn Baukultur wird ja zu gerne auf das beschränkt, was sich auf eine gesetzliche Grundlage bezieht; wofür man sich darüber hinaus engagiert einsetzen könnte, gerät bei dieser Normfixierung gerne aus dem Blick.

Dennoch: Die Denkmalerfassung schreitet voran und ebenso lassen sich auch gelungene Beispiele für denkmalgerechte Sanierungen benennen. Unterschutzstellungen der jüngeren Zeit betrafen etwa die Erweiterungsbauten der Semperoper – so das Opernrestaurant (Abb. 7) – sowie die Theaterwerkstätten. Bei den verantwortlichen Bauherren und ihren Vertretern ist dabei ein sachte wachsendes Bewusstsein für die Denkmalbelange zu spüren, insbesondere bei Bauten mit Solitärcharakter. Wobei natürlich immer auch die Vermittlung des Denkmalwerts durch die Denkmalpfleger bei dieser Bewusstseinsbildung eine entscheidende Rolle spielt.[13]

Von den als Kulturdenkmal erfassten Zeugnissen der 1960er Jahre sei die Kindertagesstätte in der Gret-Palucca-Straße genannt (Abb. 8), ein Bau, dessen DDR-weit bewunderte Typenkonzeption auf Helmut Trauzettel zurückgeht und der in den vergangenen Jahren von vielfachen Ein- und Umbauten befreit und weitgehend seinem ursprünglichen Zustand angenähert wurde.[14] Es zeigt sich, dass der damalige Entwurfsansatz mit seiner Orientierung auf ein kindgerechtes, lichtes und heiteres Umfeld nichts an Aktualität eingebüßt hat.

Ein Denkmal wie das sogenannte Blaue Haus (Abb. 9) unweit des Großen Gartens wieder einer Nutzung zuzuführen, bedeutet unter Umständen einen ganz erheblichen Eintrag an Neusubstanz, strukturelle Veränderungen und natürlich Ertüchtigungen vielfältiger Art. Das ursprünglich als „Institut für Arbeitsökonomik und Arbeitsschutzforschung" errichtete Gebäude wurde dabei aus konservatorischen wie bautechnischen Erwägungen, insbesondere aufgrund des in den Fassadenbereichen bedenklichen Zustands der aus Stahlbetonfertigteilen bestehenden Pfosten-Riegel-Konstruktion, mit einem neuen additiven

Wandaufbau versehen, der, konservatorisch sinnvoll, aber eine Abweichung des Fassadenbilds gegenüber dem Ausgangszustand erbrachte.[15] geneigt ist, weiterhin Sensibilität angezeigt, kommt dieser Ansatz doch im Gewand pseudorationaler Kostenargumente daher.[18]

11

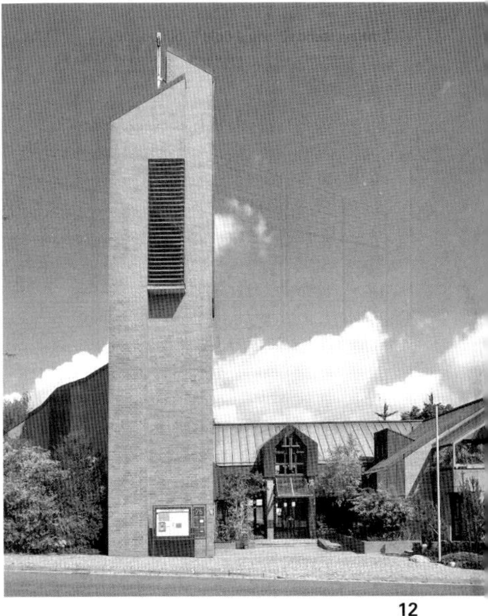

12

„DÉJÀ-VU“_Trotz der Fortschritte in der Inventarisation und der denkmalgerechten Behandlung sind auch die einmal einstudierten Abwehrreflexe gegen die Nachkriegsmoderne immer wieder aktiv, wie die seit Ende 2013 kursierenden ministeriellen Abbruchfantasien zur Neuen Mensa zeigen, einem der jüngeren denkmalgeschützten Architekturzeugnisse der DDR-Zeit (Abb. 10).[16] Wenn mittlerweile auch aufgrund heftiger öffentlicher Gegenreaktionen Entwarnung gegeben werden kann[17], so ist vor dem reinen Herrschaftsgestus, der sich hier zu melden scheint und in dem man einen dem Dirigismus der DDR-Planungen nicht unähnlichen ideologischen Ansatz zu vermuten Die Soziologin Heide Berndt hat bereits vor Jahrzehnten herausgearbeitet, „dass sich ideologische Vorstellungen umso wirksamer erhalten, je mehr sie sich in die Sachlichkeit technischer Modelle flüchten können.“[19] Wir sind also sensibilisiert. Denn es darf nicht aus dem Blick geraten, dass der Mensa der breite gesellschaftliche Rückhalt fehlt und dass sich das öffentliche Interesse am Erhalt des Bauwerks in erster Linie weitgehend von den Wertsetzungen ableitet, die seine Denkmaleigenschaft begründen. Diese aber zumindest gilt es umso mehr auch weiterhin zu vertreten und zu vermitteln.

13_Schwimmhalle Freiberger Platz, Zustand 2014 14_49. Grundschule Bernhardstraße, Dresden-Plauen, Zustand 2013

13

WÜNSCHE_Aus der kurzen Skizze ergeben sich besondere Wünsche: zum einen nach weiterer Kontinuität in der Erfassung und einem entsprechend lebhaften Austausch mit Fachleuten, in erster Linie mit dem Sächsischen Landesamt für Denkmalpflege und den Hochschulabteilungen – ein Austausch, der im Übrigen seit vielen Jahren gut funktioniert, sicher aber auch noch ausbaufähig ist.

So erscheint es auf jeden Fall diskussionswürdig, das 1964 bis 1966 als markante städtebauliche Geste und im Zusammenhang mit der Wilsdruffer Straße errichtete Hochhaus am Pirnaischen Platz – das Basismodul für die Wohnzeile in der Prager Straße – auf Denkmaleigenschaft zu überprüfen (Abb. 11).[20] Auch die Bürohausbebauung an der Wiener Straße aus den 1960er Jahren ist aufgrund ihres für Dresden singulären Zeugniswerts denkmalverdächtig.

Interessant sind auch Objekte, deren Projektierung in die letzte Phase der DDR zurückreicht, deren Ausführung dann bis in die ersten Nachwendejahre hinein erfolgte. Hier würden sich ganz neue Fragestellungen – etwa nach den Biografien der Architekten und dem Wandel ihres Schaffens – ergeben. So etwa beim Gemeindezentrum der evangelisch-lutherischen Philippus-Kirchgemeinde in Dresden-Gorbitz von Ulf Zimmermann und Team (Abb. 12).[21]

„NACHDENKEN ÜBER DENKMALPFLEGE"__Auch besteht ein intensiver Bedarf an fachlichem Austausch bei der Arbeit „am Objekt". Probleme der Baukonstruktion, der Bauausführung, der Ertüchtigungsmöglichkeiten, ja auch der Materialität sind für Denkmalpfleger zwar alltäglich, der Rückgriff auf vergleichbare Erfahrungen ist aber bei Bauten der 1960er und 1970er Jahre oft nur erschwert gegeben. Bei der seit 2007 unter Schutz stehenden Schwimmhalle am Freiberger Platz in Dresden (Abb. 13), einem Typus, der mit seiner besonderen Hängedachkonstruktion auch in Halle, Erfurt, Potsdam und Leipzig zur Ausführung kam, ist eine detaillierte Kenntnis baukonstruktiver wie materialspezifischer Konstellationen unabdingbare Voraussetzung für substanzaffine Eingriffe, wobei hier zum Beispiel auch Überlegungen zu Kosten und zum Nutzungszyklus denkmalschonende Entscheidungsfaktoren sein können.

Bei unserem jüngst erfassten Denkmal stehen wir noch am Beginn eines Aneignungs-, Vermittlungs- und Transformationsprozesses: Das als letztes Exemplar des Schultyps „Dresden Atrium" weitgehend authentisch überlieferte Gebäude wird mit vielerlei Anforderungen und Fragestellungen konfrontiert, nicht zuletzt auch mit der Frage nach seinem Denkmalwert, der vielen noch unverständlich ist (Abb. 14).[22] Ein in einer ersten Informationsveranstaltung gestartetes Miteinander aller Beteiligter lässt auch für die Zukunft auf einen spannenden Prozess hoffen, in dem der Denkmalvermittlung und der Sensibilisierung für die sich nicht aufdrängenden Werte der Gestaltung wie der Zeitzeugenschaft ein zentraler Stellenwert zukommen wird. Denn

14

hier trifft – fast typisch für die Bauten der sogenannten Nachkriegsmoderne – einiges aufeinander: ein Gebäude, das die meisten nicht mit dem Prädikat „Denkmal" in Verbindung bringen, eine sensibilisierte, teilweise kritische Öffentlichkeit und eine Schulverwaltung, die es zunächst eher als lästig empfindet, sich nun nach zahlreichen nach „Schema F" ertüchtigten Schulbauten Gedanken über deren baukulturelle Werte machen zu müssen – ein in vielerlei Hinsicht „unbequemes" Denkmal also. Mit Hilfe externen Wissens vielfältiger Art aber sind die ebenfalls vielfältigen Anforderungen, die sich in der Denkmalpflege selbst an einem Objekt konzentrieren können, differenziert und befriedigend zu lösen.

Was wir Denkmalpfleger darüber hinaus weiterhin kultivieren müssten – und dass trifft auf die Arbeit mit der Nachkriegsmoderne, aber ebenso auf die Denkmalpflege insgesamt zu – das ist zum einen der Rückgriff auf externes Fachwissen über den Ausbau bzw. die Ermöglichung anwendungsorientierter Forschung: Forschungsprojekte sollten die Nahtstelle von wissenschaftlicher Fragestellung und Praxisbezug programmatisch antizipieren und so der Arbeit am Kulturerbe wie am einzelnen Denkmal dienen, von der Inventarisation bis zur Maßnahmenberatung. Dies vor allem vor dem Hintergrund ständig sinkender personeller Kapazitäten innerhalb der institutionalisierten Denkmalpflege.

Die Generierung von Partnerschaften und das gemeinsame Schultern von Aufgaben, die der Denkmalkultur genuin zugehören, können somit bereits zu einem Ausdruck verfeinerten und kollektiven gesellschaftlich verorteten denkmalpflegerischen – und damit baukulturellen – Handelns werden. Dies gilt auch für vorausschauendes, umsichtiges und vernetztes Denken und Handeln im Zusammenwirken von Planungs-, Bau- und Denkmalkultur – nach wie vor ein entwicklungsbedürftiger Bereich.

AUSBLICK__„Es wird begriffen, dass die Stadt aus verschiedenen historischen Etappen besteht und dass die Aufgabe jeweils (…) darin gesehen werden müsste, weiterzubauen, um auch bestimmte Etappen der Geschichte in die Zukunft orientiert in einen neuen Sinn zu bringen, also anzueignen und nicht auszulöschen."[23]

Die historische Wertschätzung als Grundkonsens anzusehen, erscheint uns Denkmalpflegern als eine Selbstverständlichkeit. Wir wissen zugleich, dass diese Prämisse im pluralistischen gesellschaftlichen Leben nicht gleichermaßen gelten muss. Die Art und Weise der Aneignung und Tradierung analog denkmalpflegerischer Prämissen wird deshalb auch davon abhängen, wie aufmerksam und wach und mit welcher Teamwork und welchem Instrumentarium wir uns mit unserem Kulturauftrag befassen. Dabei muss die Denkmalpflege auch „Avantgarde" sein, sie sollte sich im Konzert der Akteure schon frühzeitig einbringen können, sollte gerüstet sein, denn es wird nach der Nachkriegsmoderne eine weitere Etappe in den Fokus des Interesses treten und eine Art Tentativliste des Überlieferungswürdigen sollte dann ebenso bereitliegen wie eine Kompetenz, baukulturell über den eigenen Horizont hinaus zu denken. Eine Wunschvorstellung? Vielleicht, aber auch etwas, das die jüngere Vergangenheit uns als Erfahrungswert mitgibt.

ANMERKUNGEN

1 Vgl. u. a.: Reinhard, Oliver / Bergander, Götz: *Das rote Leuchten – Dresden und der Bombenkrieg*. Dresden 2005 (unter anderem zur ideologischen Instrumentalisierung der Erzählung von der Zerstörung);
Lühr, Hans-Peter (Hg.): *Mythos Dresden – Faszination und Verklärung einer Stadt* (Dresdner Hefte 84). Dresden 2005;
Rauff, Helga (Red.): *Mythos Dresden – eine kulturhistorische Revue* (Ausstellung des Deutschen Hygienemuseums). Dresden 2006

2 Kukula, Ralf (Buch, Regie, Kamera): *Das neue Dresden – Auf den Spuren eines Verlustes* (Gemeinschaftsproduktion der Balance Film GmbH Dresden und der Landeshauptstadt Dresden). Dresden 2006

3 Ebd.

4 Ebd.

5 Just, Gunter: „Die Stadtwerdung von Dresden". In: *Dresden – Europäische Stadt*. Dresden 2000, S. 19 f.

6 Buttolo, Susann / Kukula, Ralf: *Was bleibt – Nachkriegsmoderne in Dresden* (Balance Film). Dresden 2008

7 Beispiele: für bauhistorische Rezeption und Vermittlung (wenn auch teilweise etwas populär): das-neue-dresden.de; für bürgerschaftliches Engagement am Objekt: Rundkino e.V.; für die Identität mit der baulichen Überlieferung:

Dresdens Erben e.V.; für interdisziplinäre Auseinandersetzung mit Stadtbaukunst: Projekt „modern islands"; für eine zeitgemäß qualitätvolle Fortschreibung der Architektur: Die Zeitgenossen

8 Mit „Erzählungen" sind unterschiedliche Identitätskonstruktionen gemeint, deren Struktur und Gehalt etwa Carola Ilian exemplarisch untersucht hat in: *Identitätsstiftung als Denkmalwert? Vermittlung und Überprüfung denkmalpflegerischer Wertsetzungen.* Dresden 2011. Die Implikationen für erweiterte „basisdemokratische" Dimensionen des „öffentlichen Interesses" bedürfen noch der vertieften Untersuchung.

9 Vgl. Thüringisches Landesamt für Denkmalpflege und Archäologie: *Denkmalpflege – Kontinuität und Avantgarde. Dokumentation der Jahrestagung der Vereinigung der Landesdenkmalpfleger in der BRD* (N.F. 43). Erfurt 2013

10 Scheffler, Tanja: „Die Prager Straße in Dreden. Die schleichende Zerstörung der Ostmoderne durch die ‚europäische Stadt'". In: Escherich, Mark (Hg.): *Denkmal Ost-Moderne: Aneignung und Erhaltung des baulichen Erbes der Nachkriegsmoderne* (Stadtentwicklung und Denkmalpflege, Bd. 16). Berlin 2012, S. 180–197

11 Buttolo, Susann: „Der Dresdner Kulturpalast – Vom Werden eines besonderen Baudenkmals und den anhaltenden Versuchen seiner Destruktion". In: ebd., S. 198–211

12 Die fünf im Sinne der „Stadtlandschaft" von Grünflächen umflossenen, quer gestellten Hochhäuser gehen auf den Entwurf von Heinrich Rettig, Manfred Gruber und Rudolf Ermisch zurück und wurden 1962–64 errichtet.

13 Die schon längere Zeit vor der Unterschutzstellung 2013 in Vorbereitung befindliche Umplanung des Opernrestaurants zu einer Art Studiobühne ließ sich trotz Intervention der Unteren Denkmalschutzbehörde nicht mehr stoppen, sodass auch hier mit einem erneuten Teilverlust im Gesamtwerk von Wolfgang Hänsch zu rechnen ist.

14 Die Ausführung erfolgte durch das Architekturbüro Holm Pinkert, Dresden, unter der Bauherrschaft des Hochbauamtes der Landeshauptstadt Dresden.

15 Vgl. Lehmann, Stephanie: *Das Blaue Haus. Entwerfen in den 50er Jahren der DDR – Das zentrale Forschungsinstitut für Arbeitsschutz und Arbeitsökonomie in Dresden* (Vertiefungsarbeit am Lehrstuhl für Baugeschichte (Hans-Georg Lippert) der TU Dresden, SS 2004). Wie häufig lässt sich auch an diesem Bauwerk, wie Frau Lehmann belegt, die große Diskrepanz zwischen Planungsqualität und mangelhafter Bauausführung bzw. Bauunterhaltung nachvollziehen.

16 Bauzeit 1975–81 nach Entwurf von Ulf Zimmermann, Eberhard Seeling und Olaf Jarner. Vgl. u. a.: Schirmer, Gisela: „Eine Mensa als Gesamtkunstwerk". In: *ICARUS* 3/2008 (zur Baugeschichte und künstlerischen Qualität); „Abriss gegen jeden Widerstand". In: *Sächsische Zeitung* vom 20.01.2014

17 *Dresdner Neueste Nachrichten* vom 12.05.2014

18 Eine mit den Denkmalämtern abgestimmte Planung für eine Sanierung, Modernisierung und Erweiterung des Gebäudes liegt lange vor und das in der Verlautbarung aufgemachte Kostenthema besaß absolut keine Dominanz im Aushandlungsprozess. Dass im Einzelfall für die Sanierung von Bestandsgebäuden auch mehr Geld in die Hand genommen wird, ohne dass hier ein Abbruchbegehren artikuliert wird, bezeugen viele denkmalgeschützte Beispiele, nicht zuletzt auch auf dem TU-Campus selbst.

19 Berndt, Heide: *Das Gesellschaftsbild bei Stadtplanern.* Stuttgart 1968, S. 49. Dies galt etwa der Verbissenheit verkehrstechnoider Planungsansätze in den meisten Städten der alten Bundesrepublik, wenn sie sich anderen, etwa kulturellen Argumentationen ausgesetzt sahen.

20 Bauzeit 1964–66 nach Entwurf von Peter Sniegon und dem Kollektiv Herbert Löschau, Hans Kriesche, Gerhard Landgraf. Vgl. u. a.: Ammon, Andreas / Steinbusch, Michael: „P 27 oder das markante Wohnhochhaus am Pirnaischen Platz". In: Sächsisches Archiv für Architektur und Ingenieurbau (Hg.): *Zeitzeugnisse. Architektur und Ingenieurbau in der zweiten Hälfte des 20. Jahrhunderts in Sachsen: Geschichte der 17- und 15- geschossigen Wohnhochhäuser in Dresden* (Heft 3). Dresden 2008, S. 72–75

21 Bauzeit 1990–92 nach Entwurf von Ulf Zimmermann und Kollegen

22 Vgl. *Sächsische Zeitung* vom 26.11.2013; *Dresdner Neueste Nachrichten* vom 19.11.2013; *Die Zeit* vom 09.01.2014

23 Bruno Flierl, zit. nach Buttolo / Kukula 2008 (wie Anm. 6)

AUTORENVERZEICHNIS

FRAUKE BIMBERG__Architektin, KUB arkitekter Göteborg

MAIK BUTTLER__Architekt, Büroinhaber buttler architekten Rostock, Sachverständiger für Nachhaltiges Bauen und Energieberater

THOMAS DANZL__Prof. Dr., Kunsthistoriker und Restaurator, Professor für Kunsttechnologie, Konservierung und Restaurierung von Wandmalerei und Architekturfarbigkeit an der Hochschule für Bildende Künste Dresden

MARK ESCHERICH__Dr. Ing., Architekt, Mitarbeiter der Denkmalschutzbehörde Erfurt und der Professur Denkmalpflege und Baugeschichte der Bauhaus-Universität Weimar

MARC-STEFFEN FAHRION__Dr. Ing., Bauingenieur, Mitarbeiter am Institut für Baukonstruktion an der Technischen Universität Dresden

NORBERT HEULER__Architekt, Konservator am Landesdenkmalamt Berlin

ROMAN HILLMANN__Dr. phil., Kunst- und Architekturhistoriker, Berlin

SEBASTIAN HORN__Bauingenieur, Mitarbeiter am Institut für Baukonstruktion an der Technischen Universität Dresden

GERD JÄGER__Prof., Architekt, Büroinhaber Jäger und Jäger Schwerin sowie Partner bei Baumschlager Eberle Architekten und Geschäftsführer Baumschlager Eberle Berlin

WOLFGANG KIL__Architekt, Kritiker und Publizist, Berlin

BERNHARD KOHLENBACH__Dr. phil., Kunsthistoriker, Inventarisator am Landesdenkmalamt Berlin

PHILIP KURZ__Architekt, Geschäftsführer der Wüstenrot Stiftung, Ludwigsburg

KRISTINA LADUCH__Architektin und Stadtplanerin, Leiterin des Stadtplanungsamtes des Bezirkes Mitte von Berlin

PETER LEONHARDT__Dr. phil., Kunsthistoriker, Mitarbeiter der Denkmalschutzbehörde der Stadt Leipzig

HANS-RUDOLF MEIER__Prof. Dr. phil. habil., Kunsthistoriker, Professor für Denkmalpflege und Baugeschichte der Bauhaus-Universität Weimar

THOMAS MORGENSTERN__Architekt, Leiter der Denkmalschutzbehörde der Stadt Chemnitz

MONIKA MOTYLINSKA__Kunsthistorikerin und Denkmalpflegerin, Berlin

MARTIN PETSCH__Kunsthistoriker, Mitarbeiter der unteren Denkmalschutzbehörde des Landkreises Oberhavel in Oranienburg

HOLGER REINHARDT__Restaurator, Landeskonservator und Leiter der Bau- und Kunstdenkmalpflege im Thüringischen Landesamt für Denkmalpflege und Archäologie, Erfurt

BERNHARD STERRA__Dr. phil., Kunsthistoriker, Leiter der Denkmalschutzbehörde der Stadt Dresden

BERNHARD WELLER__Prof. Dr. Ing., Bauingenieur, Professor für Baukonstruktionslehre und Direktor des Instituts für Baukonstruktion an der Technischen Universität Dresden

PETER WRITSCHAN__Bauingenieur, Mitarbeiter der Denkmalschutzbehörde der Hansestadt Rostock

ABBILDUNGSNACHWEIS

S. 45–49 Wolfgang Kil
S. 53 Monika Motylińska
S. 56 http://commons.wikimedia.org/wiki/File:Staatsratsgebaeude_Berlin.jpg, Zugriff 26.01.2014, Fotograf: Axel Mauruszat
S. 59–60 Archiv Monika Motylińska
S. 75–76 Martin Petsch
S. 77 Brandenburgisches Landesamt für Denkmalpflege und Archäologisches Landesmuseum, Regina Wunder
S. 78 Martin Petsch
S. 79 Brandenburgisches Landesamt für Denkmalpflege und Archäologisches Landesmuseum, Ralph Paschke
S. 80–85 Martin Petsch
S. 90 Bernhard Kohlenbach, Landesdenkmalamt Berlin
S. 91 Wolfgang Bittner, Landesdenkmalamt Berlin
S. 93 oben Landesdenkmalamt Berlin
S. 93 unten Wolfgang Bittner, Landesdenkmalamt Berlin
S. 94 Bernhard Kohlenbach, Landesdenkmalamt Berlin
S. 95 oben Wolfgang Bittner, Landesdenkmalamt Berlin
S. 95 unten Bernhard Kohlenbach, Landesdenkmalamt Berlin
S. 96 Bernhard Kohlenbach, Landesdenkmalamt Berlin
S. 97–98 Wolfgang Bittner, Landesdenkmalamt Berlin
S. 99 oben Alfred Englert, Berlin
S. 99 unten Library of Congress, Prints & Photographs Division, [reproduction number, e.g., LC-USZ62-123456]
S. 101 links Mark Escherich
S. 101 rechts wikimedia commons/ Peter Schäfer
S. 105–110 Thüringisches Landesamt für Denkmalpflege und Archäologie
S. 111 © GeoBasisDE / TLVermGeo: Gen.-Nr. 2/2015
S. 112 Thüringisches Landesamt für Denkmalpflege und Archäologie
S. 115 Senatsverwaltung für Stadtentwicklung und Umwelt Berlin
S. 117–118 Bezirksamt Mitte von Berlin
S. 119 Senatsverwaltung für Stadtentwicklung und Umwelt Berlin
S. 121–123 Bezirksamt Mitte von Berlin
S. 125 Planungsbüro Stadt-Land-Fluss
S. 131–132 Roman Hillmann
S. 134 Deutsche Architektur, 14. Jahrg. 1965, Heft 6, S. 392, Abb. 13
S. 135 Informationskatalog Eingeschossige Mehrzweckgebäude. Baukastensystem Metalleichtbau / Mischbau, AA 1200 und AA 6000, Katalogherausgeber: VEB Metalleichtbaukombinat Leipzig. Blatt 4.5, datiert: 12/1971
S. 136–137 Roman Hillmann
S. 139 Deutsche Architektur 1965, S. 326
S. 143 Heinz Böhme, in: farbe und raum 10, Oktober 1962
S. 146 farbe und raum 4, April 1973
S. 147 links farbe und raum 7, Juli 1967, Umschlag verso, außen
S. 147 rechts farbe und raum 7, Juli 1967 Umschlag verso, innen
S. 148 Kurt Mihatsch, Berlin, in: farbe und raum 9, September 1967
S. 149 links farbe und raum 4, April 1965, Umschlag verso, innen
S. 149 rechts farbe und raum 7, Juli 1966, Umschlag verso, außen
S. 150 farbe und raum 4, April 1966
S. 185 Jäger und Jäger Architekten Schwerin
S. 187 Dorfmüller und Krüger Fotografie
S. 188 oben Jäger und Jäger Architekten Schwerin
S. 188 Mitte, unten Dorfmüller und Krüger Fotografie
S. 189 Architektur. Lehrbuch für die Kunstbetrachtung, Volk und Wissen – VE Verlag, Berlin 1968
S. 190 Jäger und Jäger Architekten Schwerin
S. 191 oben Stadtarchiv Neubrandenburg
S. 191 unten Jäger und Jäger Architekten Schwerin
S. 192 Jäger und Jäger Architekten Schwerin
S. 194 Bingmaps, letzter Zugriff 03.02.2014
S. 195–200 Frauke Bimberg
S. 201 Melina Blancken/Friederike Wollny; Aufnahme im Rahmen des Seminars „Die Mensa am Park", Bauhaus-Universität Weimar, 2010
S. 207–210 Wolfgang Bittner, Landesdenkmalamt Berlin
S. 211 oben Franziska Schmidt, Landesdenkmalamt Berlin
S. 211 unten Wolfgang Bittner, Landesdenkmalamt Berlin
S. 213 Franziska Schmidt, Landesdenkmalamt Berlin
S. 214 links Norbert Heuler, Landesdenkmalamt Berlin
S. 214 rechts Karl Thomas Dietzsch
S. 215 links Franziska Schmidt, Landesdenkmalamt Berlin
S. 215 rechts Norbert Heuler, Landesdenkmalamt Berlin
S. 216 Wolfgang Bittner, Landesdenkmalamt Berlin
S. 220 oben TLDA Erfurt
S. 220 unten links Nanette Pfeiffer
S. 220 unten rechts wikipedia, septemberwoman
S. 221 oben Nanette Pfeiffer
S. 221 unten KulTourStadt Gotha GmbH
S. 222 Ulf Dahl
S. 223 Mark Escherich
S. 224 Architektur und Bildende Kunst. Ausstellung zum 20. Jahrestag der DDR, Ausstellungskatalog 1969
S. 225 Professur Denkmalpflege und Baugeschichte, Bauhaus-Universität Weimar
S. 226 oben Professur Denkmalpflege und Baugeschichte, Bauhaus-Universität Weimar
S. 226 unten Studioinges – Architektur und Städtebau
S. 233 Hansestadt Rostock, Peter Writschan
S. 234 Hans-Otto Möller

S. 235–239 Hansestadt Rostock, Peter Writschan
S. 240 oben Armin Tiepolt
S. 240 unten Hansestadt Rostock, Peter Writschan
S. 241 Hansestadt Rostock, Peter Writschan
S. 242 oben Hans-Otto Möller
S. 242 unten Irma Schmidt
S. 245 Deutsche Architektur 10 (1960), H. 9, S. 475, Reproduktion
S. 251 Peter Leonhardt
S. 253 links Peter Leonhardt
S. 253 rechts Martin Maleschka
S. 254–255 Peter Leonhardt
S. 256 links Leipziger Blätter 16, Frühjahr 1990, S. 37, Reproduktion
S. 256 rechts Peter Leonhardt
S. 258 Archiv Denkmalschutzbehörde Chemnitz
S. 259 IRS Erkner/Willmann
S. 260 links Stadtarchiv Chemnitz/Lichtbild Hempel
S. 260 rechts Archiv Denkmalschutzbehörde Chemnitz
S. 261–263 Professur Denkmalpflege und Baugeschichte, Bauhaus-Universität Weimar
S. 264 oben Peter Koch
S. 264 unten Martin Maleschka
S. 265–266 Stadtarchiv Chemnitz/Werner Noll
S. 267 Phillip Scharfenberg
S. 268 Archiv Denkmalschutzbehörde Chemnitz
S. 270 Bernhard Sterra
S. 273 Stadtplanungsamt Dresden, Bildstelle
S. 274–276 Bernhard Sterra
S. 277 oben Quelle Stadtplanungsamt Dresden, Bildstelle
S. 277 unten Amt für Kultur und Denkmalschutz Dresden
S. 278 oben Projektierungsbüro KRS, mit freundlichem Dank an Herrn Dipl.-Ing. Andreas Schramm
S. 278 unten Stadtplanungsamt Dresden, Bildstelle
S. 279 links Martin Maleschka
S. 279 rechts Architektengemeinschaft Zimmermann
S. 280 Das halbrunde Zimmer
S. 281 Amt für Kultur und Denkmalschutz Dresden